PENSADORES
DA LIBERDADE

RODRIGO CONSTANTINO

Pensadores da Liberdade

COPYRIGHT © FARO EDITORIAL, 2021

Todos os direitos reservados.
Nenhuma parte deste livro pode ser reproduzida sob quaisquer meios existentes sem autorização por escrito do editor.

Avis Rara é um selo de Ciências Sociais da Faro Editorial.

Diretor editorial **PEDRO ALMEIDA**

Coordenação editorial **CARLA SACRATO**

Preparação **DANIEL RODRIGUES AURÉLIO**

Revisão **BÁRBARA PARENTE E THAÍS ENTRIEL**

Imagens de capa **AYN RAND, OSCAR WHITE, GETTYIMAGES; JOHN LOCKE, DAVID HUME, ALEXIS DE TOCQUEVILLE, REPRODUÇÕES DE PINTURAS ANTIGAS; HAYEK, MISES, KARL POPPER, REPRODUÇÃO WIKIPEDIA; MILTON FRIEDMAN, REPRODUÇÃO FRASER INSTITUTE; SOWELL, ROD SEARCEY; JORDAN PETERSON, GAGE SKIDMORE, RUSSE; GEORGE ORWELL E JEAN-FRANÇOIS REVEL, DOMÍNIO PÚBLICO**

Dados Internacionais de Catalogação na Publicação (CIP)
Angélica Ilacqua CRB-8/7057

Constantino, Rodrigo
 Pensadores da liberdade / Rodrigo Constantino. — São Paulo : Faro Editorial, 2021.
 448 p.

 ISBN 978-65-5957-001-0

 1. Liberalismo 2. Ciência política I. Título

21-1137   CDD 320.51

Índice para catálogo sistemático:
1. Liberalismo

1ª edição brasileira: 2021
Direitos de edição em língua portuguesa, para o Brasil, adquiridos por FARO EDITORIAL.

Avenida Andrômeda, 885 — Sala 310
Alphaville — Barueri — SP — Brasil
CEP: 06473-000
www.faroeditorial.com.br

*Dedicado aos meus filhos,
Laura e Antonio*

Sumário

Introdução 9

PARTE 1 – OS CLÁSSICOS

John Locke 15
David Hume 29
Adam Smith 47
Edmund Burke 63
Frédéric Bastiat 80
Alexis de Tocqueville 96

PARTE 2 – OS AUSTRÍACOS

Ludwig von Mises 113
Friedrich von Hayek 153

PARTE 3 – O OBJETIVISMO DE AYN RAND

Ayn Rand 191

PARTE 4 – OS CONTEMPORÂNEOS

Michael Oakeshott 227
Karl Popper 241
George Orwell 260
Milton Friedman 275
Russell Kirk 295
Gertrude Himmelfarb 307
Jean-François Revel 321
Thomas Sowell 345
Roger Scruton 368
Theodore Dalrymple 393
Jordan Peterson 414

Introdução

Este livro é sobre os principais pensadores do liberalismo, e reúne os clássicos e os contemporâneos, desde os mais libertários até os mais conservadores. Falar hoje em nome do liberalismo virou moda, e muitos tentam usurpar o termo para diferentes escolas de pensamento. Mas o liberalismo, por mais elástico que seja, por mais abrangente, tem certos pilares básicos que não podem ser ignorados. Muitos que tentam vestir a jaqueta liberal são, no fundo, defensores de políticas diametralmente opostas àquelas do liberalismo tradicional.

Ideias têm consequências. E, citando o escritor Victor Hugo, diria que "não há nada mais forte do que uma ideia cuja hora é chegada". Penso que a relevância das ideias liberais nos acontecimentos da humanidade ainda não foi compreendida por boa parcela da população. Os rumos de uma sociedade dependem, em boa parte, das ideias de algumas pessoas que conseguem influenciar o pensamento das demais. Não há um determinismo histórico, assim como não acredito em uma visão coletivista que despreza as poderosas contribuições — para o bem e para o mal — de alguns poucos indivíduos.

Alguns filósofos podem lançar uma sociedade inteira no caos e na miséria, contando com a colaboração das circunstâncias, assim como uns poucos pensadores e estadistas, como os "pais fundadores" dos Estados Unidos, conseguiram direcionar toda uma nação para uma trajetória de liberdade e progresso. A força dos canhões é fundamental, mas a escolha do alvo para onde os canhões estarão apontando, depende basicamente das ideias difundidas na sociedade.

"Mude as ideias, e você poderá mudar o curso da história", disse Edmund Burke. As crenças marxistas, tanto de um determinismo histórico como de um excesso de materialismo, como se tudo no mundo se resumisse a uma luta entre classes, prejudicaram bastante o avanço da civilização. Isso é uma mostra do poder das ideias, para o bem ou para o mal, no curso da história e que nega a própria crença determinista. Os seres humanos são dotados de livre-arbítrio, e nem tudo se resume aos interesses materiais imediatos. Quem acredita nisso está dando uma confissão e tanto sobre seu caráter, como bem colocou Benjamin Franklin: "Aquele que é da opinião de que dinheiro fará qualquer coisa pode muito bem ser suspeito de fazer qualquer coisa por dinheiro." Há muito mais do que dinheiro na vida. No fim das contas, serão as ideias que determinarão os rumos das coisas.

Vários pensadores de diferentes vertentes chegaram a esta conclusão. O poeta alemão Heinrich Heine afirmou que "os conceitos filosóficos nutridos na quietude do escritório de um professor poderiam destruir uma civilização". O grande economista Ludwig von Mises constatou que "ideias e somente ideias podem iluminar a escuridão". A filósofa russa naturalizada americana, Ayn Rand, destacou que "o homem não pode fugir da necessidade de uma filosofia; sua única alternativa é saber se a filosofia que o guia será escolhida por sua mente ou por acaso".

A lista de pensadores importantes que depositaram enorme relevância no poder das ideias é gigantesca.

O economista John M. Keynes também percebeu a relevância das ideias no curso dos acontecimentos. Ele escreveu em sua *Teoria geral*: "As ideias de economistas e filósofos políticos, tanto quando estão certas como quando estão erradas, são mais poderosas do que é normalmente compreendido. De fato, o mundo é governado por poucas pessoas. Loucos na autoridade, que escutam vozes no ar, estão destilando seu frenesi de algum rabisco acadêmico de poucos anos antes. Estou certo de que o poder dos direitos adquiridos é muito exagerado comparado à gradual invasão de ideias. Não, de fato, imediatamente, mas depois de certo intervalo; pois no campo da economia e filosofia política não existem muitos que são influenciados por novas teorias depois que estão com vinte e cinco ou trinta anos de idade. Logo, as ideias que os servidores públicos, políticos e mesmo agitadores aplicam, provavelmente, não serão as mais novas. Mas, cedo ou tarde, são as ideias, não os direitos adquiridos, que são perigosas para o bem e para o mal".

Com isso em mente, além do fato de considerar que poucas são as pessoas que realmente entram em contato com as ideias dos grandes defensores da liberdade, decidi reunir em um só livro a síntese das importantes mensagens divulgadas por esses pensadores. Interpretei suas ideias por meio de minha própria esfera cognitiva, selecionando as passagens que mais me interessavam. Procurei resenhar diversos livros de inúmeros autores diferentes, sem seguir necessariamente um critério rígido. Trata-se de vários temas distintos, e a ordem de apresentação seguiu a cronologia das datas de nascimento dos autores. O que espero é que, ao término da leitura, você tenha uma boa visão geral dos principais argumentos que sustentam o liberalismo. Tenho muito receio do uso de um rótulo simplista, contudo poderíamos dizer que este livro conta com pensadores de várias vertentes diferentes, mas associadas de certa forma ao liberalismo.

O mundo está repleto de oportunistas de plantão, manipulando os mais inocentes e leigos de forma a obter total controle sobre suas vidas. O melhor antídoto contra essa malícia é o conhecimento. Uma pessoa que aprende a refletir, questionar e buscar a verdade de forma objetiva e honesta dificilmente será uma presa desses oportunistas. Esta obra tem, portanto, o propósito de fornecer uma munição útil contra tais predadores, desmascarando muitas das falácias comumente utilizadas por eles. Além disso, tento apresentar — por meio da influência desses pensadores — o que entendo por liberdade, e como podemos lutar para chegarmos mais perto desse ideal.

Espero ser bem-sucedido nessa tarefa, ainda que não tenha a pretensão de conquistar o consenso. O importante é estar aberto ao debate sincero, focando nos argumentos e deixando, sempre que possível, os preconceitos de lado. Alguns pontos defendidos aqui parecerão "radicais" demais, mas não há nada que diga que um ponto de vista "radical" estará necessariamente errado. Quantas coisas no passado já foram consideradas absurdas e extremistas e, décadas depois, passaram a ser vistas como normais? Um liberal não deve temer mudanças se acreditar nelas. Mas deve, como ensinam os conservadores, pregar tais mudanças com prudência.

O ambiente das ideias em nosso país está bastante contaminado por conceitos que considero errados ou mesmo bizarros em determinados casos. Uma névoa ofusca a razão dos brasileiros. Reina sobre nós um verdadeiro apagão intelectual. As redes sociais permitiram finalmente que a bolha esquerdista da academia e da mídia fosse furada, e isso é ótimo, mas há também muita cacofonia, muito ruído e um ambiente um tanto hostil ao debate, dominado pelo tribalismo. Os pensadores aqui analisados contribuíram, em graus distintos, para que uma luz fosse acesa no campo das ideias, divulgando de forma resumida aquilo que julgo serem suas principais convicções. Espero colaborar para reduzir a escuridão mental que se instalou no país. Como disse Confúcio, "é melhor acender uma pequena vela do que praguejar contra a escuridão". Os que defendem a liberdade precisam agir.

Ao trazer o pensamento de gigantes como John Locke, David Hume, Adam Smith, Edmund Burke e Alexis de Tocqueville, passando pelos austríacos como Mises e Hayek, por Ayn Rand e seu Objetivismo, e chegando aos mais recentes como Thomas Sowell, Roger Scruton, Theodore Dalrymple e Jordan Peterson, tenho certeza de que você terminará a leitura com grande embasamento acerca do arcabouço do liberalismo. Este livro é o resultado de duas décadas de análises de grandes volumes e de ideias complexas, sintetizadas e de forma acessível, para que mesmo um leigo possa compreender a essência das ideias desses pensadores, com suas diferentes vertentes, mas girando em torno de alguns denominadores comuns, que formam o que se convencionou chamar de pensamento liberal.

Espero que aproveitem bastante estas páginas. Sei como o tempo é escasso hoje em dia. E por esse motivo fiz o melhor para maximizar cada minuto de leitura, para que você tenha aprendizado real e diferenciado, e saia não só bastante satisfeito com o novo conhecimento adquirido, mas preparado para enfrentar qualquer debate político. O liberalismo, afinal, precisa de seus soldados nessa verdadeira batalha de ideias, nessa guerra cultural em que vivemos. Soldados liberais legítimos — e não esses esquerdistas disfarçados de liberais que vemos aos montes na mídia, na política e nas redes sociais.

PARTE 1
Os clássicos

John Locke

A propriedade privada

Nada como abrir este livro de grandes pensadores da liberdade com o filósofo inglês John Locke. O simples fato de sua obra ter influenciado decisivamente os "pais fundadores" e, por consequência, a Revolução Americana (1776), o coloca no rol dos gigantes soldados pela liberdade individual.

John Locke nasceu em Wrington, Reino Unido, em 1632, e suas ideias políticas acabaram tendo profundo impacto no mundo. Locke desenvolveu uma visão alternativa à de Thomas Hobbes* sobre o estado de natureza, e argumentou que o governo só é legítimo se recebe o consentimento do povo. A proteção dos três direitos individuais inalienáveis — vida, liberdade e propriedade — seria o foco principal do governo. Tal visão acabaria sendo um importante pilar para muitos liberais. "Cabe aos homens tal direito aos bens que lhe pertencem, que ninguém tem o direito de lhos tirar, em todo ou em parte, sem o seu consentimento", resumiu de forma brilhante.

Em seu *Segundo tratado sobre o governo*, Locke afirma que "o maior e principal objetivo dos homens se reunirem em comunidades, aceitando um governo comum, é a preservação da propriedade". Sem o governo para lhe oferecer essa garantia, o indivíduo não poderia desfrutar de sua propriedade, já que seria muito arriscada e insegura sua situação, sempre sujeita ao avanço dos demais. Para Locke, esse direito deriva de uma lei da natureza, clara e inteligível para a razão. Ainda

---

* Thomas Hobbes foi um matemático, teórico político e filósofo inglês, autor de *Leviatã* e *Do cidadão*. Na obra *Leviatã*, explanou os seus pontos de vista sobre a natureza humana e sobre a necessidade de um governo e de uma sociedade fortes.

assim, é preciso um juiz equânime e indiferente, com autoridade reconhecida para ajuizar sobre as controvérsias de acordo com a lei estabelecida. Os homens, sendo parciais, podem ser levados a excessos por conta das paixões, "enquanto a negligência os torna por demais descuidados nos negócios dos outros".

    As leis devem ser objetivas e igualmente válidas para todos. Não cabe ao poder legislativo arrogar a si o direito de governar por meio de decretos extemporâneos e arbitrários. Os homens devem, portanto, ser governados por leis explícitas, caso contrário, a propriedade e a tranquilidade "continuariam na mesma incerteza em que se encontravam no estado de natureza". Numa linha semelhante à de Aristóteles, que defendia o governo de leis e não de homens, Locke entende que os homens ficariam em uma situação ainda pior que no estado de natureza caso pusessem nas mãos de um ou de poucos o poder de toda uma multidão. Nesse caso, seriam forçados a obedecer a decretos exorbitantes, frutos de "vontades bizarras" ou pensamentos repentinos, sem regras claras e fixas que lhes guiem.

    Sem que os homens tivessem direito aos bens que lhes pertencem, numa situação em que esses pudessem ser tirados sem consentimento, não haveria nenhuma propriedade verdadeira, uma vez que outros teriam o direito de tirá-la quando lhes fosse conveniente. A propriedade dos homens não estaria segura se quem os governa "tiver o poder de tirar de um indivíduo a parte que quiser de sua propriedade e dela dispor conforme lhe aprouver". E conclui de forma mais objetiva: "Se alguém se arrogar o poder de lançar impostos sobre o povo, baseado na própria autoridade sem a autorização do povo, estaria violando a lei fundamental da propriedade e subverteria o objetivo do governo".

    O direito do uso da força para derrubar um governo autoritário e sem legitimidade também é defendido por Locke no livro. Ele deixa isso claro quando afirma que "em quaisquer estados e condições, o remédio autêntico contra a força sem autoridade é opor-lhe a força". Afinal, usar a força desacompanhada da autoridade, "coloca sempre quem dela abusa em estado de guerra como agressor, e o expõe a ser pago na mesma moeda". Essa ideia iria influenciar os revolucionários americanos, cansados do abuso de poder da monarquia inglesa. "Sem representação não há tributação", bradavam.

    Sem o direito natural de propriedade, qualquer um pode virar escravo, e faltarão argumentos sólidos para combater isso. Ora, se a vontade da maioria for escravizar a minoria, com base em que alegaremos que se trata de uma injustiça? Alguns críticos afirmam erroneamente que o excesso de zelo pela propriedade privada é coisa de quem pretende proteger os ricos e suas posses dos pobres. Mas

Locke deixa claro que tal acusação não faz sentido, quando afirma que entende por propriedade "aquilo que os homens têm, quer na própria pessoa, quer nos bens materiais". A primeira propriedade que todos têm, inclusive os mais pobres, é o próprio corpo. Se o direito a essa propriedade não é natural, então será possível justificar até mesmo a escravidão. Basta que a maioria assim decida.

Não custa lembrar que os judeus eram minoria na Alemanha nazista. Sem partir da premissa de que eles tinham direito natural de propriedade sobre eles próprios, ficaria difícil acusar de injustiça o Holocausto, pois era a vontade da maior parte do povo que seguia Hitler. Creio que este exemplo dá uma melhor noção da importância desse conceito de direito natural de propriedade, defendido por Locke e contrário à ideia de que justiça é apenas a vontade da maioria. E sob uma tirania desse tipo, que anula totalmente o direito natural de propriedade, Locke entendia que o oprimido tinha o direito de se rebelar. Ele questiona: "Seria, pois, admirável a paz entre o poderoso e o fraco, quando o carneiro, sem resistência, oferecesse a garganta ao lobo voraz?".

Locke explica: "A razão básica que leva os homens a se juntarem em sociedade é a preservação da propriedade; e a finalidade para a qual elegem e dão autoridade a um poder legislativo é possibilitar a existência de leis e regras definidas que sejam guardiãs e protetoras da propriedade dos membros da sociedade, limitando assim o poder e controlando o domínio de cada parte e de cada membro".

Locke *versus* Hobbes

Cabe aqui traçar a distinção entre a visão de Locke e aquela de Hobbes. A doutora em Filosofia Catarina Rochamonte, em texto publicado pelo Instituto Liberal, resumiu bem o ponto de vista hobbesiano:

> Hobbes aceitava a noção tradicional de que a justiça não é meramente criação da sociedade e que existe um direito natural, mas ele também aceitava a crítica maquiaveliana da filosofia política tradicional: a filosofia política tradicional mirava alto demais. Assim, ele exigiu que o direito natural fosse derivado das origens, das necessidades e dos impulsos elementares, que determinam efetivamente todos os homens na maior parte do tempo e não da perfeição ou fim do homem, cujo desejo determina efetivamente apenas uns poucos homens e

mesmo estes não na maior parte do tempo. Esses impulsos primários são obviamente egoístas. Eles podem ser reduzidos a um princípio: o desejo de autopreservação ou, expressando o mesmo em sentido negativo, o medo da morte violenta. Isso significa que não o brilho e o glamour da glória ou o orgulho, mas o terror do medo da morte é o que se apresenta como o berço da sociedade humana: não heróis, ainda que fratricidas e incestuosos, mas pobres diabos nus e trêmulos foram os fundadores da civilização.

O terror que reina no estado de natureza, o pavor constante de ser morto a qualquer momento, relaciona-se, obviamente, à antropologia pessimista de Hobbes, para quem "o homem é o lobo do homem" e está o tempo inteiro em uma "guerra de todos contra todos". No estado de natureza, o homem se deixa levar pelo natural egoísmo, generalizando a violência e elaborando meios cada vez mais eficazes de destruição do outro: "Numa tal condição (...) não há sociedade; e o que é pior do que tudo, há um medo contínuo e perigo de morte violenta. E a vida do homem é solitária, miserável, sórdida, brutal e curta". Catarina Rochamonte resume:

> Tão desgraçada vida é o que levaria os homens a estabelecerem um Estado em que o soberano terá poderes plenos para anular a liberdade de cada um em benefício da segurança de todos. Estando entre dois monstros: o Leviatã, o Estado, que tem poder e que concentra poder, mas que garante a paz e Behemoth, o monstro da guerra civil, que ameaça com a morte violenta, o medo levaria os indivíduos a optarem pela monstruosidade estatal.

Essa visão leva à defesa de um estado absolutista. Nas palavras da autora:

> A eficácia do Estado depende da submissão absoluta do indivíduo, que aliena sua própria vontade à vontade de um soberano ou de uma assembleia. O Estado, segundo Hobbes, só atingirá sua finalidade, só terá eficácia se exercer o poder despoticamente. Qualquer divisão de poder dá ensejo a competições que comprometem a paz almejada, podendo desencadear guerras civis. Sendo assim, o soberano não deve estar submetido a nenhuma lei, sendo ele próprio a fonte legisladora. O contrato social descrito por Hobbes é um estranho contrato

em que uma parte abre mão de tudo e a outra não se sujeita a nada; um contrato no qual indivíduos medrosos, egoístas e hedonistas concordam em renunciar a todos os seus direitos, à exceção do direito à autopreservação e, em troca, o soberano promove a paz na qual tão débil existência estará protegida.

Rochamonte conclui, festejando a escolha inglesa por Locke em vez de Hobbes: "De todo modo, felizmente, a Inglaterra endossou Locke e não Hobbes e, dentre as soluções políticas oferecidas pela modernidade, optou, após a Revolução Gloriosa (1688), pela solução liberal, desmembrando o Leviatã com o predomínio das forças liberais na política, que derrotaram definitivamente o absolutismo real, dando lugar à monarquia parlamentar.

Locke *versus* Rousseau

Além de Hobbes, é interessante comparar Locke com outro pensador influente da época: Jean-Jacques Rousseau. Quase toda questão política relevante pode ser resumida numa disputa intelectual entre Locke e Rousseau. É o que argumenta Jonah Goldberg em *Suicide of the West* [Suicídio do Oeste]. Cada um dos filósofos defendeu modelos diametralmente opostos. Um foi a maior influência na Revolução Americana; o outro, na Francesa.

John Locke acreditava na soberania do indivíduo e que nós somos "capitães de nós mesmos", enquanto Rousseau argumentava que o grupo era mais importante do que o indivíduo e que a "vontade geral" era superior à consciência solitária. Para Locke, o homem é um pecador na origem, enquanto Rousseau falava no "bom selvagem", ignorando que a maldade reside dentro de nós, independentemente do sistema político.

Segundo Locke, nossos direitos vêm de Deus, não do governo, enquanto Rousseau pensava que abandonamos nossos direitos individuais em troca do julgamento do poder soberano. Para Locke, o direito à propriedade e aos frutos do nosso trabalho é o pilar fundamental de uma sociedade livre e justa. Já para Rousseau, a propriedade privada é o grande pecado da civilização, e o "todo" deve administrar a propriedade em prol da comunidade.

Locke acreditava na igualdade perante as leis, mas tolerava ou mesmo celebrava as desigualdades de resultado, de renda, mérito e virtude na sociedade civil. Rousseau achava que a desigualdade econômica era a fonte de todos os males sociais, e um dos papéis mais importantes do governo era evitar uma desigualdade extrema. Locke compreendia que a criatividade humana produzia riqueza, e Rousseau estava mais preocupado com dividir à força aquela existente.

Como fica claro, John Locke, falecido em 1704, foi um dos fundadores do pensamento liberal moderno, que deposita no indivíduo seu foco, prega governo limitado e reconhece a premissa realista de nossa natureza humana falha. Já Rousseau é o pai do esquerdismo moderno, coletivista, estatizante e "igualitário" nos resultados. Se Locke ajudou a parir os Estados Unidos, nação próspera e livre, Rousseau foi crucial para a sangrenta revolução jacobina, que, apesar do slogan bonito, terminou no Terror da guilhotina e na ditadura de Napoleão. Nos dias atuais, as grandes disputas políticas continuam seguindo basicamente uma ou outra vertente.

A liberdade religiosa

Além da propriedade privada, John Locke também defendeu com afinco a liberdade religiosa. "Ninguém, nem um indivíduo, nem igrejas, não!, nem mesmo comunidades têm algum título apropriado para invadir os direitos civis e os bens terrenos dos outros, sob a desculpa da religião", defendeu.

Durante seu exílio na Holanda, Locke escreveu em latim a sua *Epistola de Tolerantia*, que foi traduzida e publicada anonimamente em 1689 na Inglaterra, sob o título de *A Letter Concerning Toleration* [Cartas sobre a tolerância]. Nessa carta, Locke defende a liberdade religiosa em amplo sentido, e propõe a separação total dos poderes político e religioso. Para aquela época, quando pessoas ainda podiam ir para a fogueira por causa da crença religiosa, tais ideias eram revolucionárias. Locke considerava que guerras, torturas e execuções em nome da religião eram, na verdade, culpa da intervenção indevida de crenças religiosas no mundo político, e não do cristianismo em si. O alvo principal de Locke, portanto, era a Igreja Católica Romana, que não aceitava de forma alguma a separação dos poderes religioso e civil. Muito daquilo defendido por Locke na carta tornou-se lugar-comum, e hoje é aceito sem dificuldades. No entanto, ainda restam resquícios fortes de intolerância religiosa e de uma mistura perversa entre diferentes poderes mundanos e divinos. Nesse sentido é que se torna útil rever os principais argumentos do filósofo.

Para Locke, a comunidade é "uma sociedade de homens, constituída somente para que estes obtenham, preservem e aumentem seus próprios interesses civis". Por interesse civil, ele entendia a vida, a liberdade e a salvaguarda do corpo e a posse de bens externos. O magistrado civil, portanto, tem como dever assegurar a cada um dos indivíduos a posse justa desses bens, por intermédio da execução imparcial de leis equânimes. As questões ligadas à fé, portanto, não dizem respeito ao magistrado. Ou seja, "o cuidado das almas não está sob responsabilidade do magistrado civil". Ninguém pode ser compelido à crença por meio de força externa. O religioso deve usar como arma a persuasão dos argumentos, nunca a espada. Em resumo, "todo poder do governo civil relaciona-se apenas com os interesses civis dos homens, [e] está limitado aos cuidados com as coisas deste mundo e não tem nada a ver com o mundo que virá depois".

Uma igreja é uma sociedade de membros voluntariamente ligados para um fim comum, que está voltado para questões da alma. Locke encara tais associações livres como qualquer outro tipo de união voluntária, e, por isso, suas regras são de caráter interno, aderindo quem quer. Por outro lado, "nenhuma igreja é obrigada pelo dever da tolerância a manter em seu seio qualquer pessoa que, depois de continuadas admoestações, ofenda obstinadamente as leis da sociedade".

Atualmente, esse outro lado da moeda tem sido ignorado com certa frequência pelo campo dito mais progressista. Entra para uma determinada igreja quem quer, e ela, em contrapartida, possui suas próprias regras. Isso quer dizer que o governo civil não tem direito de invadir tais associações, contanto que suas regras não firam os princípios básicos civis — da vida, da liberdade e da propriedade. Locke é claro neste ponto: "Este é o direito fundamental e inextirpável de uma sociedade espontânea, o de expulsar quaisquer de seus membros que transgridam as regras da instituição, sem, no entanto, adquirir, pela admissão de novos membros, qualquer direito de jurisdição sobre os que não fazem parte dela." Como exemplo de nossos dias, podemos pensar na pressão para que a Igreja Católica aceite o matrimônio entre pessoas do mesmo sexo, o que significa uma invasão absurda das liberdades da própria igreja.

Muitos confundem tolerância com aceitação, mas estão errados. O próprio Locke defende a tolerância com base no princípio grego de indiferença, ou seja, não se faz necessário aceitar como legítima ou verdadeira a crença alheia, bastando tolerar os diferentes cultos. Uma igreja não deve ser forçada a aceitar certos grupos por imposição do governo. Ninguém deve ser obrigado a respeitar uma crença que considera estúpida ou falsa. Os diferentes grupos devem se tolerar mutuamente, e só. Se a religião não deve invadir o campo do magistrado civil, muitos esquecem que o contrário também é verdadeiro. O Estado laico é uma via de mão dupla. Os regimes comunistas foram um bom exemplo dessa confusão. O Estado estabelecido por eles não era laico, mas antirreligioso. Não havia tolerância alguma, mas sim perseguições religiosas. A carta de Locke não defende em momento algum a substituição do poder religioso pelo civil, e sim sua divisão. Um dos grandes males da modernidade foi, sem dúvida, a substituição do Deus religioso pelo Deus Estado. Há claros limites para o poder estatal, sob risco de exterminar a liberdade individual caso tais limites sejam avançados.

A tolerância religiosa exige que cultos diferentes convivam entre si. Cada um terá "certeza" de que está com a verdade ao seu lado, que conhece o único caminho da salvação, mas é crucial que as escolhas dos demais sejam toleradas. O pecado, apenas por ser pecado, nunca deve ser punido pelo magistrado. Locke diz: "Mesmo os pecados da mentira e do perjúrio em nenhum lugar são puníveis pelas leis, exceto nos casos em que a verdadeira baixeza da coisa e a ofensa contra Deus não são consideradas, mas somente a injúria cometida contra os vizinhos e contra a comunidade."

Os crentes de cada seita costumam encontrar bastante dificuldade para compreender que blasfêmia e heresia são conceitos restritos somente à sua fé particular. Para quem não comunga da mesma fé, não faz sentido algum falar em blasfêmia, pois não há crença de que se trata de algo sagrado. A reação que charges satíricas do profeta Maomé num jornal dinamarquês causaram denota como a intolerância ainda existe, especialmente no Islã. Quando Salman Rushdie escreveu *Os Versos Satânicos*, um romance que critica a religião muçulmana, ele foi condenado à morte pelo aiatolá Khomeini. No dia 14 de fevereiro de 1989, o então líder supremo da República Islâmica do Irã anunciou a *fatwa* (decreto religioso) na qual os "muçulmanos devotos", de qualquer parte do mundo, eram convocados para assassinar o escritor indo-britânico, com direito a recompensas milionárias. Rushdie precisou trocar várias vezes de endereço, sempre sob fortíssimo esquema de segurança. Houve, ainda, atentados contra tradutores e editores do livro. Um caso evidente de completa intolerância religiosa e mistura da religião com o governo.

Por mais que uma seita esteja completamente certa de que a verdade está ao seu lado, jamais deve buscar o uso da força para fazer valer tal crença. Segundo Locke, "o objetivo das leis não é prover a verdade das opiniões, porém a segurança e integridade da comunidade, e a pessoa e as posses de cada homem em particular". A verdade deve prevalecer por meio do convencimento pacífico. Locke entende que "se a verdade não penetra no entendimento por sua própria luz, ela será ainda mais fraca por qualquer força emprestada que a violência pode lhe adicionar".

Cabe destacar que a tolerância de Locke tinha certos limites, o que deve ser colocado em contexto, pois o filósofo viveu em uma época de maior intolerância. Para ele, "não podem ser tolerados aqueles que negam a existência de Deus". Ele argumenta da seguinte forma: "As promessas, os pactos e os juramentos que formam as ligaduras da sociedade humana não podem ter valor para um ateísta." Tal como para Dostoiévski depois, Locke acreditava que "a retirada de Deus, mesmo que só em pensamento, a tudo dissolve".

Vale mencionar apenas uma importante restrição à tolerância: aquela com os intolerantes. Para Locke, "aqueles que, sob o pretexto da religião, desafiam qualquer tipo de autoridade que não esteja associada a eles em sua comunhão eclesiástica, desses eu digo que não têm o direito de ser tolerados pelo magistrado, assim como não podem ser tolerados aqueles que não aceitam e não ensinam o dever de tolerar os homens em assuntos de mera religião". É impossível ler esse trecho e não se lembrar do fanatismo islâmico atual, em que muitos pregam uma *jihad* — ou guerra santa — contra os "infiéis". Creio que Karl Popper resumiu de forma brilhante esse limite da tolerância: "Não devemos aceitar sem qualificação o princípio de tolerar os intolerantes senão correremos o risco de destruição de nós próprios e da própria atitude de tolerância."

Resultado prático: Revolução Americana

Não podemos finalizar uma análise dos pensamentos de Locke sem mergulhar em seus efeitos práticos. Ideias, afinal, têm consequências, para o bem e para o mal. No caso de Locke, não resta dúvida de que o resultado líquido é bastante positivo. Ele contribuiu para a mais bem-sucedida "revolução" da História, que pariu os Estados Unidos da América.

O grande divisor de águas entre a era da servidão e a era da liberdade foi a Revolução Americana. Ali seria selado o direito do povo a um governo que respeitasse as liberdades individuais como nunca antes visto. A famosa passagem da Declaração de Independência de 1776 deixa isso claro:

> Consideramos estas verdades evidentes por si mesmas, que todos os homens são criados iguais, que são dotados pelo Criador de certos direitos inalienáveis, que entre estes estão a vida, a liberdade e a busca da felicidade.

Como se percebe, o pensamento de Locke está muito presente nesse acontecimento histórico crucial. A independência americana foi resultado de um povo que não aceitava a subordinação facilmente. Após o término da Guerra dos Sete Anos, em 1763, a Grã-Bretanha estava com uma dívida que chegava a 130 milhões de libras, enorme para a época, e os contribuintes britânicos, sobrecarregados com tributos de 20%, não pretendiam aceitar novos impostos. Com a necessidade de aumento da receita por parte do Império Britânico, parecia evidente ao Parlamento que as colônias teriam de arcar com parte dos custos.

A primeira tentativa foi a Lei da Receita de 1764, conhecida como a Lei do Açúcar. A despeito da insatisfação colonial, o Parlamento persistiu na tentativa de aumentar as receitas provenientes da América do Norte, sancionando a Lei do Selo em 1765. Isso despertou a fúria dos colonos, e houve forte reação por parte de grupos organizados de comerciantes coloniais, conhecidos como "Filhos da Liberdade". Ecoavam os gritos de "sem representação não há tributação". A lei foi revogada em março de 1766, mas o Parlamento não havia abandonado o plano de aumentar a receita a partir das colônias. Vieram as Leis Townshend, de 1767, que aumentavam as taxas alfandegárias sobre produtos britânicos básicos importados pelos americanos. Seguiram-se boicotes altamente eficazes, e o governo britânico recorreu à força militar. Acabaram revogadas também. Por fim, a Companhia das Índias Orientais adquiriu o monopólio sobre a importação de chá para as colônias, e isso culminou na famosa "Festa do Chá" de Boston. Era a gota d'água, e o próprio rei Jorge III reconheceu que "ou as colônias se submetem ou triunfam". A sorte estava lançada.

A causa da independência ficou explícita após um panfleto político do autodidata Thomas Paine,* escrito em janeiro de 1776 e chamado *Senso comum*. Nele, Paine atacou a monarquia, e referiu-se ao rei como "o tirano da Grã-Bretanha". Para ele, a escolha era simples: permanecer sob o jugo de um tirano ou conquistar a liberdade. No panfleto, Paine — um racionalista que começara a trabalhar ao lado do pai aos 13 anos —, deixou claro que o papel do governo era garantir a segurança. O próprio autor afirmou que escreveu o texto sob a influência somente da razão e do princípio.

---

* Thomas Paine foi um político britânico, além de panfletário, revolucionário, inventor, intelectual e um dos "pais fundadores" dos Estados Unidos da América. Viveu na Inglaterra até os 37 anos, quando imigrou para as colônias britânicas na América, em tempo de participar da Revolução Americana.

Eis as primeiras palavras do texto: "Alguns escritores de tal modo confundiram sociedade e governo, que entre os dois deixaram pouca ou nenhuma distinção; entretanto, não só são diferentes como possuem origens diversas." Para ele, a sociedade é fruto de nossas necessidades, enquanto o governo é produzido pela nossa maldade. "O governo, mesmo no seu melhor estado, não é mais que um mal necessário; e, em seu pior estado, é um mal intolerável." A segurança seria o verdadeiro propósito e fim do governo, e por isso ele é necessário. Mas por ser sempre voltado para a coerção, pode ser considerado um mal. Entre um mal maior — a ausência de governo — e um mal menor, fica-se com o menor. Mas não se deve esquecer a origem do governo, que é "um modo que se faz necessário em virtude da incapacidade de a virtude moral vir a governar o mundo".

Em seguida, Thomas Paine faz um ataque fulminante tanto à monarquia como à sucessão hereditária. Ele afirma que o governo dos reis foi introduzido no mundo pelos pagãos, e que os filhos de Israel copiaram o costume. Uma invenção próspera do Diabo, segundo ele, para a promoção da idolatria. Os pagãos prestavam honras divinas aos seus reis falecidos, e o mundo cristão foi mais além ainda, direcionando elogios aos seus reis vivos. Paine desabafa: "Que heresia o título de sagrada majestade aplicada a um verme que no meio do seu esplendor se desfaz em pó!". Para Paine, a monarquia é "uma degradação e rebaixamento de nós mesmos".

Pior ainda, em sua opinião, era a sucessão hereditária, um "insulto e uma imposição à posteridade". Ele tinha muito clara a ideia de direitos iguais ao nascimento, que seria o marco da Declaração de Independência escrita por Thomas Jefferson. Ninguém pode ter então, por origem, o direito "de pôr em perpétua preferência, relativamente às demais, sua família". Thomas Paine cita o caso de Guilherme, o Conquistador, um bastardo francês que se fez rei da Inglaterra contra a vontade dos nacionais, apoiado por bandidos armados. Não poderia haver nada de divino nisso. "A pura verdade é que a antiguidade da monarquia inglesa não resiste a um exame." E conclui: "Em resumo, a monarquia e a sucessão cobriram de sangue e de cinzas o mundo inteiro." Quando analisarmos Edmund Burke, teremos uma visão alternativa, que julgo mais consistente.

Mas o fato é que o "agitador" Paine foi importante para mobilizar os colonos. Referindo-se à "Festa do Chá", Paine incitou seus concidadãos a rejeitar o domínio inglês, alegando que seria covardia ignorar os fatos. Não pretendia, segundo ele, provocar a vingança, mas sim arrancá-los do "sono fatal e tíbio", para que pudessem caminhar determinadamente a um objetivo fixado: a independência. Ele escreve: "Repugna à razão, à ordem universal das coisas, a todos os exemplos das eras precedentes, supor que este continente possa continuar por mais tempo submetido a um poder externo." Paine considerava o mais poderoso argumento em defesa da independência o fato de que somente esta poderia manter a paz e evitar uma guerra civil.

Outro nome de extrema relevância para a independência americana é Thomas Jefferson, que ficou famoso como o autor da Declaração de Independência, sendo também eleito o terceiro presidente americano. Jefferson era filho de um proprietário de terra abastado, vitorioso pelo seu próprio esforço, que ganhou a vida como topógrafo. Fez campanha pela separação entre a Igreja e o Estado e pela liberdade religiosa. Reconheceu que a bibliografia básica que o inspirou a escrever a Declaração era proveniente de nomes como Aristóteles, Cícero, Locke e Sidney. Este último era muito respeitado nas colônias americanas, e foi contemporâneo e amigo de William Penn, fundador da Pensilvânia. Apoiou os ideais que serviram de base à emancipação e à liberdade religiosa. Como os pensadores iluministas, para quem era uma inspiração, Algernon Sidney defendia o questionamento à autoridade.

A fermentação política nas colônias ocorria no contexto do Iluminismo, e a Declaração de Independência foi inspirada nas ideias iluministas, assim como serviu para lhes dar forma. Inspirados pelas descobertas de Isaac Newton, que permitiram um avanço na compreensão do mundo natural, os pensadores iluministas tinham um compromisso com o progresso e o questionamento racional. O conhecimento tornou-se acessível a todos, e a investigação racional passou a ser estimulada, o que tirou um pouco da mística da Igreja e do Estado. Estes não eram mais vistos como inquestionáveis. O homem é motivado pelo interesse próprio, e cabe ao governo protegê-lo dos demais homens. Como já vimos, Locke escreveu em seu *Segundo tratado sobre o governo*, que "cabe aos homens tal direito aos bens que lhe pertencem, que ninguém tem o direito de lhos tirar, em todo ou em parte, sem o seu consentimento". Afinal, "sem isso, não haveria nenhuma propriedade verdadeira, uma vez que outros tivessem o direito de tirá-la quando lhe aprouvesse, sem consentimento".

Nas colônias, a Declaração de Direitos de 1689 dos ingleses era bastante conhecida, e representava o texto-chave da Revolução Gloriosa. O rei Jaime II acabou abdicando ao trono e fugindo sem lutar depois de despertar a inimizade da nação ao promover o catolicismo romano, a despeito das leis do Parlamento contrárias a isso. O texto, muito popular nas colônias, acabou influenciando a Declaração de Direitos da Virgínia (1776), escrita por George Mason, a quem Jefferson se referia como "o homem mais sábio de sua geração". Mason era um fazendeiro vizinho de George Washington, e converteu-se à ideia da emancipação por repúdio à tributação excessiva.

Mais velho dos signatários da Declaração, Benjamin Franklin é outro grande nome dessa época revolucionária. Ele fez poucas, porém cruciais alterações no texto de Jefferson. No original, lia-se: "Consideramos estas verdades sagradas e inegáveis." Franklin alterou-a para a famosa frase "consideramos estas verdades evidentes por si mesmas", removendo o tom mais religioso e transformando a frase na afirmação de um fato racional em vez de uma providência divina. Não custa lembrar que Benjamin Franklin, mesmo acreditando em Deus, foi o autor da seguinte frase: "O jeito de ver pela fé é fechar os olhos da razão." Apesar das diferentes religiões dos "pais fundadores", a divisão entre Igreja e Estado foi sempre uma prioridade para eles. Isso fica evidenciado com o Tratado de Trípoli,* assinado em 1796 e em vigor a partir de junho de 1797, quando consta que o governo dos Estados Unidos não é fundado na religião cristã, por mais que esteja eivado de cristianismo.

Está certo que os negros ainda não estavam incluídos nesses direitos individuais que os "pais fundadores" dos Estados Unidos tanto defenderam. Eles mesmos, membros de uma elite americana, eram proprietários de escravos. Era esse o contexto da época, infelizmente. Mas é inegável que ali, na própria Declaração de Independência, estavam plantadas as sementes que levariam à abolição da escravatura. Os abolicionistas baseavam sua causa em princípios morais, ao retomar a ideia da lei natural advogada por Jefferson na Declaração, usada diretamente para defender seus argumentos.

O famoso caso *La Amistad* de 1839 foi o primeiro no qual se apelou para a Declaração. O ex-presidente americano John Quincy Adams fez uma defesa eloquente dos africanos presos após a rebelião no navio de bandeira espanhola. Seu longo discurso diante da Suprema Corte contou com o seguinte argumento: "No momento em que se chega à Declaração de Independência e ao fato de que todo homem tem direito à vida e à liberdade, um direito inalienável, este caso está decidido." Em 1997, essa história foi contada no cinema por Steven Spielberg. O

---

* O Tratado de Trípoli foi assinado em 1796. Foi o primeiro tratado entre os Estados Unidos da América e Trípoli para garantir os direitos de remessa comercial e proteger os navios americanos no Mar Mediterrâneo dos piratas locais.

filme foi estrelado por Morgan Freeman, no papel do abolicionista Theodore Joadson, e Anthony Hopkins, como John Q. Adams.

Abraham Lincoln foi outro que apelou constantemente à Declaração para defender a causa abolicionista. O texto foi uma vez mais invocado por outro grande defensor da igualdade perante a lei, Martin Luther King Jr. Seu mais memorável discurso, sobre seu sonho de viver numa nação livre, faz alusão direta ao trecho da Declaração, segundo o qual todos os homens são criados iguais, uma verdade evidente por si mesma. Outro abolicionista conhecido, David Walker, escreveu em 1823 um texto usando os trechos da Declaração, questionando se os americanos compreendiam o que estava sendo dito ali. A luta pela liberdade feminina iria também se apoiar na própria Declaração de Independência, defendendo o direito de igualdade entre os sexos. Enfim, o legado da Declaração, muito respaldado em John Locke, é enorme na conquista da liberdade individual.

A Revolução Americana representou um marco na história. Ali, homens sábios dariam um basta à tirania, influenciados por importantes pensadores iluministas. Suas ideias estavam de acordo com o sentimento popular. Os "Filhos da Liberdade" combateram o excesso de tributação, assim como a ausência de representação política. Não aceitaram ser apenas súditos da Coroa. Lutaram pela separação entre a Igreja e o Estado, assim como pela liberdade religiosa. Entenderam que o governo serve para proteger as liberdades individuais, e que cada um deve ter sua propriedade preservada, assim como deve ser livre para buscar a felicidade à sua maneira. Buscaram limitar ao máximo o poder estatal, e por meio da Declaração de Direitos, protegeram os indivíduos da ameaça do próprio governo. Compreenderam que a descentralização do poder é fundamental, e por isso respeitaram o modelo federalista.

Em resumo, criaram a primeira nação com bases realmente republicanas e liberais. E é impossível negar as impressões digitais de John Locke nessa empreitada.

David Hume

A superstição e o entusiasmo

Uma visão cética e empírica da sociedade, respeitando-se os limites da razão contra projetos utópicos e racionalistas — eis talvez a grande contribuição de David Hume para o debate filosófico e político.

Escocês de Edimburgo, David Hume (1711-1776) foi um dos maiores filósofos do Iluminismo, a quem seu amigo Adam Smith considerava "alguém muito próximo do ideal de um homem sábio e virtuoso, pelo menos tanto quanto a fragilidade da natureza humana pode permitir". Mas o iluminismo de que Hume foi grande expoente não pode ser confundido com aquele dos *philosophes* franceses, mais racionalistas e, sim, arrogantes. Tais distinções ficarão mais evidentes quando analisarmos a historiadora Gertrude Himmelfarb.

Hume foi um profundo observador da natureza humana, e costuma ser visto como um filósofo cético e defensor do empirismo. Lutou sempre pela liberdade dos homens, compreendendo que o comércio poderia ser um importante meio para o desenvolvimento e a paz de um povo. Condenou os impostos arbitrários, tal como seu colega Adam Smith. Atacou duramente o fanatismo religioso, assunto que será aprofundado a seguir.

Modelos utópicos também foram rechaçados pelo filósofo. O pensamento utópico se caracteriza pela busca de uma condição de harmonia em um ponto de chegada. O conflito, característica universal da vida humana, seria extinto. Os seres humanos não mais desejariam coisas incompatíveis, conflitantes entre si. Os valores seriam todos convergentes, harmônicos. Pensadores mais céticos sempre descartaram essa possibilidade. Hume escreveu: "Qualquer plano de governo que pressuponha uma grande reforma nos hábitos da humanidade é com toda evidência imaginário." Os homens estão fadados a conviver com valores antagônicos.

Para Hume, a superstição e o entusiasmo são "formas corrompidas da verdadeira religião". Os homens receiam uma infinidade de males desconhecidos, e sem objetos reais de terror, inventam objetos imaginários, "aos quais atribui um poder e uma maldade sem limites". Sendo tais inimigos invisíveis e desconhecidos, os métodos empregados para combatê-los são também incompreensíveis, constituindo em "rituais, proibições, mortificações, sacrifícios, oferendas e outras práticas". Por mais absurdas e frívolas que possam parecer, tendem a ser sugeridas pela "loucura ou pela patifaria que se aproveita de uma credulidade cega e aterrorizada". Em resumo, Hume afirma: "A fraqueza, o medo e a melancolia são, portanto, ao lado da ignorância, as verdadeiras fontes da superstição."

Do outro lado, existem aqueles que se deixam levar pela imaginação grandiosa, pelas fantasias que melhor correspondem a seu gosto e disposição momentâneos. Eles irão rejeitar a razão humana como guia, e o fanático irá se entregar cegamente às supostas inspirações do espírito. São seres tomados por uma confiança e presunção acima do normal. David Hume conclui: "A esperança, o orgulho, a presunção, uma imaginação cálida, ao lado da ignorância, são, portanto, as verdadeiras fontes do entusiasmo."

Grosso modo, assim estaria dividido o mundo pela ótica de Hume: de um lado, supersticiosos; do outro, entusiastas fanáticos. Ambos igualmente ignorantes, pois desprezam a razão humana. Sendo a superstição fundada no medo e na depressão do espírito, ela faz com que o homem recorra naturalmente a qualquer outra pessoa, considerada mais capaz que ele. O supersticioso confia a essa pessoa suas devoções. Ele necessita de algum intermediário entre seu medo e sua crença, nunca confiando em si mesmo. Hume explica a partir disso a origem da figura dos padres e afirma de maneira direta que "quanto mais forte for a mistura de superstição, mais alta será a autoridade do sacerdócio".

Já os entusiastas demonstram grande independência em sua devoção, com desprezo pelos rituais, pelas cerimônias e pelas tradições. Como afirma Hume, "o fanático consagra-se a si mesmo, atribuindo à sua fanática pessoa um caráter sagrado muito superior ao que os rituais e instituições cerimoniais podem conferir a qualquer outra". Para o filósofo, as religiões que partilham do entusiasmo são, desde sua origem, mais furiosas e violentas do que aquelas que partilham da superstição. Mas em pouco tempo se tornam mais suaves e moderadas, com o declínio do entusiasmo inicial. Já a superstição insinua-se de uma forma gradual e imperceptível, tornando os homens mansos e submissos. Por parecer inofensiva para o povo, ela acaba permitindo o crescimento de autoridade nas mãos dos líderes, que podem se transformar em tiranos ávidos por perseguições e guerras religiosas.

O exemplo citado por Hume é o da própria Igreja Romana, que avançou suavemente em sua conquista do poder, atirando toda a Europa em "lúgubres convulsões" a fim de conservar esse poder. Para Hume, "uma das características essenciais da religião católica romana é que ela precisa inspirar um ódio violento por todas as outras crenças, concebendo todos os pagãos, maometanos e hereges como objetos da cólera e da vingança divinas". Uma vez com o poder nas mãos, os líderes dos supersticiosos não aceitam muita concorrência.

De forma simplificada, a superstição seria uma grande inimiga da liberdade civil, pois torna os homens mansos e submissos, mais predispostos à escravidão. O antídoto seria desenvolver um autocontrole, moderação em todas as paixões, e um temperamento equilibrado — justamente como o próprio David Hume era descrito por amigos próximos. Ele mesmo afirmara que "para ser feliz, a paixão não deve ser nem demasiado violenta nem demasiado omissa". No primeiro caso, o espírito vive em constante agitação; no segundo, ele mergulha numa desagradável letargia. Hume diz: "Para ser feliz, a paixão deve ser alegre e jovial, não sombria e melancólica."

Em suas próprias palavras: "Quando o temperamento dos homens é suavizado e o seu conhecimento aprimorado, essa humanidade parece ainda mais conspícua e é a principal característica que distingue uma época civilizada de períodos de barbárie e ignorância." Sobre sua própria existência, Hume alegou no final da vida ter sido "um homem de disposições suaves, com desenvolvido autocontrole, de um temperamento afável, sociável e cordial, capaz de se envolver, mas pouco suscetível às inimizades, e de grande moderação em todas as paixões".

A origem das religiões

> *A religião primitiva da humanidade surgiu*
> *principalmente de um medo dos acontecimentos futuros.*
> (DAVID HUME)

Em *História natural da religião*, Hume trata das origens e das causas que produzem o fenômeno da religião. Hume encara todas as crenças religiosas como mero produto da natureza humana, ou seja, um resultado das paixões humanas mais primitivas e básicas, dos instintos naturais como medo e esperança. O filósofo não era ateu, e sim um deísta. Mas seus constantes ataques às crenças religiosas despertaram a ira de muitos crentes até que, em 1761, todas as suas obras acabaram no *Index** da Igreja Católica. Mergulhando nos seus escritos, não é difícil entender o motivo.

Para Hume, uma contemplação racional da natureza, com sua uniformidade, levaria à concepção de um criador único. Entretanto, ele reconhecia que "as primeiras ideias da religião não nasceram de uma contemplação das obras da natureza, mas de uma preocupação em relação aos acontecimentos da vida, e da incessante esperança e medo que influenciam o espírito humano". Os homens seriam guiados por algumas paixões até as crenças religiosas, mas não pela curiosidade especulativa ou o puro amor à verdade, motivos refinados demais, segundo Hume, para um entendimento tão grosseiro. Ele afirma: "As únicas paixões que podemos imaginar capazes de agir sobre tais homens incultos são as paixões ordinárias da vida humana, a ansiosa busca da felicidade, o temor de calamidades futuras, o medo da morte, a sede de vingança, a fome e outras necessidades." Agitados por esperanças e medos, e inseridos num cenário desordenado, os homens veem "os primeiros sinais obscuros da divindade".

Não escapou aos olhares atentos de Hume a característica humana de conceber todos os seres segundo sua própria imagem. Além disso, há uma tendência em transferir a todos os objetos as qualidades com as quais os homens estão familiarizados. Como exemplo, basta pensar nas faces humanas vistas na lua, as formas nas nuvens, ou a maldade e bondade que atribuímos a tudo que nos faz mal ou nos agrada, ainda que simples fenômenos naturais. Logo, a ansiedade em relação ao futuro desconhecido e a ignorância levam o homem à crença de que ele depende de poderes invisíveis, dotados de sentimentos e de inteligência. Segundo Hume, "quanto mais um homem vive uma existência governada pelo acaso, mais ele é supersticioso, como se pode particularmente observar entre os jogadores e os marinheiros". O medo e as angústias que a incerteza gera são insuportáveis para muitos. Hume conclui que "os homens ajoelham-se bem mais frequentemente por causa da melancolia do que por causa de paixões agradáveis".

---

* O "Índex de livros proibidos", cujo nome original era *Index Librorum Prohibitorum*, era a lista oficial de obras proibidas pela Igreja Católica por serem consideradas heréticas, obscenas ou contrárias à Igreja.

Uma característica que anda de mãos dadas com o medo é a adulação. O deus criado pelos homens por conta desse medo passa a ser visto como um protetor particular, e seus devotos tentarão por todos os meios obter seus favores. Transferindo as paixões humanas a esse deus, os crentes imaginam que ele ama o louvor e as lisonjas também, e não pouparão nenhum elogio ou exagero em suas súplicas. "À medida que o temor e a miséria dos homens se fazem sentir mais", argumenta Hume, "estes inventam, todavia, novas formas de adulação". Os deuses criados são representados como seres semelhantes aos homens, sensíveis e inteligentes, movidos por amor e ódio, suscetíveis às oferendas e às súplicas, às pregações e aos sacrifícios. Para Hume, aqui está a origem da religião e, consequentemente, da idolatria. Os semideuses ou seres intermediários, por serem ainda mais familiares à natureza humana, convertem-se no principal objeto de devoção. Se os gregos tinham seus heróis semideuses, os católicos criaram seus santos.

As disputas quase sempre violentas entre as diferentes religiões também foram analisadas por David Hume. Como "cada seita está convencida de que sua própria fé e seu próprio culto são totalmente agradáveis à divindade, e como ninguém pode conceber que o mesmo ser deva comprazer-se com ritos e preceitos diferentes e opostos, as diversas seitas acabam naturalmente em animosidade e descarregam umas contra as outras aquele zelo e rancor sagrados, que constituem as mais furiosas e implacáveis de todas as paixões humanas". Como exemplos, Hume cita "o espírito estreito e implacável dos judeus", os princípios ainda mais sangrentos dos seguidores de Maomé, e não poupa os cristãos, que teriam abraçado os princípios da tolerância por causa da "firme determinação dos magistrados civis, que se opuseram aos esforços contínuos dos padres e dos fanáticos". Além disso, Hume considera que "os sacrifícios humanos dos cartagineses, dos mexicanos e de muitas nações bárbaras raramente superaram a Inquisição e as perseguições de Roma e de Madri".

Apesar de deísta, Hume tinha muito receio do monoteísmo quando somado às superstições. Ele escreve: "A crença em um deus representado como infinitamente superior aos homens, ainda que seja completamente justa, é suscetível, quando acompanhada de terrores supersticiosos, de afundar o espírito humano na submissão e na humilhação mais vil, e de representar as virtudes monásticas da mortificação, da penitência, da humildade e do sofrimento passivo como as únicas qualidades que são agradáveis a deus." Os flagelos, os jejuns e a covardia se tornam os meios para obter honras celestiais. Como um dos exemplos dessa inversão de valores, Hume cita o caso do cardeal Belarmino, canonizado em 1930, que deixava as pulgas e outros insetos repugnantes grudarem nele, dizendo: "Ganharemos o céu como recompensa por nossos sofrimentos, mas estas pobres criaturas não têm mais que os prazeres da vida presente." O sacrifício passa a ser visto como uma virtude em si. Sofrer é o caminho que leva ao paraíso.

Ainda atacando as crenças católicas, David Hume afirma que "em todo o paganismo não há nenhum dogma que se preste mais ao ridículo que o da *presença real*, pois é tão absurdo que escapa a toda refutação". O filósofo conta a piada de um comungante que recebeu, por engano, uma moeda no lugar da hóstia sagrada, e após esperar um tempo para ela se dissolver, tirou-a da boca e gritou ao sacerdote: "Espero que não tenhas cometido um erro; espero que não me tenhas dado Deus Pai; é tão duro e tão resistente que não há modo de o engolir." Hume desabafa: "Essas são as doutrinas de nossos irmãos católicos." Para ele, no futuro provavelmente será "difícil convencer certas nações de que um homem, criatura de duas pernas, possa ter abraçado alguma vez tais princípios".

Nas palavras de Hume:

> Podemos observar que, apesar do caráter dogmático e imperioso de toda superstição, a convicção dos homens religiosos é, em todas as épocas, mais fingida que real, e apenas raramente e em certa medida se aproxima a firme crença e a firme convicção que nos governa nos assuntos comuns da vida. Os homens não ousam confessar, nem mesmo no seu íntimo, as dúvidas que os assaltam sobre estas questões: ostentam uma fé sem reservas e dissimulam ante si mesmos sua real incredulidade, por meio das mais categóricas afirmações e do mais absoluto fanatismo. Mas a natureza é mais forte que seus esforços e não permite que a luz obscura e pálida, surgida nessas sombrias regiões, iguale-se às impressões vívidas produzidas pelo senso comum e pela experiência.

A moral, mesmo a mais elevada, era vista por David Hume como independente das religiões: "Ainda no caso das virtudes que são mais austeras e mais dependentes da reflexão, como o espírito público, o dever filial, a temperança ou a integridade, a obrigação moral, tal como a compreendemos, descarta toda a pretensão a um mérito religioso; e a conduta virtuosa não é mais que aquilo que devemos à sociedade ou a nós mesmos." Para simplesmente pregar uma conduta moral, a religião não é absolutamente necessária. Por isso todas elas acabam criando vários dogmas absurdos. Para o crente, afinal, o que é puramente religioso é mais virtuoso. Se agir com integridade for uma demanda moral comum a todos, o religioso não pode se limitar a isso. Ele jejua ou se dá uns bons açoites, ajoelha no milho, sobe escadas de joelho, usa o cilício, qualquer coisa que, em sua opinião, tem uma relação direta com a assistência divina. Hume explica: "Por meio desses extraordinários sinais de devoção obtém, pois, o favor divino, e pode esperar, como recompensa, proteção e segurança neste mundo — e felicidade eterna no outro."

"Tudo o que enfraquece ou perturba as disposições interiores do homem favorece os interesses da superstição; e nada os destrói mais do que uma virtude viril e constante, que nos preserva dos acidentes desastrosos e melancólicos ou que nos ensina a suportá-los." Para Hume, "quando resplandece essa serenidade de espírito, a divindade jamais aparece sob falsas aparências". Eis o antídoto contra as superstições. A barbárie e a arbitrariedade são "as qualidades, ainda que dissimuladas com outros nomes, que formam, como podemos observar universalmente, o caráter dominante da divindade nas religiões populares". As religiões criam monstros, deuses cruéis que castigam, que punem, atormentando o sono dos crentes. Hume diz: "Quanto mais monstruosa é a imagem da divindade, mais os homens se tornam seus servidores dóceis e submissos, e quanto mais extravagantes são as provas que ela exige para nos conceder sua graça, mais necessário se faz que abandonemos nossa razão natural e nos entreguemos à condução e direção espiritual dos sacerdotes."

O medo é uma arma muito eficaz no controle das pessoas. Se a religião oferece conforto por um lado, por outro cria grilhões. "A crença na vida futura abre perspectivas confortáveis que são arrebatadoras e agradáveis. Mas como esta desaparece rapidamente quando surge o medo que a acompanha e que possui uma influência mais firme e duradoura sobre o espírito humano!"

A razão humana, ainda que um privilégio de nossa espécie, muitas vezes não é usada contra as paixões mais básicas. Dessa forma, as religiões prosperam. Conforme o filósofo:

> Observemos a maioria das nações e épocas. Examinemos os princípios religiosos que têm, de fato, vigorado no mundo. Dificilmente nos persuadiremos de que eles são mais do que devaneios dos homens. Ou talvez os consideremos mais uma brincadeira de macacos com a forma humana do que afirmações sérias, positivas e dogmáticas de um ser que se vangloria com o nome de racional.

O comércio civilizatório

O tom mais amargo de David Hume para falar de religião contrasta com seu perfil mais ameno e otimista para lidar com outros temas. Em uma nota autobiográfica, o próprio filósofo diz que se mostrava sempre mais disposto a ver o lado favorável das coisas, uma disposição de espírito que é mais valiosa do que nascer com uma boa renda anual garantida. Hume também sofreu muitos ataques por suas ideias, e confessou estar "vacinado contra as manifestações da insensatez popular".

Essa personalidade estaria alinhada com sua visão sobre a delicadeza do gosto e da paixão. Para Hume, grandes prazeres são muito menos frequentes que grandes dores, de forma que um temperamento sensível necessariamente se depara menos com os primeiros que com as últimas. Assim, a delicadeza de gosto deve ser desejada e cultivada na mesma medida em que a delicadeza da paixão deve ser lamentada — e combatida, se for possível. Ele explica o motivo: "Os acidentes bons ou maus da vida dependem pouco de nós; mas podemos escolher os livros que iremos ler, as diversões de que vamos participar e a companhia de que vamos desfrutar." Nesse sentido, o homem inteligente vai se esforçar para vincular sua felicidade a objetos que dependam da sua vontade.

Para debates dessa natureza, um ambiente de liberdade de expressão se faz necessário. "Nada surpreende mais um estrangeiro que a extrema liberdade de que desfrutamos neste país, de comunicar o que quisermos ao público, e de criticar abertamente qualquer medida decretada pelo rei ou por seus ministros." Hume via na imprensa um potencial poder moderador dos apetites:

> Frequentemente, o entusiasmo do povo precisa ser instigado, para que sejam refreadas as ambições da Corte; e o medo de que esse entusiasmo seja instigado precisa ser usado para prevenir essas ambições. Nada contribui tanto para esse fim como a liberdade de imprensa, graças à qual é possível usar todo o saber, inteligência e gênio da nação em benefício da liberdade, e animar todos a defendê-la.

Além disso, é preciso ter um ambiente de legislação decente, pois os mecanismos de incentivo têm inegável relevância. "Efeitos sempre corresponderão a causas; e uma legislação sábia é, em qualquer nação, a herança mais valiosa que pode ser legada às épocas futuras." As instituições estabelecidas contribuem para determinar o sucesso de uma sociedade, e uma república pode ser sabiamente governada dependendo mais da diferença das formas que regulam os homens do que do próprio caráter ou educação desses homens. Hume explica melhor: "Boas leis podem proporcionar a ordem e a moderação no governo, mesmo que os usos e costumes tenham incutido pouca humanidade ou justiça no caráter dos homens."

A avareza ou a ambição de determinados homens precisa ser restrita ou punida por um mecanismo institucional, mais do que depender da virtude dos governantes. "Uma constituição só é boa se ela oferece um remédio contra a má administração", afirma Hume. Ele questiona se a constituição é excelente, e argumenta que, se for esse o caso, então uma troca no ministério não pode ser um acontecimento tão terrível, pois é essencial que, seja qual for o ministro, essa constituição evite ao mesmo tempo que a violem e que haja quaisquer excessos na administração. Hume estava, aqui, antecipando em séculos a noção institucionalista de gente como Douglass North,* que ganhou o Nobel de Economia (1993) ao mostrar a importância dos arranjos institucionais para o sucesso de uma nação.

Sobre a origem do governo, Hume adotava visão pessimista (ou realista), com base em suas premissas da natureza humana. Segundo o filósofo, "o homem é distraído de seus interesses principais, mais importantes, porém, mais remotos, pela sedução de tentações imediatas, ainda que, muitas vezes, totalmente insignificantes". Essa grande fraqueza "é incurável na natureza humana". Para ele, a paixão do poder é tão forte no coração dos homens "que muitos não só se submetem a todos os perigos, como também os procuram, assim como as canseiras e exigências do governo; e, uma vez alcançada essa posição, embora muitas vezes sejam desviados por paixões pessoais, frequentemente encontram um interesse evidente na administração imparcial da justiça".

O governo começa, portanto, de forma mais acidental e imperfeita, provavelmente num ato de guerra mesmo, quando um homem ganhou ascendência sobre multidões. Mas a permanência continuada desse estado, algo que ocorre inclusive em tribos selvagens, "leva o povo à submissão; e, se por acaso o chefe for tão equânime quanto prudente e corajoso, ele se torna, mesmo em tempo de paz, o árbitro de todas as disputas, e pode gradualmente, como uma mistura de força e consentimento, consolidar a sua autoridade". A luta entre autoridade e liberdade permanece sempre; nesse conflito, para Hume, nenhuma das duas pode prevalecer de maneira absoluta.

---

* Economista norte-americano, North é considerado um dos fundadores da nova economia institucional.

De acordo com Hume, não há um contrato social original, e sim uma evolução. "Quase todos os governos que existem hoje ou dos quais existem registros na história se fundaram na usurpação ou na conquista, ou em ambas, sem pretensão alguma de um consentimento legítimo ou de uma submissão deliberada do povo." Isso não é desprezo pela ideia de consentimento na origem, apenas realismo: "Não é minha intenção aqui negar que o consentimento do povo, quando ele ocorre, é um fundamento justo do governo; na verdade, ele é seguramente o melhor e mais sagrado de todos. Afirmo apenas que ele ocorreu muito raramente, em qualquer grau, e quase nunca em toda a sua plenitude; e que, portanto, é forçoso reconhecer que existem outros fundamentos do governo." Essa visão está mais próxima daquela de Edmund Burke do que da de John Locke, como veremos adiante.

O que Hume sustenta é que as instituições precisam, com o tempo, restringir excessos e podar as paixões dos governantes. "A avareza ou o desejo de ganho é uma paixão universal que age em todos os tempos e lugares e sobre todas as pessoas." Essa constatação serve como base para toda a *Public Choice School*, a Escola das Falhas de Governo, que ganhou maior projeção com James Buchanan e Gordon Tullock. Trata-se de um ramo da teoria econômica em que os conceitos da economia de mercado são aplicados à política e aos serviços públicos. Ela critica a visão romântica de que o político é um servidor altruísta do interesse público em geral, substituindo-a por uma abordagem mais realista do comportamento humano. Em vez de conceder aos políticos um tratamento especial, a escolha pública os trata como meros agentes humanos que priorizam a satisfação do seu interesse pessoal.

Hume enaltece o trabalho e o comércio como fatores importantes para a civilização. "Tudo no mundo é conquistado através do trabalho; e as nossas paixões são os únicos motores do trabalho", afirma. Canalizar as paixões para trabalhos produtivos permite o sustento do próprio estado em suas funções básicas: "Quanto mais trabalho for empenhado além da satisfação imediata das necessidades básicas, mais poderoso será qualquer estado; já que as pessoas envolvidas nesse trabalho podem facilmente ser transferidas para o serviço público." Hume também sai em defesa da abertura comercial, muito antes de cunharem o termo globalização, e do consumo de objetos de luxo: "Num reino com importações e exportações em larga escala, haverá mais trabalho, e este será mais empregado em luxos e supérfluos que num reino que se contente com os seus produtos nativos. Portanto, esse reino será também mais poderoso, mais rico e mais feliz."

Ao compreender que economia não é um jogo de soma zero, Hume defende que as trocas comerciais são como a maré que pode levantar todos os barcos. "O crescimento das riquezas e do comércio em qualquer outra nação, em vez de prejudicar, geralmente estimula as riquezas e o comércio de todos os seus vizinhos; e um estado dificilmente consegue levar muito longe sua indústria e comércio quando todos os estados vizinhos estão atolados na ignorância, na preguiça e na barbárie."

David Hume acrescenta uma ideia que marxistas modernos ainda não foram capazes de absorver:

> Os homens se familiarizam com os prazeres do luxo e com os lucros do comércio; e a sua sensibilidade e diligência, uma vez despertadas, os levam a novos aprimoramentos, em todos os ramos do comércio, tanto o doméstico quanto o exterior. E talvez essa seja a principal vantagem que resulta do comércio com estrangeiros. Ele afasta a indolência dos homens; e, ao proporcionar à parcela mais opulenta da população artigos de luxo, com os quais ela nunca tinha sonhado, desperta nela o desejo de um estilo de vida mais esplêndido do que aquele desfrutado por seus ancestrais.

Em outras palavras, em vez de inveja pelas desigualdades, Hume convida o indivíduo a enxergar as vantagens para si próprio e para o progresso geral na riqueza alheia, mesmo aquela direcionada para o consumo de luxo supérfluo.

O luxo e o comércio contribuem ainda para o refinamento das pessoas. "O trabalho, o conhecimento e a humanidade se unem por um elo indissolúvel e se encontram peculiarmente, por meio da experiência e da razão, entre os indivíduos mais polidos e naquelas épocas que geralmente são consideradas as mais luxuosas." Para Hume, isso faz toda a diferença entre civilização e barbárie: o temperamento dos homens é suavizado e o seu conhecimento aprimorado.

Por apreciar o progresso material como indutor do refinamento humano, Hume não se demonstrava um saudosista, ainda que pudesse ver os defeitos de sua época. Ele fazia um alerta bem atual aos intelectuais que desprezam o "lixo moderno": "Manifestar-se contra o tempo presente e exaltar a virtude de ancestrais remotos é uma tendência quase inerente à natureza humana." Hume era capaz de constatar as mudanças positivas de seu tempo, e, em parte, creditava isso ao comércio.

Ele admite, porém, que uma "desproporção muito grande entre os cidadãos enfraquece qualquer estado". Eis o motivo: "Quando as riquezas são detidas por poucos, estes precisam contribuir de forma mais intensa para a satisfação das necessidades públicas. Mas, quando a riqueza se distribui entre a multidão, a carga fica mais leve sobre todos os ombros, e os impostos não representam uma mudança significativa no estilo de vida de qualquer um." Além disso, há o risco de excessiva concentração de riqueza levar também à concentração de poder. Segundo o filósofo, "quando as riquezas estão concentradas em poucas mãos, estas devem usufruir de todo o poder, e assim tenderão a conspirar para que toda a carga tributária recaia sobre os pobres, o que irá oprimi-los ainda mais, desestimulando o trabalho".

Com base nessa visão, Hume chega a defender até o luxo vicioso; seria algo menos ruim do que a alternativa de tentar aboli-lo: "Se banirmos o luxo vicioso, sem curarmos a preguiça e a indiferença pelos outros, apenas diminuiremos o trabalho na sociedade, sem acrescentarmos nada em termos de caridade ou generosidade humana. Contentemo-nos, pois, em afirmar que, num estado, dois vícios opostos coexistindo podem ser melhores que um deles agindo sozinho; nunca diremos, porém, que o vício em si é vantajoso." Aqui Hume discorda de Bernard de Mandeville, que ficou conhecido por sua fábula das abelhas, sustentando que os vícios privados levariam a bens públicos.

Para Hume, há um limite nessa linha de raciocínio: "Quando excessivo, o luxo é fonte de muitos males; mas ele é em geral preferível à preguiça e ao ócio, que naturalmente ocorrem na sua ausência, e que são mais perniciosos tanto para os indivíduos quanto para a massa." Como em quase tudo, Hume coloca numa balança os prós e contras, concluindo com base em visões realistas, nunca utópicas, e aceitando a tese de que se as paixões são inevitáveis, precisam ser confrontadas umas com as outras para nenhuma se sobressair em demasia.

Hume, em suma, era contra utopias abstratas e revolucionárias: "Todos os planos de governo que implicam uma grande reforma dos costumes da sociedade são totalmente imaginários. Desta natureza são a *República* de Platão e a *Utopia* de Sir Thomas More." Ele rechaçava a pretensão racionalista dos engenheiros sociais, e também os que desejavam implodir todo o arcabouço civilizacional. Nessa longa passagem com a qual fecho a análise do filósofo, Hume, de forma profética, prevê o destino no caso de niilistas e hedonistas subversivos vencerem a batalha das ideias:

> Existe um grupo de homens, que recentemente se espalhou entre nós, que se esforçam em serem reconhecidos simplesmente por ridicularizar tudo aquilo que até aqui parecia sagrado e venerável aos olhos da

humanidade. A razão, a sobriedade, a honra, a amizade e o casamento são alguns dos temas permanentes de sua pilhéria; e até mesmo o espírito público e a preocupação com o nosso país são tratados como coisas quiméricas e românticas. Se os esquemas desses antirreformistas prevalecessem, todos os laços da sociedade precisariam ser desfeitos, abrindo caminho para a indulgência de uma alegria eufórica e licenciosa; a companhia de bêbados e pândegos seria preferível à de um amigo ou irmão; a prodigalidade dissoluta avançaria em detrimento de tudo o que fosse valioso, nas esferas pública e privada; e os homens teriam tão pouco zelo por qualquer coisa além deles mesmos que, por fim, uma livre constituição do governo se tornaria algo totalmente impraticável na humanidade, que degeneraria num sistema universal de fraude e corrupção.

Colóquio – Quem foi Hume?

Participei de vários colóquios do Liberty Fund, e num deles fui o diretor. Escolhi como tema justamente David Hume, pois já tinha participado de outro sobre o filósofo escocês e gostara bastante. Tive que produzir um relatório sobre os principais pontos debatidos, que uso como base aqui. A meu ver, ele deixa claro como Hume suscita talvez mais dúvidas do que certezas, e esse era mesmo seu intuito.

Um filósofo presente no debate, especialista em Hume, mencionou que ele tentou trazer para as ciências sociais a abordagem newtoniana das ciências naturais. Mas outro participante nos deixou informados de que ele não era um positivista. É interessante porque Hume pensou que a razão era influenciada — e possivelmente controlada — por paixões. É muito difícil manter o governo impessoal, e Hume sabia disso. Por isso, ele apoiou instituições e não o poder arbitrário usado pelos homens. Hume não achava que era possível se livrar das paixões, então ele tentou usar paixões melhores para superar as piores. Ele considerou os homens imperfeitos e é por isso que ele era um "constitucionalista", apoiando instituições em vez de homens.

Uma suposta contradição do pensador escocês foi apontada: as premissas de Hume levam à necessidade do governo, mas ele criou uma utopia, algo que ele definitivamente era contra. Hume não provou a necessidade do governo. Esse era um ponto de vista libertário. No entanto, um filósofo imediatamente questionou se é certo colocar Hume em um grupo utópico, porque ele era um reformista. Hume mostra a necessidade do governo por causa das imperfeições da natureza humana. A justiça é a razão pela qual precisamos de governo, e é algo que remonta a Aristóteles. A visão cética de Hume é importante para que possamos evitar as utopias, e seu ataque ao racionalismo é duro para Rousseau, com sua "vontade geral" que ignora a complexidade humana.

Outro participante disse que é difícil ignorar a influência de Montesquieu* nesses ensaios. Hume começou a investigar a política do autor de *Do espírito das leis* e mergulhou em tópicos polêmicos. O sistema da Justiça deveria proteger a propriedade privada. Esse era o ideal por trás de tudo. Mas é provavelmente impossível projetar um sistema completo em uma realidade complexa para Hume. Por isso ele era o oposto de utópico. Ele entendeu a incapacidade dos homens de construir um sistema perfeito a partir de seres imperfeitos.

Um historiador lembrou que os escritos mais famosos de Hume eram sobre a História da Inglaterra, não suas visões filosóficas. Hume destruiu a abordagem racional cartesiana e colocou a tradição no centro da importância. Não era utópico, mas um pensador fundamentado na realidade. Hume foi guiado pela tradição e pelo bom senso. Sua visão cética levou ao apoio do liberalismo como uma reflexão teórica, não uma aventura utópica.

Para ler seus estudos anteriores sobre a natureza humana, é importante entender seus últimos ensaios sobre política. Não basta ter um governo se não podemos limitar as paixões perigosas dos seres humanos. David Hume não está apenas preocupado com o modelo do governo, mas com o comércio que pode impedi-lo de ser arbitrário. Para Hume, era importante construir ou manter instituições fortes, por isso não precisamos depender da bondade das pessoas no poder. Essa é uma mensagem muito importante para o mundo hoje, quando muitas pessoas procuram "santos" para agir como salvadores da pátria, que por sua vez concentram muito poder.

Houve um debate interessante sobre "senso comum" e o que Hume quis dizer com isso. É independente da opinião da maioria; é algo certo, seja qual for a quantidade de apoiadores. Ou seria basicamente a opinião majoritária da sociedade? Se for o segundo, é difícil falar sobre "senso comum" no Brasil, por exemplo, porque seria

---

* Político, filósofo e escritor francês, Montesquieu ficou famoso pela sua teoria da separação dos poderes, atualmente consagrada em muitas das modernas constituições internacionais, inclusive a Constituição Brasileira.

contra a liberdade. Como podemos confiar no "senso comum" de um povo que ama o Estado? A abordagem empírica de Hume é difícil no Brasil, porque não temos uma tradição que respeite os fatos. Temos que mudar de opinião primeiro, para podermos mudar de governo mais tarde. Muitos participantes pareciam ainda mais céticos do que Hume no que diz respeito à liberdade do Brasil. Um participante disse que o Brasil tem milhões de "sensos comuns" e que a Inglaterra na época de Hume tinha apenas cinco milhões de pessoas. Como encontrar o bom senso? Os juízes historicamente tentaram fazê-lo de baixo para cima, isto é, nas tradições aceitas. Mas e se essas tradições forem contra a liberdade, como no Brasil?

Outra discussão interessante foi sobre a diferença entre o tempo de Hume e agora em relação ao papel do Estado. Na época dele, era para manter a sociedade longe do inferno; hoje a função, para a maioria das pessoas, é trazer o paraíso para a terra. Essa visão romântica nos leva a um governo quase ilimitado, porque "é bom", não um mal necessário. A concepção moderna de que o Estado é sinônimo de "nós" está por trás de muitos problemas para a sociedade. Hume é muito útil para lembrar que o Estado não é o mesmo que "nós", mas sim "eles", com o uso de poder e coerção.

A visão de Hume sobre o comércio foi muito celebrada e um participante disse que era vital para a visão de Adam Smith contra o trabalho escravo. Um filósofo mencionou a visão de Hume sobre o comércio como uma instituição pacífica que adoça as relações das pessoas. Matt Ridley com seu *O otimista racional* (Editora Record, 2014) defende a mesma teoria — que é Hume em essência: ideias "fazem amor" e melhoram a condição da vida, inclusive em termos de violência. Um libertário tentou "agarrar" Hume para seu lado e disse que não era um liberal-conservador, mas um "libertário prudente". Hume rejeita o estado natural de Hobbes e apoia que uma sociedade sem governo seria a mais natural. Contrato social é outra ideia rejeitada por Hume: governo é sempre medo, não acordo. Se fosse possível ter um governo apenas por livre acordo, seria o mais sagrado. Outro participante perguntou por que o Estado deveria intervir se os indivíduos estão mudando voluntariamente as coisas por meio do comércio, e Hume estava certo ao afirmar que é uma maneira pacífica de aumentar as relações. A política poderia colocar a liberdade em perigo, enquanto o livre-comércio faria o oposto.

Mas um economista mais cético falou sobre o argumento do jurista, empresário e abolicionista Lysander Spooner de que precisamos da assinatura de cada homem para ter um governo legítimo. Quão utópico é isso? Hume aprovaria? Outro participante mencionou uma confusão comum entre consentimento e obediência:

autoridade e instituições são importantes para a ordem e a liberdade. Se os liberais ignoram isso, existe o risco de anomia, de caos. Se, como minha assinatura não está presente no "contrato social", posso fazer o que eu quiser, então estamos diante de uma sociedade bárbara. Hume não estaria de acordo com essa visão radical.

Houve um debate interessante sobre a visão de Hume acerca do entusiasmo e da superstição. Como ele afirmou, o entusiasmo é perigoso no começo, mas, a longo prazo, é um melhor amigo da liberdade. Um filósofo usou Hume para mostrar que o entusiasmo pode construir um Estado aceito mais tarde, mencionando o grupo terrorista Estado Islâmico hoje. Outro disse que, para Hume, o entusiasmo é o protestantismo e a superstição é o catolicismo, mas ele não queria ser tão direto. Para Hume, a única solução é separar o estado da religião. Se eles tiverem o poder, eles o usarão e haverá problemas.

O argumento de Hume sobre a importância do luxo no progresso da sociedade é relevante para negar a visão igualitária dos espartanos, que os demagogos usam com tanta frequência. Se alguns têm muito e muitos têm pouco, isso é justo ou bom? Hume mostra que o luxo é importante para o comércio e as artes. Um participante pensa que a visão de Hume sobre o luxo não poderia antecipar o capitalismo de produção em massa que possuímos hoje, e essa é provavelmente a melhor crítica da esquerda sobre o capitalismo: uma sociedade materialista que seduz os consumidores para longe de valores mais espirituais. Burke, por outro lado, via o luxo como algo que poderia aumentar os gostos e tinha uma função civilizacional, assim como Hume. O capitalismo pode tratar as pessoas como coisas, mas as alternativas são muito piores, como mostraram os modelos dos coletivistas. É uma angústia humana global sobre o supérfluo e o significado da vida; não se trata da lógica capitalista. É inútil culpar o sistema.

O comércio gera riqueza e inovação; é uma competição que faz com que cada um tente o seu melhor em busca da excelência. Alguém disse que o ódio do luxo pode ser algo que vem de Cristo. Mas a visão elitista de Hume sobre as artes está correta? A democracia realmente deteriorou o gosto? Hume escreveu antes do consumo em massa e não viu a era da abundância. A abundância não necessariamente leva ao liberalismo, mas, como disse Schumpeter,* poderia criar

---

* Economista e cientista político austríaco, Schumpeter é considerado um dos mais importantes economistas da primeira metade do século xx, e foi um dos primeiros a considerar as inovações tecnológicas como motor do desenvolvimento capitalista.

uma geração separada das causas da riqueza (como crianças mimadas). Primo Levi foi mencionado para lembrar que os nazistas que tinham bom gosto pelas artes, mas eram pessoas monstruosas. Eles ouviam Mozart à noite e matavam judeus pela manhã. David Hume era como alguém tentando inferir probabilidades na análise empírica. Um indivíduo poderia ter bom gosto e fazer parte de regimes totalitários, mas o comércio geralmente tende a criar mais liberais e pessoas de mente aberta. Não podemos separar política, economia e cultura em termos de refinamento das artes. O sucesso da Inglaterra ilustra isso: ela era pobre e bárbara e depois se tornou um império.

Devemos aceitar o mercado como juiz final do gosto? Hume achou que os especialistas eram mais adequados para julgar. Os mercados "escolhem" escritores populares em vez de melhores. Então a visão de Hume era elitista? Provavelmente. Mas é a democracia um juiz melhor do gosto? Devemos defender o livre mercado porque seu gosto é melhor? Hume pode ser usado para condenar os relativistas que deformam as artes, dizendo que "tudo é arte" e os transformam em ideologia, para apoiar a mediocridade contra o que é obviamente melhor. O filósofo escocês jamais aceitaria o lixo como arte, porque a beleza existe e devemos tentar encontrá-la, além de melhorar nosso senso de beleza. Não é, pois, uma questão de opinião da maioria.

Hume era cético em relação a reformar a educação e o caráter humano do zero, como Rousseau gostaria. Os homens devem ser virtuosos antes de refinar seu caráter. Hume não apreciava nenhuma "seita" filosófica e, provavelmente, devemos usar cada uma delas como parte de nossa visão geral, mais moderada. Existem duas dimensões da natureza humana para Hume: (I) o indivíduo que tem em sua natureza uma predisposição para refinar seu caráter, e (II) aquele que precisa fazê-lo por hábitos automáticos. Mas ele era cético em relação à idealização da educação de fora, como Trotsky pensava ser possível (transformar alguém em um Goethe, por exemplo). Um participante acha que Hume oferece maneiras diferentes para pessoas diferentes encontrarem excelência e desenvolverem seu caráter na vida. A sociedade aberta é a melhor para uma natureza humana plural. A visão de Kant de que ninguém pode nos ensinar a ser felizes à sua maneira já estava em Hume. Com suas diferentes características, o indivíduo é o que afinal importa.

É necessário ser uma pessoa boa e virtuosa para defender ideias corretas? David Hume deve ser visto como alguém que poderia ser virtuoso, apesar de suas visões religiosas na época — o agnóstico virtuoso. Mas nem todo mundo pensava assim: Samuel Johnson não via Hume tão virtuoso, mas alguém vaidoso. Hoje, Hume é mais "domesticado", porque suas opiniões são agora mais aceitas, mas na época ele era um filósofo radical, "demoníaco" até. Sua retórica era necessária para conquistar os leitores. A autobiografia de Hume foi um exercício de retórica para melhorar sua imagem, e ao final ele teve sucesso nesse esforço, porque ainda o chamamos de "o bom David".

A batalha de Hume pela virtude foi travada contra a visão de Mandeville sobre o egoísmo e os vícios como suficientes para uma boa sociedade. Hume parece ser alguém entre um dogmático e um relativista. Hume é realista e destrói nossas "certezas". E a realidade é maior do que qualquer ideologia fixa. Hume é um ótimo remédio para a utopia. Ousado no pensamento, conservador na ação: esse é David Hume. Uma no cravo, outra na ferradura, como bem resumiu o economista Rubem Novaes, um dos ilustres participantes do colóquio.

Adam Smith

O pai do liberalismo

Um dos principais pensadores do iluminismo, Adam Smith nasceu na Escócia em 1723. Smith era, acima de tudo, um moralista, ou seja, um filósofo que analisava a natureza humana. No entanto, tornou-se mais conhecido como o pai da economia moderna, e o precursor do liberalismo econômico. Seu trabalho mais famoso, sobre a riqueza das nações, veio depois, mas quase duas décadas antes ele já tinha produzido um monumental estudo sobre os sentimentos morais.

Smith defendia a ampla liberdade, pois, após suas análises empíricas da economia e do homem, concluiu que este era o caminho mais adequado para a prosperidade de uma sociedade. "Pouco mais é necessário para levar um estado, da mais absoluta barbárie ao mais alto grau de opulência, do que paz, poucos impostos e uma tolerável administração da justiça: todo o resto é produzido pelo curso natural das coisas", escreveu.

Apesar de ter sido publicado apenas em 1776, *A Riqueza das Nações* começou a ser preparado muito antes; sua produção é anterior, inclusive, à da publicação de *Teoria dos Sentimentos Morais*, de 1759. Como os demais iluministas britânicos, Smith era, acima de tudo, um filósofo moral. Foi até mesmo acusado por Schumpeter de "moralizar" demais a economia, ao não dissociá-la da ética e da política.

Alguns acham que há incongruências entre os "dois" autores — o "jovem" Adam Smith, focado na empatia e nos valores morais, e o "maduro", que defendia a "mão invisível" do mercado, ou seja, o egoísmo como motor do bem geral. Os dois livros, no fundo, reforçam a mesma mensagem: a de que os indivíduos, num ambiente de liberdade, imersos em valores éticos, acabam produzindo o bem geral. A preocupação de Smith é com o resultado para a sociedade, sempre preservando a liberdade do indivíduo.

Seus detratores, porém, gostam de apontar Adam Smith como o defensor do egoísmo, aquele que deu um verniz filosófico à ambição desmedida. Será que isso é justo?

As abelhas de Mandeville

> *Aquilo que de pior existe em cada um contribuiu alguma coisa para o bem comum.*
> (BERNARD DE MANDEVILLE)

Publicado pela primeira vez em 1714 e numa versão mais completa em 1723, *A fábula das abelhas*, de Bernard de Mandeville, causaria uma reação tamanha que vários pensadores importantes comentaram a obra — e ainda o fazem. O outro título usado pelo autor foi *Vícios Privados, Benefícios Públicos?*, o que já dá uma ideia melhor do seu conteúdo central. Mandeville defendia que aquilo entendido como vício pelos homens — como ganância, inveja, vaidade e orgulho — era fundamental para a prosperidade da nação. O desejo humano na busca do autointeresse teria como consequência não intencional um caráter estabilizador para a sociedade.

O "bem comum" não seria um produto da retidão das pessoas, de suas virtudes, mas sim dos seus vícios individuais. Mandeville tentou explicar a origem da moral como uma domesticação da mente selvagem. O comportamento dito moral teria surgido das reações de criaturas egoístas às opiniões de outros porque essas opiniões têm consequências tangíveis significativas para o seu próprio bem-estar. Para Mandeville, uma das maiores razões para tão poucas pessoas se compreenderem é porque os escritores estão sempre ensinando como os homens *deveriam ser*, enquanto poucos se dão ao trabalho de mostrar como eles realmente *são*.

A *Fábula* conta, de forma irônica, como os vícios de cada abelha em particular eram vitais para a pujança econômica da colmeia como um todo. No entanto, pregando como ideal as virtudes e condenando os vícios, as abelhas acabaram tendo seu pedido atendido, e seu deus colocou um fim nos vícios. Todos eram virtuosos agora. Mas não foi preciso muito tempo para que o desemprego começasse a surgir em larga escala, e a economia da colmeia ficasse totalmente estagnada. Mandeville pretende mostrar a importância dos vícios, mas deixa claro que, apesar destes serem inseparáveis das grandes sociedades, e que é impossível a riqueza sobreviver sem eles, os membros particulares da sociedade que são culpados de algum vício devem ser reprovados ou mesmo punidos quando viram crimes. Ou seja: é aceito que os vícios são a força motora do crescimento econômico, mas nem por isso deixa-se de combater seus excessos. O alvo de Mandeville era aparentemente os moralistas que pintavam o homem como anjos. Seu texto pode até ser visto como um *reductio ad absurdum* desse moralismo, mostrando como seria na prática uma sociedade habitada somente por "santos" que abdicam de seus próprios interesses, de sua ganância.

Um dos grandes pensadores que criticou a obra de Mandeville foi justamente Adam Smith. Em *Teoria dos sentimentos morais*, ele diz:

> O Dr. Mandeville considera que tudo o que se faz por senso de conveniência, por respeito ao que é recomendável e louvável, se faz por amor ao louvor e à aprovação, ou, como ele diz, por vaidade. Observa que o homem naturalmente está muito mais interessado em sua própria felicidade do que na de outros, e que é impossível, em seu foro íntimo, preferir realmente a prosperidade destes à sua própria. Quando aparenta preferir a de outros, podemos estar certos de que nos ludibria, e de que está agindo pelos mesmos motivos egoístas como todas as outras vezes. Dentre todas as suas outras paixões egoístas, a vaidade é uma das mais fortes, e sempre fica facilmente lisonjeado e intensamente deliciado com os aplausos dos que o rodeiam.

Adam Smith, porém, afirma que o desejo de fazer o que é honroso e nobre, de nos convertermos em objetos apropriados de estima e aprovação, não pode ser chamado de vaidade. O amor à verdadeira glória, segundo Smith, é diferente da paixão da vaidade simples, pois é uma paixão "justa, razoável e equitativa, enquanto a outra é injusta, absurda e ridícula". Ele explica: "O homem que deseja estima por algo realmente estimável nada mais deseja senão aquilo a que com justiça tem direito, e aquilo que não lhe pode ser recusado sem que se cometa alguma espécie de ofensa." Nesse sentido, até o que finge merecer estima reconhece o que é estimável. A frase de La Rochefoucauld expressa isso com perfeição: "A hipocrisia é a homenagem que o vício presta à virtude."

O filósofo escocês coloca o dedo no nervo da questão: "É a grande falácia do livro do Dr. Mandeville representar cada paixão como inteiramente viciosa, em qualquer grau de sentido. É assim que trata como vaidade tudo o que guarde alguma referência com o que são ou deveriam ser os sentimentos alheios; e é por meio desse sofisma que estabelece sua conclusão favorita, de que vícios privados são benefícios públicos." No entanto, após a mordida, Adam Smith assopra, afirmando que "por mais destrutivo que esse sistema possa parecer, jamais poderia ter ludibriado tão grande número de pessoas, nem provocado um alarme tão generalizado entre os amigos dos melhores princípios, se não tivesse em alguns aspectos bordejado a verdade".

O pensador austríaco Friedrich von Hayek contribuiu para resgatar a obra de Mandeville. Um dos pontos que merece ser destacado é o fato de que ações individuais geram resultados não intencionais. Não é preciso chegar a defender vícios como virtudes, pois basta reconhecer que ações voltadas para a própria felicidade podem acarretar o bem comum. Mas nada impede que esses indivíduos sejam virtuosos, seguindo um parâmetro ético de comportamento. A ética lida com aquilo que *pode ser*, diferentemente daquilo que *é*. Falar em ética é falar em escolha individual. Como escreve Eduardo Giannetti em seu livro *Vícios Privados, Benefícios Públicos?*, "as regras do jogo e a qualidade dos jogadores são os dois elementos essenciais de qualquer sistema econômico". Giannetti acredita que é uma "ilusão supor que o autointeresse dentro da lei é tudo o que o mercado precisa para mostrar do que ele é capaz na criação de riqueza". Afinal, "nenhum ordenamento moral conseguiria manter-se baseado *apenas* na imposição, por parte da autoridade estatal, de leis coercitivas sobre um conjunto de indivíduos isolados e recalcitrantes". O medo não basta. A punição não é suficiente. O caráter da população importa. O capital humano é fundamental. A confiança mútua facilita muito. A ética conta. Como disse Benjamin Disraeli, "quando os homens são puros, as leis são inúteis; quando os homens são corruptos, as leis são quebradas".

Isso não quer dizer, de forma alguma, que a tentativa de se "corrigir" a natureza humana, imposta de cima para baixo, seja desejável. O século XX já mostrou com os horrores do nazismo e do comunismo o que a "engenharia" do caráter faz. David Hume já havia alertado que "todos os planos de governo que pressupõem uma grande reforma na conduta da humanidade são claramente fantasiosos". Isso não nos impede, entretanto, de buscar enaltecer as virtudes humanas num ambiente de liberdade individual. Para Giannetti, seria a volta do senso comum: "virtudes privadas, benefícios públicos".

O hedonismo de Epicuro

O fruto mais saboroso da autossuficiência é a liberdade.
(EPICURO)

Ao lado de Platão e Aristóteles, Epicuro foi um dos principais filósofos da Grécia Antiga. A escola que ele fundou permaneceu aberta por quase oito séculos. Suas ideias influenciaram muitos pensadores modernos, sobretudo aqueles vinculados ao iluminismo. Entretanto, as críticas à sua filosofia de vida foram ainda maiores. Muitas delas, a meu ver, injustas, como as que alegam um caráter libertino e irresponsável de sua filosofia.

De forma resumida, a doutrina de Epicuro é uma filosofia do prazer. Achar o caminho de maior felicidade e tranquilidade, evitando a dor, era a máxima epicurista. No entanto, não se trata da busca de qualquer prazer, tal como o associado ao hedonismo. Epicuro não faz uma defesa do *carpe diem* ou da libertinagem irresponsável. O prazer em questão não é nunca trivial ou vulgar. Na carta a Meneceu, Epicuro afirma que "nem todo o prazer é digno de ser desejado", da mesma forma que nem toda dor deve ser evitada incondicionalmente. A deturpação do conceito de prazer usado por Epicuro foi algo que ocorreu durante a sua vida; e ele teve, portanto, a oportunidade de rebater: "Quando dizemos então, que o prazer é a finalidade da nossa vida, não queremos referir-nos aos prazeres dos gozadores dissolutos, para os quais o alvo é o gozo em si. É isso que creem os ignorantes ou aqueles que não compreendem a nossa doutrina ou querem, maldosamente, não entender a sua verdade. Para nós, prazer significa: não ter dores no âmbito físico e não sentir falta de serenidade no âmbito da alma." Em outras palavras, a *ataraxia*.

O utilitarismo de Jeremy Bentham e John Stuart Mill irá numa linha muito parecida com a de Epicuro. Mill, por exemplo, afirma que "desde Epicuro até Bentham, todos os partidários da teoria da utilidade designaram pelo termo não algo que contrastasse com prazer, mas o prazer em si mesmo, bem como a ausência de dor; e, em vez de opor o útil ao agradável ou belo, sempre declararam que o termo designava precisamente estas coisas, entre outras". O uso popular, entretanto, estaria associado ao conceito de frivolidade, de "meros prazeres instantâneos", contrário ao que se pretendia dizer. Mill explica: "Quando assim atacados, os epicuristas sempre responderam que não são eles, mas seus acusadores, que representam a natureza humana sob uma luz degradante, já que a acusação supõe os seres humanos como incapazes de sentir um prazer distinto do que sentem os suínos."

Como se vê, a acusação de que o epicurista busca de maneira desenfreada os prazeres imediatos do corpo não faz sentido. Tampouco pega no epicurista a imagem de egoísta insensível fechado para o mundo. A satisfação egoísta a qualquer custo jamais poderia ser associada à filosofia de Epicuro, que depositava enorme importância na amizade. Para ele, "a faculdade de granjear amizades é de longe a mais eminente entre todas aquelas que contribuem para a sabedoria da felicidade". De fato, Epicuro demonstrou isso em sua vida, ao alimentar várias amizades. Por que, então, sua filosofia despertou tamanha reação negativa?

O doutor Sean Gabb, diretor da Libertarian Alliance, arrisca uma resposta em seu texto "Epicurus: Father of the Enlightenment", no qual ele sustenta a tese de que a filosofia epicurista é precursora do liberalismo clássico. Para Gabb, esta filosofia mexeu com poderosos interesses na época, pois o terror religioso vinha sendo cada vez mais utilizado para controlar as massas. A promessa de uma vida eterna e perfeita após a morte sempre foi um consolo poderoso para muitos, assim como a ameaça de punição eterna era uma poderosa arma. Uma filosofia que se dedica totalmente a esta vida — a única certa — não poderia ficar isenta de violentos ataques.

Epicuro comprou uma briga e tanto ao afirmar coisas do tipo: "É sem valor pedir aos deuses aquilo que nós mesmos podemos realizar." Muitas religiões pregam que o sofrimento durante a vida é algo nobre. Um ingresso para uma vida maravilhosa após a morte. Não é de espantar, portanto, ver os ataques passionais que uma filosofia defendendo a busca da felicidade mundana recebeu. Mas Epicuro estava mais preocupado em defender o que considerava útil aos homens nesta vida do que dar, "sob o caloroso aplauso da multidão", o seu "acordo em tolices".

Sendo o temor pela punição eterna uma das maiores causas de submissão às autoridades políticas e religiosas, parecia evidente que a filosofia de Epicuro encontraria muitos inimigos. Afinal, para Epicuro, quando nós existimos, a morte não existe, e quando a morte chega, nós não somos mais nada. Ele simplesmente não parecia muito preocupado com a morte, mas sim com a vida. E quando as pessoas estão voltadas para a felicidade em vida, torna-se mais difícil serem dominadas e controladas pelo medo da morte. Claro que surge a questão moral de quais seriam então os freios para os desejos na vida. Por que não matar ou roubar se isso parecer útil? Epicuro não dá, aparentemente, uma resposta satisfatória a essa pergunta. Ele diz apenas que "a vida do insensato é ingrata", em "constante agitação", e que o homem justo está livre desses distúrbios.

Não consta que ele tenha agido de forma injusta em sua vida, assim como muitos dos seus seguidores. Por outro lado, vários religiosos praticaram atos bárbaros justamente em nome da fé. Talvez o bom comportamento não dependa de fé divina. Respeitar os outros pode ser, afinal, do próprio interesse pessoal. A vida é melhor para todos, inclusive nós mesmos, quando há esse tipo de convívio. Será que os crentes que julgam estar somente na fé divina o freio para atos injustos, passariam a matar e estuprar se começassem a duvidar da existência de Deus? Não estariam dando um atestado de perversão os que pensam assim, dependendo somente do medo de punição divina para não praticar o mal?

É verdade que a questão filosófica colocada por Dostoiévski permanece: se Deus não existe, então tudo é permitido? Se não há absolutos, então o relativismo tende a se tornar exacerbado, e a vida deixa de ser sagrada. Eis o drama dos seculares, e basta observar o rumo da Europa para temer por essa perda de âncora divina. Mas há outro motivo para rejeitar o epicurismo, e ele pode ser encontrado naquilo que Adam Smith, em *Teoria dos sentimentos morais*, disse sobre o filósofo grego:

> Segundo Epicuro, a virtude também não mereceria ser buscada por si mesma, nem seria em si um dos objetos fundamentais de apetite natural; seria desejável apenas graças à sua tendência a evitar dor e proporcionar bem-estar e prazer. Na opinião dos outros três (Platão, Aristóteles e Zenão), ao contrário, a virtude seria desejável não apenas como meio de proporcionar os outros objetivos primários do desejo natural, mas como algo que em si mesmo seria mais valioso do que todos estes. Pensavam que, sendo o homem nascido para a ação, sua felicidade deve consistir não apenas no que há de agradável nas suas paixões passivas, mas sobretudo na conveniência de seus esforços ativos.

O utilitarismo faz sentido muitas vezes, pois a maioria de nós busca mesmo maximizar a própria felicidade. Mas se a utilidade entrar em conflito com a virtude, esta deve prevalecer. Antes dos resultados, vem o direito natural: Antes de se esquivar da dor e angústia, vem a busca da verdade. Antes do melhor para mim, vem o justo. A liberdade individual não deve ser defendida por ser a forma mais eficiente de maximizar felicidade — ainda que o seja —, mas sim *por ser a moralmente correta*. Além disso, uma filosofia que coloca o prazer como padrão de moralidade afirma que qualquer coisa que leva ao prazer é desejável. Não faz, portanto, distinção entre essas coisas. Se para alguém o prazer está em invadir uma propriedade e para outro está em defender tal propriedade, não há um critério objetivo nessa filosofia que mostre quem está moralmente certo. O utilitarismo seria, nesse aspecto, amoral.

A mão invisível

> *Quanto mais o Estado intervém na vida espontânea da sociedade, mais risco há, se não positivamente mais certeza, de a estar prejudicando.*
> (FERNANDO PESSOA)

Quando se fala em divisão de trabalho, logo vem à mente o nome de David Ricardo. Porém, antes dele, Adam Smith já havia tratado do assunto com profundidade em seu clássico *An Inquiry Into the Nature and Causes of the Wealth of Nations* [Uma investigação sobre a natureza e a causa da riqueza das nações], publicado em 1776. Logo no primeiro capítulo do livro, Smith explica em detalhes as grandes vantagens de cada indivíduo focar em uma tarefa específica, possibilitando enorme ganho de produtividade. Este se deve basicamente a três fatores: (I) o aumento das habilidades de cada trabalhador focado em sua exclusiva tarefa; (II) a economia de tempo normalmente perdido na transferência de uma espécie de trabalho para outra; e (III) pela invenção de maior número de máquinas que facilitam o trabalho e permitem que um único homem possa fazer o trabalho de vários.

Esta divisão de trabalho, da qual tantas vantagens são derivadas, não é originalmente um efeito da sabedoria humana que antecipa os benefícios e intencionalmente cria essa situação. Antes, é um processo gradual e lento, consequência da propensão da natureza humana em trocar uma coisa por outra. Os homens não são inteiramente independentes na satisfação de todas as suas necessidades, e acabam dependendo das trocas entre si. O grande *insight* de Adam Smith foi perceber que seria tolice esperar aquilo que se necessita dos outros apenas por meio de sua benevolência. Será mais bem-sucedido aquele que despertar o interesse próprio do outro, mostrar que é por sua própria vantagem que ele deve oferecer aquilo que o outro demanda. "Não é da benevolência do açougueiro que esperamos nosso jantar, mas de sua preocupação com seu próprio interesse" — essa famosa mensagem de Smith é capaz de resumir isso. Não esperamos seu esforço em nos atender pelos aspectos humanitários, mas sim pelo seu amor-próprio, e não devemos falar com ele sobre nossas necessidades, mas sim sobre suas próprias vantagens.

O realismo em relação a essa tendência individualista dos homens já está presente na outra célebre obra de Adam Smith, *Teoria dos sentimentos morais*. Nela, Smith supõe um terremoto que devasta a longínqua China, e imagina como um humanitário europeu, sem qualquer ligação com aquela parte do mundo, seria afetado ao receber a notícia dessa terrível calamidade. Antes de tudo, ele iria expressar intensamente sua tristeza pela desgraça de todos esses infelizes. Faria "reflexões melancólicas sobre a precariedade da vida humana e a vacuidade de todos os labores humanos, que num instante puderam ser aniquilados". Mas quando toda essa bela filosofia tivesse acabado, "continuaria seus negócios ou seu prazer, teria seu repouso ou sua diversão, com o mesmo relaxamento e tranquilidade que teria se tal acidente não tivesse ocorrido". Em contrapartida, o mais frívolo desastre que se abatesse sobre ele causaria uma perturbação intensa e real. Uma simples dor de dente poderia incomodá-lo mais do que a ruína de centenas de milhares de pessoas distantes. Não adianta sonhar com um homem diferente, mas irreal.

A certeza de que será capaz de trocar seu excedente produzido pelo excedente produzido por outros, e de que ele necessita, encoraja cada homem a se dedicar a uma ocupação específica, e buscar a excelência no talento que ele possa ter para uma espécie particular de negócio. Eis um dos belos efeitos da divisão do trabalho, que possibilita o florescimento da genialidade, perfeição e talento distinto em determinadas tarefas, por meio do hábito e da educação, com indivíduos focados em negócios específicos.

Cada indivíduo irá buscar aplicar da melhor forma possível seu capital, tendo como objetivo a própria satisfação. E ao direcionar seus esforços e capital para aquela indústria que produza o maior valor possível, ele pretende apenas gerar seu próprio ganho, e nisso ele é guiado por uma "mão invisível" que promove um resultado que não fazia parte de sua intenção.

Em suma, na busca por satisfazer os próprios interesses, o resultado acaba sendo benéfico para a maior parcela dos indivíduos. Adam Smith reconheceu que nunca soube de algo tão bom produzido por aqueles que afetam as trocas em nome do "bem geral". Admiráveis e fantásticas foram as inovações advindas do poder dessa "mão invisível". A criação de um simples — porém útil — lápis seguiu essa trajetória. Foi possível pelo labor de inúmeros indivíduos, cada um focado em uma determinada tarefa para o próprio benefício. Não havia *a priori* um planejamento central a zelar por sua criação. O grafite, o aço, a borracha, as máquinas necessárias, tudo foi surgindo, sendo descoberto, desenvolvido por infinitos homens que apenas desejavam satisfazer as próprias demandas, sem noção de que um dia aquilo tudo levaria ao surgimento do lápis. Esse "milagre" humano está presente na esmagadora maioria das criações que tanto progresso trouxe para a humanidade.

Esta lógica serve para criticar muitos tipos de intervenção do governo no comércio, como o protecionismo defendido pelos mercantilistas da época. Se a produção doméstica pode ser feita tão barata quanto a estrangeira, então a regulação é inútil; do contrário, ela será ineficiente. Todo pai de família compreende esta máxima, de não tentar fazer em casa aquilo que custará mais do que comprar de fora. Por intermédio da "mão invisível" da economia, cada um irá investir na indústria na qual possa receber os melhores retornos, em que exista vantagem comparativa. Dessa forma, o resultado geral tende a ser maior. A lógica serve para derrubar também os argumentos dos defensores de um grande planejamento centralizado, que deposita numa suposta clarividência de poucos o destino da nação. Quando a mão visível do Estado destrói a "mão invisível" do livre mercado, o progresso acaba enterrado também.

O ranço mercantilista

> *Se a produção doméstica pode ser realizada tão barata quanto a indústria estrangeira, a regulação é evidentemente inútil; se não pode, ela deve geralmente ser ineficaz.*
> (ADAM SMITH)

O mercantilismo foi bem definido pelo economista canadense Jacob Viner como "o corpo de doutrinas que expunha e, na prática, empregava meios pelos quais o governo podia forçar o interesse privado, submetido a taxas, impostos de exportação e importação, proibições várias, subsídios e outras medidas coercitivas e regulatórias, a se exercer no sentido de aumentar a riqueza nacional e o poder nacional". Conforme o embaixador José Oswaldo de Meira Penna* muito bem

---

* Diplomata e escritor brasileiro. Foi um expoente do liberalismo e do conservadorismo no Brasil, além de um dos maiores defensores da criação de cursos universitários e de centros de estudos dedicados à análise das relações internacionais no Brasil.

colocou, os mercantilistas não estavam interessados em economia, mas em poder nacional. Na teoria do mercantilismo estava expresso, como Meira Penna explica em *O dinossauro*, "o reconhecimento de que a riqueza econômica constitui um instrumento da política de segurança e expansão do poder nacional". A xenofobia é uma característica essencial do sistema. À época do clássico de Adam Smith sobre a riqueza das nações em 1776, o mercantilismo era tanto a teoria como a prática dominante. Seu livro foi uma excelente munição lógica contra tal doutrina irracional.

Durante o reinado de Luís XIV, as finanças francesas ficaram sob o comando de Jean-Baptiste Colbert, um dos grandes defensores da doutrina mercantilista. Colbert acreditava que a chave para o sucesso era a expansão do comércio, mantendo sempre um saldo superavitário na balança. Suas políticas incluíram o direcionamento de capital para empresas exportadoras, assim como medidas de substituição de importações, como tarifas protecionistas e até mesmo a proibição de comércio estrangeiro nas colônias francesas. Em resumo, um enorme dirigismo estatal focado no aumento das exportações.

O excesso de intervenção estatal asfixiou os comerciantes franceses, e a indústria doméstica foi negligenciada. Colbert ignorava certos conceitos econômicos básicos, como a identidade entre balança comercial e conta de capital. As exportações, no fundo, são os recursos usados para o pagamento das importações. O foco obsessivo no saldo da balança comercial ignora os efeitos na conta de capital, assim como a eficiência da alocação dos finitos recursos. Se o superávit comercial fosse o segredo para o sucesso, os Estados Unidos seriam um grande fracasso, enquanto os países do Oriente Médio seriam os ícones do êxito. O déficit comercial americano ultrapassa 700 bilhões de dólares, e creio que ninguém teria como preferência o modelo econômico de uma Arábia Saudita, por exemplo.

Recentemente, temos visto uma grande celebração com os recordes de saldo comercial brasileiro. Isso é uma herança da mentalidade mercantilista. Ora, o Brasil, um país pobre em desenvolvimento, está na verdade exportando poupança. Se o país importa menos que exporta, significa que não está achando boas alternativas de investimentos domésticos, e esse saldo é enviado para o exterior pela conta capital. Em um país como o Japão, de população mais rica e velha, faz mais sentido o superávit comercial. Os japoneses financiam investimentos em outros lugares do mundo. Mas no caso brasileiro o ideal seria importar mais, e não comemorar as baixas alternativas de investimento produtivo no país, fazendo com que os recursos busquem melhores opções em outros lugares.

Ocorre que a doutrina mercantilista está enraizada na cultura brasileira. Isso explica, inclusive, aberrações como monopólio estatal em importantes setores da economia. Meira Penna lembra que "nos fundamentos morais do mercantilismo, destacavam-se a desconfiança com a 'avareza' e 'usura' dos comerciantes burgueses; o desprezo em relação à preguiça, inércia e estupidez do povo trabalhador; e o orgulho da classe nobre, ociosa e privilegiada". É difícil ler essas palavras sem pensar no caso brasileiro, em que o empresário é visto como explorador e o parasita do governo como salvador. O ranço da visão mercantilista é tão forte que o ex-presidente Lula discursava apelando para a retórica de que sempre que ia ao exterior conseguia aumentar as exportações brasileiras, como se o governo fosse o responsável pelas exportações, não a competitividade das empresas.

Uma das premissas básicas por trás do mercantilismo é a absurda ideia de "soma zero" na economia, como se tudo não passasse de uma disputa direta entre nações — quando uma ganha, a outra deve necessariamente perder. Ora, a exploração das potencialidades criativas dos homens é infinita, e por isso a economia é um jogo de ganhos mútuos e crescentes. As trocas favorecem ambas as partes; o comércio beneficia os dois lados. Em 1965, o produto mundial estava em US$ 1,7 trilhão, e em 1999 tinha saltado para mais de US$ 30 trilhões. O aumento do comércio entre nações foi um dos principais fatores desse crescimento, tendo saído de US$ 186 bilhões em 1965 para US$ 6,37 trilhões em 1996. Em 2006, quase US$ 12 trilhões foram trocados entre os países no comércio mundial, impulsionando o crescimento econômico no globo. A história econômica da humanidade é uma história de constante *evolução*, e não estagnação. A questão não é dividir um bolo fixo, mas fazer o bolo todo crescer sem parar. A expectativa de vida vem subindo, a população tem aumentado, o conforto material, expandido de forma impressionante, a humanidade tem, de forma geral, experimentado um progresso jamais imaginável antes, e como uma das causas para esse contexto positivo tem-se justamente a globalização e o livre-comércio entre empresas de diferentes nações.

Os países que ignoram essa lógica e viram as costas para o processo da globalização, abraçando o fracassado mercantilismo, estão fadados ao malogro. Ao restringir importações fundamentais para o avanço, usando o mecanismo estatal para seleção das empresas privilegiadas, adotando um dirigismo econômico totalmente ineficiente, e ao considerar potenciais parceiros comerciais como inimigos e ameaças, tais países perderão o bonde do progresso. Infelizmente, a mentalidade mercantilista ainda é predominante no Brasil. O embaixador Meira Penna fez um fiel retrato da situação:

Em nosso país o que ocorreu é uma combinação verdadeiramente espantosa: a superestrutura burocrática moderna e as formas exteriores de um regime representativo pretensamente racional-legal se impuseram, com um 'jeitinho' de tipo bem nosso, sobre a infraestrutura tradicional do Estado absolutista centralizador dos séculos XVII e XVIII.

Ficamos, assim, com um regime de personalismo clientelista influenciado pela ideologia social-estatizante da esquerda. Um casamento de mercantilismo com paternalismo, sufocando de vez o livre mercado.

A máxima *laissez-nous faire* é atribuída à frase que o comerciante Legendre dirigiu a Colbert, por volta do fim do século XVII. Colbert teria perguntado o que mais o governo poderia fazer pelos comerciantes, no que Legendre respondeu que apenas os deixasse em paz. O primeiro autor a empregar a frase, e utilizá-la numa clara associação com a doutrina, foi o marquês d'Argenson, aproximadamente em 1751. O marquês foi o primeiro homem a se entusiasmar pelas vantagens econômicas de os governos deixarem o comércio livre. Dizia ele que, para governar melhor, é preciso governar menos. A verdadeira causa do declínio das manufaturas, declarava, está no protecionismo que lhes é concedido.

A seguir, em 1776, Adam Smith lançou seu clássico do pensamento econômico, defendendo com profundo embasamento e lógica o livre-comércio. Infelizmente, o espírito de Colbert tem muito mais força na *Terra Brasilis* que as ideias de Smith. Triste é ainda ter que ouvir da esquerda que o Brasil é liberal, e por isso fracassou. Na totalidade dos casos, os países mais liberais prosperaram, enquanto os países com forte ranço mercantilista, como o Brasil, são eternas esperanças futuras, pois o presente é sempre lastimável.

Capitalismo de compadrio

Adam Smith defendia a livre economia, não o capitalismo de compadrio, e desconfiava muito de conluios entre grandes empresários, especialmente se tivesse governo no meio: "As pessoas do mesmo ramo raramente se reúnem, mesmo para o lazer e a confraternização, sem que a conversa acabe numa conspiração contra o público ou em alguma manobra para aumentar os preços."

Outra passagem confirma seu receio com a cartelização na economia: "O interesse dos empresários é sempre, em alguns aspectos, diferente, e mesmo oposto, ao do público (...) A proposta de qualquer nova lei ou regulamentação do comércio que venha dessa ordem (...) nunca deve ser adotada, até depois de ter sido longa e cuidadosamente examinada (...) com muita atenção e suspeição."

Ou seja, Smith foi um defensor do "interesse geral" da sociedade, do povo, do trabalhador, dos mais pobres, da liberdade, e via no livre mercado o melhor instrumento para tanto, assim como no mercantilismo e num governo intervencionista seus maiores inimigos. Sua finalidade era a "riqueza da nação", mas ele entendia que o único meio viável era o livre mercado, sem paternalismo ou dirigismo:

> Ao perseguir seu próprio interesse (o indivíduo) frequentemente promove o da sociedade de forma mais eficaz do que quando ele realmente pretende promovê-lo. Nunca conheci nada bem feito por aqueles que enfrentaram o comércio pelo bem público.

O risco das "consequências não intencionais" de quem quer deliberadamente "salvar o mundo" era bem conhecido por Adam Smith, que preferia depositar na "mão invisível" as esperanças (de acordo, aliás, com o que a própria experiência lhe mostrava). Como um bom iluminista escocês, Smith era empírico, realista, e sabia que as ações individuais sem coordenação central levavam ao melhor resultado geral.

> O homem do sistema (...) é capaz de ser muito sábio em sua própria presunção; e muitas vezes está tão apaixonado pela suposta beleza de seu próprio plano de governo ideal, que ele não admite sofrer o menor desvio de qualquer parte ... Ele parece imaginar que pode organizar os diferentes membros de uma grande sociedade com tanta facilidade quanto a mão que arruma as diferentes peças sobre um tabuleiro de xadrez. Ele não considera que, no grande tabuleiro da sociedade humana, cada peça tem um princípio de movimento próprio, completamente diferente do que o legislador poderia escolher.

Adam Smith exerceu influência significativa em outros pensadores renomados, como Edmund Burke. "Caridade ao pobre é um dever dirigido e obrigatório a todos os cristãos", reconheceu o irlandês, mas "interferir na subsistência do povo" seria uma violação das leis econômicas e uma intrusão ilegítima da autoridade.

Escreve a historiadora Gertrude Himmelfarb que, "fazendo eco à 'mão invisível' de Smith, Burke presta homenagem ao benigno e sábio distribuidor de todas as coisas, que obriga os homens, queiram eles ou não, a perseguirem seus próprios interesses, a conectarem o bem geral ao seu próprio sucesso individual".

Ambos, Smith e Burke, entendiam, contudo, que esse "milagre" do livre mercado não ocorria num vácuo de valores morais. Ao contrário: somente numa sociedade que valoriza a ética isso seria possível. Adam Smith condenou os "tiranos do bem", que para criar um "mundo melhor" destruíam a liberdade individual. No entanto, ele não abraçou a ideia de que as virtudes individuais eram dispensáveis para uma sociedade. Ao contrário: ele sabia que a empatia pelo próximo era um sentimento natural que devia ser alimentado pelos hábitos. O que Smith queria, no fundo, era um melhor resultado para todos, especialmente para os mais pobres. E isso seria possível pelo livre mercado.

A bajulação corrompe

A grande vaia é mil vezes mais forte, mais poderosa, mais nobre do que a grande apoteose; os admiradores corrompem.
(NELSON RODRIGUES)

Por fim, cabe uma pequena nota com base em Adam Smith sobre o "corrimão do sucesso" em lugares como Brasília ou Washington. Os principais observadores da natureza humana sempre tiveram receio do estrago que a vaidade, o pecado preferido do Diabo, pode nos causar. Gostamos de elogios, mesmo os insinceros, enquanto criamos mecanismos de defesa contra as críticas duras. O autoengano pode ser uma estratégia útil para a sobrevivência, como diz Eduardo Giannetti em seu livro sobre o tema: "O enganador autoenganado, convencido sinceramente do seu próprio engano, é uma máquina de enganar mais habilidosa e competente em sua arte do que o enganador frio e calculista." O enganador embarca em suas próprias mentiras, e passa a acreditar nelas com toda a inocência e boa-fé do mundo. Assim fica mais fácil convencer os demais.

Justamente por conta disso, a adulação popular ajuda a criar monstros perigosos. Aqueles que passam a se cercar somente de bajuladores, enquanto concentram mais poder e conquistam as massas, acabam blindados contra todo tipo de crítica. Os conselheiros mais sábios ficam impotentes diante da reverência do povo e, como cassandras, fazem alertas em vão. De tanto escutar que é uma espécie de messias salvador, o governante populista pode acabar acreditando. Aí reside o maior risco para a sociedade.

Em *Teoria dos sentimentos morais*, Adam Smith fez o alerta:

> Nas cortes de príncipes, nos salões dos grandes, onde sucesso e privilégios dependem, não da estima de inteligentes e bem informados iguais, mas do favor fantasioso e tolo de presunçosos e arrogantes superiores ignorantes; a adulação e falsidade muito frequentemente prevalecem sobre mérito e habilidades. Em tais círculos sociais, as habilidades em agradar são mais consideradas do que as habilidades em servir.

Quando o mais importante na vida de alguém é agradar o poderoso governante, a primeira coisa a ser sacrificada será a sinceridade. Nas palavras de Norman Vincent, "o mal de quase todos nós é que preferimos ser arruinados pelo elogio a ser salvos pela crítica". O antídoto, Schopenhauer já havia fornecido: "Os amigos se dizem sinceros; os inimigos o são; sendo assim, deveríamos usar a censura destes para nosso autoconhecimento, como se fosse um remédio amargo." Os governantes deveriam sempre lembrar desses alertas, em especial aquele feito por Adam Smith, arguto observador do animal homem.

Edmund Burke

Edmund Burke nasceu em Dublin, na Irlanda, em 1729. Iniciou sua carreira política em 1761 como primeiro-secretário particular do governador da Irlanda, Willian Gerard Hamilton. Em 1765, Burke rompeu com Hamilton e, nesse mesmo ano, foi nomeado secretário de Charles Watson-Wentworth, o marquês de Rockingham, primeiro-ministro e líder do partido Whig, de orientação liberal.

Foi depois eleito para a Câmara dos Comuns, onde tornou-se conhecido por suas posições economicamente liberais e politicamente conservadoras: era favorável ao atendimento das reivindicações das colônias americanas, à liberdade de comércio, era contra a perseguição dos católicos, sempre defendendo um mínimo de prudência e moderação — Burke rejeitava o culto ao progresso característico ao iluminismo.

De pronto, cabe destacar que Burke sempre foi um liberal *Whig*, não um típico conservador *Tory*, e mesmo assim ficou conhecido como o "pai do conservadorismo" moderno. Isso se deveu basicamente à sua reação diante do avanço jacobino na Revolução Francesa. Para David Bromwich, autor de *The Intellectual Life of Edmund Burke* [A vida intelectual de Edmund Burke], nenhum historiador sério hoje repetiria esse "lugar-comum", já que ser um conservador *Tory* no século XVIII significava acreditar na soberania da Coroa, afirmar que a ordem social era garantida pela aristocracia dona de terras, e recusar a extensão do sentido prático de liberdade ao "povo". Para os *Tories* dessa época, povo era sinônimo de populacho e multidão. Para Samuel Johnson, o amigo Burke estaria mais para um "*Whig* vil", alguém que apoiava a "revolução" de 1688-1689, que enxergava no Parlamento uma autoridade superior àquela do rei.

Todavia, é perfeitamente compreensível colocá-lo ao lado de conservadores, quando lembramos da importância que ele dava à estabilidade social, aos valores disseminados pela religião institucionalizada, à necessidade de encontrar freios aos apetites mais enérgicos para permitir a vida em sociedade e seu avanço. Para Burke, a liberdade moderna só era possível sob um regime de autocontrole, que nós herdamos do cavalheirismo medieval.

Edmund Burke não era um teórico inclinado a criar sistemas, e não deixou um tratado sobre sua teoria política. Como veremos, sua obra possui coerência e base em princípios, mas se parece mais com um manual prático de governança do que com qualquer abstração teórica. Burke era avesso a utopias, mas tampouco era um utilitarista amoral. Nas palavras de Bromwich:

> Mas o retrato de Burke como um crítico antiteórico da política moderna, um adaptador 'pragmático' às necessidades locais, sempre foi exagerado. A verdade é que ele nutria certos ideais abstratos incondicionalmente. Ele obteve apoio de sua fé na natureza humana mais do que de qualquer religião. O que isso significa? A defesa da natureza humana é um ideal secular intocado pelo fanatismo. A natureza humana, para Burke, é definida por sentimentos que são habituais, sem razão e altruístas. Ele diz que tais sentimentos perdurarão enquanto reconhecermos a qualidade e os limites de nossa constituição como seres morais. Temos deveres para com a família e os vizinhos, para com os concidadãos e para com pessoas mais distantes, apenas por causa de sua humanidade.

Burke não acreditava numa sociedade com base em um "contrato", mas sim com raízes na confiança mútua, moldada ao longo do tempo. Ele não era um naturalista, e seu primeiro livro, *The Vindication of Natural Society* [Uma reivindicação da sociedade natural], foi escrito anonimamente como sátira à visão de lorde Bolingbroke, para quem a sociedade "artificial" era um obstáculo aos homens livres. Para Burke, ao contrário, os costumes sobreviventes eram cruciais para manter a sociedade, e não é preciso condenar isso como antinatural, assim como uma roupa que veste bem se parece parte do nosso próprio corpo.

Para o filósofo e político irlandês, a sociedade é uma parceria não só entre os que vivem, mas entre os que já morreram e os que ainda sequer nasceram. Daí a importância que ele dava ao estadista como alguém capaz de conservar os humores da população. Burke temia a perda generalizada de confiança mais do que qualquer coisa. Em suas palavras:

Uma nação não é uma ideia apenas de alcance local, de individual e momentânea agregação, mas é uma ideia de continuidade que se estende no tempo, bem como em número e no espaço (...) é uma eleição deliberada do tempo e das gerações (...) feita pelo que é dez mil vezes melhor que a escolha; feita de circunstâncias peculiares, ocasiões e temperamentos, das disposições e dos hábitos morais, civis e sociais do povo, que se revelam apenas num longo espaço de tempo. É uma veste que se acomoda ao corpo. (...) Porque o homem é o mais estulto e o mais sensato dos seres. O indivíduo é néscio; a multidão, no momento, é néscia, quando atua sem deliberar; mas a espécie é sensata, e, quando se lhe dá tempo, como espécie, quase sempre atua bem.

O antirrevolucionário

O melhor, portanto, é conhecer logo a sua maior contribuição: suas reflexões sobre a Revolução Francesa. "A raiva e o delírio destroem em uma hora mais coisas do que a prudência, o conselho, a previsão não poderiam construir em um século", constatou Burke. Quando o ressentimento alimenta a turba, o resultado costuma ser desastroso. As massas ficam como boias à deriva. E, sem rumo definido, não chegaremos ao lugar desejado. Escreve Gustave Le Bon sobre a psicologia das massas:

> Uma massa é como um selvagem; não está preparada para admitir que algo possa ficar entre seu desejo e a realização deste desejo. Ela forma um único ser e fica sujeita à lei de unidade mental das massas. No caso de tudo pertencer ao campo dos sentimentos, o mais eminente dos homens dificilmente supera o padrão dos indivíduos mais ordinários. Eles não podem nunca realizar atos que demandem elevado grau de inteligência. Em massas, é a estupidez, não a inteligência, que é acumulada. O sentimento de responsabilidade que sempre controla os indivíduos desaparece completamente. Todo sentimento e ato são contagiosos. O homem desce diversos degraus na escada da civilização. Isoladamente, ele pode ser um indivíduo; na massa, ele é um bárbaro, isto é, uma criatura agindo por instinto.

As reflexões de Edmund Burke foram, acima de tudo, um alerta para seus concidadãos britânicos. Logo no começo, ele diz: "Quando a casa de nosso vizinho pega fogo, é recomendável que tomemos precauções para proteger a nossa, pois é melhor aumentar as discussões por excesso de precaução, que se deixar arruinar por excesso de confiança." Algumas passagens das reflexões de Burke mostram bem o receio que o filósofo tinha desse tipo de movimento redentor:

> Não ignoro nem os erros, nem os defeitos do governo que foi deposto na França e nem a minha natureza nem a política me levam a fazer um inventário daquilo que é um objeto natural e justo de censura. [...] Será verdadeiro, entretanto, que o governo da França estava em uma situação que não era possível fazer-se nenhuma reforma, a tal ponto que se tornou necessário destruir imediatamente todo o edifício e fazer tábua rasa do passado, pondo no seu lugar uma construção teórica nunca antes experimentada?
>
> Não se curaria o mal se fosse decidido que não haveria mais nem monarcas, nem ministros de Estado, nem sacerdotes, nem intérpretes da lei, nem oficiais-generais, nem assembleias gerais. Os nomes podem ser mudados, mas a essência ficará sob uma forma ou outra. Não importa em que mãos ela esteja ou sob qual forma ela é denominada, mas haverá sempre na sociedade uma certa proporção de autoridade. Os homens sábios aplicarão seus remédios aos vícios e não aos nomes, às causas permanentes do mal e não aos organismos efêmeros por meios dos quais elas agem ou às formas passageiras que adotam.
>
> Se chegam à conclusão de que os velhos governos estão falidos, usados e sem recursos e que não têm mais vigor para desempenhar seus desígnios, eles procuram aqueles que têm mais energia, e essa energia não virá de recursos novos, mas do desprezo pela justiça. As revoluções são favoráveis aos confiscos, e é impossível saber sob que nomes odiosos os próximos confiscos serão autorizados.
>
> É impossível estimar a perda que resulta da supressão dos antigos costumes e regras de vida. A partir desse momento não há bússola que nos guie, nem temos meios de saber a qual porto nos dirigimos. [...] Nada é mais certo do que o fato de que nossos costumes e nossa civilização, e todas as boas coisas que deles decorrem,

dependem há séculos, na sua Europa, de dois princípios; e resultaram, sem dúvida, da combinação de ambos: quero dizer, o espírito do cavalheirismo e o espírito da religião.

Porque meia dúzia de gafanhotos sob uma samambaia faz o campo tinir com seu inoportuno zumbido, ao passo que milhares de cabeças de gado repousando à sombra do carvalho inglês ruminam em silêncio, por favor, não vá imaginar que aqueles que fazem barulho são os únicos habitantes do campo; ou que logicamente são maiores em número; ou, ainda, que signifiquem mais do que um pequeno grupo de insetos efêmeros, secos, magros, saltitantes, espalhafatosos e inoportunos.

Estes são importantes alertas sobre como uma minoria radical pode ser capaz de colocar toda uma nação, quiçá civilização, a perder. Burke estava certo quanto aos rumos daquela revolução, que foi alimentada pela revolta difusa, pela inveja, pelo ódio. Oportunistas ou fanáticos messiânicos se apropriaram do movimento e começaram a prender e executar todo mundo em sua volta. Se a revolução é contra "tudo que está aí", então quem é contra ela é a favor de "tudo que está aí". Cria-se um clima de vingança, que é sempre extremamente perigoso. As partes íntimas da rainha morta foram espalhadas pelos locais públicos — eis a imagem que fica de uma turba ensandecida.

Edmund Burke não era um reacionário contra qualquer mudança. Ao contrário: ele sabia que a impossibilidade de adaptação era um convite à destruição total. Ele argumentou em suas reflexões que "um Estado onde não se pode mudar nada, não tem meios de se conservar. Sem meios de mudança, ele arrisca perder as partes de sua Constituição que com mais ardor desejaria conservar". Para conservar aquilo que presta, é preciso estar disposto a mudar, sem jogar no lixo o arcabouço existente.

Todos nós temos de obedecer à grande lei da mudança, que é a mais poderosa de todas as leis da natureza e talvez o meio para sua conservação. O máximo que podemos fazer, e que a sabedoria humana pode fazer, é providenciar para que a mudança se dê muito gradualmente. Dessa forma, são garantidos todos os benefícios que podem existir na mudança, sem nenhum dos inconvenientes da mutação. Como ele mesmo explica:

Através de um lento mas bem sustentado progresso, o efeito de cada passo é observado, o bom ou mau resultado do primeiro ilumina-nos no segundo; e, assim, da luz para a luz, somos conduzidos com segurança através de toda a série. (...) Tem sido a partir desta visão das coisas que os melhores legisladores têm frequentemente conseguido estabelecer um princípio de governo seguro, sólido e dominante — um poder como aquele que alguns filósofos chamaram uma Natureza plástica; e, tendo fixado o princípio, deixaram-no depois agir por si próprio. Proceder dessa maneira, isto é, proceder com um princípio dominante e uma energia prolífica é, quanto a mim, um critério de profunda sabedoria.

Burke *versus* Paine

Muitos apontaram para uma suposta contradição em Edmund Burke, pois ele apoiou os revolucionários americanos, mas condenou veementemente os jacobinos franceses. Não há, porém, qualquer incoerência. Burke via a Revolução Americana como uma demanda legítima dos colonos que desejavam *resgatar* os valores de liberdade existentes na própria Inglaterra, e que a Coroa havia abandonado para explorar por meio de mais impostos os americanos. Já a Revolução Francesa queria fazer tábula rasa da história, apagar o passado e construir toda uma nova sociedade com base em princípios abstratos e teóricos, nunca antes testados. Por isso é útil comparar Burke com Thomas Paine, que foi um dos principais agitadores da Revolução Americana, mas que também flertou com a Francesa, fato que lhe custou a própria liberdade.

Uso como base aqui *O grande debate*, o excelente livro sobre o confronto entre os dois gigantes, escrito pelo cientista político Yuval Levin. O autor, que não esconde seu viés mais conservador, percebeu a falta de embasamento quanto às origens dos principais valores e bandeiras dos dois grandes partidos americanos. Que tipo de visão de mundo está por trás das bandeiras "progressistas" do Partido Democrata? E qual explica a postura dos conservadores do Partido Republicano? Levin acredita que voltar a esse debate pode ajudar — e muito — a compreender o presente: "Em alguns aspectos importantes, Burke e Paine expuseram o início da direita e da esquerda, respectivamente. O debate implícito e muitas vezes explícito entre eles, portanto, nos oferece um vislumbre das origens de nossas divisões políticas."

Yuval Levin foi buscar no debate travado por dois gigantes no final do século XIX durante os incríveis anos das revoluções Americana e Francesa, dois acontecimentos que moldaram o mundo moderno, a fonte dessas distinções fundamentais de como perceber o mesmo fenômeno. De um lado, Edmund Burke, o liberal *Whig* que acabou se tornando o "pai do conservadorismo" após perceber os riscos da mensagem dos jacobinos. Do outro, Thomas Paine, um dos "pais fundadores" mais radicais, que incendiou a opinião pública com *Senso comum*, ajudando de forma decisiva na independência americana.

De certa forma, ambos marcam o começo do que se entende, hoje, por direita e esquerda, ao menos nos Estados Unidos. E foi no confronto de ideias entre esses dois pensadores que os conceitos "progressistas" e conservadores foram tomando corpo com maior clareza. Os dois chegaram a conviver por um tempo, e trocaram mensagens. Mas o embate mesmo ocorreria de forma indireta; eles procuravam escrever em livros ideias que, acreditavam, refutavam o oponente.

Um breve resumo da vida de cada um ajuda a compreender suas diferentes visões de mundo. Thomas Paine foi um autodidata que chegou a desdenhar de autores passados, alegando que pensava por conta própria, enquanto Edmund Burke tirou de sua experiência irlandesa lições importantes sobre tolerância e humildade, pois sua própria família misturava as religiões que se chocavam publicamente. Acomodação e moderação viraram conceitos importantes para Burke, enquanto Paine tinha um viés bem mais afoito e revolucionário.

Certamente, Paine não era um intelectual erudito como Burke. Sua educação formal era mínima e seu envolvimento com a tradição filosófica do Ocidente trazia as arestas reveladoras do autodidata. Paine teve um prazer sardônico em sua peculiar, embora claramente falsa, glória de se vangloriar de que, em todos os seus prolíficos anos de escrita, "eu não leio livros, nem estudei a opinião de outras pessoas; eu pensei por mim".

Cada capítulo do livro vai traçando as principais diferenças nos mais relevantes temas, especialmente no que diz respeito à abordagem de cada um. O que se visualiza é como as premissas quase sempre antagônicas, principalmente sobre a natureza humana e a epistemologia, levam a conclusões diametralmente opostas. A partir de concepções bem distintas do que é o homem e como ele adquire conhecimento, cada um dos pensadores desenhou um modelo político próprio, entrando em conflito com o outro nos assuntos vitais.

Enquanto Burke dá mais peso ao emocional do que ao racional, lembrando que o ser humano não é movido apenas pela razão, Paine é um típico iluminista de seu tempo, racionalista, a desdenhar de tudo aquilo que não passa pelo crivo da razão. Assim, Burke vai respeitar muito mais as tradições e o estoque de conhecimento acumulado no processo social, enquanto Paine vai encarar a sociedade como tábula rasa, pronta para ser redesenhada do zero com base somente na razão. Nas palavras de Levin:

> Um ceticismo cáustico e simplista de todas as instituições tradicionais, supostamente fundamentado em uma racionalidade científica que não dava por garantida, mas na verdade ignorava deliberadamente a verdadeira complexidade da vida social, parecia a Burke pouco adequado para o estudo da sociedade e até perigoso quando aplicado a isso. Burke enfrentaria essa força pelo resto de sua vida.

Enquanto Burke prega mudanças graduais, sempre com cuidado e prudência, sobre o arcabouço já herdado por cada geração, Paine vai propor uma espécie de revolução contínua, até que a liberdade plena seja alcançada com base nos conceitos de direitos naturais. Burke vai enxergar os partidos como peças fundamentais na política, já que ninguém concentra sozinho uma visão absoluta e correta da sociedade. Paine, por sua vez, demonstra seu desprezo aos partidos, como se fossem facções brigando por interesses próprios, o que se tornaria desnecessário quando todos entendessem a única forma certa de se organizar.

Para Burke, o governo de seres humanos não pode ser fruto de cálculo frio ou fórmulas abstratas, pois exige um conhecimento e uma humildade que os verdadeiros estadistas possuem. Já Paine parte do pressuposto de que tecnocratas racionais poderiam simplesmente aplicar as regras com base nos princípios imutáveis da liberdade e da natureza humana. De acordo com Levin:

> Burke argumenta que a natureza humana depende de edificação e instrução emocional, não apenas racional, uma ideia que se tornaria crucial para sua insistência de que o governo deve funcionar de acordo com as formas e tradições da vida de uma sociedade e não apenas com princípios abstratos de justiça.

EDMUND BURKE

Burke fala mais de deveres; Paine, de direitos. Para Burke, cada um de nós deve gratidão ao que herdou, e tem a obrigação moral de entregar uma sociedade melhor, preservando aquilo que nela funciona. Paine encara cada geração como a única que realmente importa, e sua visão leva a um individualismo exacerbado, além de um hedonismo que pode ser irresponsável ao ignorar as próximas gerações: "Assim como o entendimento de Paine sobre direitos e escolha está no centro de seu pensamento político, essa visão de obrigações não escolhidas, mas vinculantes, forma o cerne da filosofia política e moral de Edmund Burke."

Se Thomas Paine está preocupado basicamente com a ideia de justiça, Edmund Burke parece mais atento ao aspecto da estabilidade da sociedade. Burke demonstrava raiva dos reformadores radicais de seu tempo, pois estes deixavam suas ideias abstratas dominarem completamente suas ações, sem levar em conta a questão prática da vida em sociedade. Filósofos numa torre de marfim, ruminando suas abstrações metafísicas, tiravam Burke do sério. Obviamente, Paine era um deles, ao imaginar um futuro utópico para todas as sociedades uma vez que a ignorância e as superstições fossem abandonadas, dando lugar à razão universal.

"A influência da razão na produção de nossas paixões não é tão extensa quanto se acredita", escreve Burke. Somos movidos por mais do que apenas lógica e, portanto, a política deve responder a mais do que argumentos frios. O filósofo argumentou que o governo dos seres humanos não se aplica a regras e princípios frios, mas tende a aquecer sentimentos e apegos para produzir a comunidade mais forte e melhor possível. "A política deve ser ajustada não aos raciocínios humanos, mas à natureza humana, da qual a razão é apenas uma parte, e de modo algum a maior parte", afirmou Burke.

Curiosamente, ambos foram defensores da Revolução Americana, mas por motivos diferentes. Paine a via como um marco contra o passado de ignorância e escravidão, que serviria como exemplo para o mundo todo, ao passo que Burke sequer a via como uma revolução, e sim como um resgate dos valores britânicos que a própria Coroa havia desprezado, ao abusar de seu poder sobre as colônias. Para Burke, os americanos evitaram uma revolução nos moldes jacobinos. Segundo Burke, ao desenraizar as fundações de seu regime existente e confiscar as propriedades da Igreja, os franceses desfizeram o equilíbrio de suas políticas e a liberdade de seu povo — com isso, caminhavam para o desastre.

E foi justamente com a Revolução Francesa que as abordagens demonstraram seu maior contraste. Paine foi um entusiasta dos jacobinos, que queriam demolir todas as instituições herdadas e adotar em seu lugar o "templo da razão", enquanto Burke ficou alarmado com o radicalismo dessas seitas. O tempo mostrou quem estava certo. O Terror foi instaurado, os jacobinos agiram como uma massa descontrolada e violenta, e a ditadura de Napoleão foi o resultado concreto daquele sonho utópico. Paine chegou a ser preso na França por aqueles que defendera antes, sem perceber os rumos daquele radicalismo.

Há muito mais a ser dito entre as diferenças de pensamento de Burke e Paine, mas o leitor já pode inferir o básico. Se um é um reformador que preza a cautela e a prudência acima de tudo, o outro é um revolucionário que pretende abolir os alicerces fundadores da sociedade herdada. Se um acha que as emoções pesam bastante nas decisões políticas, o outro acredita que é possível fazer escolhas apenas racionais. Se um quer mudanças graduais sem cortar totalmente o elo com as tradições, o outro anseia pela ruptura total com tudo aquilo que já existiu. Se um entende a sociedade como um acordo entre os que vivem, já viveram e ainda viverão, o outro adota um individualismo hedonista em que o eterno é apenas o agora.

Aí estão, de forma resumida, as distinções básicas entre a esquerda e a direita americana, entre os liberais "progressistas" e os liberais conservadores. Claro, existem várias complexidades que podem ser acrescentadas à análise, e Levin não foge delas. Mas o panorama geral é esse. Como alguém que já, no passado, foi um liberal ateu e radical, chamado inclusive de "Paine tupiniquim", posso dizer que hoje estou muito mais próximo de Edmund Burke, com sua prudência e moderação necessárias para a evolução da sociedade. Desconfio de revoluções utópicas calcadas em abstrações metafísicas, apesar de reconhecer seu papel de tempos em tempos, para conter os excessos e o abuso de poder dos modelos estabelecidos.

Burke nunca foi um defensor do *status quo* ou da imobilidade. Ao contrário: foi um dos grandes reformadores no parlamento britânico. Mas queria mudar com base no que existia, em cima dos valores herdados, com o cuidado para não desmontar completamente a estrutura que permitiu que chegássemos até aqui, e que muitas vezes sequer compreendemos direito, pois nossa razão é limitada. A prudência não é o oposto de princípio ou teoria. A prudência é a aplicação da experiência geral a problemas práticos específicos.

Paine olhava o copo meio vazio, ao enxergar apenas os defeitos de tudo que existira até então. Já Burke via o copo meio cheio, com gratidão pelo legado civilizacional que herdamos, e temia que os revolucionários colocassem tudo a perder com sua arrogância racionalista. Acho que a história deu razão a Burke, apesar de ser Paine quem se colocava como o único racional no embate dos dois, acusando o adversário de místico. E Paine, agitador da Revolução Americana, acabou rejeitado por muitos americanos depois.

O livro de Thomas Paine, intitulado *A era da razão*, criticou as formas tradicionais de religião organizada com a mesma paixão zelosa pela justiça que ele trouxera para seus escritos políticos. Paine se colocou de maneira tão inflexível em oposição ao cristianismo que estava prestes a desencadear controvérsia e lançaria uma sombra sobre sua reputação, especialmente nos Estados Unidos.

Edmund Burke oferece um modelo de mudança gradual — mais de evolução do que de revolução. Em certo sentido, ele vê a tradição como um processo com algo do caráter que a biologia moderna atribui à evolução natural. Os produtos desse processo são valiosos não porque são antigos, mas porque são avançados, desenvolvidos por anos de tentativa e erro e adaptados às suas circunstâncias.

A admiração de Burke pelas instituições que provaram saber resistir à desagregação do tempo e que provaram sua funcionalidade é explicada porque essas instituições tinham a seu favor o fato de serem construções de uma sabedoria ampla, patrimônio das sociedades por várias gerações, aperfeiçoadas no confronto com as dificuldades no decurso do tempo. A religião, e especialmente uma igreja estabelecida, ajuda a dar às pessoas o tipo de apego sentimental e hábitos pacíficos necessários para sustentar uma ordem política baseada em continuidade e prescrição geracionais.

O objetivo utópico fundamental no âmago do pensamento de Paine — libertar o indivíduo das restrições das obrigações impostas a ele por seu tempo, lugar e relações com os outros — permanece essencial para a esquerda na América. A esquerda de hoje, portanto, compartilha uma parte significativa da disposição básica de Paine, mas busca libertar o indivíduo de uma maneira menos quixotesca e mais tecnocrática do que Paine, de uma maneira que carece de sua fundamentação em princípio e direito natural.

A direita de hoje, entretanto, compartilha, em boa medida, da disposição básica de Burke, mas procura proteger nossa herança cultural de uma maneira menos aristocrática e (naturalmente, para os americanos) mais populista do que ele, de uma maneira que carece de ênfase na comunidade e nos sentimentos.

Qual, afinal, a filosofia política de Burke?

O melhor livro que tenta resumir e até sistematizar um pouco toda a obra dispersa de Edmund Burke é *A filosofia política de Edmund Burke*, da portuguesa Ivone Moreira. A professora Ivone deixa claro que Burke não era incoerente nem caótico, e que tinha uma linha, uma espinha dorsal que acompanhava todas as suas maiores causas:

> As principais batalhas políticas em que se envolveu são célebres: a guerra da independência da colônia americana, a defesa dos católicos irlandeses, a impugnação [*Impeachment*] de Warren Hastings e, finalmente, a crítica à Revolução Francesa, pautam-se todas por uma grande preocupação ética e por uma empenhada defesa da dignidade e liberdade humanas, mas também da tradição — que considera muito mais sábia para a condução da sociedade do que qualquer esquema abstratamente desenhado.

Burke não era um crítico do Império Britânico; ele prezava de tal modo os princípios de liberdade presentes nas instituições e nos princípios de governo britânicos que julgava um privilégio ser súdito do rei da Inglaterra. Na condição, no entanto, de que o rei não se esquecesse de que deveria governar o império segundo os princípios ingleses, no respeito pelas liberdades e idiossincrasias dos povos que administrava. Assim, quando começaram os conflitos na América, Burke insistiu para que se respeitassem os direitos dos colonos de não serem taxados por impostos sem estarem representados no parlamento. As pretensões dos colonos sustentavam-se em princípios de liberdade que eles mesmos tinham aprendido na Inglaterra. Burke também se orgulhava de sua luta pelos direitos dos indianos, e chegou a afirmar que tudo o mais que ele tivesse feito poderia ser esquecido, mas que gostaria de ser lembrado por essa sua luta moral.

No caso da Revolução Francesa, porém, tudo foi bem diferente. Quando Burke tomou conhecimento do discurso de Richard Price e das congratulações que tinham seguido para a Assembleia Nacional Francesa em nome dos ingleses, decidiu escrever contra a revolução, por temer que os jacobinos ingleses ganhassem influência suficiente para levar a cabo uma revolução idêntica na Inglaterra. As reflexões estabelecem uma longa e bem constituída diatribe contra os princípios da Revolução Francesa, os princípios jacobinos que julgam poder arrasar todo o patrimônio cultural anterior e começar de novo a partir da suficiência arrogante da razão, não tendo em conta que o patrimônio herdado reflete a riqueza cultural acumulada e corrigida em muitas gerações, muito mais sábia e arguta que a melhor construção que resultasse das conjecturas de uma geração iluminada.

O caráter assistemático da sua obra e, para usar uma linguagem que lhe era cara, uma tendência para "navegar" no mar das circunstâncias, deslocando o seu peso para equilibrar o "barco" e prosseguir um rumo de moderação, de modo a preservar a sua consistência ao fazer variar os meios sem perder de vista o seu fim, levaram ao surgimento de um amplo leque de interpretações do seu pensamento. Seu domínio essencialmente empírico foi apontado por muitos, mas não é justo reduzir a moralidade burkeana à ponderação "prudente" de vantagens a obter. Em suas próprias palavras:

> Eu nunca me rejo, nenhum homem sensato alguma vez o fez, por abstrações e universais. Não ponho as ideias abstratas completamente fora de questão; porque eu sei muito bem que, sob esse nome, teria de dispensar os princípios e que, sem a orientação e a luz dos sólidos e bem compreendidos princípios, todos os raciocínios seriam, em política como em todo o resto, apenas uma selva confusa de fatos e pormenores particulares, sem os meios de retirar deles qualquer tipo de conclusão teorética ou prática.

Há pitadas de São Tomas de Aquino, e o foco na conveniência não precisa se dissociar de princípios: na verdade está subordinada a eles. Há também uma visão de sabedoria coletiva presente nas tradições e temperada pela experiência, sendo Burke, nesse aspecto, um precursor dos românticos, ao se aproximar de uma teoria de um intelecto humano coletivo. Burke, porém, está longe de rejeitar princípios gerais e máximas, apesar de condenar as abstrações. A ordem do mundo é uma ordem moral e as leis que o regem derivam de leis morais eternas.

A doutrina de Burke acerca dos desígnios divinos faz que a sua conveniência nada tenha em comum com aquela que Maquiavel preconiza. Para Burke, os princípios são a razão reta e expressa na sua forma permanente, e as abstrações são a sua corrupção. A conveniência é a sábia aplicação do saber geral às circunstâncias particulares, o oportunismo é a sua degradação. Ela dá execução aos princípios, mas nunca os suplanta, porque estes são a expressão do conhecimento dos desígnios da providência. A conveniência de Burke não é a do calculista utilitário; é antes uma manifestação de prudência moral, que não é contrária ao direito natural, mas uma parte essencial da realização prática desse direito.

Para Ivone Moreira, o fato é que todas as leituras e reconstituições do autor, e, em geral, qualquer esforço para subsumir seu pensamento num "ismo", seja ele o utilitarismo, seja o organicismo ou o historicismo, depara-se com a dificuldade de um pensamento plástico, descomprimido e até avesso a sistemas, ainda que coerente e no essencial sempre igual a si mesmo.

A sua posição face à Revolução Americana e a sua crítica à Revolução Francesa pareceram contraditórias a intérpretes com uma visão puramente empírica da política e/ou idealistas que partiam de concepções abstratas da sociedade. De fato, uma análise mais cuidadosa de seu pensamento levou Sir John Morley, em 1867, a constatar que Burke teria variado a sua frente de combate, mas permanecido no mesmo terreno.

Em Burke está presente a consideração do ser humano como indivíduo, com fins próprios que não se resumem aos fins do todo (ele não era um coletivista, portanto); mas está também a ideia de uma sociedade que é, de início, uma criação artificial, de natureza segunda e que se desenvolve como um organismo, que não é uma mera agregação momentânea, mas uma entidade que cresce lentamente e que se manifesta no tempo.

"O homem natural burkeano vive em conjunto num grupo, não porque o grupo possua uma identidade orgânica, mas porque cada membro do grupo está dotado de impulsos sociais", explicou Frederick Dreyer. A visão que Burke tem da sociedade e da sua relação com o indivíduo é alicerçada em dois pressupostos: por um lado, a primazia ontológica do ser humano — a ordem social existe para que o homem se desenvolva completamente; e, por outro lado, a impossibilidade de se considerar o homem como perfeitamente autônomo em relação à sociedade.

Detratores tentaram pintar Edmund Burke como um inimigo da razão, mas isso é bobagem; ele condenava seu mau uso. É na natureza racional que Burke encontra os verdadeiros traços distintivos da natureza humana. "O homem é por natureza dotado de razão e nunca está tão perfeitamente no seu estado natural como quando está onde a razão pode ser melhor cultivada e mais predomina."

Contudo, apesar da excelência que reconhece à dimensão racional, em outros textos admite a necessidade de se considerar que essa parte, sobretudo quando tomada apenas no seu aspecto argumentativo, não é a predominante na natureza humana. Dessa forma, quem trata com os homens tem de ter isso em atenção. Para Burke, "as políticas devem ser ajustadas, não aos raciocínios humanos, mas à natureza humana, da qual a razão é apenas uma parte e de modo algum a maior parte".

Burke vê a razão como uma faculdade reguladora dos instintos e das paixões: "Nas nossas políticas, bem assim como na nossa conduta comum, seríamos piores que crianças se não puséssemos os nossos sentidos sob a tutela do nosso juízo." O papel que Burke atribui à razão recupera uma concepção anterior a David Hume. Ao contrário do que acontece nesse autor, que não considera que haja conflito entre razão e paixões, porque são estas últimas que dominam e determinam o caminho a seguir, para Burke a razão é reguladora das paixões e guardiã da virtude. "Onde não há uma razão sólida não pode haver autêntica virtude e a loucura é sempre viciosa e má", argumenta.

Burke considera que existem paixões e instintos que, quando não refreados nem dominados pela nossa razão, apagam em nós os traços da humanidade e justificam a restrição da liberdade com o objetivo de livrar o homem da "pior espécie de escravatura: o despotismo das próprias paixões, cegas e brutais". E aprofunda sua explanação: "A sociedade não pode existir, a menos que um poder que controle a vontade e o apetite seja colocado em algum lugar, e quanto menos exista interiormente, mais dele existirá exteriormente. Está ordenado na constituição eterna das coisas, que homens de mentes intemperantes não podem ser livres. Suas paixões forjam seus próprios grilhões." De acordo com Ivone Moreira,

> A chave para se entender o que Burke afirma a favor e contra a razão pode estar justamente em compreender que o autor admite graus de utilização da razão: a razão mais abrangente merece-lhe louvores; a razão no seu uso operativo, quando propriamente usada, uma razão aritmética adequada ao comprar e vender, não é criticada, mas quando aparece usada fora do contexto que Burke julga ser o adequado, como acontece com a sua aplicação em política, é criticada como sendo uma má espécie de razão, ou, por vezes, na sua forma aplicada, como uma má, errônea e imperfeita teoria.

Ainda para Ivone, a "perversão das paixões e dos instintos é bestializante e perde-se a possibilidade de identificar o homem dominado por eles; mas a perversão da razão e dos princípios que a conduzem pode levar o homem a atuar de uma forma mais perniciosa e mais monstruosa que os animais".

Deixar um homem entregue às suas paixões é o mesmo que deixar um animal selvagem entregue a uma natureza bárbara e caprichosa. Com efeito, quando tem o estômago cheio, um animal selvagem faz-nos festas, pode mesmo lamber-nos as mãos; de igual modo, quando um tirano está satisfeito, quando tem as suas paixões saciadas, até sob um governo arbitrário se pode ter um dia feliz e sereno. Mas, quando aquele princípio fundado na sólida razão ao qual compete restringir as paixões está pervertido do seu fim adequado, será substituído por um falso princípio e então o homem torna-se dez vezes pior que um animal selvagem.

"A prática dos vícios, enquanto disposições perversas e reiteradas da alma, afeta o indivíduo intimamente; tanto é assim que Burke destaca o valor político da pedagogia dos costumes ou maneiras, ratificados pela sociedade ao longo dos tempos, reconhecendo que as práticas têm influência sobre o caráter", escreve Ivone Moreira. O hábito faz o monge. "A alma humana possui uma identidade e precisa descobrir essa identidade no confronto com as próprias limitações, para reconhecer que os seus vícios não são apenas alterações que lhe vêm do exterior, para os quais contribuem as circunstâncias, mas são estigmas da sua natural finitude e requerem, por isso, uma disposição interior de humildade e conversão, sempre possível graças à liberdade que caracteriza a criatura humana: 'nunca poderemos caminhar com segurança se não estivermos conscientes da nossa cegueira.'", conclui a autora, que é doutora em Filosofia Moderna pela Universidade Católica Portuguesa.

Na mitologia grega, Ulisses adotou essa postura para lidar com o canto das sereias, ao se amarrar no mastro e ordenar que os tripulantes não o soltassem em hipótese alguma.

Para um bom governo, o que tudo isso significa? No pensamento de Edmund Burke, agir com prudência significa fazer, permanentemente, uma gestão sutil, arguta e flexível de todas as informações fornecidas pelas circunstâncias. Para lançar mão da imagem que ele próprio usou, Burke navega deslocando o peso das suas opiniões para onde este for importante para o equilíbrio do barco, o que não significa que o barco siga ao sabor da corrente; ele tem um rumo traçado há muito pelas gerações precedentes e revelado pelos princípios que ele mesmo adotou. A isso Burke chamou sabedoria política, que considerou ser impossível de definir, mas que, no entanto, se evidencia quando está presente. O professor Charles Vaughan resumiu bem:

A prudência é o primeiro dever do homem de Estado. Burke entende por prudência [...] um apelo à experiência do passado, mas também que a chave pela qual o homem de Estado se guia através da rede emaranhada dessa experiência é o princípio de conveniência. E a conveniência, tal como ele a concebe, não é o interesse do momento, é a permanente prosperidade de toda a nação e das suas colônias. Não é apenas, nem principalmente, o proveito material — muito menos o egoísta da comunidade, inclui também tudo o que promove o seu crescimento moral e espiritual.

Frédéric Bastiat

Claude Frédéric Bastiat nasceu em 1801 e foi um importante economista francês, cujos escritos pegaram em cheio os agitados anos da revolução de 1848, quando as discussões sobre o socialismo estavam em alta. A França flertava cada vez mais com esse destino, e Bastiat, como deputado, foi uma das vozes mais firmes contra tais ideias. Ele usou muito humor e sátira para ridicularizar as bandeiras coletivistas e estatizantes.

Composta por sete volumes, sua obra completa é norteada por um princípio: a lei deve proteger o indivíduo, a liberdade e a propriedade privada. É dessa forma que Bastiat analisa o funcionamento do Estado, esta "grande ficção através da qual todos se esforçam para viver às custas dos demais". Para ele, protecionismo, intervencionismo e socialismo são as três forças de perversão da lei.

Espoliação legal

Vamos iniciar com sua obra mais famosa: *A lei*. Trata-se de um pequeno livro em tamanho, mas cuja mensagem é tão impactante que se tornou um dos preferidos dos liberais com viés mais libertário.

Em 1850, Bastiat publicou o panfleto que trata de uma forma incrivelmente objetiva das funções da legislação, assim como demonstra o inevitável caminho da servidão conduzido pelo socialismo. A lei, para Bastiat, não é mais que a organização coletiva do direito individual de legítima defesa.

Ninguém teria o que reclamar do governo, desde que sua individualidade fosse respeitada, seu trabalho, livre e os frutos desse labor, protegidos contra injustiças.

O estado seria tão somente reconhecido pelos seus fundamentais serviços de segurança. Mas a lei acaba pervertida por influência tanto da ambição estúpida como pela falsa filantropia. Torna-se um veículo de injustiça, de espoliação. Uma espoliação legal, mas nem por isso menos imoral que um roubo comum.

O homem pode desfrutar de sua vida a partir da incessante aplicação de suas faculdades, e por meio do seu trabalho, emana a propriedade. Por outro lado, ele pode também viver apropriando-se do produto do esforço alheio, sem uma troca voluntária, e daí surge a espoliação. A lei deveria justamente condenar o segundo tipo, marginalizando os que usam a força para a espoliação alheia.

Sua função precípua seria proteger a propriedade privada. Porém, ela acaba sendo usada como veículo para o roubo institucionalizado, por intermédio de malabarismos linguísticos e distorções conceituais, pelo uso de termos abstratos como "fraternidade" e "justiça social". Os grupos passam então a se unir, aspirando a participar dessa espoliação legal.

Quando a lei e a moral estão em contradição, o cidadão enfrenta a cruel alternativa de abdicar dos preceitos morais ou desrespeitar a lei. Difícil escolha! O efeito moral acaba sendo perverso na sociedade, justamente por conta do contorcionismo aplicado às funções da lei. Quando se admite que a lei pode ser desviada de seu propósito, que ela pode violar os direitos de propriedade em vez de garanti-los, então todos vão querer participar da elaboração das leis, e estas serão apenas armas para que grupos mais fortes possam espoliar indivíduos mais fracos. Mas legalidade não é sinônimo de moralidade, e uma lei usada para a espoliação não é correta nem justa, independentemente das interpretações dos sofistas. Não vamos esquecer que a escravidão já foi legal, e nem por isso é moralmente defensável.

Como identificar a espoliação legal? Bastiat responde que é simples: "Basta verificar se a lei tira de algumas pessoas aquilo que lhes pertence e dá a outras o que não lhes pertence." Fica evidente que existem inúmeros mecanismos para essa espoliação legal, como tarifas protecionistas, subsídios, imposto progressivo, garantia de empregos ou lucros, salário mínimo etc. O conjunto de todos esses meios para transferência da propriedade individual privada para o Estado é defendido pelo socialismo. Nele, a lei não é nada além dos desejos dos políticos poderosos, do conceito arbitrário de "justiça social", matando assim a verdadeira justiça objetiva. Indivíduos livres transformam-se em súditos do Estado "iluminado".

Mesmo os que defendem o socialismo pelas vias democráticas não notam a contradição existente em antes considerar o povo livre e sábio o suficiente para a escolha do governante, para logo em seguida ser encarado como um mentecapto que precisa da interferência total do Estado em sua vida. E não é porque o socialismo "democrático" invoca a lei que ele deve ser visto como justo. Lembremos que estamos lidando com a espoliação legal. Para a realização de um roubo, a lei pode ser uma arma muito mais eficaz e segura que uma pistola. O simples respaldo da lei não garante a justiça do ato.

O lado sedutor do socialismo é a defesa de que a lei deve ter um caráter filantrópico. Entretanto, é impossível separar a palavra "fraternidade" da palavra "voluntária". Não há lógica em algo como fraternidade legalmente forçada, sem que a liberdade seja legalmente destruída. E para "reformar" esse ser humano "egoísta", os socialistas, curiosamente considerando-se acima da humanidade em relação à virtude, defendem a supressão da liberdade individual, escravizando legalmente o povo.

A lei é força, e deve ter caráter apenas de negação, impondo senão a abstenção de prejudicar outrem ou invadir sua propriedade privada. O socialismo usa a lei positivamente, ao impor aos seus súditos, por intermédio de seu agente, a força, um *modus vivendi* estabelecido por uma cúpula de "sábios ungidos".

A espoliação legal vem, evidentemente, disfarçada diante dos olhos de todos. Seus defensores abusam de eufemismos, como fraternidade, solidariedade e igualdade. Ora, como se os antissocialistas não admirassem a solidariedade! O que deve ser repudiado é a imposição dela por meio do Estado, por representar a morte da liberdade, além de ter um resultado concreto catastrófico.

O uso da lei para a imposição da solidariedade é moralmente condenável, e ineficiente ao extremo na prática. Mas os socialistas não enxergam o óbvio, e acusam os outros de insensibilidade, monopolizando a virtude dos fins, em vez de debater os meios. Por acaso quem condena o monopólio do Estado na cultura de trigo é contra a alimentação do povo? Os socialistas confundem governo com sociedade, como se esta não pudesse se organizar de forma espontânea e livre, sem a intervenção estatal, com a exceção da defesa coletiva dos direitos individuais. Eis para que serve a lei, segundo Bastiat.

O ente abstrato

De acordo com Bastiat, essa distorção da função básica da lei só é possível porque o Estado passou a ser visto como um ente abstrato, não como uma agregação de homens imperfeitos. Sua mais famosa frase merece ser aqui repetida: "O Estado é a grande ficção através da qual todo mundo se esforça para viver às custas de todo mundo."

O Estado, segundo Bastiat, é tratado como um personagem misterioso, invocado para a solução dos males que assolam as pessoas. Acabar com a miséria, gerar empregos, garantir a segurança, proteger indústrias, fomentar o crédito, educar os jovens, socorrer os idosos, incentivar as artes, enfim, para praticamente tudo que há demanda, o Estado surge como uma panaceia, capaz de resolver todos os problemas.

As ações benévolas do Estado representam aquilo que se vê, enquanto os custos muitas vezes representam aquilo que não se vê. Para quem não entende corretamente a ligação entre causa e efeito, ainda mais ao longo do tempo, nada mais natural que exigir do Estado sempre mais e mais, ignorando as nefastas consequências disso.

O homem repudia o sofrimento e a dor. Contudo, se não partir para o trabalho, é condenado pela natureza ao sofrimento da privação. Mas muitos preferem tentar descobrir uma forma de se aproveitar do trabalho de outrem. Eis a origem da escravidão, da espoliação, das fraudes. Com o desaparecimento da escravidão, não desaparece a infeliz "inclinação primitiva" que trazem em si os homens para lançar sobre outros o sacrifício necessário para a satisfação e o prazer próprios. Bastiat afirma: "Existem ainda o tirano e a vítima, mas, entre eles, se coloca um intermediário que é o Estado, ou seja, a própria lei." E para Bastiat, essa espoliação legal é ainda mais imoral que a escravidão, que pelo menos era mais direta e observável.

Assim, todos se dirigem ao Estado, alegando que entre o trabalho e os prazeres não está havendo uma proporção satisfatória. Para restabelecer o equilíbrio desejado, pretendem avançar um pouco nos bens de outra pessoa. O Estado será o veículo usado, o intermediário. O objetivo é alcançado com tranquilidade de consciência, já que a própria lei terá agido por eles, que terão as vantagens da espoliação sem os riscos de tê-la praticado, ou sem o ódio que ela gera nas vítimas. Brincam que a diferença entre um político e um ladrão é que, o primeiro, nós escolhemos, enquanto o segundo nos escolhe. As brincadeiras têm um fundo de verdade.

Essa "personificação" do Estado tem sido no passado e será no futuro uma fonte fecunda de calamidades e de revoluções. O povo está de um lado, o Estado do outro, como se fossem dois seres distintos. O Estado tem duas mãos: uma para receber, outra para dar. Conforme Bastiat, a mão rude e a mão delicada. A ação da segunda subordina-se necessariamente à da primeira. Como dizia Roberto

Campos, "o bem que o Estado pode fazer é limitado; o mal, infinito". Afinal, "o que ele nos pode dar é sempre menos do que nos pode tirar". Isso se explica, segundo Bastiat, "pela natureza porosa e absorvente de suas mãos, que retêm sempre uma parte e às vezes a totalidade daquilo que tocam". O que é realmente impossível é o Estado devolver ao povo mais do que ele tomou, como se pudesse criar riqueza do nada.

Dessa forma, coexistem no povo duas esperanças e no governo duas promessas: muitos benefícios e nenhum imposto. Por serem esperanças e promessas contraditórias, não podem se realizar nunca. Bastiat questiona: "Não estará aí a causa de todas as nossas revoluções?". Pois entre o Estado que esbanja promessas impossíveis e o povo que sonha coisas irrealizáveis, surgem os ambiciosos e vendedores de utopias.

O povo passa a acreditar nas promessas utópicas, mas estas nunca se concretizam. A contradição é eterna: se o governante quiser ser filantropo, é forçado a permanecer fiscal. Antes de oferecer qualquer coisa ao povo, tem inexoravelmente que tirar dele antes. A ideia de que o Estado deve dar muito aos cidadãos e tirar deles muito pouco é absurda e perigosa. Mas como alerta Bastiat, os "cortejadores de popularidade" são peritos na arte de mostrar a mão delicada, mas esconder a mão rude.

Tudo exigir do Estado e nada dar é "quimérico, absurdo, pueril, contraditório e perigoso". Bastiat questiona: "Como é que o povo não vai fazer revolução em cima de revolução, se ele estiver decidido a só parar quando houver realizado esta contradição: nada dar ao Estado e dele receber tudo?". Mas esses utópicos fogem dessa contradição justamente pela abstração do Estado, como se ele pudesse ser algo diferente da soma dos cidadãos que compõem a nação. Para os socialistas, existe um estado natural de abundância. Nunca compreenderam bem o conceito de escassez. Basta empurrar as demandas existentes para o ente abstrato chamado Estado, que tudo irá ficar maravilhoso. Teremos o paraíso terrestre!

No entanto, para os outros que entendem a mensagem de Bastiat, o Estado não é ou não deveria ser outra coisa senão "a força comum instituída, não para ser entre todos os cidadãos um instrumento de opressão e de espoliação recíproca, mas, ao contrário, para garantir a cada um o seu e fazer reinar a justiça e a segurança". Ou seja, o Estado deveria existir para garantir a propriedade privada e as trocas voluntárias num ambiente de liberdade. Nunca para praticar a espoliação legal, que nada mais é que escravidão velada.

O culto à presidência

Um dos grandes paradoxos das democracias modernas é a tendência a reclamar do governo ao mesmo tempo em que mais responsabilidade é delegada ao poder político. As pessoas condenam as consequências do aumento de concentração de poder no governo, mas acabam confiando a ele a solução para todos os males do mundo. Parece haver uma dissociação entre o governo idealizado e os políticos de carne e osso que ocupam cargos poderosos. Como abstração, o governo surge como um deus moderno, sendo o presidente seu messias enviado para nos salvar. Já no cotidiano, os políticos são alvos de ataques constantes e profunda desconfiança por parte do povo. Alguma coisa está fora de lugar.

Foi justamente o alerta feito por Frédéric Bastiat ainda no século XIX — desde então, a situação só piorou. Essa contradição não é monopólio nacional. É o que mostra Gene Healy em *O culto à presidência*. No livro, Healy expõe a crescente devoção dos americanos ao poder executivo, tratado como uma espécie de gênio capaz de lidar com todo tipo de assunto. Isso fica claro na retórica dos candidatos, com um tom cada vez mais messiânico. O ex-presidente Bush pretendia nada menos do que livrar o mundo do mal, enquanto Barack Obama venceu as eleições com um discurso igualmente megalomaníaco, calcado na "audácia da esperança". No Brasil, o bordão "nunca antes na história deste país" virou marca registrada do ex-presidente Luiz Inácio Lula da Silva.

Os limites do poder executivo impostos pela constituição são abandonados em troca de uma arbitrariedade digna de imperadores. O que possibilita essa perigosa mudança é precisamente o fato de que muitos depositam no presidente a esperança para solucionar todos os problemas, desde desastres naturais, passando por pobreza, violência, drogas, até as questões mais banais do dia a dia.

Enquanto o governo for visto como o instrumento para realizar todos os nossos sonhos e desejos, será natural termos uma concentração assustadora de poder em suas mãos. Diante de uma expectativa irracional quanto à sua habilidade para resolver os maiores problemas nacionais, os presidentes encontram boa razão para forçar uma escalada de poder de acordo com essa responsabilidade.

Como essas expectativas são irrealistas, a decepção parece inevitável. Com frequentes crises, em vez de a fé no governo ser questionada, demanda-se mais governo como solução. Essas pessoas agem como as vítimas da Síndrome de Estocolmo, encantadas com o próprio algoz. Pretendem curar o envenenamento com cianureto. Acaba-se num ciclo vicioso preocupante.

O que está sendo negligenciado é a noção de que, ao ceder poder suficiente para o presidente realizar tantas maravilhas, também se está cedendo poder suficiente para o despotismo. O estrago que um governo ruim pode causar tende ao infinito. Mesmo quando se parte de uma premissa altamente questionável, de que o presidente eleito seria um indivíduo totalmente íntegro e capaz, é preciso levar em conta as limitações de qualquer ser humano. Além disso, o alerta de que o poder corrompe jamais deve ser esquecido. Para piorar, o próprio jogo político leva à troca de favores e interesses particulares. Em primeiro lugar fica quase sempre a própria sobrevivência no cargo.

Logo, mesmo diante das melhores qualidades de um presidente, seria indesejável concentrar tanto poder em suas mãos. Basta pensar na hipótese bem mais realista de que o presidente não terá todas essas qualidades, não será o Papai Noel, para qualquer um ter calafrios. A menos que nós mudemos o que pedimos do governo, nós teremos aquilo que, de certa forma, merecemos.

A janela quebrada

Frédéric Bastiat ficou famoso entre os economistas também por destacar a diferença entre aquilo que se vê e aquilo que não se vê, ou seja, separar os efeitos das medidas públicas com base na temporalidade e expondo as consequências indiretas e não intencionais delas. Um foco no custo de oportunidade; em suma, na segunda derivada que nem sempre é levada em conta na hora da decisão. Esse *insight* estaria por trás de toda a análise feita depois por Henry Hazlitt em seu clássico *Economia em uma lição*, que virou um best-seller mundial. "Enxergar o problema como um todo, e não em fragmentos: esse é o objetivo da ciência econômica", resumiu o autor.

Hazlitt, que ajudou a divulgar os pensamentos da Escola Austríaca, escreveu seu livro com base principalmente nas ideias de Bastiat, Wicksteed e Mises. *Economia em uma lição* é uma análise objetiva das falácias que dominam boa parte do pensamento econômico. Pela sua simplicidade, sem que perca valor por isso, Hayek afirmou não conhecer nenhum outro livro "moderno" (foi publicado originalmente em 1946) pelo qual um leigo inteligente possa aprender tanto sobre as verdades básicas da economia em tão pouco tempo.

A grande lição econômica, que irá acompanhar a análise dos diferentes exemplos citados no livro, é fruto basicamente do que Bastiat já havia descoberto: a diferença entre aquilo que vemos e aquilo que não vemos. Há uma tendência persistente de as pessoas focarem somente nos efeitos imediatos de uma determinada política, ou então em seus efeitos somente em um grupo específico, ignorando as consequências no longo prazo e os efeitos gerais da medida.

Trata-se da falácia de esquecer as consequências secundárias. Para Hazlitt, eis a diferença entre um economista bom e um ruim: esse vê apenas o que imediatamente chega aos olhos, enquanto o primeiro enxerga além. Muito daquilo que parece óbvio no campo individual é ignorado no campo da economia pública, pois muitos passam a considerar uma abstração coletivista qualquer e esquecem os indivíduos que a formam. Inspirado claramente em Bastiat, Hazlitt chega então à sua lição básica: "A arte da economia consiste em olhar não meramente o imediato, mas para os efeitos mais longos de qualquer ato ou política; consiste em traçar as consequências da política não meramente para um grupo, mas para todos os grupos." Parece simples e óbvio demais, e de fato é. Mas chega a ser espantosa a quantidade de gente que ignora essa lição elementar.

Considerar todos os efeitos de uma medida costuma demandar uma cadeia de raciocínio mais longa e complicada. Boa parte do público pode achar difícil ou tedioso seguir todos os passos necessários, e acabar vítima dos sofistas. A falácia mais frequente que costuma surgir em todos os debates sobre economia é justamente concentrar a visão nos efeitos de curto prazo e nos grupos específicos. São inúmeros os casos para exemplificar. Um dos economistas mais famosos de todos os tempos, John Maynard Keynes, cujos seguidores são justamente grandes defensores dessa falácia, já dizia que "no longo prazo estaremos todos mortos". Infelizmente, o longo prazo chega algum dia, pois as medidas insensatas do passado cobram seu preço elevado depois.

O primeiro exemplo seria aquele usado por Bastiat — o da janela quebrada. Algum vândalo joga uma pedra que estilhaça a janela de uma loja. Em seguida, algumas pessoas tentam consolar o dono da loja alegando que ao menos ele estará gerando emprego ao consertar a vidraça. Afinal, se janelas nunca fossem quebradas, de que iriam viver os reparadores de janelas?

Essa linha de raciocínio cai na falácia acima citada, pois ignora aquilo que não se vê de imediato. Sim, o conserto da janela iria propiciar um ganho para o vidraceiro. Mas o que seria feito desse dinheiro gasto caso a janela *não* tivesse sido quebrada? Eis a pergunta que nem todos fazem, porém é crucial para o entendimento da economia. Existem várias alternativas que o dono da loja poderia dar ao dinheiro. Ele poderia investi-lo para aumentar a produtividade, poderia poupá-lo ou poderia gastar com qualquer outra coisa.

Ao supor que ele gastasse a mesma quantia na compra de um terno, o alfaiate teria sido beneficiado, mas agora que o dinheiro foi usado para consertar a janela, esse terno deixou de ser vendido. Isso é aquilo que não se vê, ao menos de imediato. O alfaiate do exemplo é ignorado, é o homem esquecido na análise superficial da situação. Esse caso parece elementar, mas o leigo ficaria chocado em como os demais casos são apenas variações dessa mesma falácia. E nunca é demais lembrar que ainda existem pessoas que acreditam que guerras geram riqueza, pois faz necessária a reconstrução de muitos ativos.

Como exemplo, basta mencionar que muitos ainda encaram os gastos públicos como uma panaceia para os males econômicos, especialmente o desemprego. Esquecem que não existe almoço grátis, e que todos os gastos do governo devem ser pagos eventualmente por impostos, incluindo a inflação, o mais perverso tipo de imposto, que ataca com violência especialmente os mais pobres. Todo emprego criado pelo gasto público inventado com esse objetivo é um emprego destruído em algum outro lugar. A riqueza que é extraída dos pagadores de impostos seria utilizada de alguma forma qualquer pelo setor privado, e tal alternativa é o que não se vê de imediato.

Focando apenas nos efeitos de curto prazo e nos grupos particulares beneficiados pelo gasto público, vários economistas e figuras públicas advogam que essa é uma medida fantástica para se gerar empregos. Argumentam que manter burocratas inúteis tem utilidade por conta do seu poder de compra, mas esquecem que pela mesma "lógica" os ladrões que roubam acabam consumindo depois, e nem por isso a sociedade fica melhor. Ao apelar para o *reductio ad absurdum*, poderíamos concluir que haveria pleno emprego se o governo contratasse metade da população para cavar buracos e a outra metade para fechá-los! Parece piada, mas keynesianos defendem exatamente isso em tempos de crise. Eles ignoram Bastiat. Isso negligencia, na análise das vantagens dos gastos públicos, tudo aquilo que representa sequelas de longo prazo e incide sobre o restante da população.

Os demais exemplos citados por Hazlitt passam pela tentativa do governo de controlar preços, incluindo aqui aluguel, juros, câmbio e salários. De forma geral, quem acaba como o personagem esquecido em todas essas políticas é o consumidor, assim como o pagador de impostos. Uma tarifa de importação que protege a indústria nacional está na verdade beneficiando um grupo específico no curto prazo, e penaliza a sociedade no longo prazo. O preço de algum produto determinado arbitrariamente acima daquele de mercado, quando a oferta se iguala à demanda, irá inevitavelmente gerar escassez, prejudicando o próprio consumidor. Um preço determinado abaixo do de mercado também irá gerar escassez ou comércio ilegal.

O caso do salário, que muitos esquecem ser também um preço, é idêntico. O salário mínimo colocado acima daquele que equilibra a oferta e a demanda costuma gerar apenas desemprego ou informalidade. Aumento no salário real é reflexo de maior produtividade, não de decretos estatais. E a maior produtividade vem pelo acúmulo de capital. Não há forma mais eficiente de reduzir os salários que reduzir o incentivo dos empresários a investir mais em seus negócios, o que inclui sua expansão e a compra de novas máquinas e equipamentos.

Hazlitt trata desses casos e de outros em detalhes. A conclusão é sempre a mesma, obtida pela dedução lógica da teoria econômica básica: muitas dessas medidas são defendidas pela miopia das pessoas, que focam nas vantagens imediatas e ignoram os efeitos de longo prazo na sociedade. O fato de o benefício do privilégio ser concentrado e o custo disperso não ajuda nada. Os lobistas dos grupos interessados se organizam mais que os consumidores e pagadores de impostos que, de fato, assumem o fardo, muitas vezes sem nem se dar conta.

Por essa razão, é fundamental que as pessoas passem a julgar as políticas públicas sob a ótica correta, buscando contrabalançar as vantagens que logo aparecem para determinados grupos com as inúmeras desvantagens que surgem no curso do tempo para os indivíduos em geral. Se feito isso, ficará bem mais claro que não existe almoço grátis, e que na maioria dos casos o governo é demandado para solucionar problemas que surgiram justamente por sua causa.

O herdeiro perdulário

"Tributar pesadamente, tirando do mais capaz e do mais motivado para dar ao menos capaz ou menos disposto, em geral redunda em punir aqueles, sem corrigir estes", disse Roberto Campos. Não obstante, nunca faltam populistas para defender a ideia de que distribuir dinheiro aos mais pobres "aquece a economia".

Certa vez, o ex-presidente Lula disse: "Cada real que você der na mão de uma pessoa pobre volta automaticamente para o comércio, para o consumo e reativa a economia. Muitas vezes você dá um milhão de reais para uma pessoa, que coloca no banco, não faz nada. Só ele vai ganhar dinheiro. Na hora que você dá R$ 100 para cada pobre, em meia hora volta para o comércio. Nem que ele vá para um boteco tomar uma 'canjebrina' [termo nordestino para cachaça]. Não fica no banco, não vai para derivativos."

Segundo a lógica de Lula, quando alguém poupa um milhão de reais e investe em algum fundo de banco, mantém o capital ocioso e somente ele se beneficia, enquanto o gastador compulsivo, mesmo que de cachaça, ajuda a economia, "fazendo a roda girar". Aprendemos que o rabo é que balança o cachorro: o consumo é que permite a produção, e não o contrário.

A comparação de Bastiat entre dois irmãos herdeiros derruba a falácia praticada por Lula e tantos outros. Mondor e seu irmão Aristo, após repartirem a herança paterna, ficam cada um com cinquenta mil francos de renda. Mondor pratica a filantropia: "Renova seu mobiliário uma vez por ano, troca suas carruagens todos os meses, as pessoas comentam sobre os métodos que ele usa para, engenhosamente, acabar mais depressa com o dinheiro. Enfim, ele faz, por comparação, empalidecer os personagens *bons vivants* de Balzac e de Alexandre Dumas."

Aristo adotou um plano de vida bem diferente. "Se não é um egoísta, é, pelo menos, um *individualista*, pois ele racionaliza suas despesas, só procura prazeres moderados e razoáveis, pensa no futuro dos filhos e, para encurtar, economiza." Mas ele é visto como um rico avarento pelos outros. Bastiat explica: "Esses julgamentos, nocivos à moral, estão baseados no fato de que há alguma coisa que impressiona os olhos: os gastos do irmão pródigo." Só que "a sabedoria de Aristo é não somente mais digna, mas ainda mais proveitosa que a loucura de Mondor".

Os felizes fornecedores dos luxos de Mondor representam aquilo *que se vê*. Não é tão fácil de perceber, do ponto de vista do interesse dos trabalhadores, o que se tornam os rendimentos de Aristo. Mas todos esses rendimentos, até o último centavo, servem para dar emprego aos operários tanto quanto certamente os rendimentos de Mondor. Mas há uma diferença importante: "Os gastos loucos de Mondor estão condenados a diminuir sempre e a chegar a um fim necessário. A sábia despesa de Aristo vai engordando de ano para ano." A poupança de Aristo pode ser canalizada para investimentos produtivos. Os gastos de Aristo, feitos em parte por terceiros a distância, representam aquilo que *não se vê*. Então Bastiat conclui:

> É, portanto, falso afirmar-se que a poupança causa um real prejuízo à indústria. Sob esse ângulo, ela é tão benéfica quanto o luxo. Mas quão superior essa poupança se mostrará, se nosso pensamento, em vez de se prender às horas fugazes que passam, se deter num espaço de tempo maior, mais longo! Assim, imaginemos que dez anos se passaram. O que se tornaram Mondor e sua fortuna? E a sua grande popularidade? Tudo se acabou! Mondor está arruinado! Longe de

despejar sessenta mil francos, todos os anos, na economia, ele está vivendo provavelmente às custas da sociedade. Em todo caso, ele não faz mais a alegria dos fornecedores, não consta mais como protetor das artes e da indústria, não serve mais para nada diante dos trabalhadores e nem diante dos seus, que ele deixou em dificuldades.

Por outro lado,

Ao final dos mesmos dez anos, Aristo continua não somente a pôr o seu dinheiro em circulação, mas continua aumentando seus rendimentos de ano para ano. Ele contribui para fazer crescer o capital nacional, ou seja, o fundo que alimenta os salários. E, como a demanda de trabalho depende da extensão desse fundo, ele concorre para o aumento progressivo da remuneração da classe operária. Se ele vier a morrer, deixa os filhos preparados para substituí-lo nessa obra de progresso e de civilização. Do ponto de vista moral, a superioridade da poupança sobre o luxo é incontestável. É consolador poder-se pensar que o mesmo se dá do ponto de vista econômico, para quem quer que, não se fixando nos efeitos imediatos das coisas, saiba levar suas investigações até os seus últimos efeitos.

Em resumo, Bastiat teria uma lição tanto econômica como moral para ensinar ao ex-presidente Lula e esquerdistas que enaltecem o uso do dinheiro para consumo imediato, em vez de poupança. Tirar recursos dos poupadores para distribuir sem critérios é punir a virtude e premiar o vício. Não se deve esperar um comportamento adequado quando a poupança é punida e o consumo supérfluo é estimulado, ainda por cima com recursos de terceiros. Tirar a fortuna de Bill Gates e distribuir para "cachaceiros" criaria apenas mais um miserável no mundo.

Protecionismo esclarecido

Quando uma nação entra em guerra, normalmente a primeira medida tomada pelo governo é atacar os principais pontos de comércio do inimigo. Os militares sempre buscam destruir pontes, portos e aeroportos do país em conflito, de modo a estrangular seu comércio, na tentativa de isolar o povo dos produtos estrangeiros. Isso demonstra que qualquer governante entende os benefícios da globalização, e sabe como é prejudicial ao povo o isolamento comercial. Não deixa de ser curioso, portanto, que os próprios governantes tomem medidas similares a essa estratégia de guerra, só que contra seu próprio povo. Afinal, o aumento de tarifas protecionistas surte o mesmo efeito: dificulta o acesso do povo aos produtos importados.

Um dos textos mais inspirados de Bastiat ironiza a demanda dos protecionistas em tempos de paz. Ele escreveu uma petição em defesa de medidas políticas para proteger os fabricantes de velas e lampiões contra um inimigo cruel, disposto a trabalhar várias horas do dia sem nada receber: o sol. Algo tem de ser feito pelo Estado para coibir essa concorrência injusta! Como ousa o sol fornecer luz gratuita por tanto tempo aos seus consumidores, prejudicando os fabricantes de luz artificial?

Inspirado nessa petição sarcástica de Bastiat, escrevi no jornal *O Globo*, em 2011, o artigo "Uma petição nacionalista", seguindo os moldes do economista francês:

> Prezados ministros, ilustre presidente Dilma. Venho, aqui, apresentar uma petição em nome da Associação Brasileira dos Produtores de Coisas Obsoletas (ABPCO). Tendo observado atentamente as últimas medidas do governo, como a elevação do imposto para carros importados, não pude deixar de notar um claro viés mercantilista.
>
> O governo, finalmente, assume sua postura nacional-desenvolvimentista, que busca proteger produtores nacionais da concorrência externa. Objetivo deveras legítimo. Afinal, faz-se mister garantir os empregos dos brasileiros, não dos chineses ou coreanos. "Quem ama protege", disse Carlos Lessa. E é justamente com base neste nobre ideal que vos apresento esta humilde petição.
>
> A ABPCO representa produtores de carroças, máquinas de escrever, gramofones, lampiões, tudo aquilo que foi injustamente prejudicado pelo avanço da tecnologia capitalista, importada de outros países. Pergunto: é justo um produtor de máquinas de escrever ir à falência só porque inventaram o computador?
>
> Alguns liberais podem argumentar que o computador trouxe inúmeros benefícios para todos os consumidores, gerou produtividade maior na economia e ajudou no progresso da nação. Mas, e quanto aos empregos de todos aqueles pobres trabalhadores envolvidos na manufatura das máquinas de escrever? Como eles ficam sem proteção?

Como representante da ABPCO, regozijo-me ao saber que Vossas Excelências não sois insensíveis como os liberais. Vós compreendeis a importância de se proteger os empregos dos produtores nacionais, ainda que seus produtos sejam piores e mais caros.

Muitos empresários argumentam que o Custo Brasil é alto demais, que não é justo competir com essa infraestrutura, alta taxa de juros, burocracia asfixiante e impostos escorchantes. São reclamações legítimas. Mas o que o governo pode fazer? Reformas estruturais? E como fica a governabilidade? O governo vai reduzir seu raquítico gasto público de um trilhão de reais? E como ficariam aqueles que dependem do governo? Políticos, burocratas, centrais sindicais, MST, ONGs, empreiteiras e milhões de famílias que vivem do Bolsa Família...

Aliás, permitam-me um parêntese: parabéns pelo recente anúncio do aumento de beneficiados com este programa. Já são quase 14 milhões de famílias! É assim que um programa social, que tem como meta reduzir a miséria, deve ser julgado: quanto mais gente depender do governo para viver, maior o seu sucesso. Maravilhoso será o dia em que todos estiverem no programa. Seremos tão ricos quanto Cuba!

Mas divago. Devo regressar à crítica dos empresários. O governo teria que demitir funcionários, e sabemos como os serviços públicos hoje são excelentes, justamente por conta do enorme aumento no quadro de pessoal durante a gestão petista. A saúde pública, segundo o ex-presidente Lula, é quase perfeita. Esta é uma conquista importante da qual não podemos abrir mão. Escolas excelentes, transporte público de primeira, segurança, e vamos sacrificar isso tudo só para permitir juros menores?

Creio que o caminho escolhido por vosso governo é mais sábio: decretar a redução dos juros na marra, mesmo sem cortar gastos públicos; aceitar mais inflação (o que são míseros 7% ao ano?); aumentar impostos; direcionar crédito subsidiado do BNDES para grandes empresas; e, claro, proteger o produtor nacional.

Alguns ousam chamar o aumento do IPI de protecionismo. Um disparate! O ministro Pimentel soube dar uma resposta à altura: argumentou que não é protecionismo porque as importações não foram proibidas. Brilhante! E é justamente pegando carona nessa lógica impecável que gostaria de propor, em vez de proibir a importação dos concorrentes, uma singela tarifa de 1.000% (o número é arbitrário; aceitamos 900%). Ninguém poderá acusar vosso governo de protecionista.

Finalizo esta petição confiante de que o governo será sensível à demanda dos produtores em questão. Empregos estão em jogo. Não podemos sacrificá-los apenas para o benefício dos consumidores, que, como bem colocou o ministro Mantega, sofrem assédio dos importados.

P.S.: Gostaria de vos alertar quanto a uma campanha que circula na internet, de boicote aos carros nacionais após o aumento do IPI. Se os consumidores deixarem de trocar de carro até o fim do ano, os estoques poderão subir muito, entupindo os pátios das montadoras. Seria terrível para o governo. Mas não fiqueis tão preocupados. O povo é nacionalista. Quem ama o país está disposto a comprar até carroça nacional pelo preço de Ferrari. Contamos com isso...

Retaliando o inimigo

Ok, então o protecionismo é prejudicial ao povo. Mas e quando a outra nação adota práticas protecionistas? Aí está claro que mesmo o mais liberal dos liberais será a favor de uma retaliação, certo? Errado.

A lógica da reciprocidade funciona assim: se o governo de lá prejudica o próprio povo, então nosso governo deve prejudicar nosso povo também, como resposta ao abuso que vem de fora. Na guerra entre governos e lobistas de cada país, sob um modelo mercantilista, quem sai perdendo são os consumidores em ambos os países.

Muitos alegam que o livre-comércio tem que ser recíproco para ser benéfico. Bastiat afirma que pessoas com tal mentalidade são protecionistas em princípio, mesmo que não reconheçam, e são apenas mais inconsistentes que os protecionistas puros, que são por sua vez mais inconsistentes que os defensores da abolição completa de produtos estrangeiros. Para provar seu argumento, ele utiliza uma fábula de duas cidades, Stulta e Puera, que construíram uma grande estrada conectando-as. Após o término da construção, Stulta teria reclamado que os produtos de Puera inundavam o seu mercado, e criou o cargo assalariado de encarregados pela obstrução do tráfego dos importados. Logo em seguida, Puera fez o mesmo, e o resultado era mutuamente perverso.

Até que um homem velho de Puera, suspeito até de receber pagamento secreto de Stulta, disse que os obstáculos criados por Stulta eram maléficos a Puera, o que era uma pena. E que os obstáculos criados pela própria Puera também eram maléficos, novamente uma pena. Completou que não havia nada que pudessem fazer quanto ao primeiro problema, mas que poderiam solucionar a outra parte, criada por eles mesmos. Houve forte reação, e o acusaram de sonhador, utópico e até "entreguista". Alegaram que seria mais difícil ir que vir pela estrada, ou seja, exportar que importar. Isso colocaria Puera em desvantagem em relação à Stulta, como as cidades na beira dos rios estão em desvantagem frente às montanhosas, já que é mais complicado subir que descer.

Só que uma voz disse que as cidades na beira dos rios prosperaram mais que as montanhosas, causando alvoroço. No entanto, era um fato histórico. Infelizmente, para o povo de Puera, decidiram que tais cidades tinham prosperado contra as regras, e optaram pela manutenção dos obstáculos, em nome da "independência nacional" e da proteção da indústria doméstica contra a competição "selvagem". E os consumidores continuaram sendo sacrificados para o benefício de alguns produtores privilegiados, como sempre ocorre nas medidas protecionistas.

Pode-se até argumentar que, como estratégia de negociação para atingir maior abertura comercial, faz sentido usar a pressão da retaliação. Tudo bem, desde que não se caia na falácia de considerar que ela, por si só, é benéfica ao povo. Não é. Afinal, a melhor garantia para os consumidores será sempre o livre-comércio, sem as barreiras artificiais criadas pelos governos, de lá e de cá. O governo, vítima de ranço mercantilista, pode achar que está retaliando o "inimigo" numa batalha comercial. Mas, na prática, está apenas dando um tiro no pé do seu próprio povo.

Alexis de Tocqueville

Nascido em Paris, França, em 1805, Alexis-Charles-Henri Clérel, o visconde de Tocqueville, foi um pensador político, historiador e escritor. Tornou-se célebre por suas análises da Revolução Francesa, cuja pertinência foi destacada por François Furet, da democracia americana e da evolução das democracias ocidentais em geral.

    Baseando-se na observação das interações sociais e na análise de suas causas e efeitos, Tocqueville defendeu a liberdade individual e a igualdade na política — os dois conceitos, para ele, inseparáveis. Defendeu a democracia e identificou os riscos inerentes que dela derivam. Tocqueville enfatizou, em particular, a possível evolução da democracia em direção a uma ditadura da maioria em nome da igualdade e rejeitou qualquer orientação socialista a esse respeito.

A centralização constante

A mentalidade estatizante está enraizada em nós, brasileiros, assim como nos franceses, que desconfiam de tudo que vem da iniciativa privada e normalmente preferem delegar ao governo um papel de salvador da pátria. Nesse aspecto, o Brasil se parece muito com a França. Esse centralismo, afinal, vem desde o Antigo Regime, e foi fortalecido pelos jacobinos e por Napoleão. Troca-se o inquilino do edifício, mas a alma permanece intacta.

    Em sua investigação dessa época, Tocqueville mostra como todo o arcabouço do centralismo estatal já estava presente no Antigo Regime, e foi apenas aproveitado pelos revolucionários. Essa foi a grande contribuição de seu magistral *O Antigo Regime e a Revolução*, publicado em 1856. Os administradores concentravam absurdo e arbitrário poder. E como as regras eram muitas e rígidas, a saída era o "jeitinho", uma prática frouxa.

Os reformadores miravam em fins diversos, mas seu meio era sempre o mesmo: usar o poder central para colocar em prática seus planos pessoais. O poder do estado deveria ser quase ilimitado. "Ninguém imagina que possa levar a bom termo um assunto importante se o estado não se imiscuir", escreve Tocqueville. Mesmo os agricultores achavam que era preciso o governo atuar para "aperfeiçoar" seu setor, tanto por meio de conselhos como de auxílio. Tocqueville continua:

> Tendo o governo tomado assim o lugar da Providência, é natural que cada qual o invoque em suas urgências particulares. Por isso encontramos um número imenso de requerimentos que, sempre se fundamentando no interesse público, dizem respeito entretanto apenas a pequenos interesses privados.

A análise feita por Tocqueville da Revolução era uma ducha de água fria — gelada mesmo — naqueles que imaginavam um "novo mundo" sendo criado pelos jacobinos:

> Eu sempre pensara que eles haviam obtido muito menos sucesso nesse singular empreendimento do que se acreditara no exterior e do que eles mesmos acreditaram inicialmente. Tinha convicção de que involuntariamente haviam conservado do Antigo Regime a maior parte dos sentimentos, dos hábitos, mesmo das ideias por meio das quais conduziram a Revolução que o destruiu e que, sem querer, haviam usado seus escombros para construírem o edifício da sociedade nova.

A hipertrofia estatal francesa, assim como seu dirigismo, vinha de longa data: "No século XVIII, a administração pública já era muito centralizada, muito poderosa, prodigiosamente ativa. Estava incessantemente auxiliando, impedindo, permitindo. Tinha muito a prometer, muito a dar. Já influía de mil maneiras, não apenas na condução geral dos assuntos públicos, mas também na sorte das famílias e na vida privada de cada homem."

Em outro trecho, ele volta a expor a asfixia das liberdades por conta da hipertrofia estatal, com o pretexto de preservar a "propriedade coletiva":

> Sob o Antigo Regime, como em nossos dias, não havia na França cidade, burgo, aldeia ou lugarejo, por menor que fosse, nem estabelecimento assistencial, fábrica, convento ou colégio que pudesse ter uma vontade independente em seus assuntos particulares ou administrar seus próprios bens como quisesse. Portanto, então como hoje, a administração mantinha todos os franceses sob tutela; e, se a insolência da palavra ainda não havia se manifestado, pelo menos já se tinha a coisa.

Mais à frente, ele volta a traçar o paralelo da centralização que permaneceu inalterada:

> Um corpo único e colocado no centro do reino, regulamentando a administração pública em assuntos internos; em cada província um único agente que a comanda em todos os detalhes; ausência de corpos administrativos secundários, ou corpos que não podem agir sem antes ser autorizados a mobilizar-se; tribunais de exceção que julgam os casos em que a administração tem interesse e protegem todos os seus agentes. Que é isso senão a centralização que conhecemos?

Tocqueville não largou seus estudos com essa premissa; ele constatou as similaridades à medida que foi buscando mais relatos sobre o Antigo Regime abolido. Coisas que ele julgara nascidas na Revolução já tinham raízes fincadas no velho solo. Por isso ele divide a Revolução em duas fases: a primeira, na qual os franceses quiseram eliminar tudo do passado; e a segunda, em que vão retomar uma parte do que haviam deixado para trás.

A religião jacobina

O que Alexis de Tocqueville viu ser abandonado foi o desejo de liberdade, que deu lugar a um impulso igualitário incompatível com aquela. Claro que ninguém vai desprezar abertamente a liberdade, nem o mais baixo dos homens. Logo, o que muda é o conceito de liberdade: "Os próprios déspotas não negam que a liberdade seja excelente; mas a querem apenas para si mesmos e sustentam que todos os outros são totalmente indignos dela."

Tocqueville chama a atenção para o caráter antirreligioso da Revolução: "Uma das primeiras atitudes da Revolução Francesa foi atacar a Igreja e, entre as paixões que nasceram nessa revolução, a primeira a acender-se e a última a extinguir-se foi a paixão pela irreligiosidade." Vários analistas perceberam no fervor ideológico dos jacobinos uma tentativa de *substituir* a religião.

A filosofia do século XVIII teria sido, então, uma das causas principais da Revolução, mas Tocqueville toma o cuidado de separar duas partes distintas dessa filosofia. Numa delas, há opiniões novas ou renovadas sobre princípios e leis civis, a igualdade natural dos homens, a abolição de privilégios de castas, a soberania do povo. Na outra parte, temos uma espécie de fúria contra a Igreja, com ataques ao clero, à hierarquia, às instituições, aos dogmas. Para derrubá-los, quiseram arrancar os próprios fundamentos do cristianismo.

Esse clima de perseguição se espalhou pela Europa, e Tocqueville sai em defesa do legado cristão. Assim escreve o pensador francês:

> Acreditar que as sociedades democráticas sejam naturalmente hostis à religião é cometer um grande erro: nada no cristianismo, nem mesmo no catolicismo, é absolutamente contrário ao espírito dessas sociedades, e várias coisas lhe são muito favoráveis. Aliás, a experiência de todos os séculos mostrou que a raiz mais vivaz do instinto religioso sempre esteve plantada no coração do povo.

Os jacobinos queriam implodir isso tudo para colocar em seu lugar algo que tinha uma sedução anárquica:

> Como seu objetivo não foi apenas mudar um governo antigo, e sim abolir a forma antiga da sociedade, a Revolução Francesa teve de atacar simultaneamente todos os poderes estabelecidos, demolir todas as influências reconhecidas, apagar as tradições, renovar os costumes e os usos e, por assim dizer, esvaziar o espírito humano de todas as ideias nas quais se haviam fundamentado até então o respeito e a obediência. Daí seu caráter tão singularmente anárquico.

A revolução não tinha fronteiras: começou na França, mas sua pretensão era global. Tocqueville explica: "A Revolução Francesa é, portanto, uma revolução política que operou à maneira e em certo sentido assumiu o aspecto de uma revolução religiosa." A meta não era tanto reformar a França, mas sim a regeneração do gênero humano, por isso mesmo despertando uma paixão que nenhuma outra revolução política, mesmo a mais violenta, foi capaz. Ela inspirou o proselitismo e a propaganda. Nesse aspecto, como em outros tantos, ela foi a precursora das revoluções comunistas do século XX.

Um ponto a se destacar é que a França estava longe de ser o país em que as instituições medievais às quais os jacobinos declararam guerra se faziam sentir com peso opressor, "de tal forma que seu jugo pareceu mais insuportável justamente onde na realidade era menos pesado". Podemos pensar nas "revoluções progressistas" de hoje, nas políticas de identidade, nos movimentos de minorias e na ideologia de gênero que se espalham exatamente em países nos quais há ampla liberdade para essas minorias.

Nos tempos feudais, explica Tocqueville, considerava-se a nobreza mais ou menos com os mesmos olhos com que em seu tempo se considerava o governo:

> Os encargos que ela impunha eram tolerados em vista das garantias que proporcionava. Os nobres tinham privilégios incômodos, possuíam direitos onerosos; mas garantiam a ordem pública, distribuíam justiça, faziam executar a lei, vinham em socorro do fraco, conduziam os assuntos de interesse comum. À medida que a nobreza deixa de fazer essas coisas, o peso de seus privilégios vai parecendo maior e finalmente mesmo sua existência já não é compreendida.

Talvez, se Tocqueville vivesse nos dias de hoje, concluiria que a crise nas democracias liberais do Ocidente se deve a essa perda de legitimidade da casta burocrática e política.

Agitadores irresponsáveis

> *A multidão sempre me incomodou e me emudeceu.*
> (ALEXIS DE TOCQUEVILLE)

Com percepção extremamente acurada de quem viveu tensões revolucionárias de perto e de dentro do poder, Alexis de Tocqueville fez o possível para preservar o bom senso e as liberdades básicas do povo. Seu relato consta no imperdível livro

Lembranças de 1848, um alerta republicano indispensável em tempos de anomia e revoltas "populares".

Tocqueville tentou mostrar que as causas estruturais dessas agitações deveriam ser enfrentadas.

> Falo aqui sem amargura; falo-vos, creio eu, até sem espírito de partido; ataco homens contra os quais não tenho cólera, mas, enfim, sou obrigado a dizer a meu país qual é minha convicção profunda e meditada. Pois bem: minha convicção profunda e meditada é que os costumes públicos estão se degradando; é que a degradação dos costumes públicos vos levará, em curto espaço de tempo, brevemente talvez, a novas revoluções. [...] Sim, o perigo é grande! Conjurai-o enquanto ainda é tempo; corrigi o mal por meios eficazes, não atacando seus sintomas, mas o próprio mal.

Enquanto cada um puxa a sardinha para seu lado, insufla as massas, joga para sua plateia, Tocqueville temia que isso levaria à perda de controle da situação, sem um culpado específico:

> Assim, os principais líderes do partido radical, que acreditavam que uma revolução seria prematura e que ainda não a desejavam em absoluto, sentiram-se obrigados a pronunciar nos banquetes discursos muito revolucionários e a insuflar o fogo das paixões insurrecionais, para se diferenciarem dos seus aliados da oposição dinástica. Por sua vez, a oposição dinástica, que não queria mais banquetes, viu-se forçada a perseverar no mau caminho, para não dar a ideia de que retrocedia diante dos desafios do poder; por fim, a massa dos conservadores, que acreditava na necessidade de grandes concessões e desejava fazê-las, foi forçada, pela violência de seus adversários e pelas paixões de alguns de seus líderes, a negar o direito de reunião em banquetes privados e a recusar ao país mesmo a esperança de uma reforma qualquer. É preciso ter vivido muito tempo em meio aos partidos e no turbilhão mesmo em que se movem para compreender até que ponto os homens impelem-se mutuamente para fora de seus próprios desígnios e como o destino do mundo caminha pelo efeito, mas com frequência a

contrapelo, dos desejos de todos que o produzem, tal como a pipa que se eleva pela ação do vento e da linha.

Impossível ler sobre aqueles que tentavam espalhar o caos e não pensar nos universitários mimados de hoje, que derrubam estátuas e cospem em policiais: "São os moleques de Paris que costumam empreender insurreições, e em geral alegremente, como escolares que saem em férias." Em outra passagem, ele diz: "Embora percebesse que o desenlace da peça seria terrível, nunca pude levar os atores muito a sério; tudo me parecia uma desprezível tragédia representada por histriões de província." Em Maio de 1968 seria a mesma coisa!

Mas Tocqueville não era bobo de atacar somente um lado político e ignorar o apreço da classe pelo "sistema": "A verdade, deplorável verdade, é que o gosto pelas funções públicas e o desejo de viver à custa dos impostos não são, entre nós, uma doença particular de um partido", dispara o pensador francês, que arremata: "É a grande e permanente enfermidade democrática de nossa sociedade civil e da centralização excessiva de nosso governo; é esse mal secreto que corroeu todos os antigos poderes e corroerá todos os novos."

Nesse ambiente revolucionário, faz-se ainda mais importante resgatar o sentido do império das leis:

> É sobretudo em tempos de revoluções que as menores instituições do direito — e mais: os próprios objetos exteriores — adquirem a máxima importância, ao recordar ao espírito do povo a ideia da lei; pois é principalmente em meio à anarquia e ao abalo universais que se sente a necessidade de apego, por um momento, ao menor simulacro de tradição ou aos laivos de autoridade, para salvar o que resta de uma Constituição semidestruída ou para acabar de fazê-la desaparecer completamente.

Domar os humores populares é fundamental para se evitar o pior: "A inquietude natural do espírito do povo, a agitação inevitável de seus desejos e pensamentos, as necessidades, os instintos da multidão formaram, de alguma maneira, o tecido sobre o qual os inovadores desenharam tantas figuras monstruosas e grotescas." Ele acrescenta que "mesmo nos mais sangrentos de nossos motins encontra-se sempre uma multidão de gente meio velhaca e meio basbaque, que se leva a sério no espetáculo". E conclui: "Como sempre acontece nos motins, o ridículo e o terrível misturavam-se."

E como reagir diante da turba descontrolada e insuflada pelos agitadores irresponsáveis? Tocqueville não via outra saída, apesar de detestá-la:

> Opus-me ao parágrafo que declarara Paris em estado de sítio — mais por instinto que por reflexão. Sinto, por natureza, um tal desprezo e um horror tão grande pela tirania militar que, ao ouvir falar do estado de sítio, esses sentimentos sublevaram-se tumultuosamente em meu coração, e dominaram inclusive os sentimentos que o perigo fazia nascer. Com isso, cometi um erro que, afortunadamente, teve bem poucos imitadores.

A democracia na América

> *Democracia e socialismo não têm nada em comum além de uma palavra: igualdade; mas note a diferença: enquanto a democracia procura a igualdade na liberdade, o socialismo procura igualdade na restrição e servidão.*
> (ALEXIS DE TOCQUEVILLE)

Alexis de Tocqueville escreveu seu clássico *Democracia na América* com o objetivo de contribuir para a preservação da liberdade na França durante a conturbada transição da aristocracia para a democracia. Apesar do tempo transcorrido — o primeiro volume foi lançado em 1835; o segundo, em 1840 —, o livro continua atual e válido em vários aspectos. Tocqueville reconhece a importância do caráter nacional americano para a liberdade existente no país, e dá crédito aos religiosos puritanos pela moldagem desse caráter. Ele nasceu numa família aristocrática que foi vítima da Revolução Francesa. Viajou para os Estados Unidos em busca de um escrutínio cuidadoso de todos os elementos da vida americana. O que ele constatou marcou-lhe profundamente, e ainda rendeu uma obra monumental, reconhecida como uma das *magnum opus* do pensamento político. Em *As etapas do pensamento sociológico* (1967), o filósofo e sociólogo francês Raymond Aron cita Tocqueville como um autor fundamental para a compreensão da política e da sociedade, ao lado de nomes como Montesquieu, Comte, Durkheim, Marx e Weber.

Entre as observações que fez sobre o país, consta a extraordinária força das associações voluntárias no dia a dia da vida americana, como uma força social muito mais potente e extensiva que o Estado. Se os franceses se voltavam para o Estado, e os ingleses para a aristocracia, os americanos formavam livres associações uns com os outros quando precisavam ou demandavam alguma coisa. Dessa forma praticavam o autogoverno. Não dependiam do governo, mas se organizavam para alcançar os próprios objetivos. Ele concluiu que a lei da associação é a primeira lei da democracia.

Para Tocqueville, "entre as leis que governam as sociedades humanas, há uma que parece ser mais precisa e clara do que todas as outras. Se os homens devem continuar a civilizar-se ou tornar-se civilizados, a arte de associação deve crescer e melhorar, na mesma proporção em que aumentam as condições de igualdade". Muitos países subdesenvolvidos apresentam instabilidade política justamente por conta desse problema: a igualdade na participação política cresce muito mais rápido do que essa "arte de associação". Tocqueville foi enfático: "A ciência da associação é a mãe da ciência; o progresso de todo o resto depende do progresso que ela realiza."

"Quanto mais o governo tomar o lugar das associações, mais as pessoas perderão a ideia de formar associações e precisarão do governo para ajudá-las. Esse é um círculo vicioso de causa e efeito", define Tocqueville. Por outro lado, sem essa interferência estatal, o pensador observou o desenvolvimento natural da solidariedade: "Quando um americano pede a cooperação de seus concidadãos, raramente é recusado; e muitas vezes vi isso acontecer espontaneamente e com grande boa vontade."

Os americanos imaginam, segundo a observação de Tocqueville, que está em seu próprio interesse fazer contribuições para o bem-estar comum e o bem público. O futuro deles e de seus próprios filhos se beneficia disso. O bem público está assim associado ao próprio interesse de cada um. Não é preciso falar em altruísmo, pois a própria busca da satisfação dos interesses particulares já leva um povo mais avançado culturalmente a cuidar dos bens comuns.

O americano sente que a coisa pública é sua também — e é de todos. Disso deriva a defesa de uma igualdade perante a lei. Isso diverge da postura patrimonialista predominante no mundo latino por tantos anos, em que o Estado é visto como um bem privado a ser conquistado para a "grande família" à custa do restante. Enquanto um americano gritaria para alguém tentando furar fila "quem você pensa que é?", dando ênfase à igualdade das leis, um brasileiro provavelmente gritaria de volta, caso fosse criticado por furar fila: "Você sabe com quem está falando?", ressaltando o peso do privilégio com sua "carteirada".

Tocqueville, porém, não era um democrata fervoroso, e temia que as democracias caminhassem em direção a uma "tirania da maioria". Ele chegou a desabafar, com sinceridade: "Tenho uma inclinação intelectual pelas instituições democráticas, mas sou instintivamente um aristocrata, o que significa que desprezo e temo as massas. Eu amo apaixonadamente a liberdade, a legalidade, o respeito pelos direitos, mas não a democracia... a liberdade é a minha principal paixão. Essa é a verdade." E seu medo é que a república americana acabasse no dia em que o congresso descobrisse que pode subornar o povo com dinheiro público. Mais uma vez, profético!

A moral religiosa

O católico Alexis de Tocqueville deu enorme relevância ao fator religioso, especialmente o protestante, no sucesso relativo dos Estados Unidos. Conforme resume o filósofo Michael Novak em seu *The Universal Hunger for Liberty* [O desejo universal por liberdade], seriam basicamente cinco aspectos mundanos da utilidade religiosa: restrição aos vícios e ganhos na paz social; ideias fixas, estáveis e gerais sobre as dinâmicas da vida; o foco na questão de igualdade perante a lei; uma nova concepção de moralidade como uma relação pessoal com Deus, e, portanto, um motivo para agir de forma correta mesmo quando ninguém está observando; e, por intermédio da elevada honra dedicada ao laço do matrimônio, uma regulação tranquila das regras no casamento e em casa. Uma rede de confiança inspirada pela fidelidade, alimentada dentro do lar familiar e criando filhos felizes, aumentaria as chances de sucesso de um governo republicano.

Tocqueville rejeitava a ideia de indivíduo como uma ilha, um ser atomizado que ignora seu entorno. Ele dava muito peso ao tecido social, ao espírito público, como fica evidenciado nesta passagem:

> Quero imaginar sob que novos traços o despotismo poderia produzir-se no mundo: vejo uma multidão incalculável de homens semelhantes e iguais que giram sem repouso em torno de si mesmos para conseguir pequenos e vulgares prazeres com que enchem sua alma. Cada um deles, retirado à parte, é como que alheio ao destino de todos os outros: seus filhos e seus amigos particulares formam para ele toda a espécie humana; quanto ao resto de seus concidadãos, está ao lado

deles, mas não os vê; toca-os, mas não os sente — cada um só existe em si mesmo e para si mesmo.

Muitos liberais clássicos consideram que o liberalismo foi usurpado pela esquerda e virou algo muito distinto na era moderna, uma espécie de "progressismo" tribal que enaltece política de identidade e leva ao aumento do grau de ingerência estatal em nossas vidas. Mas e se isso não for um desvio do liberalismo clássico? E se o "liberalismo" atual for apenas uma segunda onda, uma consequência inevitável das próprias premissas dos liberais?

É o que sustenta o professor Mark Mitchell em *The Limits of Liberalism* [Os limites do liberalismo]. Trata-se de um livro denso, mas com uma crítica ao liberalismo bastante convincente. Ele busca em Platão o alerta de que a liberdade, quando levada ao extremo — ou seja, aquela que busca erradicar todos os limites —, vai gradualmente se converter em tirania. Um alerta, aliás, que Alexis de Tocqueville também fez séculos depois.

O principal problema, segundo Mitchell, é o abandono da autoridade da tradição nessa trajetória. O liberal parte da premissa de uma razão independente, abstrata, capaz de definir conceitos éticos do zero, sem levar em conta os séculos de experiência acumulada. Descartes seria o principal pensador por trás dessa visão moderna. Ele iria se livrar de todos os preconceitos para utilizar somente a razão universal em busca da verdade, sem perceber que seu *cogito* já se dava com base numa herança intelectual. Para o autor, trata-se de uma empreitada ilusória, fadada ao fracasso da incoerência, e com resultados práticos perigosos.

Essa ideia de que o passado é um recipiente de obscurantismo e que o futuro pertence às luzes, por indivíduos que foram capazes de abandonar todas as amarras do passado, está enraizada no liberalismo progressista, que destaca a figura do "eu autônomo". Esse indivíduo autossuficiente, que com base apenas na razão vai determinar seus valores, é um dos pilares do liberalismo. Para Mitchell, porém, essa visão liberal só obtém relativo êxito na América por conta de um solo fértil em termos de valores morais, entre os quais o legado do cristianismo.

A vigilância moral se faz necessária, especialmente na época democrática, para impedir o abuso de poder. Nas palavras de Tocqueville: "As melhores leis não podem fazer uma constituição funcionar apesar da moral; a moral pode transformar as piores leis em vantagem. Essa é uma verdade comum, mas para a qual meus estudos estão sempre me trazendo de volta. É o ponto central da minha concepção. Eu vejo isso no final de todas as minhas reflexões."

Tocqueville percebeu a ligação direta entre a religião de Cristo e a liberdade ocidental, especialmente a britânica, de onde surgiram os valores americanos: "Eu desfrutei, na Inglaterra, do que há muito tempo eu estive privado — uma união entre os mundos religioso e político, entre a virtude pública e privada, entre o cristianismo e a liberdade." Liberdade esta que não sobrevive num vácuo de valores morais, e sem gente com estamina suficiente para defendê-la, para lutar por ela — para morrer por ela, se preciso.

A emancipação dos escravos

A escravidão é duramente criticada por Tocqueville. Para o pensador francês, ela desonra o trabalho, introduz ociosidade na sociedade, ignorância e orgulho, pobreza e luxúria. A distinção entre o sul e o norte dos Estados Unidos poderia ser explicada, em parte, pela influência da escravidão no sul. As bases da teoria social americana estariam presentes, segundo Tocqueville, no norte do país, cujos primeiros imigrantes pertenciam a classes prósperas no país de origem. Praticamente todos tinham recebido educação avançada, e esses imigrantes teriam levado junto boa dose de ordem e moralidade. Mas, acima de tudo, o espírito de empreendedorismo era a marca registrada deles, em contraste com os demais imigrantes. Não haviam abandonado o país de origem por necessidade ou à força, e deixaram para trás posições sociais invejáveis. Estavam em busca de satisfação intelectual, do triunfo de uma ideia, da liberdade. Não aceitavam a perseguição religiosa da terra natal. Tal berço faria toda a diferença depois, na fase adulta da nação.

Em *A emancipação dos escravos*, Tocqueville defendeu a causa abolicionista. Ele não costumava descrever o mundo como gostaria que fosse, mas sim como as coisas se apresentam. "Não se trata mais de saber se a escravidão é má e se ela deve ser abolida, mas de determinar como e quando convém que ela cesse", escreveu. Tocqueville rejeitou o argumento de que era desejável postergar a abolição para "preparar os negros para a independência". Para ele, ninguém aprende a ser livre na escravidão.

"A escravidão é destas instituições que duram milhares de anos sem ninguém se dar ao trabalho de se perguntar por que ela existe. Mas é quase impossível mantê-la depois que esta pergunta é feita", constatou. E chamou a atenção dele o fato de que, pela primeira vez, a liberdade não era conquistada pelo esforço desesperado dos escravos, mas pela "vontade esclarecida do senhor". E isso ele atribuiu ao legado cristão: "Este grande acontecimento é produto do movimento geral do século, produto do espírito do tempo. Desde que no mundo cristão e civilizado as raças se confundiram e as classes se aproximaram e se mesclaram entre os homens livres, como pode a instituição da escravidão se manter?".

Vale notar que Tocqueville não atribui ao governo esse esclarecimento, e sim ao povo. Ao analisar o caso inglês, ele afirmou:

> A verdade é que a emancipação dos escravos foi, assim, como a reforma parlamentar, obra da nação e não dos governantes. É preciso ver nela o produto de uma paixão e não o resultado de um cálculo. O governo inglês lutou tanto quanto pôde contra a adoção desta medida. Ele havia resistido 15 anos à abolição do tráfico e resistiu 25 anos à abolição da escravidão. Quando não pôde mais impedi-la, procurou, pelo menos, retardá-la; e quando não pode mais retardá-la, procurou reduzir suas consequências, embora sempre em vão, pois a onda popular sempre o arrastou e dominou.

Atento às mudanças culturais, Tocqueville temia que um novo tipo de escravidão surgisse, sob o manto da democracia: "A sociedade desenvolverá um novo tipo de servidão, que cobrirá a sua superfície com uma rede de regras complicadas, através das quais as mentes mais originais e os personagens mais enérgicos não podem penetrar." E prosseguiu: "Ela não tiraniza, mas comprime, enerva, extingue e estupidifica um povo, até que cada nação seja reduzida a nada melhor do que um bando de animais tímidos e laboriosos, dos quais o governo é o pastor."

Por isso mesmo Tocqueville era contra uma visão assistencialista e paternalista do Estado: "Qualquer medida que estabeleça a caridade legal em caráter permanente e lhe dê uma forma administrativa cria, assim, uma classe ociosa e preguiçosa, vivendo à custa da classe industrial e operária." Diante dessa realidade, desse mecanismo de incentivos, eis o papel do bom governo que ele enxergava: "O maior cuidado de um governo deveria ser o de habituar, pouco a pouco, os povos a dele não precisar." Ele não escondia sua aversão ao socialismo, que chamou de nova forma de escravidão.

"Eu penso que não existe um país no mundo onde, em proporção à população, existe tão poucas pessoas ignorantes como na América", escreveu Tocqueville. A educação primária estava ao alcance de todos. A maioria dos ricos começou lá como pobres, prosperando por conta própria. Era a terra das oportunidades. Na juventude, eram homens ocupados com o trabalho. Enquanto tinham gosto para os estudos mais profundos, não tinham tempo, e quando conseguissem o tempo, teriam perdido o gosto. Na América, certo nível comum de conhecimento foi estabelecido, o qual todas as mentes alcançavam.

Em outras palavras, surgia uma enorme classe média. O elemento aristocrático, por outro lado, sempre fraco desde o começo, foi praticamente destruído, quase sem ter influência no curso dos acontecimentos. Entende-se então um dos motivos pelos quais alguns europeus, especialmente franceses, alimentaram ressentimento pelo país. Insistem que se trata de um povo de "bárbaros", pois no fundo não suportam a ideia de que o título hereditário de nobreza não vale mais nada na América.

Com todas as suas imperfeições — muitas delas, inclusive, agravadas desde então —, o fato é que a construção dos Estados Unidos tem muito a ensinar para o mundo. Analisar as raízes do sucesso americano, observando o que pode ser replicável mundo afora, separando as idiossincrasias dos valores universais, é um trabalho que agrega muito valor na busca da liberdade e do progresso. Alexis de Tocqueville deu o pontapé inicial nesse esforço. O resultado foi um excelente estudo que ainda serve como base para muitas conclusões inspiradoras. Entre elas, destaca-se a livre associação entre indivíduos, independentemente do mecanismo estatal.

PARTE 2

Os austríacos

Ludwig von Mises

Durante minha graduação em Economia na Pontifícia Universidade Católica do Rio de Janeiro (PUC-RJ), confesso não me lembrar de ter escutado qualquer menção aos principais nomes da "Escola Austríaca". Tive alguns bons professores, sem dúvida. Mas nenhum deles citou Mises ou Hayek. O curso estava impregnado de keynesianismo, e uma visão alternativa simplesmente não estava disponível para reflexões e debates.

Foi no trabalho que escutei falar desses dois grandes autores pela primeira vez. E, curiosamente, de um economista com doutorado pela Universidade de Chicago. Meu então chefe, Paulo Guedes, nutria profundo respeito pelo pensamento da Escola Austríaca, e recomendou-me a leitura de seus clássicos. Quando comecei, não consegui mais parar. A lógica econômica, os argumentos sólidos, os acertos de tantas previsões, tudo isso foi derrubando as várias falácias tão disseminadas pelos professores keynesianos ou marxistas. Eu já era um liberal, mas encontrei nos livros dos "austríacos" os mais embasados arrazoados econômicos na defesa da liberdade individual.

Um dos primeiros que li foi *Os fundamentos da liberdade* (Editora Visão, 1983) de Hayek. A leitura desse livro é como um banho de luz que intensifica e refina nossas ideias. Em seguida, comecei a ler outros livros do próprio Hayek e também de Mises, Rothbard, Kirzner, Menger e demais nomes importantes da Escola Austríaca. Fui tão influenciado por eles que cheguei a participar do conselho do Instituto Mises Brasil e escrevi um livro inteiro sobre esses pensadores. O foco, aqui, será limitado aos seus dois principais expoentes: Ludwig von Mises e Friedrich Hayek.

A praxeologia de Mises

> *Estatística e história são inúteis na economia a menos que acompanhadas por um entendimento dedutivo básico dos fatos.*
> (HENRY HAZLITT)

Um dos maiores economistas de todos os tempos, Ludwig von Mises nasceu no então Império Austro-Húngaro, em 1881. De família judaica, realizou sua admirável formação acadêmica em Viena. Com a ascensão do nazismo, porém, deixou o país em 1934, primeiro para a Suíça e, depois, para os Estados Unidos, onde continuou sua trajetória até seu falecimento, em 1973. Seu clássico de quase mil páginas, *Ação humana* (Editora Vide Editorial, 2010) é inquestionavelmente uma das obras-primas em economia. Mises revolucionou a ciência econômica com seu foco na praxeologia, ou teoria geral da ação humana. Suas ideias desagradavam regimes totalitários à esquerda e à direita. A seguir, pretendo fazer um breve resumo de sua obra.

Antes, porém, é importante frisar que o próprio Mises reconhece não existir uma teoria econômica perfeita. Não existe perfeição quando se trata do conhecimento humano. A onisciência é negada aos humanos. A ciência não garante uma certeza final e absoluta. Ela fornece bases sólidas dentro dos limites de nossas habilidades mentais, mas a busca pelo conhecimento é um progresso contínuo e infinito. Além disso, como o próprio Mises reconheceu, a ciência econômica não lida com valores finais, mas com meios:

> É verdade que a Economia é uma ciência teórica e como tal ela se abstém de qualquer julgamento de valor. Não é sua tarefa dizer às pessoas a que fins elas devem visar. Ela é uma ciência dos meios a serem aplicados para o alcance de fins. As decisões últimas, as avaliações e escolhas de fins estão além do âmbito de qualquer ciência. A ciência nunca diz ao homem como ele deveria agir, ela simplesmente mostra como alguém deve agir se ele deseja atingir dados fins.

Dito isso, podemos avançar um pouco na praxeologia de Mises. O homem é um ser de ação: ele escolhe, determina e tenta alcançar uma finalidade. A ação humana significa o emprego de meios para a obtenção de certos fins. Sempre que as condições para a interferência humana estiverem presentes, o homem estará agindo, pois a inação, nesse caso, também é uma escolha. Agir não é somente fazer algo, mas também se omitir quando algo era possível de ser feito. A ação pressupõe desconforto, a tentativa de migrar de uma situação menos satisfatória para outra mais satisfatória, segundo uma avaliação subjetiva do agente.

Com isso em mente, podemos passar à distinção que Mises faz entre os dois grandes campos das ciências da ação humana: a praxeologia e a história. A história, segundo Mises, é uma coleção e arranjo sistemático de todos os dados de experiências que dizem respeito à ação humana. O foco é o passado, e ela não pode nos ensinar aquilo que seria válido para todas as ações humanas, ou seja, para o futuro também. Não há um laboratório para experimentos da ação humana. A experiência histórica é uma coletânea de fenômenos complexos, e não nos fornece fatos no mesmo sentido em que a ciência natural faz. A informação contida na experiência histórica não pode, conforme afirma Mises, ser usada para a construção de teorias e previsões do futuro. Todos os atos históricos estão sujeitos a várias interpretações diferentes. Portanto, Mises afirma que não há meios de se estabelecer uma teoria *a posteriori* da conduta humana e dos eventos sociais.

Faz-se necessário o uso de uma teoria previamente desenvolvida que explique e interprete os fenômenos históricos. As interpretações das experiências não devem ficar sujeitas a explicações arbitrárias. Eis a relevância da praxeologia, uma ciência teórica, e não histórica. Suas proposições não são derivadas da experiência, mas, como ocorre na matemática, são obtidas *a priori*, com base em axiomas. Axiomas são autoevidências perceptuais. Segundo Ayn Rand, "um axioma é uma proposição que derrota seus oponentes pelo fato de que eles têm de aceitá-la no processo de tentar negá-la". Um exemplo clássico seria tentar negar a existência da consciência, sendo que é preciso aceitá-la para tanto. As proposições obtidas *a priori* não são afirmações sujeitas à verificação ou à falsificação no campo da experiência, mas sim necessárias para a compreensão dos fatos históricos. Sem essa lógica teórica, o curso dos eventos não passaria de algo caótico e sem sentido.

Essa lógica apriorística não lida com o problema de como a consciência ou a razão surgiram nos homens através da evolução. Ela lida com o caráter essencial e necessário da estrutura coerente da mente humana. A mente dos homens não é uma tábula rasa onde eventos externos escrevem a própria história. Ela está equipada com ferramentas que permitem a percepção da realidade. Tais ferramentas foram adquiridas no decorrer da evolução de nossa espécie. Mas, de acordo com Mises, elas são naturalmente anteriores a qualquer experiência. A ideia de que *A* pode ser ao mesmo tempo *não A* seria simplesmente inconcebível e absurda para a mente humana, assim como seria igualmente ilógico preferir *A* a *B* ao mesmo tempo que *B* a *A*. A lógica não permite tais contradições.

Para Mises, não há como compreender a realidade da ação humana sem uma teoria, sem uma ciência apriorística da ação humana. O ponto de partida da praxeologia não é a escolha de axiomas e uma decisão sobre os métodos de procedimento, mas uma reflexão sobre a essência da ação. Os métodos das ciências naturais, portanto, não são apropriados para o estudo da praxeologia, economia e história. A verdade é que a experiência de um fenômeno complexo como a ação humana pode sempre ser interpretada por várias teorias distintas. Se essa interpretação pode ser considerada satisfatória ou não, depende da apreciação da teoria em questão, estabelecida anteriormente por meio do processo racional apriorístico. A história em si não pode nos ensinar uma regra geral, um princípio geral. Não há como extrair da história uma teoria posterior ou um teorema sobre a conduta humana. Mises acredita que os dados históricos seriam apenas o acúmulo de ocorrências desconexas e confusas se não pudessem ser arranjados e interpretados pelo conhecimento praxeológico.

Essa teoria terá profundos impactos no estudo da economia. Murray Rothbard, discípulo de Mises, conclui, por exemplo, que as estatísticas sozinhas não podem provar nada, pois refletem a operação de inúmeras forças causais. Para ele, o único teste de uma teoria são os acertos das premissas e uma cadeia lógica de raciocínio. Como dizia Roberto Campos, "as estatísticas são como o biquíni: o que revelam é interessante, mas o que ocultam é essencial". A estatística pode ser a arte de torturar os números até que eles confessem o que se deseja. Sem uma teoria lógica decente, pode-se confundir muitas vezes a correlação com a causalidade. Um observador poderia concluir que médicos causam doenças, pois onde há mais doenças costuma haver mais médicos. Nas questões da ação humana, os problemas são ainda maiores. Pelo grau de complexidade dos eventos sociais e econômicos, muitas conclusões erradas podem surgir pela falta de capacidade de uma compreensão lógica da ligação entre os fatos. Uma medida econômica hoje pode surtir efeito somente em meses, e fica praticamente impossível compreender o fenômeno sem uma base teórica apriorística.

As estatísticas e a história podem ser excelentes ferramentas de auxílio nas análises econômicas, mas jamais poderão substituir a necessidade da lógica teórica. Eis a crucial importância da praxeologia, que o brilhante Mises estudou a fundo. É preciso entender a ação humana a partir de sua lógica, não pela simples observação dos fatos passados.

As seis lições

É impossível para um homem aprender aquilo que ele acha que já sabe.
(EPÍTETO)

Em fins de 1958, Ludwig von Mises, já consagrado como um dos maiores expoentes do liberalismo, proferiu uma série de conferências na Argentina. Felizmente, sua esposa decidiu transformar as transcrições das palestras em livro, e assim nasceu *As seis lições*. Trata-se de um pequeno livro em tamanho, mas profundo na mensagem. O mundo teria muito a ganhar se as ideias bastante embasadas de Mises fossem mais conhecidas. Tentarei aqui, muito resumidamente, abordar as lições.

Capitalismo: A origem desse sistema foi voltada para a produção em massa, visando atender o excesso populacional proveniente do campo. Desde o seu começo, portanto, as empresas têm como alvo a satisfação das demandas das massas, e seu sucesso é totalmente dependente da preferência dos consumidores. Há mobilidade social, pois ganha quem melhor satisfaz as demandas. Assim, o desenvolvimento do capitalismo consiste em que cada homem tem o direito de servir melhor ou mais barato o seu cliente. O salto na qualidade de vida e na sua própria duração foi espetacular após o advento do capitalismo, e a população inglesa dobrou entre 1760 e 1830. No capitalismo, sob a égide do livre mercado, quem manda é o consumidor.

Socialismo: O mercado não é um lugar, mas um processo, segundo o qual os indivíduos exercem livremente suas escolhas. Num sistema desprovido de mercado, em que o governo determina tudo, qualquer liberdade é ilusória na prática. Se o governo for o dono das máquinas impressoras, não pode haver liberdade de imprensa (vide Cuba). A visão do governo como uma autoridade paternal, um guardião de todos, é típica do socialismo. Se couber ao governo o direito de determinar o que o corpo humano deve consumir, o próximo passo seria naturalmente o controle das ideias. A partir do momento em que se admite o poder de controle estatal sobre o consumo de álcool pelo cidadão, como negar o controle sobre os livros ou ideias, já que a mente não é menos importante que o corpo? O planejamento central é o caminho para o socialismo, em que até uma liberdade fundamental como a escolha da carreira é solapada. O homem vive como num exército, acatando ordens. Marx chegou a falar em "exércitos industriais", e Lênin usou a metáfora do exército para a organização de tudo. A centralização socialista ignora que o conhecimento acumulado pela humanidade não pode ser detido por um homem só, nem mesmo por um "sábio" grupo. Isso sem falar do fato de que os homens são diferentes. No socialismo, quem manda não é mais o consumidor, mas o Comitê Central. Cabe ao povo obedecer.

Intervencionismo: Todas as medidas de intervencionismo governamental têm por objetivo restringir a supremacia do consumidor. O governo tenta arrogar a si um poder que pertence aos consumidores. Um caso inequívoco é a tentativa de controle de preços, que gera longas filas com prateleiras vazias, por contrariar as leis de mercado. Um passo seguinte costuma ser o racionamento, com decisões arbitrárias que geram privilégios aos bem conectados. Com o tempo, o governo vai ampliando mais e mais seus tentáculos intervencionistas. Na Alemanha de Hitler, por exemplo, não havia iniciativa privada *de facto*, pois tudo era rigorosamente controlado pelo governo. Os salários eram decretados, e todo o sistema econômico regulado nos mínimos detalhes. O próprio intervencionismo na economia possibilita a formação de cartéis, e, paradoxalmente, o governo se oferece depois como o único capaz de reverter a situação, por intermédio de mais intervenção. A intervenção na economia costuma ser o caminho da servidão.

Inflação: O fenômeno inflacionário é basicamente monetário, e depende da quantidade de dinheiro existente. Como qualquer produto, quanto maior a oferta, menor seu preço. O modo como os recursos são obtidos pelo governo é que dá lugar ao que chamamos de inflação. A emissão de moeda é, de longe, a principal causa da inflação. Há uma falsa dicotomia entre inflação e crescimento ou desemprego, e o "remédio" da inflação para conter o desemprego sempre se mostra, no mínimo, inócuo no longo prazo. Em última instância, a inflação se encerra com o colapso do meio circulante, como na Alemanha em 1923. O único método que permite a situação de "pleno emprego" é a preservação de um mercado de trabalho livre de empecilhos. A inflação é uma política, e sua melhor cura é a limitação dos gastos públicos.

Investimento externo: Para que países menos desenvolvidos iniciassem um processo de desenvolvimento, o investimento estrangeiro sempre se constituiu num fator preponderante. As estradas de ferro de inúmeros países, assim como companhias de gás, foram construídas com o capital britânico. Esses investimentos representam um auxílio ao baixo nível de poupança doméstica. A hostilidade com os investimentos estrangeiros cria uma barreira ao desenvolvimento.

Política e ideias: Todos os países acabam dominados por grupos de interesses, que disputam pela via política mais e mais privilégios, em detrimento do restante. Poucos são os que se dedicam realmente à defesa de um modelo benéfico no âmbito geral. Para isso ser alterado, o campo das ideias é crucial. Mises lembra que as ideias intervencionistas, socialistas e inflacionistas foram paridas por escritores e professores. Marx e Engels eram "burgueses", no sentido em que os próprios socialistas utilizam o termo. Portanto, suas ideias devem ser combatidas com ideias. Como o próprio Mises diz, "ideias, e somente ideias, podem iluminar a escuridão".

O peso da mão estatal

> *Apontar algum inconveniente que a economia de mercado não foi capaz de eliminar não quer dizer que o socialismo ou o intervencionismo sejam viáveis ou desejáveis.*
> (LUDWIG VON MISES)

Não são poucas as pessoas que, mesmo com algum conhecimento de economia, defendem medidas intervencionistas por parte do governo. Alegam que o mercado é imperfeito, mas ignoram que o Estado é também formado por homens. Constatar imperfeições no mercado não é prova de que intervenções são bem-vindas. O político não é um santo homem iluminado. Será, então, que essas intervenções atingem seus objetivos reais? Será que elas melhoram a situação?

Em primeiro lugar, é de fundamental importância analisar uma política intervencionista por suas consequências como um todo; não apenas por seus efeitos de curto prazo, mas também no longo prazo. Isso parece óbvio, mas impressiona a quantidade de gente que desconsidera ou mesmo desconhece tal recomendação. Sem um exame mais criterioso, fica complicado determinar a causalidade dos fatos. Assim, muitas vezes uma intervenção estatal gera benefícios imediatos enquanto seus resultados maléficos surgirão apenas com o tempo. Uma visão míope poderá concluir que a intervenção era desejada, sem se dar conta de que as consequências nefastas no futuro tiveram causa atrás, na própria intervenção. Isso é muito comum, mesmo entre economistas.

O funcionamento de uma economia de mercado exige complexos cálculos racionais, sempre a partir da especulação, pois o ser humano não tem conhecimento prévio do futuro. Até mesmo a formação de estoques é uma especulação calcada em dados disponíveis no mercado hoje, com o empresário à espera da melhora dos preços para poder vender seus produtos depois, em vez de "liquidar" os estoques rapidamente a preços menores. Em uma economia socialista, com planejamento estatal e sem os meios de produção privados, tal cálculo é inviável, ou praticamente impossível. Isso ficou claro na União Soviética, cujo Gosplan* tentava administrar os preços de milhares de produtos. Como aconselha Mises, "quem não for capaz de formar a sua própria opinião quanto ao difícil e essencialmente técnico problema do cálculo econômico numa sociedade socialista deveria se abster de falar sobre o assunto". Sobre tais pontos, nunca conseguiram refutar com argumentos os economistas austríacos, mas adoram pregar soluções milagrosas.

No capitalismo a economia funciona livremente, e são os consumidores, e não os empresários, que determinam o que deve ser produzido. Por isso a economia de mercado é chamada de democracia dos consumidores. Estes determinam, por meio de uma votação diária, quais são as suas preferências. E aquele que atender melhor os consumidores será o empresário bem-sucedido. Não é porque existem destilarias que as pessoas bebem uísque; é porque as pessoas bebem uísque que existem destilarias. Atender às demandas do povo é a função das empresas. A competição livre entre elas é a garantia do melhor atendimento. Não há como escapar das inexoráveis leis do mercado. A alternativa é depositar em uma pequena cúpula de políticos poderosos as escolhas, jogando todo o resto da população na escravidão.

Por isso, a "função social" de uma empresa é justamente buscar o lucro. Se o indivíduo busca satisfazer seu próprio interesse num contexto de respeito à propriedade privada e às trocas efetuadas no mercado, estará fazendo o que a sociedade espera que ele faça. E vamos relembrar a frase de Adam Smith: "Não é da benevolência do açougueiro que esperamos o nosso jantar, mas da consideração

---

* Organização oficial de planejamento, que elaborou projetos que abrangem comércio e indústria, agricultura, educação e saúde pública.

que eles têm pelos próprios interesses." Um laboratório que distribuísse remédios de forma altruística iria à falência, e nenhum remédio novo surgiria. Keynes dizia que "no longo prazo estaremos mortos", e pela falsa visão de riqueza estática, defendem apenas uma melhor distribuição dela. De fato, seguindo tal "lógica", estaremos todos mortos mesmo! É da busca dos interesses particulares de cada um que temos nossas demandas atendidas no mercado. Produzir o melhor produto possível ao menor preço viável é a "função social" das empresas.

Quando o governo adota medidas restritivas, acaba favorecendo os produtores, enquanto uma política que não interfere no funcionamento do mercado favorece os consumidores. Nossas oligarquias locais foram protegidas com medidas restritivas no passado, em nome do "nacionalismo", sempre à custa do consumidor brasileiro. Uns poucos aliados do governo ganham, todo o resto perde.

Da mesma forma, medidas de controle de preços provocam uma redução de produção porque impossibilitam o produtor marginal de produzir com lucro. Com o nobre objetivo de limitar a alta de preços, o governo consegue apenas esvaziar as prateleiras, como vimos em todas as nações socialistas. O salário mínimo é outra intervenção similar, impedindo que trabalhadores dispostos a trabalhar por menos tenham empregos. A consequência é o aumento do desemprego. A natureza é dura, mas as leis de mercado não podem ser alteradas por uma canetada do governo.

São infinitas as formas de intervenção estatal. Taxar mais pesadamente as rendas maiores é muito comum, mas isso apenas impede a formação de capital, eliminando a tendência de aumentar a produtividade marginal da mão de obra, que, por sua vez, aumenta os salários. Um sistema tributário que servisse aos verdadeiros interesses dos assalariados deveria taxar apenas a parte da renda consumida, e não a que estivesse sendo poupada ou investida.

De fato, a economia de mercado recompensa aquele capaz de servir bem aos consumidores. Mas isso não causa nenhum dano a estes; só os beneficia. Apenas uma minoria faz uso da liberdade de criação artística e científica, mas todos ganham com ela. Quem tem luz elétrica, forno, geladeira, carro, computador, ar-condicionado, roupas, remédios, sabe bem disso. Infelizmente, como alerta Mises, "o fanatismo impede que os ensinamentos da teoria econômica sejam escutados, a teimosia impossibilita qualquer mudança de opinião e a experiência não serve de base a nada". E assim ficamos sem todas as vantagens potenciais da mão invisível do mercado, prejudicada pelo peso da mão visível do Estado.

Liberalismo e religião

> *O resultado final da disputa entre liberalismo e totalitarismo não será decidido pelas armas, mas por ideias.*
> (LUDWIG VON MISES)

O liberalismo trata dos aspectos mundanos não por desprezo aos bens espirituais, mas por convicção de que as mais elevadas e profundas demandas do espírito não podem ser tratadas pela regulação de qualquer força exógena. Elas partem de dentro de cada indivíduo. Mesmo aqueles que abraçam um ideal de vida ascético, fazendo até mesmo voto de pobreza e pregando o desapego material como ideal de vida, não podem rejeitar o liberalismo por objetivar o bem-estar material dos outros, que podem não concordar com tais estilos de vida. A busca pelo prazer material destes não atrapalha em nada a escolha pela vida humilde daqueles.

Os liberais, como explica Mises em *Liberalismo* (Editora LVM, 2010), estão cientes do fato de que os homens agem de forma não razoável de vez em quando. Se os homens sempre agissem de forma razoável, seria supérfluo exortá-los a serem guiados pela razão. O liberalismo não diz que os homens sempre agem de forma inteligente, mas sim que eles deveriam agir a partir da compreensão de seus próprios interesses, de forma inteligente. A essência do liberalismo seria, segundo Mises, essa vontade de conceder à razão na esfera da política social a mesma aceitação que é concedida em todas as demais esferas da ação humana. Nosso poder de compreensão é bastante limitado, mas tudo que o homem é e que o coloca acima dos demais animais ele deve à sua razão. Por que então abdicar do uso da razão justamente na esfera da política social e confiar em sentimentos ou impulsos vagos e obscuros?

O campo de preocupação do liberalismo é totalmente restrito aos aspectos da vida nesse mundo. O reino da religião, por outro lado, não é deste mundo. Portanto, o liberalismo e a religião podem existir lado a lado sem que suas esferas se toquem. Se chegarem ao ponto de colisão, não é por culpa do liberalismo, pois este não pretende transgredir sua própria esfera. Ele não invade o domínio da fé religiosa ou da doutrina metafísica. Entretanto, ele pode encontrar a Igreja como uma força política que demanda o direito de regular de acordo com seu julgamento não apenas da relação do homem com o mundo do além, mas também dos aspectos desse mundo. Quando esse ponto é atingido, as linhas que demarcam os territórios precisam ser traçadas.

A vitória do liberalismo, conforme coloca Mises, foi tão avassaladora que a Igreja teve que desistir, de uma vez por todas, de reclames mantidos por séculos. Os heréticos sendo queimados, as perseguições da Inquisição, as guerras religiosas — tudo isso pertence ao passado, sobretudo após o liberalismo aparecer. Ninguém consegue entender hoje como alguém podia ser levado diante de julgamento apenas por praticar uma devoção que considerava correta entre as quatro paredes de sua própria casa. E vários ainda foram torturados ou mortos por conta disso! Ainda assim, uma razoável magnitude de intolerância perdura. E o liberalismo deve ser intolerante com todo tipo de intolerância. Como dizia Sir Karl Popper, "não devemos aceitar sem qualificação o princípio de tolerar os intolerantes senão corremos o risco de destruição de nós próprios e da própria atitude de tolerância". A cooperação pacífica e voluntária entre os homens não deve ser perturbada por fanáticos religiosos.

O liberalismo proclama a tolerância com toda fé religiosa ou crença metafísica, pela convicção de que esse é o único meio de se manter a paz. E porque ele defende a tolerância com todas as opiniões de todas as igrejas e cultos, ele deve lembrar sempre os limites dessas crenças, evitando que avancem na esfera deste mundo de forma intolerante com os que não compartilham da mesma crença. Eis um princípio básico de um Estado laico, que separa a religião dos assuntos do governo, como os "pais fundadores" americanos já pregavam. Não custa lembrar que Thomas Paine afirmou que "é um grande perigo para a sociedade uma religião tomar partido em disputas políticas", exortando seus concidadãos a "desprezar e reprovar" a mistura entre ambos.

Mises considera difícil entender por que esses princípios de tolerância do liberalismo fazem inimigos entre os adeptos de diferentes tipos de fé religiosa. Se por um lado não se permite a conversão de crentes pela coerção, por outro se protege cada credo do proselitismo coercitivo de outras seitas. O liberalismo não tira nada da fé que pertença à sua esfera adequada. No fundo, as próprias seitas religiosas costumam pregar a tolerância, mas apenas quando são minoritárias. Trata-se de uma estratégia de sobrevivência. Uma vez assumindo a posição majoritária na sociedade, costuma ser intolerante com as demais seitas. Não gosta de competição. A tolerância defendida pelo liberalismo não tem esse caráter de oportunismo. Ela é calcada em princípios, e aceita as mais absurdas crenças, por mais heterodoxas que possam ser, incluindo todo tipo de superstição. Somente a tolerância pode criar e preservar as condições da paz social sem a qual a humanidade iria retornar à barbárie e à penúria de séculos atrás.

Ludwig von Mises resume: "Contra aquilo que é estúpido, sem sentido, errôneo, e mal, o liberalismo luta com suas armas da mente, e não com a força bruta e repressão." O liberalismo tolera todo tipo de religião enquanto esta ficar restrita ao seu campo adequado de atuação. Que toda religião tolere o liberalismo também!

A mentalidade anticapitalista

> *Todos gostam do sucesso, mas detestam as pessoas bem-sucedidas.*
> (JOHN MCENROE)

Que o capitalismo é um sistema que permitiu uma vida mais confortável para milhões de seres humanos é um fato que uma simples observação honesta pode constatar. Que milhões, graças ao capitalismo, puderam sair da miséria predominante no mundo por milênios é algo evidente. Que a alternativa ao capitalismo, o socialismo, trouxe apenas miséria, terror, escravidão e morte é outra verdade irrefutável. Não obstante tudo isso, várias pessoas, especialmente os que atendem por "intelectuais", demonstram uma mentalidade totalmente anticapitalista. O que pode explicar esse fenômeno aparentemente estranho? Ludwig von Mises escreveu um livro tentando responder exatamente essa questão. Veremos a seguir os principais pontos do autor em seu excelente *A mentalidade anticapitalista* (Editora Vide, 2018), publicado em 1956, numa época em que o socialismo conquistava adeptos a cada dia.

Mises começa o livro lembrando que as nações mais prósperas foram as que menos tentaram colocar obstáculos no caminho da livre empresa e iniciativa privada. A característica do capitalismo moderno é a produção em massa de bens destinados ao consumo das massas. O resultado disso é uma tendência em direção a uma contínua melhoria no padrão médio de vida. A riqueza no capitalismo liberal pode ser obtida somente servindo aos consumidores. Os capitalistas perdem seus fundos se falharem ao investir naquilo que não satisfaz melhor a demanda do público. Sob o capitalismo, o homem comum pode desfrutar de coisas inimagináveis e inacessíveis mesmo para os mais ricos do passado. A característica marcante do homem é ele não parar de mirar no avanço de seu bem-estar a partir de atividades com esse propósito. Outros animais podem se satisfazer com as demandas mais básicas para a sobrevivência, mas não o animal racional homem. Este deseja mais.

E por meio do acúmulo de capital, ou seja, poupando parte da produção atual, ele é capaz de incrementar suas condições materiais. Isso é exatamente o que o capitalismo, movido pelo sistema do lucro, fez pela humanidade.

A diferença desse modelo para o feudalismo é total. O senhor feudal não precisava servir aos consumidores e estava imune em relação à insatisfação do povo. Os empresários e capitalistas devem suas riquezas, em contrapartida, aos consumidores que escolhem voluntariamente seus produtos. Eles podem perder essa riqueza assim que outros empreendedores oferecerem melhores produtos, de acordo com as preferências dos próprios consumidores. No modelo de livre concorrência, qualquer um pode suplantar métodos ou produtos com novas opções, mais baratas ou atraentes, e o que determina esse resultado é o julgamento que o público faz. No capitalismo, cada um é julgado financeiramente de acordo com sua contribuição ao bem-estar alheio, segundo os próprios interessados. E eis onde surge o principal aspecto que motiva uma postura anticapitalista: o sucesso ou o fracasso, do ponto de vista financeiro, depende de cada um, e não mais do título hereditário em uma sociedade sem mobilidade.

Se a condição de cada um na sociedade é dada, independentemente dos esforços e do resultado gerado do ponto de vista dos outros, aqueles em posição inferior aceitam o quadro, pois não se sentem responsáveis por ele. Mas quando indivíduos podem, mesmo do nada, atingir o topo da pirâmide, então o fracasso individual passa a ter um único grande culpado: o próprio indivíduo. Aquele que não é bem-sucedido se sente humilhado e insultado. O resultado é o ódio contra aqueles que obtiveram sucesso. Em busca de consolo, esses homens desejam encontrar algum bode expiatório. Claro que o sistema é a melhor opção. Essas pessoas passam a crer que no capitalismo, somente os desonestos e egoístas podem enriquecer. Acusam os ricos de exploradores dos pobres, como se a riqueza fosse um jogo de soma zero, um bolo fixo. Seu fracasso é explicado por sua honestidade, pois ele não aceitou jogar o jogo sujo do capitalismo, em busca do insensível lucro. Ele é melhor que isso. É um altruísta em prol da igualdade geral. Se todos fossem iguais, sua situação inferior não o incomodaria mais.

A comparação com os vizinhos pode ser insuportável. Se, sob o feudalismo, nenhum servo tinha a chance de mudar de padrão, no capitalismo isso não é mais verdade. A observação de que vizinhos cresceram profissionalmente e tiveram sucesso financeiro é dolorosa. A raiva é transformada em filosofia — a filosofia anticapitalista. O fanatismo na crítica ao capitalismo é precisamente fruto do fato de que estão lutando contra a própria consciência de falsidade. A utopia conquista essas pessoas, que passam a sonhar com um mundo "justo" no qual serão tratados de acordo com seu "real" valor. As fantasias são o refúgio daqueles revoltados com a própria falha. Eles odeiam o capitalismo porque ele possibilitou que outros homens chegassem até onde eles gostariam de estar. Esse é exatamente o caso de vários daqueles que são chamados de "intelectuais". Sua aversão passional ao capitalismo é um ódio cego por alguns "colegas" que tiveram maior sucesso. A imensa maioria que adere ao ódio anticapitalista é vítima da ignorância e movida pela poderosa paixão humana: a inveja. Não se sentem compelidos a estudar a fundo a economia, para entender os mecanismos do mercado e as incríveis vantagens do capitalismo. Basta repetir que o rico é rico porque o pobre é pobre. São guiados por paixões, não pela razão.

Uma postura elitista também pode gerar emoções anticapitalistas. Muitos observam as preferências populares com desdém, culpando o capitalismo por isso. Mas o que caracteriza o capitalismo não é o mau gosto das multidões, e sim que essas multidões podem agora consumir literatura e outros serviços que eram privilégio da aristocracia no passado. De fato, as massas podem escolher Paulo Coelho em vez de Dostoiévski, mas antes nem era possível qualquer leitura para elas. Escutar Mozart era um privilégio para pouquíssimos, enquanto hoje qualquer um pode apreciar suas obras de graça. Se muitos escolhem um grupo de funk, isso não é culpa do capitalismo. Este simplesmente abre inúmeras possibilidades, e oferta aquilo que a demanda decide. Além disso, os ricos são como cobaias para as massas, e o luxo de hoje é a necessidade de amanhã. Assim ocorreu com automóveis, rádios, televisões, telefones, celulares, computadores etc. A massificação da produção favorece muito os mais pobres. Somente a inveja explica a revolta com a diferença no consumo dos mais ricos, já que tais produtos serão os bens populares de amanhã, gerando mais conforto para as massas.

O capitalismo, em resumo, beneficia os mais pobres, que podem viver melhor ao pegar carona nas conquistas alheias. Qualquer um que usufrui dos produtos da Microsoft ou do Google deveria agradecer ao capitalismo e ao egoísmo dos capitalistas em busca de lucro. Todos que consomem remédios deveriam louvar o capitalismo pelo imenso avanço na área medicinal. As pessoas vivem mais, há bem menos mortalidade infantil, a qualidade de vida para a maioria é infinitamente melhor que no passado ou que no presente de países não capitalistas. Ainda assim, o que vemos é o contrário: muitas pessoas condenam o capitalismo pelos males do mundo. Somente uma mistura de ignorância com inveja pode explicar isso, como Mises já havia notado meio século atrás.

Os tentáculos burocráticos

A burocracia tem o Estado em seu poder: ele é sua propriedade privada.
(KARL MARX)

Há praticamente uma unanimidade nas reclamações referentes ao aparato burocrático, com a exceção talvez dos próprios burocratas. Todos sabem que a burocracia é ineficiente, lenta e coloca inúmeras barreiras no livre agir dos indivíduos. Qualquer um que depende dos serviços de uma repartição pública já experimentou na pele essa ineficiência burocrática. Não obstante, os tentáculos da burocracia parecem crescer a cada ano, prejudicando várias áreas da sociedade. Para tentar explicar esse aparente paradoxo, Mises escreveu um livro chamado *Burocracia* (Editora Vide, 2018), em 1944. A seguir, veremos os principais pontos do autor.

A palavra burocracia costuma ser associada a algo ruim, mas poucos realmente definem seu sentido. Existem duas formas de se administrar um negócio: movido pelo lucro ou a partir de determinadas regras selecionadas. O lucro é o mecanismo de informação que possibilita o cálculo racional nas tomadas de decisões sobre o uso dos fatores de produção escassos. O lucro irá informar que determinado bem é mais demandado pelo público consumidor, assim como o prejuízo informa que determinado produto não é muito desejado. Sem o lucro e a livre formação de preços por intermédio do mercado, o cálculo racional é inviável. Ou seja, algum outro critério terá que ser utilizado.

Praticamente ninguém defenderia o uso do sistema racional de preços e busca pelo lucro para administrar um departamento de polícia. Entende-se que são outras as prioridades dessa função, ainda que seu custo possa ser medido pelo orçamento necessário para sua manutenção. Mas um bom departamento de polícia não é aquele que gera lucro, e sim aquele que executa bem sua tarefa de proteção dos direitos individuais, ao manter afastados os marginais. Por esse motivo, os departamentos de polícia são um exemplo de um caso em que o modelo de gestão tem que ser burocrático. Ou seja, uma série de normas previamente definidas precisa valer, e os subalternos devem segui-las, respeitando a hierarquia e obedecendo as regras. A burocracia em si não é o mal. Ela é necessária em certas funções, justamente nas funções básicas que cabem ao governo.

Aqueles que condenam a burocracia erram o alvo, pois atacam um sintoma, e não a causa do mal. Ela está na mentalidade socialista que predomina em muitos lugares. Quando se idolatra o Estado, encarando-o como uma panaceia para todos os males, a centralização de poder é inevitável. Quando a cultura da sociedade condena, por ignorância ou inveja, a busca pelo lucro, resta apenas o método burocrático para gerir os negócios. Se os eleitores defendem o controle de preços como meta do governo, uma quantidade indefinida de limites deve ser fixada para vários preços diferentes. A burocracia terá que crescer muito. O autoritarismo será uma consequência inevitável, pois um enorme poder arbitrário foi delegado aos burocratas. A tendência natural da burocracia será sempre lutar para concentrar mais poder e mais recursos, até porque não há meios econômicos racionais de julgamento adequado de suas funções. Quando uma empresa não está agradando o consumidor, isso logo aparece nos seus balanços contábeis. Nada parecido existe no modelo burocrático. A perda de liberdade que se segue com o aumento da burocracia é fruto do sistema político.

Capitalismo liberal significa iniciativa privada e soberania dos consumidores, pois as empresas sobreviventes serão justamente aquelas que atenderem melhor a demanda. Socialismo, por outro lado, significa controle total do governo sobre as esferas da vida privada, a supremacia completa do governo sobre os indivíduos a partir de um planejamento central. Não há acordo entre ambos, tampouco existe a possibilidade de uma mistura adequada. E é precisamente o credo socialista que possibilita o crescente aparato burocrático. Muitos socialistas, curiosamente, detestam os atuais burocratas e políticos, mas idolatram a abstração "Estado", acreditando que burocratas clarividentes e honestos irão cuidar de tudo e de todos. Esquecem que burocratas também são seres humanos em busca dos próprios interesses. Criticar a burocracia e deixar de lado a mentalidade coletivista que permite seu gigantismo é fútil. A tendência em direção à rigidez burocrática é um resultado da intervenção do governo nos negócios. Desejar o fim e reclamar do único meio possível para atingi-lo é no mínimo contraditório.

A burocracia em si não é perversa nem boa. Ela é um método de gestão que deve ser aplicada em certas esferas da atividade humana. Para cuidar das tarefas básicas do governo, o aparato burocrático é necessário. O que muitos atualmente consideram perverso não é a burocracia, mas a expansão da esfera da vida à qual a gestão burocrática é aplicada. Essa expansão é o resultado inevitável da progressiva restrição da liberdade individual. As pessoas culpam a burocracia, mas o que elas realmente têm em mente são as medidas que levam ao modelo socialista. Quando cabe ao governo cuidar do povo, decidir o preço dos produtos, regular cada negócio, fornecer serviços, proteger empregos e indústrias, determinar a taxa de juros, resolver como o pão será vendido, e mais uma enorme gama de metas, é impossível não surgir um enorme aparato burocrático, que irá asfixiar a iniciativa privada. Na maioria das vezes, esse resultado independe da qualidade dos burocratas. O próprio modelo burocrático funciona assim. A sociedade ficará totalmente engessada pela burocracia. Não há como ser diferente se a mentalidade socialista predomina.

Nenhum progresso significativo pode ser esperado numa sociedade burocratizada. A mentalidade burocrática passa pela obediência de normas estabelecidas. A maior virtude de um burocrata é ser um fiel aplicador das regras. Um pioneiro, por outro lado, é aquele que desafia as regras, a crença comum, o modelo estabelecido. As inovações americanas não foram fruto do acaso, assim como a completa estagnação das nações socialistas. Quando o governo interfere demais nos negócios, ele paralisa a iniciativa privada e, por consequência, o progresso. Não há como ser diferente.

No fundo de toda a defesa fanática pelo planejamento central e socialismo, existe frequentemente a consciência da própria inferioridade e ineficiência. O homem que está ciente de sua incapacidade de enfrentar a competição tende a ridicularizar esse "louco sistema competitivo". Aquele incapaz de servir seus vizinhos a partir de trocas voluntárias deseja governá-los. Todo socialista assume que o planejamento central adotado será o seu próprio. No entanto, a competição jamais deixará de existir. Ela pode mudar sua forma, mas nunca desaparecer. No mundo burocrático do socialismo, a competição será por cargos e promoções definidas pelo centro do poder. Em vez de ter que satisfazer a demanda dos consumidores para lucrar, os burocratas terão que trocar favores e agradar os seus superiores. No capitalismo, as pessoas competem para oferecer produtos melhores e mais baratos. Na burocracia, o método é a bajulação dos poderosos.

A burocratização da sociedade é apenas uma característica particular de sua socialização. Portanto, a questão central é: capitalismo ou socialismo? Até os socialistas condenam o excesso de burocracia, sem se dar conta de que sua utopia leva necessariamente a isso. A solução para este mal está no abandono, pela razão, dessas fantasias socializantes. Para cortar os tentáculos burocráticos, e limitar a burocracia à sua esfera mínima adequada, o único caminho é o capitalismo liberal.

A falácia da renda nacional

> *A individualidade sobrepuja em muito a nacionalidade e, num determinado homem, aquela merece mil vezes mais consideração do que esta.*
> (ARTHUR SCHOPENHAUER)

Para Mises, o pior inimigo do pensamento claro é a propensão à hipostatização, ou seja, atribuir existência real aos conceitos e constructos mentais. Um exemplo evidente disso está no conceito de sociedade. Uma sociedade não é nem uma substância, nem uma força, nem um ser que age. Apenas indivíduos agem. A cooperação de indivíduos gera um estado de relações que o conceito de sociedade descreve. Mas a sociedade não existe separada dos pensamentos e ações das pessoas. Ela não tem "interesses" e não objetiva nada. O mesmo vale para todos os outros coletivos, incluindo nação.

A hipostatização não é apenas uma falácia epistemológica. Para Mises, ela é usada nas ciências sociais para servir às aspirações políticas de determinados grupos, ao colocar no coletivo em questão uma importância e dignidade superiores àquelas atribuídas aos indivíduos. Estes passam a ser simples meios sacrificáveis para o objetivo maior. A propaganda socialista conseguiu criar nos termos "sociedade" e "social" uma aura de santidade que se manifesta por uma estima quase religiosa. Os fins "sociais" justificam quaisquer meios, mesmo que em nome da abstração, os seres concretos sejam eliminados ou sofram. O nacionalismo, outra forma de coletivismo, faz a mesma coisa. Pelos "interesses nacionais", tudo é desejável, mesmo que o preço seja o sacrifício de indivíduos.

Com isso em mente, podemos analisar melhor a falácia do conceito de renda nacional. Para Mises, tal conceito oblitera totalmente as condições reais de produção dentro de uma economia de mercado. Esse conceito parte da ideia de que não são as atividades individuais que geram o avanço ou regresso da quantidade de bens disponíveis, mas algo que está acima e fora dessas atividades. Esse ente misterioso produz uma quantidade chamada "renda nacional"; depois, um segundo processo "distribui" essa quantidade entre os indivíduos. O significado político desse método é óbvio. Os coletivistas criticam a "desigualdade" existente na "distribuição" da renda nacional, e demandam a concentração de poder arbitrário nas mãos dos "clarividentes", que distribuem essa renda de forma mais "justa".

Se alguém questiona quais fatores permitem o aumento da renda nacional, a resposta deverá ser, por um lado, melhoria dos equipamentos, das ferramentas e máquinas empregadas na produção, e, por outro, o avanço na utilização dos equipamentos disponíveis para a melhor satisfação possível das demandas individuais. O primeiro caso depende da poupança e da acumulação de capital; o segundo, das habilidades tecnológicas e das atividades empresariais. Se o aumento da renda nacional em termos reais é chamado de progresso, devemos aceitar que este é fruto das conquistas dos poupadores, investidores e empreendedores, cooperando voluntariamente numa economia de mercado.

Segundo Mises, o foco na "renda nacional" é uma tentativa de fornecer uma justificativa para a ideia marxista de que no capitalismo os bens são "socialmente" produzidos e depois apropriados por alguns indivíduos. Esse *approach* inverte tudo. Na verdade, os processos produtivos são atividades de indivíduos que cooperam uns com os outros. Cada colaborador individual recebe aquilo que os demais, competindo entre si no mercado, estão preparados para pagar. Não existe razão, além do interesse político, para somar essas rendas individuais dentro do conceito de "nação" e não num contexto coletivo mais amplo ou restrito. Por que não renda do bairro ou do município, ou do continente ou do globo? É possível concordar ou não com os objetivos políticos, mas não é possível negar que o conceito macroeconômico de renda nacional é um mero slogan político, sem qualquer valor cognitivo.

O nacionalismo é um dos coletivismos mais perigosos que existem, como Adolf Hitler e Josef Stalin podem comprovar. Toda a mentalidade mercantilista é fruto desse coletivismo também. Achar que a importação "nacional" é ruim e a exportação "nacional" é desejável é um absurdo total. A existência de empresas estatais para lutar pelos "interesses nacionais" é outra enorme falácia resultante desse coletivismo. O "orgulho nacional" é mais um grave sintoma desse nacionalismo bobo, uma "doença infantil", como disse Einstein. O conceito de "justiça social", que prega a distribuição forçada de renda dentro de uma nação, é mais um exemplo desse coletivismo que ignora a *menor minoria* de todas: o indivíduo.

Em economia, o que importa é a ação humana. Esta será sempre individual. Os dados agregados podem servir para estudos estatísticos, mas não para a compreensão da praxeologia, o estudo da ação humana, que é uma ciência apriorística. E esta representa a escolha de meios para determinado fim, que é sair de um estágio de menos satisfação para outro de maior satisfação. Somente um ente concreto possui tais metas e pode agir: o indivíduo. O grande inimigo da ação humana e, portanto, do progresso, é a ideia coletivista que escraviza o indivíduo, delegando o planejamento de suas ações a algum ente coletivo qualquer. Esse ente, por meio da hipostatização, passa a ser visto como o ente real, enquanto cada indivíduo é que se transforma numa abstração. O controle do planejamento, no entanto, passa a ser exercido por alguns poucos indivíduos poderosos. Não existe ação fora dos indivíduos. Em nome da "renda nacional", alguns indivíduos da nação assumem o controle total, enquanto todo o restante se transforma numa simples marionete.

A falácia do polilogismo

> *A humanidade precisa, antes de tudo, se libertar da submissão a slogans absurdos e voltar a confiar na sensatez da razão.*
> (LUDWIG VON MISES)

Em 1944, Ludwig von Mises escreveu *Omnipotent Government* [Governo onipotente], livro no qual explica o crescimento da idolatria ao Estado que levou ao nazismo na Alemanha, fomentando um ambiente de guerras ininterruptas. Em uma parte da obra, Mises explica uma das coisas que os nazistas pegaram emprestado do marxismo: o polilogismo. Até a metade do século XIX, ninguém contestava o fato de que a estrutura lógica da mente é comum a todos os seres humanos. "Todas as inter-relações humanas são baseadas na premissa de uma estrutura lógica uniforme", de acordo com Mises. Podemos nos comunicar justamente porque apelamos a algo comum a todos, a estrutura lógica da razão.

Evidentemente, alguns homens podem pensar de forma mais profunda e refinada que outros, assim como algumas pessoas não conseguem compreender um processo de inferência em longas cadeias de pensamento dedutivo. Mas isso não nega a estrutura lógica uniforme. Mises cita como exemplo alguém que pode contar apenas até três, lembrando que mesmo assim sua contagem, até seu limite, não difere daquela feita por Gauss ou Laplace. É porque todos consideram esse fato inquestionável que os homens entram em discussões, trocam ideias ou escrevem livros. Sem isso, uma cooperação intelectual entre os indivíduos seria impossível. Os homens tentam provar ou refutar argumentos porque compreendem que as pessoas utilizam a mesma estrutura lógica. Qualquer povo existente que reconheça a diferença entre afirmação e negação, pode entender que A não pode ser, ao mesmo tempo, o contrário de A.

No entanto, apesar desse fato ser bastante evidente, ele foi contestado por Marx e pelos marxistas, entre eles o "filósofo proletário" Joseph Dietzgen. Para eles, o pensamento é determinado pela classe social da pessoa, e o pensamento não produz verdades, mas ideologias. Para os marxistas, os pensamentos não passam de um disfarce para os interesses egoístas da classe social à qual esse pensador pertence. Nesse contexto, seria inútil discutir qualquer coisa com pessoas de outra classe social. O que se segue disso é que as "ideologias não precisam ser refutadas por meio do raciocínio discursivo; elas devem ser *desmascaradas* através da denúncia da posição da classe, a origem social de seus autores". Se uma teoria científica é revelada por um burguês, o marxista não precisa atacar seus méritos. Basta denunciar a origem burguesa do cientista.

O motivo pelo qual os marxistas buscaram refúgio no polilogismo pode ser encontrado na incapacidade de refutação por métodos lógicos das teorias econômicas "burguesas". Quando o próprio Mises demonstrou que o socialismo seria impraticável pela impossibilidade de cálculo econômico racional, os marxistas não apontaram qualquer erro em sua análise lógica. Preferiram apelar para o estratagema do polilogismo, fugindo do debate com a desculpa de que sua teoria era uma defesa dos interesses de classe. O sucesso dessa tática marxista foi incrível, sem precedentes. Foi usado como "prova" contra qualquer crítica racional feita ao marxismo e sua pseudo-economia. Isso permitiu um crescimento assustador do estatismo moderno.

Conforme Mises lembra, "o polilogismo é tão intrinsecamente sem sentido que ele não pode ser levado consistentemente às suas últimas consequências lógicas". Nenhum marxista foi corajoso o suficiente para tentar fazer isso. Afinal, o princípio do polilogismo levaria à inferência de que os ensinamentos marxistas não são objetivamente verdadeiros, mas apenas afirmações "ideológicas". Os marxistas negam essa conclusão lógica de sua própria postura epistemológica. Para eles, sua doutrina é a verdade absoluta. São completamente inconsistentes. O próprio Marx não era da classe dos proletários. Para os marxistas, porém, alguns intelectuais conseguem se colocar acima desse paradoxo. Os marxistas, claro. Não é possível refutar isso, pois se alguém discorda, apenas prova que não faz parte dessa elite especial, capaz de superar os interesses de classe e enxergar além, de ver as lindas roupas invisíveis do imperador.

Os nacionalistas alemães tiveram que enfrentar o mesmo tipo de problema dos marxistas. Eles não eram capazes de demonstrar suas declarações ou refutar as teorias econômicas contrárias. "Logo", explica Mises, "eles buscaram abrigo sob o telhado do polilogismo, preparado para eles pelos marxistas". Algumas mudanças foram necessárias para a adaptação, mas a essência é a mesma. Basta trocar classe por nação ou raça, e pronto. Cada nação ou raça possui uma estrutura lógica própria e, portanto, sua própria economia, matemática ou física. Pela ótica marxista, pensadores como Ricardo, Freud, Bergson e Einstein estavam errados porque eram burgueses; pela ótica nazista, eles estavam errados porque eram judeus. O coletivismo, seja de classe ou raça, anula o indivíduo e sua lógica universal.

Tanto o polilogismo marxista como o nacional-socialista se limitaram à afirmação de que a estrutura lógica da mente é diferente para as várias classes ou raças. Nenhum deles tentou elaborar melhor isso, tampouco demonstrar como exatamente ocorria tal diferença. Nunca entraram nos detalhes, preferindo, ao contrário, concentrar o foco na conclusão. No fundo, o polilogismo tem todas as características de um dogma. Se há divergência de opinião dentro da própria classe ou raça, ele adota um mecanismo peculiar para resolver a questão: os oponentes são simplesmente tratados como traidores. Para os marxistas e nazistas, existem apenas dois grupos de adversários: aqueles errados porque não pertencem à mesma classe ou raça, e aqueles oponentes da mesma classe ou raça que são traidores. Com isso, eles ignoram o incômodo fato de que há dissensão entre os membros da sua própria classe ou raça.

Deixo os comentários finais com o próprio Mises:

> O polilogismo não é uma filosofia ou uma teoria epistemológica. Ele é uma atitude de fanáticos limitados, que não conseguem imaginar que alguém pode ser mais razoável ou inteligente que eles mesmos. O polilogismo também não é científico. Ele é a substituição da razão e da ciência por superstições. Ele é a mentalidade característica de uma era do caos.

Os pilares do nazismo

> *Deve ser sempre enfatizado que o nacionalismo econômico é um corolário do estatismo, seja o intervencionismo ou o socialismo.*
>
> (LUDWIG VON MISES)

Muitos historiadores tentaram explicar o surgimento do nazismo de diferentes formas. O enfoque de Mises, no entanto, é peculiar, pois mostra como o nazismo foi um dos frutos da mentalidade estatizante que dominou o mundo na éa Alemanha em particular. O prisma econômico de Mises permite uma abordagem transparente, que desfaz uma das maiores inversões já criadas na história: a ideia de que o nazismo é de "direita" e, portanto, oposto ao socialismo e mais próximo do capitalismo. Socialismo, afinal, trata de um sistema econômico de organização da sociedade, defendendo meios públicos de produção, contra o pilar do capitalismo, que é a propriedade privada. Ao analisar por esse ângulo, fica evidente a proximidade entre nazismo e socialismo, ambos totalmente opostos ao capitalismo de livre mercado.

Quando se fala em nazismo, o antissemitismo é uma das primeiras características que vem à mente. Mises mostra, no entanto, que esse ódio racial foi apenas um pretexto utilizado pelos nazistas, transformando os judeus em bodes expiatórios. Era impossível diferenciar antropologicamente alemães judeus dos não judeus. Não existem características raciais exclusivamente judaicas, e o "arianismo" não passava de uma ilusão. As leis nazistas de discriminação contra os judeus não tinham ligação com considerações da raça em si. Eles se uniram aos italianos e japoneses, sem ligação alguma com a "supremacia racial nórdica", enquanto desprezavam os nórdicos que não simpatizavam com seus planos de domínio mundial. Tantas contradições não incomodavam os "arianos", pois o racismo não era a causa do movimento, e sim um meio político para seus fins.

Tudo aquilo que representava um empecilho no caminho do poder total era considerado "judeu" pelos nazistas. Apesar de os nacionalistas alemães considerarem o bolchevismo uma criação judaica, isso não os impediu de cooperar com os comunistas alemães contra a República de Weimar, ou de treinar seus guardas de elite nos campos de artilharia e aviação russos entre 1923 e 1933. Também não os impediu de costurar um acordo de cumplicidade política e militar com a União Soviética entre 1939 e 1941. Mesmo assim, a opinião pública defende que o nazismo e o bolchevismo são filosofias implacavelmente opostas. O simples fato de que os dois grupos lutaram um contra o outro não prova que suas filosofias e princípios sejam diferentes. Sempre existiram guerras entre pessoas do mesmo credo ou filosofia. Se a meta for a mesma — o poder — então será natural uma colisão entre ambos.

O rei Charles V disse uma vez que estava em pleno acordo com seu primo, o rei da França, pois eles se enfrentavam pelo mesmo objetivo: Milão. Hitler e Stalin miravam no mesmo alvo. Ambos desejavam governar a Polônia, a Ucrânia e os estados bálticos. Além disso, disputavam o mesmo tipo de mentalidade, qual seja, aqueles desesperados que estão dispostos a sacrificar a liberdade em prol de alguma promessa de segurança. Nada mais normal do que um confrontar o outro, quando sustentar o acordo mútuo ficou complicado demais. Não devemos esquecer que os socialistas dos mais variados credos sempre lutaram uns contra os outros, e isso não os torna menos socialistas. Stalin não virou menos socialista porque brigou com Trotsky.

Os bolcheviques partiram na frente em termos de conquista de poder, e o sucesso militar de Lênin encorajou tanto Mussolini como Hitler. O fascismo italiano e o nazismo alemão adotaram os métodos políticos da União Soviética. Eles importaram da Rússia o sistema de partido único, a posição privilegiada da polícia secreta, a organização de partidos aliados no exterior para lutar contra seus governos locais e praticar sabotagem e espionagem, execução e prisão dos adversários políticos, os campos de concentração, a punição aos familiares de exilados e os métodos de propaganda. Como Mises declarou, a questão não é em quais aspectos ambos os sistemas são parecidos, mas sim em quais eles diferem. O nazismo não rejeita o marxismo porque sua meta é o socialismo, e, sim, porque ele advoga o internacionalismo. Ambos são anticapitalistas e antiliberais, delegando todo o poder ao governo centralizado e planejador. No nazismo, a propriedade privada não foi abolida *de jure*, mas foi *de facto*, e os empresários eram nada mais do que "gerentes administrativos", obedecendo a ordens do governo, que decidia sobre tudo: alocação de capital, preços exercidos etc.

Os judeus foram vítimas dos nazistas basicamente por representarem uma minoria que pode ser legalmente definida em termos precisos, o que era tentador numa era de intervencionismo estatal. Os nazistas souberam explorar isso usando os judeus como bodes expiatórios para os males criados pelo sistema econômico inadequado. Existiam aqueles que tentavam justificar o antissemitismo denunciando os judeus como capitalistas, e existiam outros que culpavam os judeus pelo comunismo. As acusações contraditórias cancelam uma a outra. Com a derrota na Primeira Guerra Mundial, o nacionalismo alemão conseguiu sobreviver arrumando um culpado para o fracasso.

Os nacionalistas insistiram que eram invencíveis, mas alegaram terem sido sabotados pelos judeus. Se estes fossem eliminados, a vitória seria certa. O uso dessa minoria como bode expiatório serviu para a concentração de poder doméstico, assim como para o apoio de muitos no exterior, pois onde quer que houvesse alguém interessado em se livrar de um competidor judeu, lá poderia estar um apoio ao nazismo. De fato, não foi pequeno o apoio inicial que os nazistas receberam de fora. A humanidade pagou um elevado preço pelo antissemitismo. Na

União Soviética, os pequenos proprietários, os *kulaks*, exerceram esse papel de minoria culpada pelos males econômicos. Na essência, a tática é a mesma.

Os comunistas alemães abriram o caminho para o nazismo, ao contribuir para enterrar de vez o liberalismo no país. Os comunistas estavam ansiosos para tomar o poder por meio da violência. No começo de 1919, eles partiram para batalhas nas ruas de Berlim e conseguiram o controle de boa parte da capital. No final de 1918, a maioria da nação estava preparada para defender um governo democrático, segundo Mises. Mas esse choque criado pelos comunistas e marxistas, que se declararam a favor da ditadura do proletariado e rejeitavam a democracia, gerou enorme descrença no povo. Os alemães ficaram desiludidos com a democracia, sentindo-se enganados, como se o apelo pelo governo popular fosse apenas um meio de conquistar os tolos. Democracia passou a ser sinônimo de fraude.

Os nacionalistas foram rápidos em aproveitar essa mudança de mentalidade. Os métodos marxistas foram usados pelos nacionalistas, que haviam lido Lênin e Bukharin. Um plano para a tomada do poder tinha sido traçado. Em 1919, a escolha política alemã era entre o totalitarismo bolchevique, sob a ditadura de Rosa Luxemburgo e Karl Liebknecht, ou o parlamentarismo. No entanto, os comunistas, apesar de minoria, não estavam dispostos a aceitar a decisão democrática, e o único meio de detê-los era com o uso da força. A intervenção militar dos nacionalistas foi vista como única saída por muitos alemães. Os nazistas chegaram ao poder graças à ameaça comunista. Ambos disputavam os mesmos adeptos, já que o liberalismo não era mais uma alternativa após tanta idolatria ao Estado.

É verdade que Hitler conseguiu subsídios das grandes empresas na primeira fase de sua carreira política. Mas ele tomou esse dinheiro como um rei toma o tributo de seus súditos. Se os empresários negassem o que era demandado, Hitler os teria sabotado ou mesmo usado violência. Os empresários preferiram ser reduzidos ao papel de gerentes administrativos sob o nazismo a ser liquidados pelo comunismo no estilo soviético. Não havia uma terceira opção naquele contexto. Tanto a força como o dinheiro eram impotentes contra as ideias, e estas apontavam na direção da estatização da economia. O próprio Hitler concluiu que não era necessário socializar os meios de produção oficialmente. Ele havia socializado os homens! Os empresários alemães contribuíram com parte do avanço nazista, assim como várias outras camadas da nação, incluindo as igrejas, tanto a católica como a protestante. O lamentável fato é que a maioria do povo alemão abraçou o nacional-socialismo.

O cenário catastrófico da economia foi crucial para criar um terreno fértil ao nazismo. Mas o fato de existir uma doença não explica, por si só, a busca por um determinado remédio. Esse remédio é procurado porque o doente acredita que ele pode curá-lo. Logo, o caos econômico na Alemanha só levou ao nazismo porque muitos passaram a acreditar que este era o caminho da salvação. E isso foi uma consequência das ideias estatizantes, mercantilistas, que espalharam a falácia de que mais espaço físico e recursos naturais deveriam ser conquistados pelos alemães para garantir o suprimento doméstico e a retomada do crescimento. A inflação que devastou a economia não era vista como resultado das políticas do governo, mas sim como um problema do capitalismo internacional. A mentalidade de guerra, que encara o comércio entre nações como um jogo de perde e ganha, foi fundamental para o crescimento nazista. Poucos compreendiam as vantagens do livre-comércio e da divisão internacional de trabalho. Para os males causados pelo intervencionismo estatal, mais Estado foi proposto como solução. A ignorância econômica de parcela expressiva dos alemães foi o que permitiu o avanço do nacionalismo socialista.

Os aspectos fundamentais da ideologia nazista não diferem daqueles geralmente aceitos pelas demais ideologias estatizantes. O controle da economia deve ser estatal. O lucro é visto com enorme desdém. O planejamento centralizado é um remédio para os males econômicos. As importações são encaradas como uma invasão estrangeira negativa. O individualismo deve ser duramente combatido em prol do coletivismo. Eis o arcabouço ideológico que possibilitou a conquista do poder pelos nazistas, que derrubaram os concorrentes estatizantes porque estavam dispostos a defender até as últimas consequências essa mentalidade. Os pilares do nazismo foram erguidos sobre a mentalidade estatizante da época. A idolatria ao Estado e a desconfiança em relação ao livre-comércio sustentaram os dogmas nazistas. Mises afirma que somente após a destruição total do nazismo o mundo poderá retomar suas conquistas e melhorar a organização social, construindo uma boa sociedade. Infelizmente, os pilares de sua ideologia permanecem conquistando muitos adeptos, ainda que sob diferentes rótulos. São esses pilares, segundo Mises, que devem ser atacados para a garantia do progresso da civilização.

Os defensores da política inflacionária

Inflação é o complemento fiscal do estatismo e do governo arbitrário.
(LUDWIG VON MISES)

Em *The Theory of Money and Credit* [A teoria do dinheiro e do crédito], Mises deixa claro que a inflação não é um ato divino, mas resultado de políticas de governo. Ela é um subproduto das doutrinas que delegam ao governo o poder mágico de criar riqueza do nada e fazer o povo feliz por meio do aumento da "renda nacional". O dinheiro é apenas um meio de troca para facilitar o escambo de produtos, a partir do uso de um denominador comum. Mas o que de fato se troca são bens e serviços, e a riqueza deve, portanto, ser criada pelos indivíduos. O produtor troca seus produtos no mercado para satisfazer suas demandas, recebendo em troca aquilo produzido por outros. Essa divisão de trabalho permite um ganho enorme de produtividade. Mas para consumir é preciso sempre produzir.

Isso parece elementar, mas infelizmente muitos economistas ignoram esse fato da realidade. Eles acabam defendendo a ilusão de que o governo pode aumentar a riqueza real por intermédio de um estímulo artificial na atividade econômica, expandindo a circulação de dinheiro. O crédito fácil é visto como um substituto para o capital, e esse caminho leva inexoravelmente a graves crises. O que esses economistas não costumam levar em conta é que a transação de crédito é apenas uma troca de bens presentes por bens futuros. Aqueles que pouparam seu capital emprestam para aqueles que valorizam mais seu uso imediato, e a taxa natural de juros depende das diferentes preferências intertemporais dos agentes. A grande confusão de muitos — economistas e leigos — está na mistura dos conceitos de riqueza e dinheiro. Não se tratam de sinônimos.

Mises expõe de modo brilhante os fundamentos monetários que garantem a liberdade de mercado. A doutrina liberal enxerga a economia de mercado como a melhor, se não a única possível, forma de organização da sociedade. A propriedade privada dos meios de produção costuma alocar capital para os mais hábeis em atender a demanda dos consumidores. Como um sistema de cooperação pacífica sob a divisão de trabalho, a economia de mercado necessita de instituições que protejam seus membros da agressão violenta de inimigos. A sociedade precisa de um aparato de defesa. Mas automaticamente surge o perigo de abuso desse poder. A força policial do Estado pode se voltar contra o próprio povo, e como evitar isso tem sido o grande problema político da humanidade. No entanto, o abuso de poder não é apenas físico. Ele pode ocorrer no âmbito monetário também. Por isso Mises acreditava ser impossível compreender o conceito de "dinheiro sólido" sem levar em conta que ele é um instrumento para a proteção das liberdades civis contra os caminhos despóticos dos governos. Ideologicamente esse conceito pertence ao mesmo grupo das constituições e *bills of rights*.

Nesse contexto, Mises entende que a principal vantagem do padrão-ouro é justamente blindar o poder de compra da moeda contra as políticas governamentais. O controle parlamentar das finanças públicas funciona somente se o governo não puder apelar para gastos não autorizados, por meio do aumento da circulação de papel-moeda. A política inflacionária costuma ser bastante popular, em larga medida pela compreensão inadequada de seus efeitos. Aqueles que demandam tal política estão sempre com o foco direcionado para um lado da equação — o seu próprio. O que eles desejam é um aumento nos preços daquelas *commodities* e serviços que eles vendem, enquanto gostariam de ver os demais preços inalterados.

Os ingênuos encaram a emissão de moeda pelo governo como uma espécie de milagre econômico. O *fiat money* é como se fosse um *fiat lux*! O governo cria algo *ex nihilo*, num estalar de dedos. O lastro para esse dinheiro não precisa ser mais do que o *toner* das impressoras do Tesouro. Um papel emitido pelo governo assume automaticamente o poder de ser trocado por qualquer mercadoria desejada. É a alquimia finalmente alcançada. Mises ironiza: "Como parece tímida a arte das bruxas se comparada com aquela do Departamento do Tesouro!".

A ignorância do público é indispensável para essa política inflacionária. Mas, como dizia Lincoln, não é possível enganar todas as pessoas o tempo todo. Quando as massas entendem os esquemas dos governantes, e notam que o aumento dos preços é generalizado e artificial, então os planos inflacionários entram em colapso. O dinheiro só é aceito como tal se o comércio assim desejar. Quando o dinheiro compulsório do governo perde sua credibilidade, o próprio mercado adota algum mecanismo substituto. O papel-moeda passa a não valer mais nada, como aconteceu na Alemanha e no Brasil, e ocorre atualmente no Zimbábue.

O padrão-ouro é um concorrente de peso para os governos, justamente porque o ouro quase sempre foi escolhido como moeda. Mas os governos não gostam dessa concorrência, pois o padrão-ouro anula sua capacidade de usar o imposto inflacionário como disfarce para mais gastos. Quando muitos críticos do padrão-ouro alegam que ele fracassou, faz-se necessário lembrar que isso não ocorreu espontaneamente, mas sim como resultado de ações deliberadas dos governos. Todos os aparatos coercitivos do governo tiveram que ser usados para abolir o padrão-ouro, e isso inclui a proibição de compra e venda do ouro ou seu uso como moeda oficial em contratos comerciais. Até mesmo nos Estados Unidos a compra de ouro chegou a ser proibida em 1933. O padrão-ouro não faleceu naturalmente, mas foi assassinado pelo governo.

O padrão-ouro impede a falaciosa política de "pleno emprego". Como os salários acabam sendo mais rígidos por conta da pressão de sindicatos e decretos do governo — como o salário mínimo —, cria-se artificialmente uma classe de desempregados, que estaria trabalhando se fosse possível cobrar menores salários. O governo adota então uma política de "pleno emprego" para combater um mal criado por ele próprio. Como já entendia muito bem Keynes em 1936, reduz-se o salário real dos empregados, por meio do aumento de preços, para impedir uma redução em seu nível nominal. Keynes acreditava que esse caminho ofereceria menor resistência, mas talvez ele subestimasse a capacidade dos trabalhadores de compreender a situação. O foco dos sindicatos nos índices de inflação, em vez de olhar apenas o salário nominal, comprova isso.

Aquilo que os inimigos do padrão-ouro costumam enxergar como seu grande vício pode ser justamente sua maior virtude: ele é incompatível com uma política expansionista de crédito. Qualquer um pode entender que uma maçã para consumo hoje vale mais do que uma maçã disponível para consumo em um ano. Mas os expansionistas acreditam que os juros são um entrave à expansão da produção, e que representam uma criação maligna dos interesses egoístas dos emprestadores. No entanto, é impossível substituir bens de capital inexistentes por papel-moeda ou crédito artificial. A expansão monetária pode causar um *boom* momentâneo, mas acaba inevitavelmente em recessão ou mesmo depressão. A festa bancada por crédito fácil acaba sempre em ressaca, e se esta for combatida com mais e mais liquidez artificial, pode acabar em cirrose.

O poder da impressão de dinheiro artificial nas mãos do governo sempre foi um enorme risco para a liberdade e prosperidade dos povos. Esse poder foi utilizado de forma abusiva desde quando o imperador romano Diocleciano resolveu reduzir o teor metálico das moedas, fazendo com que perdessem valor real. Em situações emergenciais, essa prerrogativa sempre costuma ser usada pelos governos. Em tempos de uma suposta ameaça de guerra ou crise econômica, os governantes acreditam na necessidade urgente de aumento dos gastos públicos, mas às vezes o povo mesmo não concorda. O governo então ignora a saída democrática de propor uma votação sobre os necessários sacrifícios momentâneos, e então trilha o caminho do engano — da política inflacionária.

Não há transparência sobre os custos reais das medidas, e o governo se aproveita da ignorância das massas. O recurso inflacionário garante ao governo os fundos que ele não conseguiria captar por meio dos impostos diretos ou por emissão de dívida. Eis o verdadeiro motivo para uma política inflacionária. Seus defensores são inimigos do "dinheiro sólido" e, concomitantemente, da liberdade individual.

A prosperidade ilusória

> *A única forma de se livrar, ou mesmo de aliviar, o retorno periódico do ciclo econômico — com seu clímax, a crise — é rejeitar a falácia de que a prosperidade pode ser produzida pelo uso de instrumentos bancários para tornar o crédito barato.*
> (LUDWIG VON MISES)

A taxa "natural" de juros é aquela que predominaria num livre mercado de capitais, com equilíbrio entre a oferta existente de capital poupado e a demanda por investimentos. Para realizar novos investimentos produtivos, antes é necessário acumular capital, ou seja, fatores de produção. No entanto, a mentalidade vigente parte da premissa de que uma redução na taxa de juros será sempre desejável, ainda que obtida por meios artificiais. Fala-se em "escassez de dinheiro", confundindo-se dinheiro com capital, como se mais dinheiro vindo do além pudesse gerar mais investimento produtivo de forma sustentável. Isso não passa de uma grande ilusão, como Mises já havia demonstrado em artigos do começo do século XX, organizados no livro *The Causes of the Economic Crisis* [As causas da crise econômica].

Existem duas maneiras de se criar dinheiro artificial: impressão de papel-moeda pelo governo; e emissão de crédito bancário sem lastro. Os bancos podem reduzir artificialmente as taxas de juros através de meio fiduciário, emitindo notas e cheques além da quantidade de depósitos à vista, possível graças às reservas fracionárias. Mises chamou essa emissão fiduciária sem lastro de *circulation credit*, enquanto o crédito lastreado pela poupança era chamado de *commodity credit*. Somente o primeiro é inflacionário. O "dinheiro fácil" criado por esse mecanismo pressiona as taxas de juros para baixo, criando a falsa sensação de prosperidade. Investimentos que antes não pareceriam rentáveis pela taxa "natural" de juros, agora se tornam atraentes. Recursos são desviados para esses investimentos ruins e indesejados, o que adiciona mais lenha na fogueira e sustenta assim o clima de euforia. Algumas escolas de pensamento chegaram a defender essa política dos bancos como meio para tornar o crédito gratuito e resolver a "questão social". A arte da alquimia teria sido descoberta. Mas a inflação não é uma política sustentável.

A inflação dura somente enquanto as pessoas acreditarem que ela será temporária. Assim que os agentes se convencerem de que a inflação não irá parar, eles fogem do uso dessa moeda, correndo para "valores reais" como moedas estrangeiras, metais preciosos ou até escambo. Cedo ou tarde, portanto, a crise deve inevitavelmente estourar como resultado de uma mudança na postura dos bancos ou dos agentes. Quanto mais tarde for esse ajuste, mais doloroso ele será, pois maiores serão os estragos causados na fase de bonança artificial. Uma fase de recessão substitui o *boom* anterior, e os negócios iludidos durante a era de crédito abundante acabam liquidados. Os bancos aumentam a dose de cautela, e ficam tímidos na expansão de mais crédito circulante. A taxa de juros sobe novamente para seu patamar "natural". Quando uma política inflacionista chega ao fim dessa maneira, é preciso tempo para ajustar os excessos. As pessoas se tornam descrentes e recusam novas rodadas de crédito fácil. Talvez uma nova geração tenha que surgir para que a memória coletiva seja totalmente apagada e uma outra onda de ilusão possa tomar conta do país.

Para Mises, o principal fator por trás dessa ilusão coletiva é ideológico. Tanto os políticos como os empresários encaram a redução da taxa de juros como uma meta essencial da política econômica. A expansão do crédito circulante é vista como o meio adequado para atingir essa meta. Enquanto as pessoas não entenderem que o único meio sustentável de redução da taxa de juros é o maior acúmulo de capital por meio da poupança, essas ondas de euforia seguida de pânico irão continuar. Os bancos devem atuar como intermediários entre poupadores e investidores, mas não devem ter o poder de *criar* crédito com lastro inexistente. O conhecimento de que o governo estará disponível no caso de emergências cria um risco moral, e faz com que os bancos sejam ainda mais agressivos e irresponsáveis na política de crédito circulante. Se a crise pudesse seguir seu curso livremente, para impor as duras penalidades nos agentes que assumiram mais dívida do que podiam, todos seriam cuidadosos com o crédito no futuro. Mas a opinião pública aprova a assistência do governo durante as crises, o que apenas estimula o comportamento irresponsável.

Enfim, a política de expandir o crédito circulante deverá inevitavelmente acabar algum dia. Se for mais cedo, por uma mudança dos próprios bancos em um movimento de retração de crédito, o estrago causado por investimentos indesejados será menor. Se for mais tarde, uma catástrofe poderá ser inevitável, pois apenas uma depressão poderá limpar todos os erros da era de prosperidade ilusória. As pessoas precisam aceitar a realidade, em vez de sonhar com milagres. A taxa de juros não é algo que pode ser impunemente manipulada por governos ou bancos. Ela é um importante preço de mercado, que equilibra poupança e investimento. Enquanto as pessoas julgarem que uma maçã hoje vale mais do que uma daqui a um ano, haverá taxa de juros para equacionar as preferências intertemporais dos agentes. Os investimentos produtivos dependem sempre de capital acumulado, justamente para deixar de consumir mais agora e ter mais depois. Acreditar que é possível ter e comer o bolo ao mesmo tempo, que podemos simplesmente forçar na marra a taxa de juros para baixo, para aumentar os investimentos sem a contrapartida de mais poupança real, não passa de um perigoso devaneio.

Um marxista coerente

As escolhas que um homem faz são determinadas pelas ideias que ele adota.
(LUDWIG VON MISES)

Um dos fatores que efetivamente nos diferencia dos demais animais é a capacidade de livre-arbítrio a partir do uso da razão. Os homens podem escolher diferentes alternativas no modo de conduta para cada estímulo fisiológico. Ele não está fadado a reagir apenas aos impulsos mais instintivos. Isso vai contra qualquer crença fatalista, em que o destino dos homens esteja previamente traçado e eles nada mais representem do que agentes passivos dessas forças exógenas. Uma excelente ilustração de crença fatalista é o marxismo, como mostra Mises em *Teoria e história* (Editora LVM, 2014).

Para Karl Marx, o socialismo estaria fadado a chegar com a "inexorabilidade de uma lei da natureza". Haveria um determinismo histórico no qual as ideias e escolhas dos seres humanos não exercem poder algum para mudança de rumo. O capitalismo era uma fase nesse processo, e o último estágio, o paraíso terrestre, ocorreria inevitavelmente com a chegada do socialismo, abolindo as divisões de classes previamente existentes. O marxismo, como toda crença fatalista, vai na contramão da natureza humana, e por isso é tão difícil — para não dizer impossível — se adaptar realmente a essas crenças. As contradições de Marx começam quando ele se torna um ativista político. Ora, qual o sentido de praticar ações revolucionárias se os eventos futuros devem inevitavelmente se suceder de acordo com um plano preordenado, independentemente do que os homens façam?

Se Marx fosse consistente com suas crenças, como lembra Mises, ele não teria embarcado em atividades políticas. Bastava ele ficar quieto no seu canto, aguardando o dia no qual a propriedade privada capitalista iria desaparecer, dando lugar ao socialismo. Nada que os homens fizessem, segundo o próprio Marx, poderia mudar esse destino. Ele era, afinal, algo já determinado pela história. Qual o sentido em lutar tanto por uma causa que independe de nossa luta e que já é certa, pois foi previamente definida? As *ações* de Karl Marx entram em evidente contradição com suas ideias, e comprovam que ele mesmo depositava, no fundo, enorme importância no poder das ideias nas escolhas dos homens. Estes teriam, portanto, a liberdade de traçar o próprio destino.

As "forças materiais produtivas", segundo o autor de *O capital*, guiam a humanidade e determinam o curso da história. Apesar de ser este um conceito fundamental na obra de Marx, ele não oferece uma definição mais objetiva sobre o que isso quer realmente dizer. A ideia é que as tecnologias, os "fatores de produção", são considerados o fator essencial dessas forças produtivas, que por sua vez determinam as relações produtivas e toda a "superestrutura". Logo de cara se nota uma inversão: essas tecnologias, essas invenções, são produto de um processo mental, do uso da razão e de novas ideias. Marx inverte essa lógica, e afirma que são as forças materiais que definem as ideias, como se tais forças surgissem num vácuo, caindo do além.

Em segundo lugar, como argumenta Mises, o capital previamente acumulado pela poupança é necessário para implementar essas ideias inovadoras. Mas para poupar é preciso uma estrutura social na qual seja possível poupar e investir. As relações produtivas não são o resultado das forças materiais produtivas, mas uma condição indispensável para que elas existam. Como então explicar a existência da sociedade a partir das forças produtivas que são, na verdade, não a origem, mas o resultado de um contexto social previamente existente? Para Marx, antes havia as tais "forças materiais produtivas", que em seguida compelem os homens a entrar em relações produtivas definitivas que independem de suas escolhas. E depois essas relações produzem a "superestrutura", assim como as ideias religiosas, artísticas e filosóficas. São todos prisioneiros de sua classe. Esta, a propósito, que irá determinar o pensamento dos indivíduos. Há o pensamento burguês e o pensamento proletário. Curiosamente, em mais uma incoerência, o burguês Marx era o "profeta" capaz de se livrar dessa prisão ideológica e enxergar a verdade, que os próprios proletários não eram capazes de ver com os próprios olhos.

Ao partir deste dogma, e sem deixar espaço algum para contestação racional de sua premissa, o marxismo exige que todos os membros de uma classe pensem da mesma maneira. Caso contrário, a teoria toda estaria invalidada logo na largada. Mas como a realidade é totalmente diferente, era preciso uma tática para lidar com a situação: os proletários que discordassem do credo marxista seriam considerados todos "traidores". Como os marxistas enxergavam a coisa, seus adversários eram apenas burgueses alienados, ou proletários traidores. Não há espaço para contestação sincera, e tanto Marx como Engels proferiram ataques virulentos contra aqueles que ousavam questionar suas crenças. A difamação e os ataques pessoais substituíram o debate racional no marxismo. E como as divergências não podem ser solucionadas por meio de debates calcados em argumentos, a guerra civil e a revolução armada passam a ser o único meio para resolver o impasse. É preciso eliminar fisicamente aqueles que discordam dos dogmas marxistas.

Voltando ao aspecto do determinismo histórico do marxismo, o capitalismo é um meio necessário para chegar ao socialismo. Além disso, os capitalistas não possuem consciência ou capacidade de escolha sobre suas ações. Elas foram previamente determinadas, e eles apenas executam as tarefas que devem executar pela lei da natureza. Esses atos, ainda que vistos como uma "exploração" pelos marxistas, também são vistos como inevitáveis, um passo necessário para o destino já esperado. Ora, se Marx fosse consistente, como conclui Mises, ele teria exortado os trabalhadores: "Não culpem os capitalistas; ao 'explorarem' vocês, eles fazem o que é melhor para vocês; eles estão pavimentando o caminho para o socialismo." À luz do próprio marxismo, aquele que luta por legislação trabalhista e aumento de salários é um "pequeno-burguês" reacionário, pois está tentando obstruir o caminho do socialismo. O marxista consistente enaltece o capitalista "explorador", pois entende que ele é uma etapa necessária para a *abolição* dos salários no socialismo.

Por fim, resta questionar como o marxismo lida com as constantes mudanças de classe social. Essa mobilidade é especialmente maior onde há mais liberdade econômica. Empregados conseguem capital e criam os próprios negócios. Por outro lado, capitalistas vão à bancarrota e perdem tudo, tendo que arrumar algum emprego qualquer. O que ocorre com suas ideias durante esse processo de mudança? Já que é a classe social que determina as ideias, um proletário que se torna um capitalista altera automaticamente suas crenças? Um capitalista que vira empregado muda todas as suas ideias? Como ficam aqueles intermediários, administradores de grandes empresas, que não deixam de ser empregados, mas que recebem salários maiores do que o lucro de muitos capitalistas?

Após colocar de forma resumida os principais argumentos de Ludwig von Mises, que demonstram algumas gritantes contradições do marxismo, pode-se perguntar: existe algum marxista coerente? Afinal, um marxista coerente deveria simplesmente sentar e esperar o socialismo chegar pelas leis inexoráveis da natureza, abstendo-se de ativismo político. Além disso, ele teria que reconhecer a necessidade da "exploração" capitalista como um passo fundamental nessa trajetória rumo ao socialismo. Como fica evidenciado, *nenhum* marxista é coerente, nem mesmo o próprio Karl Marx.

O motivo disso Mises também observou: as crenças de Marx, apesar do rótulo "científico" que ele tentou dar, eram apenas fruto de fortes emoções. Marx nutria um ódio fanático por empresários e capitalistas, comum na Alemanha de seu tempo, e agravado em seu caso particular, pois sua irresponsabilidade financeira o deixou refém de agiotas com frequência. Ele encontrou no socialismo a pior punição que poderia infligir aos detestados burgueses. Em contrapartida, Marx percebeu que um debate aberto sobre o tema iria expor suas falácias. Por isso as pessoas devem ser induzidas a aceitar o socialismo de forma emocional, sem questionar seus efeitos e sem discutir suas contradições. Quem envereda por esse caminho é um burguês prisioneiro de uma alienação de classe, ou um proletário traidor que deve ser exterminado.

Quem expôs essas contradições foi Arthur Koestler, por meio do personagem principal de *O Zero e o infinito*, o militante bolchevique Rubachov:

> O Partido negava o livre-arbítrio do indivíduo e ao mesmo tempo exigia seu sacrifício voluntário. Negava sua capacidade de escolha diante de uma alternativa — e ao mesmo tempo exigia que escolhesse constantemente a alternativa certa. Negava-lhe capacidade para distinguir o bem do mal — e ao mesmo tempo falava pateticamente em culpa e traição. O indivíduo vivia debaixo do signo da fatalidade

econômica, uma roda de um mecanismo de relógio a que haviam dado corda para toda a eternidade e não podia parar nem ser influenciada — e o Partido exigia que a roda se revoltasse contra o mecanismo de relógio e mudasse seu curso. Em algum lugar havia um erro de cálculo: a equação era absurda.

As barreiras do sindicalismo

> *O poder sindical é essencialmente o poder de privar alguém de trabalhar pelo salário que uma pessoa estaria disposta a aceitar.*
> (FRIEDRICH VON HAYEK)

A economia de mercado pode ser descrita também como a democracia dos consumidores. Os empreendedores e capitalistas não são autocratas que determinam o que deve ser produzido independentemente da demanda. Eles estão sujeitos à soberania dos consumidores. São estes que, em última instância, decidem quais produtos serão os vencedores no mercado. Os sindicalistas gostariam de mudar isso, transformando tudo numa "democracia dos produtores". A ideia é enganosa, como define Mises em Ação humana, já que o propósito da produção é sempre o consumo.

O que mais incomoda os sindicalistas no sistema capitalista é sua suposta frieza na busca pelo lucro. Mas o que eles ignoram é que essa busca é precisamente o que garante a supremacia dos consumidores. Sob a competição do livre mercado, os empresários são forçados a melhorar suas técnicas e oferecer os melhores produtos pelos menores preços. Por isso eles são levados a pagar somente o salário de mercado, ou seja, aquele decorrente da produtividade do trabalhador, sujeito às leis da oferta e demanda. Se um trabalhador pede aumento porque sua mulher teve mais um filho, e seu empregador nega alegando que o nascimento do filho em nada acrescenta à produtividade da empresa, ele age em função dos melhores interesses de seus consumidores.

Afinal, esses consumidores não estão dispostos a pagar mais pelo produto porque o trabalhador aumentou sua família. A ingenuidade dos sindicalistas se manifesta no fato de que eles mesmos nunca aceitariam o mesmo argumento na compra dos produtos que eles consomem. O sindicalista enquanto consumidor não questiona nas lojas se o bem foi produzido por empregados com poucos ou muitos filhos. Ele quer o melhor produto pelo menor preço. E quando ele exerce essa escolha, ele próprio está definindo como o empregador deve agir, sempre mantendo o menor custo possível, o que abarca um salário de acordo apenas com o valor agregado pelo trabalhador.

Uma característica presente na mentalidade sindicalista é o foco no curto prazo. Para os sindicalistas, a empresa tem um lucro que pode ser dividido entre seus empregados. A função de empresário é vista como sem valor, uma "exploração" que permite a apropriação indevida da "mais-valia". O sindicalista ignora completamente o fato de que as condições de mercado estão em constante mudança e decisões fundamentais, que podem selar o destino da empresa, precisam ser tomadas diariamente. A visão sindicalista é estacionária. Portanto, o sindicalismo ignora os problemas essenciais do empreendedorismo, como a alocação de capital entre os diferentes setores, a expansão de indústrias já existentes, o desenvolvimento tecnológico etc. Tudo é tomado como certo pelos sindicalistas, que desejam apenas uma divisão diferente daquilo já existente. Como Mises conclui, não seria injusto chamar o sindicalismo de uma filosofia econômica de pessoas com visão limitada.

A essência das políticas sindicais é sempre garantir privilégios para um grupo minoritário à custa da imensa maioria. O resultado invariavelmente será reduzir o bem-estar geral. Os sindicatos tentam criar barreiras contra a competição entre trabalhadores, com o objetivo de garantir privilégios para aqueles já empregados. Quando esses obstáculos são erguidos (como salário mínimo, necessidade de diplomas, restrições de horas trabalhadas e inúmeras outras regalias), o que os sindicatos fazem é dificultar a entrada de novos trabalhadores, que poderiam aceitar condições menos favorecidas. O resultado prático disso é maior desemprego na economia, assim como preços mais altos para os consumidores.

Ninguém precisa defender as ideias sindicalistas, muitas vezes impregnadas de violência, para se sensibilizar com as condições dos trabalhadores pobres. Na verdade, pode ser exatamente o contrário. A melhor garantia que esses trabalhadores têm para mudar de vida está no sistema capitalista de livre mercado. Com o foco nos consumidores, os empresários terão que investir em tecnologias que aumentam a produtividade do trabalho. Os salários terão aumento relativo aos preços dos produtos finais, lembrando que *todos* são consumidores. Os empresários no capitalismo desejam atender às demandas das massas, pois somente assim terão expressivos ganhos de escala. Os produtos de luxo serão sempre mais limitados, voltados para um público menor que aceita pagar bem mais caro.

Por isso os trabalhadores de países capitalistas desfrutam de condições bem melhores que aquelas encontradas em países socialistas. Não adianta achar que imposições legais vão melhorar a vida dos trabalhadores. A solução para isso não está no decreto estatal, mas sim no próprio progresso capitalista. Foi ele que permitiu o acesso dos trabalhadores a diversos produtos que aumentam o conforto de maneira impensável mesmo para aristocratas do passado.

Um liberal democrata

Boa parte dos "austríacos" atualmente se diz libertária com viés anarquista, ou seja, prega a completa abolição do Estado. São seguidores mais de Murray Rothbard e Hans-Hermann Hoppe que do próprio Mises. O debate entre esses "anarcocapitalistas" e os "minarquistas" é legítimo e, particularmente, o considero inconclusivo. Mas creio que seja importante fazer a distinção entre ambos, lembrando que o próprio Mises não concordava com a postura revolucionária de seus atuais seguidores.

Uma das principais diferenças diz respeito ao desprezo pela democracia. O instigante livro de Hoppe, *Democracia: o Deus que falhou* (Editora LVM, 2017), conquistou muitos adeptos, que passaram a enxergar a democracia como um verdadeiro câncer contra a liberdade. Mas Mises jamais concordou com essa visão. Ele sempre soube das inúmeras imperfeições da democracia, que não é exatamente louvável por sua capacidade de boas escolhas, mas ainda assim defendeu com unhas e dentes o modelo democrático. O principal motivo era semelhante ao preconizado por Karl Popper: a democracia é a forma mais pacífica que conhecemos para eliminar erros e trocar governantes, sem derramamento de sangue.

Popper resumiu bem a questão quando disse que "não somos democratas porque a maioria sempre está certa, mas porque as instituições democráticas, se estão enraizadas em tradições democráticas, são de longe as menos nocivas que conhecemos". Mises estava de acordo, e defendeu a democracia em diversos livros. Em *Liberalismo*, por exemplo, ele escreveu: "A democracia é aquela forma de constituição política que torna possível a adaptação do governo aos anseios dos governados sem lutas violentas." Para Mises, que depositava enorme relevância no poder das ideias, somente a democracia poderia garantir a paz no longo prazo. Em sua obra-prima, *Ação humana*, Mises reforça essa visão em prol da democracia:

Por causa da paz doméstica o liberalismo visa a um governo democrático. Democracia não é, portanto, uma instituição revolucionária. Pelo contrário, ela é o próprio meio para evitar revoluções e guerras civis. Ela fornece um método para o ajuste pacífico do governo à vontade da maioria. [...] Se a maioria da nação está comprometida com princípios frágeis e prefere candidatos sem valor, não há outro remédio além de tentar mudar sua mente, expondo princípios mais razoáveis e recomendando homens melhores. Uma minoria nunca vai ganhar um sucesso duradouro por outros meios.

Em *Socialism* [Socialismo], Mises escreve: "A democracia não só não é revolucionária, mas ela pretende extirpar a revolução. O culto da revolução, da derrubada violenta a qualquer preço, que é peculiar ao marxismo, não tem nada a ver com democracia. O liberalismo, reconhecendo que a realização dos direitos econômicos objetivos do homem pressupõe a paz, e procurando, portanto, eliminar todas as causas de conflitos em casa ou na política externa, deseja a democracia." Ele acrescenta: "O liberalismo entende que não pode manter-se contra a vontade da maioria." Logo, um liberal seguidor de Mises irá sempre lutar pelas vias democráticas, e persuadir a maioria de que o liberalismo é o melhor caminho.

Tampouco era Mises um anarquista com o objetivo de eliminar o Estado. Longe disso! Toda a essência de sua filosofia política passa distante dessa bandeira típica dos libertários radicais. Em todos os seus livros, ele reconhece um importante papel para o governo. Em *Burocracia*, por exemplo, ele sustenta que a polícia deve ser uma função do Estado. O economista argumenta: "A defesa da segurança de uma nação e da civilização contra a agressão por parte de ambos os inimigos estrangeiros e bandidos domésticos é o primeiro dever de qualquer governo."

Em *Liberalismo*, Mises é ainda mais direto: "Chamamos o aparato social de compulsão e coerção que induz as pessoas a respeitar as regras da vida em sociedade, o Estado; as regras segundo as quais o Estado procede, lei; e os órgãos com a responsabilidade de administrar o aparato de compulsão, governo." Mises enfatiza: "Para o liberal, o Estado é uma necessidade absoluta, uma vez que as tarefas mais importantes são sua incumbência: a proteção não só da propriedade privada, mas também da paz, pois na ausência da última os benefícios completos da propriedade privada não podem ser aproveitados."

Mises ataca diretamente os anarquistas, e faz questão de separá-los dos liberais:

> Liberalismo não é anarquismo, nem tem absolutamente nada a ver com anarquismo. O liberal entende claramente que, sem recorrer à compulsão, a existência da sociedade estaria ameaçada e que, por trás das regras de conduta cuja observância é necessária para assegurar a cooperação humana pacífica, deve estar a ameaça da força, se todo edifício da sociedade não deve ficar continuamente à mercê de qualquer um de seus membros. É preciso estar em uma posição para obrigar a pessoa que não respeita a vida, a saúde, a liberdade pessoal ou a propriedade privada dos outros a aceitar as regras da vida em sociedade. Esta é a função que a doutrina liberal atribui ao Estado: a proteção da propriedade, liberdade e paz.

Portanto, fica evidente que o economista discordava dos meios anárquicos para se preservar a propriedade e a paz, e considerava o Estado fundamental para exercer essas funções. Para Mises, "o anarquista está enganado ao supor que todos, sem exceção, estarão dispostos a respeitar estas regras voluntariamente". Segundo ele, "o anarquismo ignora a verdadeira natureza do homem", e seria praticável "apenas em um mundo de anjos e santos".

Nenhum defensor da liberdade precisa concordar com tudo que Mises defendeu. O debate é legítimo, sempre. E, de fato, o economista não teve acesso a todos os argumentos desenvolvidos depois por seus seguidores "anarcocapitalistas". Mas tais pontos, como a democracia e o monopólio das leis pelo Estado, não eram detalhes do pensamento político de Mises; eram parte de sua própria essência! Portanto, seus seguidores, ao menos no nome, devem respeito a essas ideias. Especular que o pensamento de Mises teria "evoluído" hoje na direção anarquista é puro exercício de adivinhação com boas pitadas de arrogância. Precisamos nos ater aos fatos: Mises era um liberal democrata, ainda que radical.

Friedrich von Hayek

Expoente da Escola Austríaca, Friedrich von Hayek foi um economista e filósofo nascido em Viena, Áustria, em 1899, e que anos depois se tornaria cidadão britânico. É considerado um dos maiores representantes da Escola Austríaca de pensamento econômico. Foi defensor do liberalismo clássico e contribuiu para divulgar e contextualizar essas ideias no turbulento contexto do século XX. Foi professor nas prestigiadas London School of Economics e na Universidade de Chicago e tornou-se célebre por ser o autor, entre outros livros, do clássico *O caminho da servidão* (1944).

Hayek venceu o Prêmio Nobel de Economia em 1974. De acordo com a Academia, foi laureado "por seu trabalho pioneiro na teoria da moeda e flutuações econômicas e pela análise penetrante da interdependência dos fenômenos econômicos, sociais e institucionais". Dividiu a honra com seu opositor no campo das ideias, o economista sueco Gunnar Myrdal. Em 1991, recebeu das mãos do presidente George Bush, a Medalha Presidencial da Liberdade, a máxima honraria civil oferecida pelo governo dos Estados Unidos. Naquele ano, também mereceram a distinção nomes como o da primeira-ministra do Reino Unido Margareth Thatcher e do escritor e comentarista político William F. Buckley Jr.

A liberdade de Hayek

Liberdade concedida somente quando se sabe anteriormente que os efeitos serão benéficos não é liberdade.
(FRIEDRICH VON HAYEK)

Friedrich Hayek defendeu, em seu clássico e imperdível *Os fundamentos da liberdade* (Editora Visão, 1983), o conceito objetivo de liberdade, assim como sua importância para o mundo. Pretendo aqui trazê-lo à tona, dado que muito malabarismo conceitual tem sido feito para alterar o significado deste que provavelmente é o maior valor de todos para a humanidade.

Para Hayek, a liberdade inclui também a liberdade de errar, e como o conhecimento é limitado e as preferências são subjetivas, somente a ausência de coerção permite o eterno aprendizado e progresso humano. A razão humana não pode prever ou deliberadamente desenhar seu próprio futuro. O avanço consiste na descoberta do que fizemos de errado. Uma restrição significativa à liberdade individual reduz a quantidade de inovações e a taxa de progresso da sociedade. Não temos como saber anteriormente quem irá inventar o quê. O conhecimento é disperso, e também evolui. Nenhum ser seria capaz de concentrar algo perto da totalidade do conhecimento existente, e, ainda assim, este está sempre evoluindo. Quanto mais o estado planeja as coisas, mais difícil o planejamento fica para os indivíduos.

O pensador austro-britânico considerava que a liberdade fica muitas vezes ameaçada pelo fato de que leigos delegam o poder decisório em certos campos para os "especialistas", aceitando sem muito questionamento suas opiniões a respeito de coisas das quais eles mesmos sabem apenas um pequeno aspecto. Assim, adotar uma postura de maior ceticismo, e questionar até mesmo as ditas "autoridades" nos assuntos, é fundamental. É a preocupação com o processo impessoal da sociedade que impulsiona mais o conhecimento, e coloca os economistas em constante oposição às ambições de outros especialistas que demandam poderes de controle, porque sentem que seu conhecimento particular não é levado suficientemente em consideração. A humildade é essencial.

Se alguém é livre ou não, isso não depende da gama de opções disponíveis, mas sim se ele pode moldar o próprio curso de ações de acordo com suas intenções presentes, ou se outra pessoa tem poder para manipular as condições de tal forma que o faça agir de acordo com a vontade dessa pessoa, e não dele mesmo. Se eu sou ou não o meu próprio mestre e posso seguir minha própria escolha é uma questão totalmente distinta da quantidade de possibilidades que tenho para escolher. A liberdade é a liberdade de escolha, de agir conforme meu próprio desejo, contanto que não invada a liberdade alheia. Por isso Hayek entende que ser livre pode significar até mesmo ser livre para passar fome, cometer grandes erros ou enfrentar riscos mortais. A decisão cabe somente ao indivíduo em questão.

A maioria das vantagens da vida em sociedade, especialmente nas formas mais avançadas que chamamos de civilização, está no fato de que os indivíduos se beneficiam de mais conhecimento do que têm consciência. Seria um erro acreditar que, para atingir uma civilização superior, temos apenas que colocar em prática as ideias que nos guiam. Se quisermos avançar, devemos deixar espaço para uma revisão contínua das nossas concepções presentes e ideais que serão necessários por novas experiências. Portanto, a liberdade é essencial para darmos espaço para o imprevisível. É porque cada indivíduo sabe tão pouco e, em particular, porque raramente sabemos quem de nós sabe melhor, que confiamos nos esforços competitivos e independentes de muitos para o surgimento daquilo que poderemos querer quando olharmos.

Mesmo que humilhante para o nosso orgulho, nós devemos admitir que o avanço ou mesmo a preservação da civilização depende de muitos "acidentes" que ainda acontecerão. Justamente porque não sabemos como os indivíduos utilizarão a liberdade que ela é tão importante. Caso contrário, os resultados da liberdade poderiam ser obtidos com a maioria decidindo o que deveria ser feito pelos indivíduos. Um ponto crucial da liberdade para se fazer algo é que ela não tem nada a ver com o número de pessoas que querem fazer esse algo. Pode ser até mesmo inversamente proporcional a isso.

As ações morais também dependem da liberdade. Somente quando somos responsáveis pelos nossos próprios interesses e livres para os sacrificarmos é que nossa decisão possui valor moral. Se não existe a liberdade de escolha, nem sequer podemos falar em moral. Em outras palavras, o conceito de solidariedade jamais pode ser afastado do termo "voluntária". Solidariedade imposta pelo Estado não é solidariedade. Altruístas com o esforço alheio não são altruístas verdadeiros, mas sim hipócritas.

sempre aprendendo. Somente a liberdade individual é capaz de preservar a circulação das ideias e de aprendizados.

Igualdade, valor e mérito

> *Eu não tenho nenhum respeito pela paixão, pela igualdade, que me parece meramente uma idealização da inveja.*
> (OLIVER WENDELL HOLMES JR.)

Hayek trata da distinção entre valor e mérito naquele que é um dos melhores capítulos de *Os fundamentos da liberdade*. Para Hayek, o único tipo de igualdade que podemos buscar sem destruir a liberdade é aquela perante as regras gerais, perante as leis. A igualdade de resultados é totalmente incompatível com a liberdade. Está na essência dessa demanda por igualdade perante a lei que pessoas devem ser tratadas da mesma forma ainda que sejam diferentes. Já no nascimento de um bebê, existem infinitas características que irão contribuir para seu crescimento. Se as diferenças entre os indivíduos não importam, então a liberdade também não é importante. As habilidades, a genética, as paixões e ambições, enfim, várias características serão diferentes caso a caso. A igualdade perante a lei que a liberdade exige levará, portanto, a uma desigualdade material.

A demanda por uma igualdade de resultados costuma partir daqueles que gostariam de *impor* à sociedade um padrão preconcebido de distribuição. A coerção necessária para realizar essa suposta "justiça" seria fatal para a liberdade da sociedade. O ponto de partida de cada um nunca será igual. A herança genética já é diferente. Em seguida, o ambiente familiar, o tipo de educação dos pais, os círculos de amizade, enfim, inúmeras características terão influência na formação do indivíduo, sendo impossível determinar quanto de cada uma é responsável por suas escolhas. Para Hayek, quando se busca o motivador pelas demandas de igualdade nos resultados, ignorando que as pessoas *são* diferentes, encontra-se a inveja que o sucesso de alguns provoca nesses não tão bem-sucedidos. E a inveja, segundo John Stuart Mill, é "a mais antissocial e maligna de todas as paixões".

Em um sistema livre, não é possível nem desejável que as recompensas materiais sejam correspondentes àquilo que o homem reconhece como mérito. O mérito em questão está ligado ao aspecto moral da ação e não ao valor alcançado por ela. Se os talentos de um homem são extremamente comuns, dificilmente terá elevado valor financeiro, e não há muito que se possa fazer quanto a isso. O valor que as capacidades de alguém ou seus serviços têm para a sociedade não possui muita relação com aquilo que chamamos de mérito moral. O mérito é um esforço subjetivo, enquanto esse valor financeiro em questão é objetivamente mensurável. Um esforço em produzir algo pode ter bastante mérito, mas ser um fiasco em resultado, enquanto um resultado valoroso pode ser atingido por acidente. Podemos julgar com algum grau de confiança apenas o valor do resultado, não das intenções ou dos esforços. Em resumo, o mesmo prêmio vai para aqueles que produzirem o mesmo resultado, e isso independe do esforço. Quem não concorda deve se questionar se aceitaria pagar mais por uma pizza somente porque o entregador veio andando, e não de moto.

Muitas pessoas, principalmente intelectuais, costumam confundir valor e mérito. No dicionário Michaelis, a palavra "valor" contém inúmeras definições, mas duas em especial nos interessam. Uma diz que valor é o "caráter dos seres pelo qual são mais ou menos desejados ou estimados por uma pessoa ou grupo". Esse conceito não é o do nosso interesse, e justamente por causa dessa definição muitos fazem confusão. O valor que estaremos utilizando aqui é a "apreciação feita pelo indivíduo da importância de um bem, com base na utilidade e limitação relativa da riqueza, e levando em conta a possibilidade de sua troca por quantidade maior ou menor de outros bens". Em resumo, é o conceito de valor financeiro. Já mérito estará diretamente atrelado ao esforço do indivíduo.

É curioso notar que são os igualitários que brigam pela igualdade financeira; são, portanto, os mais materialistas. Afinal, o valor ligado à estima do caráter não depende da conta bancária. Apesar do fato de um jogador de futebol ser mais rico que um médico que salva vidas, pode-se continuar estimando mais o segundo. Há mais que dinheiro na vida. Só não é correto reduzir na marra a diferença entre suas riquezas, ainda mais usando o pretexto da "justiça social". Foi a própria sociedade que livremente decidiu avaliar o jogador com mais generosidade que o médico, dadas as restrições de oferta e demanda. O jogador não tem culpa de ter um talento mais raro e demandado, e usar a coerção estatal para tentar equalizar os ganhos é a garantia da destruição da liberdade. Hayek deixa claro que considera o princípio da justiça distributiva oposto a uma sociedade livre.

Pode-se falar, no máximo, em melhores condições para os mais necessitados, ou em uma rede de proteção básica. Mas é importante notar que até mesmo a igualdade de condições é contrária à liberdade. Já ao nascimento as pessoas partem de condições diferentes, a começar por genética, educação familiar, rede de amizades etc. Falar em igualdade irrestrita seria o mesmo que proibir a existência de Harvard. Seria nivelar pelo pior. A plena igualdade exigiria que todos nascessem no mesmo berço. Seria como quebrar as pernas de quem pode correr mais porque um dos corredores usa muletas. Seria preciso acabar com a herança, mas nem isso seria suficiente. Trata-se de um pensamento incompatível com a ideia de liberdade.

Deixo a conclusão com o próprio autor:

> Em outras palavras, devemos olhar para os resultados, não para intenções ou motivos, e podemos permitir que aja com base no seu próprio conhecimento apenas se também permitirmos que mantenha aquilo que os demais estão dispostos a pagar-lhe pelos seus serviços, independentemente do que se possa achar sobre a propriedade da remuneração do ponto de vista do mérito moral que o indivíduo possui ou da estima que temos por ele enquanto pessoa.

Culto à democracia

> *Se a democracia é um meio para preservar a liberdade, então a liberdade individual é não menos uma condição essencial para o funcionamento da democracia.*
> (FRIEDRICH VON HAYEK)

Atualmente, existe uma espécie de "culto à democracia", entendida aqui como simplesmente o governo da maioria. Admite-se automaticamente que a maioria tem *direito* de decidir sobre tudo, até mesmo temas totalmente restritos à esfera individual. Nesse contexto, vale a pena resgatar o que Friedrich Hayek tinha a dizer sobre o tema. Hayek dedica um capítulo do livro ao assunto, para explicar os riscos da democracia e lembrar que ela é apenas um *meio* para se obter determinados fins.

O liberalismo, segundo Hayek, está preocupado basicamente em limitar o poder coercitivo de qualquer governo, seja ele democrático ou não. Por outro lado, o democrata dogmático reconhece apenas um limite aos poderes do governo: a opinião atual da maioria. Hayek repete o que Aristóteles já havia dito: que a democracia pode resultar em poderes totalitários. O liberalismo é uma doutrina sobre o que a lei *deveria* ser, enquanto a democracia é uma doutrina sobre a forma de determinar o que a lei será. Enquanto o liberalismo prega a isonomia das leis, isto é, a igualdade de todos perante as leis, a democracia é um meio para se tentar alcançar tal finalidade.

Naturalmente, tal meio corre o risco de falhar. Uma democracia pode facilmente criar inúmeras leis injustas e ineficientes, concedendo privilégios e, portanto, discriminando grupos. Mas, para o democrata dogmático, o fato de que a maioria deseja algo é motivo suficiente para considerar este algo desejável. Para ele, o desejo da maioria determina não apenas o que será a lei, mas o que será uma boa lei. Se o liberalismo se preocupa com o escopo e o propósito do governo, a democracia, por outro lado, nada tem a dizer sobre as metas do governo em si. O liberalismo defende princípios, enquanto a democracia oferece um método de escolha, que pode ou não respeitar tais princípios.

O uso indiscriminado do termo "democrático" representa um perigo à própria liberdade individual. Essa falácia parte da premissa de que, porque a democracia é uma coisa boa, então ela deve beneficiar a humanidade sempre que for estendida. Trata-se de um *non sequitur*. Como Hayek diz, existem pelo menos dois aspectos que podem servir para estender a democracia: o tamanho do grupo encarregado de votar e os temas que devem ser decididos pelo processo democrático. Em nenhum dos dois aspectos é possível concluir que todo avanço na extensão da democracia representa um ganho, ou que seria desejável estender indefinidamente a democracia. Todavia, na maioria dos debates sobre todo tema particular, o caso pela democracia é frequentemente apresentado como desejável.

Hayek cita o próprio conceito de "sufrágio universal" para mostrar que há limites arbitrários na democracia. O limite de idade é o mais óbvio. Admite-se que há certa idade em que ainda não existe maturidade suficiente para decidir sobre as questões públicas. Não é razoável defender o método democrático numa família composta por pai, mãe e três filhos. Os filhos sempre sairiam vitoriosos, por exemplo. No entanto, existem outros limites, como criminosos, residentes estrangeiros etc. Hayek argumenta então que diferentes limites seriam igualmente arbitrários caso fossem adotados. Por exemplo, o voto apenas de adultos com mais de quarenta anos, ou somente os que possuem renda, ou apenas os alfabetizados. Para Hayek, seria possível argumentar também que os ideais da democracia estariam adequadamente servidos se os funcionários do governo fossem excluídos do voto. Em suma, o fato de que o sufrágio universal de "adultos" (no caso brasileiro, jovens de 16 anos inimputáveis por crimes podem votar) prevaleceu na maioria dos países não prova que essa deve ser a regra com base em algum princípio básico.

Outro ponto levantado por Hayek é o próprio limite arbitrário de nação. O direito da maioria é normalmente reconhecido somente dentro de um determinado país, mas o que define um país nem sempre é uma unidade óbvia ou natural. Certamente ninguém considera um direito os cidadãos de um país grande dominarem aqueles de um país vizinho menor, somente porque estão em maior número. No entanto, muitos presumem que dentro de um país os direitos da maioria são absolutos, o que carece de argumentação lógica. A democracia não é um valor absoluto. Os poderes de uma maioria temporária devem ser limitados por princípios de longo prazo, justamente para evitar a tirania da maioria. Apenas a aceitação desses princípios comuns torna um grupo de pessoas uma comunidade livre.

Para o liberal, existem coisas que *ninguém* tem o direito de fazer, seja um rei, seja uma maioria democrática. Conforme alerta Hayek, é quando se aceita que "na democracia o certo é aquilo que a maioria decide", que a democracia degenera em uma demagogia. De fato, a democracia é o método mais pacífico para mudar governos que existe. Mas isso, sob hipótese alguma, quer dizer que as escolhas da maioria serão sempre acertadas. Hayek destaca o papel da democracia, de educar as massas ao longo do tempo, porque todos acabam participando do processo de formação de opinião. Esse processo dinâmico é que garante o valor da democracia, não seu aspecto estático, ou seja, a escolha pontual dos governantes. Seus benefícios, então, costumam aparecer somente no longo prazo, enquanto suas conquistas imediatas podem ser inferiores às de outras formas de governo.

A ditadura do "politicamente correto" é outro risco do "culto à democracia". A concepção de que a opinião da maioria deve ditar os padrões seguidos por todos representa o oposto do princípio que permitiu o avanço da civilização. O avanço, como afirma Hayek, consiste em poucos convencendo muitos. Novas visões devem antes surgir para depois se tornarem majoritárias. Como ninguém sabe quem será o mais apto a moldar novas perspectivas, deixamos o processo de decisão aberto, sem controle da maioria. É pela conduta *diferente* de uma minoria que a maioria pode aprender algo novo e melhorar. A ditadura da visão majoritária, por outro lado, assume uma postura estática, como se todo o conhecimento necessário para o avanço futuro estivesse disponível. Isso destrói a capacidade de evolução da civilização.

Por fim, não é uma postura "antidemocrática" tentar convencer a maioria de que existem limites que não devem ser ultrapassados pela própria democracia. Para a sua sobrevivência mesmo, a democracia deve reconhecer que não é a fonte da justiça. O perigo, como coloca Hayek, é quando confundimos um meio de garantir a justiça com a própria justiça em si. Por essa ótica, dois lobos e uma ovelha escolhendo democraticamente qual será o jantar levaria a um resultado totalmente justo. O liberal discorda, pois entende que a ovelha tem o *direito* de não virar jantar de lobo, seja qual for o desejo da maioria do momento.

Liberais e conservadores

> *O liberal hoje precisa se opor mais positivamente a algumas concepções básicas que a maioria dos conservadores compartilha com os socialistas.*
> (FRIEDRICH VON HAYEK)

Não são poucos os que confundem liberais com conservadores. Tamanho é o equívoco que Hayek, em *Os fundamentos da liberdade*, dedicou um capítulo extra apenas para explicar por que não era um conservador, levantando as principais diferenças entre estes e os liberais — com o alerta de que não trata dos liberais americanos, mas sim dos clássicos.

Isso não o impediu de reconhecer o conservadorismo como legítimo e provavelmente necessário em oposição às mudanças drásticas. Tampouco impede que seja reconhecido o valor das tradições, ainda que estas sejam passadas de geração em geração sem argumento. As tradições são importantes para sustentar as leis e a liberdade, mas nem por isso devem ficar blindadas contra questionamentos. Liberais acreditam na liberdade de pensamento contra aqueles que pretendem impor crenças pela força. Creio que o filósofo britânico H.B. Acton resumiu bem essa questão quando afirmou que o tradicionalista quer poder seguir seus caminhos transmitidos, enquanto o liberal quer poder seguir novos caminhos, sem coerção dos demais.

O liberal deveria perguntar, acima de tudo, para onde devemos nos mover, e não quão rápida deve ser a mudança. Hayek propõe um triângulo como diagrama para separar conservadores, liberais e socialistas, em vez de uma linha reta, o que gera mais confusão. Em cada ponta estaria um grupo diferente, o que parece mais correto do que colocar liberais no meio entre conservadores e socialistas.

A admiração dos conservadores pelo crescimento livre geralmente se aplica somente ao passado. Falta-lhes normalmente a coragem para aceitar as mesmas mudanças não programadas pelas quais novas ferramentas para conquistas humanas irão emergir. Uma das características mais comuns na atitude conservadora é o medo da mudança, uma descrença no novo, enquanto a posição liberal é baseada na coragem e confiança, aceitando que as transformações sigam seus respectivos cursos mesmo que não possamos prever aonde isso irá levar. Os conservadores estão inclinados a usar a força do governo para evitar mudanças, pois não possuem confiança nas forças espontâneas de ajuste que fazem o liberal aceitar as renovações com menos apreensão, mesmo que não saiba ainda como as necessárias adaptações irão surgir. Como exemplo, pode-se citar as pesquisas científicas com células-tronco.

O conservador se sente seguro somente quando existe alguma forma de sabedoria superior que observa e supervisiona a mudança. Apenas quando ele sabe que alguma autoridade está pronta para manter as mudanças "ordenadas". Em geral, pode-se provavelmente dizer que o conservador não é contra a coerção em si ou o poder arbitrário, contanto que ele seja usado para aquilo que o conservador considera um propósito adequado. Ele acredita que se o governo estiver nas mãos de homens decentes, então não é preciso ser muito reduzido por regras rígidas. Assim como o socialista, ele está menos preocupado com o problema de como se deve limitar o poder do governo do que com quem ocupa o poder. E ainda como o socialista, ele se sente no direito de impor seus próprios valores aos demais pela força. Já para o liberal, a importância que ele pessoalmente deposita em objetivos específicos não é uma suficiente justificativa para forçar os outros a atender tais metas.

Por essa razão, o liberal não considera ideais morais ou religiosos como objetos adequados para a coerção, enquanto tanto os conservadores como os socialistas não reconhecem tais limites. Crenças morais que dizem respeito apenas à conduta individual — ou seja, que não interfere diretamente na esfera protegida das outras pessoas — não justificam coerção. Pode-se pensar em alguns exemplos como a prostituição entre adultos responsáveis ou mesmo algo mais extremo, como a venda de um rim, que podem ser atitudes moralmente condenáveis, mas que impactam apenas as vidas dos envolvidos, embora, registre-se, o comércio de órgãos é proibido por lei.

O liberal, ao contrário do conservador e do socialista, não é autoritário. Isso pode explicar por que parece tão mais fácil para um socialista arrependido achar uma nova casa espiritual no conservadorismo que no liberalismo.

Diferente do liberalismo, cuja crença fundamental reside no poder de longo prazo das ideias, o conservadorismo está atrelado a um estoque de ideias herdadas num determinado momento. E como o conservador não acredita realmente no poder do argumento, seu último recurso é geralmente alegar uma sabedoria superior, baseada em alguma qualidade superior autoarrogada. Hayek considera a característica mais condenável da atitude do conservador a propensão a rejeitar conhecimento embasado porque ele não gosta de algumas das consequências que podem se seguir dali. Ora, se ficasse provado que nossas crenças morais realmente são dependentes de premissas que se mostram incorretas, seria moral defendê-las recusando-se a reconhecer os fatos?

O viés nacionalista é outro elo que frequentemente liga conservadores ao coletivismo. Pensar em termos de "nossa" indústria ou "nosso" recurso natural é um pequeno passo de distância para começar a demandar que tais ativos nacionais sejam direcionados para o "interesse nacional". Protecionismo, reservas de mercado e subsídios agrícolas são algumas das medidas que podem colocar conservadores lado a lado com socialistas — e ambos contra os liberais.

Por fim, Friedrich Hayek escreveu algo que resume a diferença básica entre liberais e conservadores: "O liberal difere do conservador em sua disposição para encarar sua ignorância e admitir quão pouco sabemos, sem alegar autoridade de fontes sobrenaturais de conhecimento onde sua razão falha." Vale frisar um ponto aqui: esse conservadorismo que Hayek critica é mais parecido com o neoconservadorismo americano do que com o conservadorismo britânico. Este era tão parecido com a filosofia liberal de Hayek que chegam a se confundir...

O caminho da servidão

> *O livre mercado é o único mecanismo que já foi descoberto para o alcance da democracia participativa.*
> (MILTON FRIEDMAN)

Um dos livros mais famosos de Friedrich Hayek é, sem dúvida, *O Caminho da Servidão*, que ele resolveu dedicar a todos os socialistas. O alerta feito no livro pode ser razoavelmente resumido na seguinte frase de David Hume: "Raramente se perde qualquer tipo de liberdade de uma só vez." A perda da liberdade costuma ser gradual, seguir uma determinada trajetória, o caminho da servidão. É disso que Hayek fala no livro — uma tentativa de despertar do sono a vítima em potencial dessa servidão.

Segundo Hayek, não é possível existir liberdade pessoal e política quando a liberdade econômica é progressivamente abandonada. A transformação gradual de um sistema com uma rígida hierarquia organizada para outro em que o homem pode ao menos tentar moldar sua própria vida, no qual ele ganha a oportunidade de conhecer e escolher entre diferentes formas de vida, está associada ao crescimento do comércio. Somente quando a liberdade industrial abriu o caminho para o livre uso do conhecimento, quando tudo podia ser testado, a ciência realizou seus extraordinários avanços que nos últimos duzentos anos mudaram o mundo. O trabalhador do Ocidente passou a desfrutar de um conforto material que poucos séculos antes teria sido impossível imaginar.

Os escritores franceses que determinaram os fundamentos do socialismo moderno não tinham dúvida de que suas ideias poderiam ser colocadas em prática somente por um forte governo ditatorial. Ninguém melhor que Tocqueville, outro francês, para notar o caráter essencialmente individualista da democracia, em um conflito irreconciliável com o socialismo. Ele afirmou, como já vimos, que a democracia e o socialismo não têm nada em comum além de uma palavra: igualdade. Mas eis a diferença: "enquanto a democracia procura igualdade na liberdade, o socialismo procura igualdade nas restrições e servidão". A demanda por uma distribuição igualitária da renda é incompatível com a demanda pela liberdade. Um socialismo alcançado e mantido por meios democráticos parece definitivamente pertencer ao mundo das utopias.

Entre os meios práticos usados pelos que pregam o governo socialista, está o planejamento central. Ele é defendido por aqueles que desejam substituir a "produção para o lucro" pela "produção para o uso". Seus defensores demandam uma direção central de toda a atividade econômica, de acordo com um único plano, considerando que os recursos da sociedade devem ser "conscientemente direcionados" para o serviço de determinados fins por eles traçados. Isso vai contra o argumento liberal em favor do melhor uso possível das forças de competição como meio de coordenação dos esforços humanos. A competição, além de mais eficiente, é o único método pelo qual as atividades podem ser ajustadas sem intervenção coercitiva ou autoridade arbitrária.

Para Hayek, as várias formas de coletivismo, como o comunismo, socialismo ou fascismo, diferem entre elas na natureza do objetivo com o qual desejam direcionar os esforços da sociedade. Mas todas elas divergem do liberalismo e do individualismo em desejarem organizar toda a sociedade e todos os seus recursos para esse fim, recusando-se a reconhecer as esferas autônomas nas quais os fins dos indivíduos são supremos. O crescimento da civilização tem sido acompanhado por uma diminuição da esfera na qual as ações individuais estão limitadas por regras fixas. Os liberais entendem que aos indivíduos deve ser permitido, dentro de certos limites definidos, seguirem seus próprios valores e preferências em vez da de outro qualquer. Hayek resume: "É este reconhecimento do indivíduo como o último juiz de seus fins, a crença de que tanto quanto possível suas próprias visões devem governar suas ações, que forma a essência da posição individualista."

Quando a democracia começa a ser dominada por um credo coletivista, ela irá se autodestruir. Se um enorme planejamento central passa a ser demandado, o único meio possível para praticá-lo é por meio de uma ditadura. A coerção e o uso da força serão os métodos mais eficientes para aplicar esses ideais. A vontade arbitrária da maioria não irá respeitar as diversas preferências individuais, e haverá demanda por um governante central capaz de obrigar as minorias dissidentes a seguir o ideal coletivista. A concentração de poder será inevitável. "Não é a fonte, mas a limitação do poder que o previne de ser arbitrário", segundo Hayek. Por isso o império da lei é a maior distinção entre países livres e países com governos arbitrários.

Por esse motivo, a ausência de liberdade econômica levará inexoravelmente ao término da liberdade pessoal e política. Quando o governo tem poderes arbitrários para decidir sobre pequenas coisas nos mínimos detalhes, como quanto deve ser produzido de certo produto, qual preço deve ser cobrado e quem deve ter o direito de produzir, o império da lei acaba trocado pelo poder discricionário do governante. Sem leis gerais, o governo acaba por invadir qualquer esfera da vida individual, criando privilégios e, por conseguinte, discriminação. Os indivíduos não conseguem prever direito quais as consequências legais de seus atos. Todos acabam reféns do Estado, tendo que cultivar uma "amizade com o rei", já que este pode, a qualquer momento, criar uma nova regra arbitrária e prejudicar injustamente alguém. Quanto mais o Estado planeja, mais difícil fica o planejamento dos indivíduos. Daí a necessidade de uma igualdade perante a lei, que deve ser objetiva.

O sistema de propriedade privada, que impede o governo de desfrutar das propriedades alheias ao seu bel-prazer, é a mais importante garantia da liberdade, não apenas para aqueles que possuem propriedade, como também para aqueles que não possuem. Basta observar o que aconteceu com o povo na União Soviética para deixar isso claro. Quando o Estado assume os meios de produção, os resultados são escravidão e miséria. Poucos poderosos podem decidir todo o resultado da economia. Hayek então pergunta: "Quem irá negar que um mundo onde os ricos são poderosos ainda é um mundo melhor que onde somente os já poderosos podem adquirir riqueza?". De forma simplificada, devemos fazer uma escolha entre desigualdade material, posto que indivíduos são desiguais, ou o caminho da servidão.

Imposto progressivo

Redistribuição por taxação progressiva acabou sendo quase universalmente aceita como justa.
(FRIEDRICH VON HAYEK)

Ainda que sem a devida reflexão, há aqueles gestores públicos que defendem o uso de imposto progressivo como veículo para a redistribuição de renda. A ideia de uma maior igualdade material, independentemente do valor gerado para a sociedade, costuma estar subjacente a essa mentalidade. Entretanto, ao dedicar um pouco mais de atenção ao tema, tornam-se mais evidentes os riscos que tal medida carrega, como a perda de liberdade individual, o uso arbitrário de força contra uma minoria e a ineficiência do resultado final. Vários autores se dedicaram a essa questão com conclusões similares. Mas o assunto demanda uma mente aberta e um verdadeiro interesse no questionamento sincero, pois como admite Hayek na frase da epígrafe, o conceito de justiça foi bastante deturpado ao longo do tempo.

Em 1830, quando a ideia de uma taxação progressiva começou a ser mais difundida, o economista J.R. McCulloch expressou sua objeção com a alegação de que, no momento em que o princípio de extrair de todos os indivíduos a mesma proporção de suas rendas ou propriedades é abandonado, ficamos num mar sem norte, e não existe nenhum grau de injustiça que não possa ser cometido. Em 1848, Karl Marx e Friedrich Engels propuseram abertamente que uma pesada progressão do imposto de renda seria uma das medidas para o proletariado usar, depois do primeiro estágio da revolução, como supremacia política para tomar todo o capital da burguesia, ao centralizar todos os instrumentos de produção nas mãos do Estado. John Stuart Mill descreveu a progressão do imposto como pura forma de roubo. Ao que parece, estava correto.

Alguns utilizam o critério utilitarista para defender o imposto progressivo, alegando que os mais ricos não precisam de tanto para a felicidade. Mas, ao partir do conceito de utilidade decrescente por unidade monetária, a conclusão parece absurda. É o oposto disso. Afinal, na medida em que a renda aumentasse, seriam necessários incentivos adicionais para que a mesma utilidade mantida. Dez dólares para um rico não trariam, por essa linha de raciocínio, o mesmo benefício que dez dólares para um pobre. Se a felicidade de todos fosse o objetivo, o rico teria que ter mais, e não menos, para manter seu grau de felicidade. Falaríamos em impostos regressivos! Não obstante o fato de que a felicidade não se mede pela conta bancária — a felicidade, como se sabe, é algo subjetivo —, fica evidenciado que o argumento utilitarista seria um erro para a defesa de impostos progressivos. Quem pode achar que tirar dinheiro do Tio Patinhas e dar a um monge budista aumenta a utilidade geral?

Historicamente, foi na Alemanha das "reformas sociais" que os advogados do imposto progressivo derrubaram a resistência e iniciaram sua evolução. Em 1891, a Prússia introduziu um imposto progressivo que chegou a 4% da renda. Foi somente em 1910 e 1913 que a Inglaterra e os Estados Unidos adotaram impostos graduais chegando ao então espetacular montante de 8,25% e 7%, respectivamente. Em trinta anos, no entanto, esses números elevaram-se para o patamar de até 90%. A fantasia de que o peso dos impostos poderia cair todo sobre os realmente muito ricos foi um dos motivos que levaram a esse acelerado aumento. O único resultado concreto, entretanto, foi a severa limitação da renda que poderia ser gerada pelos mais bem-sucedidos, o que, por tabela, afeta negativamente os mais pobres. A gratificação dessa medida veio apenas para os invejosos, que se regozijam com a perda dos outros ainda que não ganhem nada com isso.

Em termos práticos, o impacto dessa política de impostos progressivos é negativo, e a contribuição dos impostos dos mais ricos no total sempre foi ínfima. Em 1962, nos Estados Unidos, apenas 6,4% do total arrecadado foi proveniente dos impostos acima de 30% da renda. Para um imposto de 50% da renda, a receita foi de apenas 1,9% do total. Como fica claro, o imposto altamente progressivo não tem fins reais de arrecadação, pois existem inúmeras outras maneiras mais eficientes para que o governo consiga financiamento.

Em um mundo com mobilidade de capital, os incentivos não são adequados quando os mais ricos sabem que terão boa parte de suas rendas tomadas pelo governo, e estes migram para países mais amigáveis, como vimos na França recentemente. Os mais pobres, que precisam desse capital e dos empreendimentos realizados por ele, são os que mais saem perdendo. Isso para não mencionar o planejamento tributário, pois várias faixas de impostos criam uma complexidade enorme que agrada somente os advogados. Isso penaliza severamente os mais pobres, que não conseguem montar esquemas legais de desvio. Vários países do Leste Europeu entenderam isso, e saíram do comunismo para impostos com taxa única para todas as faixas de renda, o "flat tax", com grande sucesso e aumento na arrecadação total.

Como Hayek disse, o imposto progressivo, diferente do proporcional, não garante nenhum dispositivo que limita o tamanho da carga para os mais ricos. Representa a rejeição de um princípio de isonomia em favor da discriminação contra os mais ricos, sem critério algum que possa frear a extensão dessa discriminação. O mesmo "argumento" para tirar 50% dos mais ricos serve para tirar 75%, ou mesmo 90%. O céu é o limite! Falar que o rico deve pagar mais em termos proporcionais apenas porque pode não é um conceito decente de justiça, pois levaria ao absurdo de achar que Bill Gates tem que pagar milhões por um café somente porque pode, embora consuma o mesmo produto que alguém mais pobre.

Mas infelizmente, a maioria, motivada basicamente pela inveja, acaba penalizando uma minoria, e o princípio de justiça cede lugar ao pretexto pela pura arbitrariedade. Aristóteles questiona em seu livro *Política*: "Se, por serem superiores em número, aprouver aos pobres dividir os bens dos ricos, não será isso uma injustiça?". Será. E é justamente o que ocorre com o imposto progressivo.

Moedas concorrentes

> *Os males desesperados são aliviados com remédios desesperados ou, então, não têm alívio.*
> (SHAKESPEARE, EM *HAMLET*)

Hayek pregou como remédio para as mazelas do monopólio monetário estatal, que havia gerado crescente inflação, uma drástica medida: a desestatização do dinheiro. A princípio, sua sugestão gera desconforto, por ser tão fora dos costumes enraizados na sociedade. Mas no decorrer de sua explanação lógica, vemos que faz bastante sentido a proposta de termos entidades privadas competindo na emissão de moedas.

Vale antes uma ressalva: o próprio autor reconheceu ter abordado apenas superficialmente o complexo formado pelas novas questões. A ideia da desestatização da moeda, portanto, está longe de ser algo pronto e certo. Mas sua improbabilidade imediata não deveria nos afastar de uma profunda reflexão sobre seus prós e contras. No primeiro momento, ideias revolucionárias nunca encontram muito eco no senso comum. Mas, como Hayek mesmo lembra, "aquele que afunda num pântano não pode escapar dando um pequeno passo: sua única esperança só pode estar num longo salto".

Em primeiro lugar, Hayek esclarece que não pretende proibir o governo de fazer qualquer coisa que seja no sentido da moeda. Ele apenas se opõe que ele impeça outros de fazer o que sabem melhor que ele. O principal argumento em prol de emissores privados da moeda é que sua sobrevivência a longo prazo seria totalmente dependente da confiança do público. Qualquer desvio da atitude correta de fornecer ao público um dinheiro estável e honesto iria, imediatamente, redundar na rápida substituição da moeda infratora por outras. A competição do lado da oferta de bens e serviços sempre foi a maior garantia de bons produtos para os consumidores. A maior vantagem do esquema proposto "está no fato de ele impedir os governos de 'protegerem' as moedas que emitem contra as consequências adversas de suas próprias medidas e, assim, de impedir que os governantes continuem adotando essas medidas prejudiciais". Em resumo, "os governos perderiam a capacidade de camuflar a depreciação do dinheiro que emitem".

Somos obrigados a aceitar a moeda imposta pelo governo, mesmo que a consideremos insatisfatória. Os governos sempre tiveram interesse em preservar esse monopólio, persuadindo o público de que o direito de emitir dinheiro lhes pertence com exclusividade. A prerrogativa da cunhagem do governante foi consolidada pelos imperadores romanos. Desde seus primórdios, essa prerrogativa não foi reivindicada nem concedida em nome do bem geral, mas usada, simplesmente, como um elemento essencial do poder dos governos. Com Marco Polo, ficamos sabendo que a recusa do papel-moeda imperial na China era punível com a morte. Em 1933, durante a Grande Depressão, o governo americano proibiu todo cidadão ou empresa de manter em sua posse ouro monetário. Governos não gostam de competição, pois querem controlar seus súditos.

A senhoriagem, ou seja, a taxa cobrada para cobrir os custos de cunhagem, sempre foi uma fonte de lucro para os governos, e foi ampliada até ultrapassar o custo de fabricação da moeda. Esses governos acabaram recolhendo as moedas em circulação e cunhando novas, com teor metálico menor. A inflação, ou perda de valor de compra da moeda, é algo tão antigo quanto o controle monetário pelo governo. Mais recentemente, a emissão descontrolada de papel-moeda para cobrir o déficit fiscal do governo ajudou muito na expansão deste, ao tolher a liberdade individual e espalhar miséria, posto que a inflação é o imposto mais perverso para os mais pobres. Como disse Alan Greenspan, ex-presidente do Fed, em 1966:

"O déficit crônico do governo é simplesmente um esquema para o confisco disfarçado da riqueza alheia."

Como escreveu Peter Bernstein em *O Poder do ouro*, "os metais contam com provisões mais limitadas do que as do papel, o que significa que os sistemas metálicos devem cumprir a função de evitar que o dinheiro perca valor". Sem a necessidade de uma contrapartida física de um metal raro como o ouro, e com a imposição por parte do governo da aceitação exclusiva de seu papel-moeda como dinheiro, o convite à irresponsabilidade é sedutor demais. Os poupadores, obrigados a aceitar como reserva de valor aquele pedaço de papel impresso pelo Estado, viram reféns dos governantes, que podem, ao bel-prazer, ligar máquinas que cospem papel e empobrecem o povo. Alan Greenspan, novamente, corrobora com essa visão: "O ouro e a liberdade econômica são inseparáveis; o padrão-ouro é um instrumento do *laissez-faire* e cada um implica e requer o outro".

Como Carl Menger nos lembra na obra *Princípios de Economia Política*, o dinheiro "se nos apresenta, historicamente, não como o resultado de uma convenção, ou de uma coação legislativa, muito menos como o resultado do acaso, mas como o produto natural da situação econômica diversa de povos diferentes no mesmo período histórico, ou dos mesmos povos em épocas diferentes". Para Menger, "foram indivíduos, membros de um povo, que, aumentando a consciência de seus interesses econômicos, adquiriram também a consciência de que a troca de mercadorias menos vendáveis (por outras de maior vendabilidade) representa progresso notável na busca de seus interesses econômicos específicos, e assim surgiu o dinheiro em numerosos centros culturais independentes entre si, acompanhando o desenvolvimento progressivo da economia". O Estado, podendo punir e coibir crimes no tocante a esta matéria, acaba sendo o responsável pela cunhagem da moeda. Mas, como nos informa Menger, os governos "abusaram tanto desse poder, que os indivíduos quase chegaram a esquecer que uma moeda não passa de uma peça de metal nobre com peso e composição específicos, elementos garantidos pela retidão do cunhador, chegando-se até a duvidar de que a moeda seja, em última análise, uma mercadoria".

Foge ao escopo aqui entrar em maiores detalhes sobre os tópicos abordados por Hayek. Para tanto, sugiro a leitura do livro *Desestatização do dinheiro*. Uma reflexão maior sobre os pontos levantados pelo autor faria muito bem a um país onde vários economistas ainda acham que a taxa de juros é um preço arbitrariamente definido pelo governo e que a inflação não é um fenômeno monetário, dependente da quantidade de moeda. Para concluir, nas palavras do próprio Hayek:

"Nada poderia ser melhor do que retirar do governo seu poder sobre o dinheiro e, portanto, deter a aparentemente irresistível tendência em direção ao aumento acelerado da parcela da renda nacional que o governo pode reivindicar." Quanto mais completamente as finanças públicas puderem ser separadas da regulação da circulação monetária, melhor será.

Os mitos históricos

> *Uma mentira pode viajar metade do mundo enquanto*
> *a verdade está colocando seus sapatos.*
> (MARK TWAIN)

Um dos mais influentes mitos sobre a história diz respeito à ideia de que o capitalismo, em sua infância, não passou do advento de um sistema possível pelo sofrimento de vários indivíduos que antes viviam confortavelmente. A relevância disso surge porque a experiência passada — ou o que entendemos por ela — é o pilar das crenças acerca das políticas e instituições que defendemos no presente. O que consideramos ter sido seus efeitos no passado molda nossas visões sobre a aprovação ou desaprovação de diferentes instituições. Conforme argumenta Hayek, os mitos históricos têm, provavelmente, desempenhado um papel tão importante na formação de opiniões quanto os fatos históricos. A busca honesta pelos fatos históricos, separando-os dos mitos propagados, se torna um objetivo indispensável para quem deseja a verdade.

Logo de início, nos deparamos com a questão delicada sobre quais perguntas merecem ser feitas, já que o julgamento de valor individual influencia até nesse ponto. Aquele que ignora esse desafio de interpretação sob a luz de valores pessoais irá provavelmente se iludir, tornando-se vítima de seus próprios preconceitos inconscientes. Quem acredita ser possível reunir diversos fatos passados e então traçar conexões causais dos complexos eventos sociais sem o uso de uma teoria prévia, está fadado ao curso da ilusão. Explicações "óbvias", como lembra Hayek, frequentemente não passam de superstições aceitas, que não recebem a devida reflexão. A imagem de que o surgimento do capitalismo, como sistema descrito pelos socialistas, se deveu à exploração de uma classe de proletários, pode ser visto como um bom exemplo disso. Um exame mais cuidadoso dos fatos refuta facilmente essa crença.

A aversão emocional ao capitalismo, ainda hoje tão difundida, está relacionada a essa visão de que o crescimento da riqueza por meio da ordem competitiva produziu uma redução no padrão de vida dos mais fracos da sociedade. Será mesmo verdade? O fato é que a vida sempre foi dura para a maioria, e antes do advento do capitalismo, nem mesmo havia a esperança de melhoria. A população ficara estagnada por muitos séculos, até começar a aumentar vertiginosamente. O proletariado que o capitalismo é acusado de ter "criado" não era uma proporção da população que teria existido sem esse sistema e que foi degradado por ele; era um adicional populacional que pôde crescer justamente pelas inúmeras oportunidades de empregos que o capitalismo possibilitou. É evidente que os motivos não foram altruístas, como ainda hoje não o são. Ainda assim, era um momento único na história no qual um grupo de pessoas considerava de seu próprio interesse usar seus lucros de forma a fornecer novos instrumentos de produção a serem operados por aqueles que, sem eles, não poderiam produzir a própria subsistência.

O capitalismo trouxe consigo, portanto, enorme avanço material. O que um operário pode desfrutar de conforto material hoje era algo inimaginável até para nobres no passado. Esse aumento na riqueza despertou a demanda por novas aspirações antes impossíveis de se imaginar. Aquilo que por séculos foi visto como um estado natural e inevitável passava a ser encarado como incongruente com as novas oportunidades oferecidas. Obviamente, a vida dos novos operários não era nada fácil. Ninguém ousaria negar esse fato. O ponto é que poucos se questionam sinceramente como era a vida *antes* da Revolução Industrial. Como viviam de fato os camponeses? Ainda que as várias horas trabalhadas nas fábricas fossem degradantes — especialmente da perspectiva do conforto do progresso atual — a verdade é que a migração era vista como vantajosa para aqueles que abandonavam o campo ou países sem o capitalismo. Entre trabalhar várias horas e morrer de inanição, não resta muita dúvida sobre qual a escolha preferível. Não parece honesto comparar uma realidade dura com uma alternativa inexistente e fantasiosa. Muitos repudiam o fato de mulheres e até crianças terem ido trabalhar nas fábricas, mas ignoram que se tratava de um ato voluntário, pois a alternativa era ainda pior. O capitalismo veio para salvar esses miseráveis, não para explorá-los. Não fosse o progresso da industrialização, muitos dos que puderam condenar os abusos depois sequer estariam vivos.

A história dos Estados Unidos corrobora essa análise. A nação já foi praticamente toda ela agrícola, e hoje uma minúscula parcela da população trabalha no meio rural. A migração para as indústrias e, depois, para o setor de serviços, foi natural, ou seja, voluntária. A maior produtividade do trabalho nas indústrias permitiu maiores salários para os operários, que desejavam migrar do campo para as cidades. O mesmo pode ser observado hoje na revolução industrial que a China vive. Milhões de camponeses tentam abandonar os campos para trabalhar horas e horas nas indústrias, por salários que, do ponto de vista ocidental, parecem uma exploração, mas que para esses chineses significa um salto considerável frente à realidade atual, herança socialista. Os chineses que trabalham nas indústrias recebem, em média, até três vezes mais que os trabalhadores rurais. As multinacionais que instalam fábricas na China e que são acusadas de exploradoras costumam oferecer remunerações ainda melhores.

Os salários dependem, evidentemente, da produtividade do trabalho. Não se melhora a condição de vida dos trabalhadores por decretos estatais. Se assim fosse, não haveria mais miséria no mundo. De fato, há mais miséria justamente onde essa mentalidade — de que cabe ao governo decretar as conquistas trabalhistas — predomina. Os ganhos dos trabalhadores dependem de sua produtividade, e esta depende do grau de liberdade econômica do país e do acúmulo de capital. O capitalismo, com sua revolução na indústria e suas constantes inovações tecnológicas, atua como aliado dos trabalhadores. Máquinas não são inimigas do emprego, como pensavam os ludistas. Ao menos é o que mostra a lógica econômica, sustentada pelos fatos históricos. Resta decidir se os fatos são mais importantes, ou se são os mitos históricos, que pintam o capitalismo como algoz dos trabalhadores. A verdade ou a superstição: façam suas escolhas.

A arrogância fatal

A maior parte das vantagens da vida social, especialmente em suas formas mais avançadas que chamamos 'civilização', depende do fato de que o indivíduo se beneficia de maior conhecimento do que ele está ciente.
(FRIEDRICH VON HAYEK)

Friedrich Hayek escreveu um livro em que expõe aquele que seria o erro fatal do socialismo, seu maior equívoco intelectual. Em *Erros fatais do socialismo*, Hayek mostra que a arrogante ideia de que os homens podem moldar o mundo de acordo com suas vontades levou a experimentos sociais catastróficos. O economista austríaco sustenta que nossa civilização depende de uma extensa ordem de cooperação humana voluntária para seu avanço ou mesmo preservação. Abandonar essa ordem de mercado para adotar a moral socialista seria destruir a civilização e empobrecer a humanidade. Por trás dessa postura, estaria aquilo que Hayek chamou de "pretensão do conhecimento".

Hayek é um defensor da razão, e por isso entende que mesmo a razão humana tem seus limites. Por meio da nossa própria razão, podemos entender que a ordem gerada sem um *design* arquitetado pode superar e muito os planos elaborados conscientemente pelos homens. O socialismo, com a ideia de planejamento central, parte da ingênua visão de que a "racionalidade" humana pode desenhar a sociedade "perfeita", aquilo que Hayek chamou de "racionalismo construtivista". O ponto de partida de Hayek é o *insight* do filósofo David Hume, de que as regras da moralidade não são conclusões da nossa razão. Para Hayek, há um processo evolutivo da moralidade, e ela não seria nem instintiva, nem criação da razão, mas algo *entre* ambos. Em nome da razão, os socialistas acabam a destruindo!

Adam Smith já teria percebido que a ordem de cooperação humana havia excedido os limites de nosso conhecimento, ao usar a metáfora da "mão invisível" para descrever esse padrão indeterminado. O conhecimento humano é disperso, e todos nós utilizamos os serviços de pessoas que não conhecemos, ou de cuja existência nem mesmo sabemos. A ordem extensa de cooperação é impessoal nesse sentido, e graças a ela podemos desfrutar de muito mais conforto do que na organização tribal. Se fosse preciso depender do altruísmo, as trocas seriam bem mais limitadas, e a pobreza geral seria o resultado. Muito daquilo que o homem faz de positivo nessa ordem extensa não depende de ele ser naturalmente bom e objetivar tais resultados. São consequências involuntárias de seus atos individualistas, que geram externalidades positivas.

A gradual substituição das respostas inatas pelas regras aprendidas foi distinguindo o homem de outros animais, mas a propensão à ação instintiva de massa foi mantida como uma das características humanas. Os limites a essas respostas inatas, que são culturalmente determinados, foram a mudança decisiva do animal para o homem, segundo Hayek. A capacidade de aprender uns com os outros por imitação foi fundamental. A competição foi crucial para o processo de novas descobertas. A evolução se deu por meio de um processo de tentativa e erro, por experimentações constantes nas mais variadas áreas. Logo, por essa visão de evolução cultural defendida por Hayek, foram as regras bem-sucedidas que nos selecionaram, e não o contrário.

Quem deseja derrubar as regras é que tem o ônus da prova de mostrar os benefícios das reformas. Hume já dizia que "todos os planos de governo que implicam uma grande reforma dos costumes da sociedade são totalmente imaginários". Os "engenheiros sociais" aprenderam da pior maneira que não é possível brincar impunemente com a ordem espontânea vigente. Podemos pensar não apenas nas desgraças comunistas, mas na fracassada tentativa de se adotar uma linguagem "racionalmente" superior. O esperanto foi uma construção dessa natureza, como se uma nova língua pudesse ser criada de repente, por algumas mentes brilhantes, e substituir eficientemente as línguas criadas e adotadas espontaneamente ao longo de séculos.

Sobre as instituições não planejadas, a linguagem é sempre o melhor exemplo. Como explica Ricardo Feijó em seu livro sobre a Escola Austríaca:

> É claro que Shakespeare, Cervantes e Camões escreveram numa época em que suas respectivas línguas ainda não haviam alcançado o pleno desenvolvimento gramatical, e em suas obras contribuíram intencionalmente para a fixação de normas da linguagem culta. Muitos outros indivíduos também contribuíram com um ou poucos tijolos isolados na construção do edifício monumental da linguagem; não poderiam conhecer entretanto o alcance de suas propostas e nem se elas seriam aceitas pelos demais.

A construção de instituições orgânicas surge de diversas ações, e como nem todas elas e seus futuros efeitos combinados podem ser conhecidos, há um elemento de espontaneidade no processo de fixação das instituições.

A evolução cultural é um processo de contínua adaptação a eventos não previstos. Essa é uma das razões pelas quais não podemos racionalmente prever e controlar o futuro. Pensadores como Marx e Comte, que assumiram ser possível descobrir as leis da evolução e prever os desenvolvimentos futuros inevitáveis, estavam simplesmente errados. Como lembra Hayek, não só toda a evolução depende da competição; a competição contínua é necessária até mesmo para preservar as conquistas existentes. Para essa competição exercer seu papel, o direito de propriedade privada e a liberdade de trocas são fundamentais. Historicamente, quando o governo tentou controlar esse processo espontâneo, criou inúmeras barreiras a ele, prejudicando seu povo.

Para aqueles que entendem uma ordem apenas como o produto de um arranjo deliberado, pode parecer absurdo que a descentralização das decisões possa gerar uma ordem mais eficiente. Mas é justamente o que acontece. Essa descentralização leva ao melhor uso da informação, que é dispersa. Eis a principal razão, de acordo com Hayek, para rejeitarmos as premissas do racionalismo construtivista, que pretende desenhar uma nova ordem de cima para baixo.

Em *Economia e liberdade*, o economista Ubiratan Iorio resumiu bem a ideia de Hayek:

> Devemos entender a evolução social como um processo de tentativas e erros dos milhões de seres humanos que compõem a sociedade, a imensa maioria dos quais não se conhecem uns aos outros, mas que, mediante uma série de ações, voluntárias mas não planejadas, de aproximações graduais e sucessivas, evolui ao longo do tempo, em um ambiente necessariamente marcado por um conhecimento humano que, além de escasso, encontra-se fragmentado e disperso, o que faz necessariamente com que toda ação humana seja efetuada sob condições dinâmicas (o tempo não espera por nossas decisões) e de incerteza.

O livre mercado é o único meio conhecido para permitir que os indivíduos julguem vantagens comparativas de usos diferentes dos recursos escassos, e o mecanismo de preços livres é crucial para isso. A preocupação com o lucro é apenas o que torna possível a utilização mais eficiente dos recursos. O desprezo pelo lucro é fruto da ignorância. Nenhuma autoridade pode agregar esse conhecimento disperso. As tentativas de intervenção nessa ordem espontânea raramente resultam em algo próximo daquilo que os interventores desejavam. Isso ocorre porque há muito mais informação no "mercado" do que aquela disponível para esses interventores.

A extensa ordem espontânea que chamamos capitalismo de livre mercado não pode ser substituída sem nefastas consequências por um planejamento centralizado, por uma construção "racional" de cima para baixo. Aqueles que assim desejam estão sendo vítimas do que Hayek chamou de "a arrogância fatal". Infelizmente, essa arrogância é mesmo fatal para milhões de cobaias de tais experimentos "científicos". Como antídoto, devemos usar a própria razão humana para compreender seus limites e, portanto, adotar uma postura bem mais humilde diante dessa imensa ordem de cooperação espontânea que é o livre mercado.

O abuso da razão

> *O futuro está em aberto; não é predeterminado e,*
> *deste modo, não pode ser previsto — a não ser por acidente.*
> *As possibilidades contidas no futuro são infinitas.*
> (KARL POPPER)

As duas principais forças intelectuais que transformaram o pensamento social durante o século XVIII — o socialismo moderno e o positivismo moderno — tiveram origem em Paris, tiveram como entusiastas cientistas e engenheiros influenciados pelo sucesso nos avanços da ciência. A exportação dos métodos da ciência natural para as ciências sociais produziria aquilo que Hayek chamou de "cienticismo". Em *The Counter-Revolution of Science* [A contrarrevolução da ciência], Hayek disseca os problemas dessa postura, ao mostrar como a arrogância racionalista acabou levando muitos pensadores, paradoxalmente, a uma crença irracional.

Quando o cientista alega estudar fatos objetivos, o que quer dizer com isso é que ele tenta estudar coisas, independentemente do que os homens pensam ou fazem sobre elas. Por outro lado, as ciências sociais ou morais estão preocupadas com as ações conscientes dos homens, ações que podem ser escolhidas pelos próprios homens. Dessa forma, o que cada um pensa sobre essas coisas passa a ser de crucial importância para as ciências sociais. Na falta de termos melhores, pode-se dizer que o método da ciência natural é "objetivo", enquanto nas ciências sociais ele é "subjetivo". Podemos compreender a ação humana porque partimos de uma introspecção, e assumimos que estamos lidando com uma característica comum a todos: a mente humana.

A teoria econômica, por exemplo, não tem nada a dizer sobre os discos de metal que uma visão objetiva ou materialista procura definir como dinheiro. O que importa é o significado que as pessoas atribuem a esses discos, que podem ser entendidos somente por suas ações. Apenas o que as pessoas conhecem ou acreditam pode representar um motivo para sua ação consciente. Enquanto as coisas no mundo externo não se comportam de forma diferente devido ao que pensamos delas, o comportamento humano depende claramente do que cada um pensa sobre ele. Muita confusão surge justamente quando os métodos das ciências natural e social são misturados. Nesse caso, o cientista social começa a tratar a subjetividade dos indivíduos como um dado objetivo, que pode ser observado de fora, permitindo a descoberta de "leis de comportamento", tais como as leis naturais. Um exemplo disso é o behaviorismo.

Hayek chama a atenção para o coletivismo metodológico desses pensadores, ou seja, a tendência de tratar coletivos — sociedade, classe ou nação — como se fossem objetos dados pela natureza, e que podemos descobrir leis pela observação de seu comportamento enquanto coletivos. Esses pensadores tratam o fenômeno social não como algo do qual a mente humana faz parte, cuja organização pode ser reconstruída pelas partes familiares, mas como se fossem objetos diretamente percebidos enquanto coletivos. Bastaria o cientista social observar a "nação" para compreender as leis que guiam seu comportamento; eles, porém, ignoram que nação é apenas uma abstração de nossa mente, um constructo para definir e agrupar partes individuais com características similares. Essa postura erra ao tratar como fatos objetivos aquilo que não passa de modelos construídos pela mente humana para explicar a conexão entre algum fenômeno individual que observamos; no caso, a nacionalidade dos indivíduos.

Nação e classe não existem como dados da natureza, assim como pedras ou montanhas; são agrupamentos artificiais organizados para tentar explicar as relações individuais. Quando atribuímos características de personalidade a coletivos como sociedade ou nação, incorremos no risco de inverter as coisas, analisando o coletivo como se fosse um ente concreto. Esse conceito antropomórfico de coletivos mentais acarreta efeitos perversos nas ciências sociais. O esforço de tratar o fenômeno social como um todo observável pode ser entendido pelo desejo de obter uma visão distante na esperança de que certas regularidades irão surgir, enquanto permanecem obscuras num olhar mais próximo das partes. Seria a tentativa de enxergar a floresta com suas "leis", ignorando as árvores. Essa "visão macroscópica" pode impedir a visão real das partes existentes. Na maioria das vezes, essa crença de que é possível enxergar o todo com critérios objetivos não se sustenta.

A aplicação desse coletivismo metodológico no estudo da história traz inúmeras complicações, e produz o que ficou conhecido como "historicismo". Analisar fatos históricos sempre irá depender de quais perguntas desejamos responder. Um mesmo fato ou época podem representar análises as mais diversas, a depender do que se pretende estudar. Tratar os fatos complexos que a história estuda como dados naturais, leva à crença ingênua de que sua observação pode revelar "leis históricas" do desenvolvimento desses coletivos. Disso decorre a tentativa de criar uma teoria da história, ou filosofia da história, que estabelece fases necessárias ao desenvolvimento histórico. Os autores dessas pseudoteorias da história acreditam ser capazes de chegar por um atalho mental direto nas "leis" de sucessão dos fatos. Os mais conhecidos expoentes dessa filosofia da história foram Hegel, Comte e Marx.

Esse "historicismo" é contraditório, pois se a mente humana fosse variável e determinada pela época histórica, nós não teríamos como compreender diretamente o que as pessoas de outros tempos queriam dizer, e a história seria inacessível. A mente da qual podemos falar de forma compreensível deve ser uma mente como a nossa. Um observador de Marte não poderia compreender as ações humanas pela simples observação, se ele não fosse capaz de reconstruir nossas ações com base numa mente semelhante à nossa. Caso contrário, seria como observar os atos de um formigueiro, sem nenhuma chance de capturar de maneira inteligível os motivos de cada ato. Quando não podemos mais reconhecer categorias de pensamento similares àquelas que pensamos, a história deixa de ser uma história humana.

Essas atitudes coletivistas costumam resultar de uma incapacidade de compreender como ações individuais independentes de muitos homens podem produzir coletivos coerentes, estruturas persistentes de relações que possuem importantes funções sem que tenham sido designadas a esse propósito. Os pensadores coletivistas tratam todas as estruturas sociais como o resultado de um *design* deliberado, como invenções conscientes dos seres humanos. Um bom exemplo é a língua de um povo. Até o século XVIII, pensava-se que a língua tinha sido "inventada", no sentido de ter sido criada deliberadamente por alguns com esse fim. Aceitar que coisas tão úteis como a língua possam ser fruto de uma ordem espontânea exige reflexão e também muita humildade.

Em vez de "instituições", Hayek prefere usar o termo "formações" para descrever essas organizações que surgiram sem uma intenção deliberada. Tais como as formações rochosas, que foram sendo moldadas ao longo dos séculos, a língua, a moeda, a moral, a família e demais organizações apareceram por meio de ações de diferentes indivíduos ao longo do tempo, sem que cada um deles tivesse noção exata do que estava ajudando a construir. Mas, da crença de que nada útil aos homens pode ter surgido sem sua consciência, muitos saltam para a crença de que, como todas as instituições foram criadas pelos homens, cabe a eles remodelar da forma que desejarem tais instituições. Eis o ponto em que o *non sequitur* representa enorme perigo, pois, como Hayek lembra, não só essas instituições *foram* criadas muitas vezes sem a consciência humana, como elas também são preservadas porque seu funcionamento depende de ações de pessoas que não são guiadas pelo desejo de mantê-las existindo.

Na prática, o coletivista demanda que todas as forças da sociedade sejam colocadas sob o controle de uma única "supermente", enquanto o individualista reconhece os limites dos poderes da razão individual, e consequentemente prega a liberdade como meio para o máximo desenvolvimento possível pelo processo entre diferentes indivíduos. De um lado, temos a humildade do individualismo, que reconhece os limites da razão individual na construção e progresso da civilização; do outro, temos a arrogância do coletivismo, que mira no controle consciente de todas as forças da sociedade. Esse abuso da razão acaba produzindo uma ideologia totalmente irracional, que deposita num indivíduo ou pequeno grupo de indivíduos o poder de moldar e direcionar toda uma sociedade de cima para baixo. Hayek chamou esse abuso da razão de "intelectualismo", um racionalismo que falha em sua mais importante função: reconhecer os limites do que a consciência individual pode alcançar.

A desigualdade social

Quando as palavras perdem seu significado, as pessoas perdem sua liberdade.
(CONFÚCIO)

O conhecimento humano e a ação humana são fenômenos conceituais. Para a formação de conceitos, o uso da linguagem é indispensável. Ela é a ferramenta que viabiliza a integração dos conceitos. Conforme escreveu Ayn Rand, "a linguagem é um código de símbolos visuais e auditivos que serve à função de converter conceitos no equivalente mental de concretos". As palavras são essenciais para o processo de conceitualização e, portanto, para todo pensamento. Isso é verdade para alguém isolado numa ilha ou para a sociedade. Logo, aqueles que desejam inviabilizar o pensamento independente costumam escolher como alvo principal justamente os conceitos das palavras.

Em *1984*, George Orwell tratou do assunto por meio do conceito de *duplipensar*, definido pelo autor como "a capacidade de guardar simultaneamente na cabeça duas crenças contraditórias e aceitá-las ambas". O mundo labiríntico do *duplipensar* consistia em usar a lógica contra a lógica, repudiar a moralidade em nome da moralidade, e aplicar o próprio processo ao processo. "Esta era a sutileza derradeira: induzir conscientemente a inconsciência e então tornar-se inconsciente do ato de hipnose que se acabava de realizar." Ou seja, o objetivo era a destruição dos conceitos bem definidos, fundamentais para o pensamento humano. Guerra passava a significar paz, ditadura se tornava democracia, e social queria dizer antissocial. Este último termo é o foco deste tópico do livro, pois o conceito da palavra "social" passou a ser tão vago, tão abstrato, tão flexível, que perdeu totalmente seu sentido objetivo. "Social" passou a ser uma palavra mágica, que associada a outra palavra qualquer, cria uma expressão que implica uma finalidade à qual quaisquer meios são justificáveis.

Para Hayek, o adjetivo "social" tornou-se provavelmente a expressão mais confusa em todo nosso vocabulário moral e político. A extraordinária variedade dos usos da palavra serve apenas para confundir, não elucidar. O próprio Hayek fez um levantamento e encontrou nada menos que 160 termos associados ao adjetivo "social". Na maioria dos casos, o termo "social" anexado servia na prática para negar o sentido da palavra. Como exemplo, podemos pensar em justiça, e questionar o sentido de "justiça social", que quase sempre representa a aniquilação da própria justiça. Ou ainda os "movimentos sociais", que em alguns casos são formados por invasores revolucionários que pretendem destruir a sociedade livre.

O uso do adjetivo "social" serve para insinuar que os resultados dos processos espontâneos do livre mercado foram, na verdade, fruto de uma criação humana deliberada. Em segundo lugar, e como consequência disso, serve para instigar os homens a redesenhar aquilo que nunca foi desenhado por eles. Por fim, serve para esvaziar o sentido dos termos associados a esse adjetivo vago. O exemplo já citado de "justiça social" é perfeito para ilustrar. A demanda que surge com o uso do adjetivo "social" ao lado de justiça é adotar uma "justiça distributiva", que é irreconciliável com a ordem competitiva de mercado, causa do crescimento da riqueza e da própria população. O que essas pessoas chamam de "social" representa o maior obstáculo à própria manutenção da sociedade. Social aqui passa a significar antissocial.

Se retirarmos o véu que cobre os motivadores reais por trás do adjetivo "social", fica evidente que essas pessoas falam em desigualdade *material* apenas, nada mais. Estão condenando o fato de que alguns indivíduos conseguiram recompensas *monetárias* acima dos outros. Em suma, olham somente para a conta bancária, como se nada mais existisse na vida. Eles sabem que se usarem o termo verdadeiro, perderão a pose de nobreza que vem como resultado do uso do adjetivo "social". Ora, desiguais os seres humanos já são ao nascer! A genética é diferente, as paixões e os interesses, a educação em casa, os anseios e as metas, a inteligência e o esforço, a sorte. É simplesmente impossível atribuir peso para cada um desses itens, e é o resultado dessas características na livre interação dos indivíduos que vai determinar as recompensas financeiras.

Isso não quer dizer valor, no sentido de estima, que é subjetivo. Um médico pode ser mais respeitado como indivíduo que um jogador de futebol, ainda que o último tenha uma conta bancária maior. Aqueles que pensam que justiça seria tirar na marra o dinheiro do jogador para dar ao médico assinam um atestado de materialistas, que só enxergam dinheiro a sua frente. Como acreditava Benjamin Franklin, quem diz que com dinheiro tudo se alcança é suspeito de fazer qualquer coisa por dinheiro. O caráter e a felicidade das pessoas não podem ser medidos pelo bolso. No entanto, parece ser exatamente isso que os igualitários defensores da "justiça social" supõem. Eles apontam a desigualdade material e clamam por "justiça social", ou seja, saldos bancários similares.

O esforço não é garantia de sucesso no livre mercado competitivo. Aqueles que tentaram e não conseguiram a mesma recompensa que o vizinho podem ser alimentados pela inveja. Ainda que compreensível, tal sentimento é destrutivo, e trabalha contra o interesse da sociedade e dos indivíduos. Somente quando o processo de mercado determina a recompensa financeira há um funcionamento eficiente da economia, permitindo maior criação de riqueza e conforto material para todos. Aqueles que, guiados por instintos primitivos, fingem defender a liberdade enquanto condenam a propriedade privada, os livres contratos, a competição, o lucro e até mesmo o próprio dinheiro, representam uma ameaça para a civilização. Eles acham que são movidos pela razão, e que podem definir de cima para baixo como arranjar os esforços humanos da melhor forma para atender seus desejos, mas estão profundamente enganados.

Na realidade, eles usam e abusam do adjetivo "social", mas apenas deixam uma paixão antissocial falar mais alto: a inveja. Eis o que está por trás da máscara da maioria dos combatentes das "desigualdades sociais". Afinal, o foco de quem realmente se preocupa com os mais pobres deveria ser a pobreza em si, não as desigualdades, já que riqueza não é um bolo fixo. Um indivíduo fica rico no livre mercado somente criando valor para os demais. Michael Dell não teve que tornar ninguém mais pobre para ficar bilionário. Muito pelo contrário: ele ficou rico enquanto criava riqueza para os seus consumidores. A criação de riqueza, portanto, depende das tais "desigualdades sociais".

Quem pretende acabar com as desigualdades mira apenas na relação entre ricos e pobres, e ignora que os pobres melhoram de vida se os indivíduos puderem ficar ricos. Se antes o meu transporte era uma carroça, e agora posso andar de carro, não importa se meu vizinho tem uma Ferrari. Minha qualidade de vida melhorou, meu conforto é maior, graças ao capitalismo. Focar apenas nas desigualdades materiais, ainda por cima disfarçando isso com o uso inadequado da palavra mágica "social", é um atentado contra a civilização, principalmente contra os mais pobres. Vamos atacar a miséria em si, e isso se faz com o capitalismo de livre mercado. Mas deixemos as desigualdades "sociais" — leia-se materiais — em paz. Elas são fundamentais para preservar a ordem espontânea que reduz a miséria.

O problema econômico

Segundo Marx, para acabar com os males do mundo, bastava distribuir; foi fatal; os socialistas nunca mais entenderam a escassez.
(ROBERTO CAMPOS)

Qual a essência do problema econômico? Por que devemos entender de economia? Friedrich Hayek explicou em seu livro *Individualism and Economic Order* [Individualismo e ordem econômica], publicado em 1948, que o problema econômico surge assim que propósitos diferentes competem pelos recursos disponíveis. Os custos devem ser levados em consideração, e custos significam nada além das vantagens que seriam derivadas do uso de determinados recursos em outras direções, ou seja, o "custo de oportunidade". Tudo isso é evidente, mas é incrível como tanta gente ignora essa lição básica sobre economia.

O precursor da Escola Austríaca, Carl Menger, explicou em seu livro *Princípios de Economia Política*, que "os bens cuja oferta é maior que a demanda não constituem objeto da economia humana, e por isso os denominamos bens *não econômicos*". Quando se trata desses tipos de bens, os homens praticam o "comunismo". Menger explica: "Nas aldeias banhadas por rios que fornecem mais água do que a necessária para o atendimento das necessidades dos moradores, cada indivíduo vai ao rio e tira tanta água quanto quiser; nas selvas, cada um apanha sem cerimônia tanta lenha quanto precisar; da mesma forma, cada um deixa entrar em sua casa tanto ar e tanta luz quanto quiser." Em outras palavras, o problema econômico está ausente quando há total abundância de determinado recurso. Ele surge apenas quando temos escassez de recursos, isto é, recursos finitos. E sempre que esse for o caso, válido para a imensa maioria de recursos naturais disponíveis, o cálculo econômico é necessário.

Hayek defende, então, que esse cálculo econômico para o uso racional dos recursos disponíveis não é viável em uma economia com planejamento central — ou seja, socialista. As informações e o conhecimento existentes na sociedade estão dispersos entre os milhões de indivíduos. Como todo esse saber será utilizado é uma questão fundamental para a eficiência do sistema econômico. O conhecimento de circunstâncias particulares de tempo e lugar jamais poderia existir num ente agregado qualquer. O arbitrador que ganha com essas assimetrias de conhecimento, por intermédio dos preços diferentes praticados, exerce uma função essencial para o funcionamento econômico. A ideia de que a assimetria de informações impede a livre concorrência é totalmente falsa, já que nem mesmo faria sentido falar em concorrência real caso houvesse perfeita simetria de conhecimento. Os problemas econômicos, afinal, surgem sempre como consequência de mudanças. Se todos soubessem de tudo, nenhum plano individual seria necessário para corrigir decisões erradas anteriores.

O fluxo contínuo de bens e serviços é mantido por ajustes constantes feitos diariamente de acordo com circunstâncias desconhecidas no dia anterior. Um planejamento central com base em estatísticas jamais poderia substituir esses ajustes realizados com base no conhecimento disperso e assimétrico dos indivíduos. A descentralização é crucial para garantir o uso adequado desse conhecimento. A questão da comunicação desse conhecimento disperso é resolvida por meio dos preços livres, que informam cada agente sobre a oferta e demanda dos diferentes recursos disponíveis. O empresário não tem necessidade de conhecer tudo sobre vários setores para entender que o preço de um insumo essencial para seu negócio está subindo, alertando que há mais demanda para esse bem particular. Ele fará então os ajustes com base nessa informação, que já é resultado da interação dos milhões de agentes do mercado.

Eis como o mecanismo de preços soluciona o problema da informação pulverizada na sociedade. O fato de essa solução não ser uma construção deliberada da mente humana, mas sim uma evolução natural sem um *design* humano, incomoda aqueles que tratam economia como uma ciência natural. Mas essas pessoas ignoram que a beleza do mecanismo está justamente em não depender de uma mente brilhante que controle todas as decisões. A divisão de trabalho, crucial para o progresso de nossa civilização, é possível justamente por conta desse método de preços livres. Os avanços nas ciências naturais levaram muitos economistas a uma postura arrogante acerca do problema econômico. Como é possível obter certas leis físicas a partir da observação empírica de fenômenos naturais, então se concluiu que era possível fazer o mesmo nas ciências sociais complexas, como a economia. Os positivistas passaram a acreditar que era possível impor de cima para baixo as decisões de alocação dos recursos disponíveis, sem dar a devida atenção ao mecanismo que torna viável e eficiente essa alocação.

Aquilo que torna possível uma alocação eficiente dos recursos é a competição, um processo dinâmico na busca pela satisfação dos desejos e demandas dos consumidores. Tais desejos não podem ser tratados como dados disponíveis e estáticos, pois dependem do valor subjetivo de cada indivíduo, e que também estão sempre em mutação. A função da competição é nos ensinar quem pode nos servir melhor, e essa resposta nunca é fixa. O problema econômico é o problema de fazer o melhor uso dos recursos que temos, e não faz sentido falar numa situação hipotética em que um "mercado perfeito" existiria. O problema é fazer o melhor uso por intermédio das pessoas existentes, com seu conhecimento limitado e específico. Somente uma competição dinâmica com preços livres permite os ajustes necessários para uma tendência rumo ao equilíbrio. Um erro dos economistas clássicos foi partir de um equilíbrio hipotético, como se os dados fossem conhecidos, e tudo não passasse de um problema de cálculo racional *ex post facto*, com os custos dados. E foi justamente esse lado falho dos clássicos que Marx utilizou em suas teorias.

Os argumentos de Hayek mostram a impossibilidade do cálculo racional sob o sistema socialista de planejamento central. Não é do interesse particular do livro *Os fundamentos da liberdade* atacar os fins pregados pelo socialismo, mas apenas mostrar que os meios defendidos não atendem de forma alguma a esses fins. Como Mises já havia demonstrado antes mesmo de Hayek, o uso econômico dos recursos disponíveis é possível somente se o mecanismo de preços for respeitado não apenas para os bens finais, como para todos os intermediários também. Os fatores de produção vão competir para diferentes fins, e somente os preços livres podem informar qual o melhor uso de tais fatores, de acordo com as demandas mais urgentes dos consumidores.

Se o preço do milho começa a disparar no livre mercado, isso informa aos produtores que o referido insumo está sendo demandado com mais urgência em indústrias competitivas, como a manufatura de etanol, por exemplo. Somente assim os produtores podem saber que é preciso aumentar sua fabricação e oferecer mais alimentos. Caso contrário, com medidas intervencionistas do governo que impeçam a livre formação de preço, essa preciosa informação não chegará aos produtores, e o resultado será a escassez de milho no mercado. Como esse caso, existem milhares de outros exemplos que podemos citar para mostrar como o mecanismo de preços em toda a cadeia produtiva é crucial para o funcionamento eficiente da economia.

Quando uma autoridade central determina o uso dos recursos, sem levar em conta os preços de mercado, não fica evidente o custo dessa alocação ineficiente, precisamente porque se trata de um custo de oportunidade — isto é, como esse recurso poderia estar sendo mais bem utilizado em outro lugar. Bastiat chamou a atenção para o fato de essa miopia, sobre aquilo que não se vê de imediato, ser a grande aliada dos governos, que geram alocações ineficientes, mas nem sempre visíveis no curto prazo. Como o nexo causal de longo prazo exige profundo entendimento de economia, os leigos acabam vítimas dessa miopia, ao inocentar o governo de seus constantes desperdícios de recursos escassos. Quanto custa para o pagador de imposto americano, por exemplo, ter um robô pousando em Marte? Erra quem afirma que basta verificar o orçamento da missão. Esse é apenas o somatório dos preços de mercado naquele momento para os insumos utilizados. Mas não leva em conta o custo de oportunidade, ou seja, onde esses recursos poderiam ter sido utilizados pela iniciativa privada. Como as decisões do governo não costumam levar em conta essas alternativas, até porque a missão da NASA não objetiva o lucro, fica impossível saber ao certo o seu custo verdadeiro.

As escolhas de alocação de recursos pelo governo, com critérios arbitrários que independem dos preços de mercado, e as escolhas dos consumidores não são fins compatíveis. No extremo — o socialismo com planejamento central —, os consumidores teriam que aceitar qualquer decisão proveniente dos governantes, como de fato ocorreu na União Soviética. Faltavam os produtos mais desejados nas prateleiras, enquanto o governo lançou o satélite Sputnik para impressionar os americanos. Com certeza não era do interesse dos consumidores russos tal escolha! Em Cuba existem os mesmos problemas. As demandas reais dos consumidores ficam totalmente dissociadas das decisões tomadas pelos planejadores centrais, até porque estes não têm como saber quais são as reais demandas, uma vez que o mecanismo de informação foi eliminado. Ou seja, mesmo se admitindo que os planejadores fossem pessoas inteligentes e bem-intencionadas, ainda assim o mecanismo de planejamento central seria catastrófico. Ao adotar a premissa mais realista de que o poder corrompe e que os governantes são egoístas e limitados intelectualmente, o resultado é ainda pior.

A frase de Roberto Campos mencionada antes chega ao cerne da questão: os socialistas simplesmente ignoram o conceito de escassez, absolutamente indispensável para se falar em economia. O mesmo Campos, ao afirmar que os marxistas partem de uma crença num estado natural de abundância, conclui que nada mais simples para eles, portanto, do que pregar a economia de Robin Hood: tirar dos ricos para dar aos pobres. E de fato vemos isso o tempo todo. Os socialistas sempre se esquecem dos recursos escassos e do que permite sua eficiente alocação, preferindo demandar mais gastos públicos o tempo todo. Todos os males serão resolvidos com mais gastos do governo.

É preciso melhorar a saúde; logo, mais governo. É preciso melhorar a educação; logo, mais governo. É preciso preservar a Amazônia; logo, mais governo. É preciso dar crédito aos pequenos empresários; logo, mais governo. É preciso garantir esmolas para os pobres; logo, mais governo. É preciso uma aposentadoria "digna" para todos; logo, mais governo. Eis uma lista infindável de demandas, como se os recursos brotassem do solo ou caíssem do céu.

Diante desse cenário, poucos param para pensar sobre o problema econômico. Para piorar, quem ousa levantar essa questão é chamado de insensível. Quem aborda a importância dos lucros e preços livres é visto como lacaio dos interesses do capital. Uma falsa dicotomia se faz presente, como se o lucro fosse inimigo dessas demandas. É o contrário: sem a busca por lucros numa economia com livre concorrência, essas demandas nunca serão atendidas de forma adequada. Mas para compreender esse fato da realidade, é preciso ter algum conhecimento sobre economia. É preciso também abandonar o romantismo e compreender a essência da questão econômica, para reconhecer qual o melhor mecanismo de uso dos recursos escassos.

PARTE 3

O objetivismo de Ayn Rand

Ayn Rand

Alissa Zinovievna Rosenbaum nasceu em 1905 em São Petersburgo, então Império Russo, mas ficou famosa como Ayn Rand após fugir para os Estados Unidos e se naturalizar americana. Tornou-se reconhecida por desenvolver sua filosofia do Objetivismo, e também por seus romances, sendo os dois mais impactantes *A nascente* e *A revolta de Atlas*. Este último, cujo título original é *Atlas Shrugged*, fez tanto sucesso que em algumas pesquisas de opinião a obra esteve atrás somente da Bíblia como livro mais influente para os americanos.

Ludwig von Mises chegou a mandar uma carta entusiasmada para a escritora. Eis um trecho:

> *Atlas Shrugged* não é simplesmente uma novela. É também (e principalmente) uma racional análise dos males que assolam nossa sociedade, uma rejeição embasada da ideologia dos "intelectuais de estilo próprio" e um desmascaramento sem pena da insinceridade das políticas adotadas pelos governantes e políticos. É uma exposição devastadora da "moral canibal", dos "gigolôs da ciência" e da baboseira acadêmica dos fazedores da revolução anti-industrial. Você teve a coragem de dizer para as massas o que nenhum político teve: "Você é inferior, e todas as melhoras de sua condição, aquilo que você simplesmente pressupõe como certo, você deve unicamente aos esforços de homens que são melhores do que você." Se isso é arrogância, como muitos críticos observaram, ainda assim é a verdade que tinha que ser dita nesta era de *Welfare State*.

Welfare state é o Estado de bem-estar social que promove o assistencialismo e intervencionismo.

Rand defendeu a razão como o único meio de adquirir conhecimento e rejeitou a fé e a religião. Ela apoiou o egoísmo racional e ético e rejeitou o altruísmo. Na política, ela condenou a iniciação da força como imoral e se opôs ao coletivismo e ao estatismo, bem como ao anarquismo, em vez disso apoiando o capitalismo *laissez-faire*, que definiu como o sistema baseado no reconhecimento dos direitos individuais, incluindo os direitos de propriedade. Na arte, Rand promoveu o realismo romântico. Ela criticava fortemente a maioria dos filósofos e tradições filosóficas conhecidas por ela, com exceção de Aristóteles, Tomás de Aquino e liberais clássicos.

A vida de Ayn Rand

Aos nove anos de idade, Alissa decidiu ser uma escritora; com 10 anos, tentou escrever as primeiras novelas. Em 1918, com apenas 13 anos, apaixonou-se pela obra de Victor Hugo. Nesse mesmo ano, a família fugiu para a Crimeia, por questões políticas. Em 1921, entretanto, a Crimeia seria tomada pelos bolcheviques, e Alissa precisou queimar seu diário, repleto de passagens anticomunistas. Em 1921 mesmo ela começou a se interessar pelo trabalho de Nietzsche. O autor de *Além do bem e do mal* e *Assim falou Zaratustra* teria grande influência em sua filosofia, ainda que com mudanças cruciais.

Em 1926, com 21 anos, ela deixou a União Soviética, indo para Nova York. Nessa época, adotou o nome Ayn Rand, e foi viver em Hollywood. No ano da Grande Depressão, casou-se com o escritor irlandês Frank O'Connor. Em 1931, naturalizou-se cidadã americana. Sua peça teatral, *Night of January 16th* [A noite de 16 de janeiro], escrita em 1933, foi vendida para a MGM. Completou o livro *We the Living* [Nós, os seres vivos] nesse mesmo ano. Em 1937, escreveu *Cântico* (Editora Vide, 2015), mas não achou um produtor nos Estados Unidos. Trabalhou no escritório de arquitetura de Ely Jacques Kahn, como forma de pesquisa para a novela *A Nascente*, que foi publicada em 1943. Ayn Rand vendeu os direitos para a Warner Brothers, que a transformou em filme em 1949, estrelado por Gary Cooper e Patricia Neal. Em 1957, terminou seu best-seller *A revolta de Atlas*, publicado em outubro pela Random House.

Em 1961, *For the New Intellectual* [Para o novo intelectual] é publicado; no ano seguinte, é a vez de *The Objectivist Newsletter* [O boletim informativo Objetivista], em parceria com Nathaniel Branden. Em 1964, concedeu uma entrevista à revista *Playboy*, e lançou *The Virtue of Selfishness* [A virtude do egoísmo]. Dois anos depois lançaria *Capitalism: the Unknown Ideal* [Capitalismo: o ideal desconhecido]. Em 1970 foi publicado *The Romantic Manifesto* [O manifesto romântico], e, no ano seguinte, *The New Left* [A nova esquerda]. Em 1974, a turma de graduação do West Point teve uma aula que resultaria no livro *Philosophy: Who Needs It?* [Filosofia: quem precisa dela?]. Aos 74 anos, lançou *Introduction to Objectivist Epistemology* [Introdução à epistemologia objetivista], no mesmo ano em que seu marido faleceu. Em 1982, com 77 anos, começou o planejamento para as séries de TV de *A revolta de Atlas*. Ayn Rand morreu em sua casa, no dia 6 de março desse mesmo ano.

Sua obra de maior envergadura foi, sem dúvida, *A revolta de Atlas*, a novela em que Rand dramatizou sua filosofia numa história que integra ética, metafísica, epistemologia, política, economia e sexo. Embora Ayn Rand se considerasse acima de tudo uma escritora de ficção, ela sabia que para criar seus personagens heroicos tinha antes que identificar os princípios filosóficos que fariam tais indivíduos possíveis. Sua filosofia, o Objetivismo, foi, portanto, ensinada e passada adiante por livros de não ficção.

O objetivismo

Ayn Rand chamou sua filosofia de uma filosofia "para se viver na Terra". Em sua essência está o conceito de homem como um ser heroico, com sua própria felicidade como o propósito moral de sua vida, com conquistas produtivas como sua atividade mais nobre, e com a razão como seu único absoluto.

Em 1962, Ayn Rand concedeu, em uma conferência na Random House, uma breve explicação sobre os principais pontos do Objetivismo. Em primeiro lugar, sua metafísica é a realidade objetiva. Em segundo lugar, sua epistemologia é a razão. Em terceiro, sua ética é o interesse próprio. Por fim, sua política é o capitalismo. Traduzindo isso em linguagem mais simples: a natureza deve ser obedecida para ser comandada, pois o simples desejo dos homens não torna possível esse comando; ninguém pode comer o bolo e guardá-lo ao mesmo tempo; o homem é um fim em si mesmo; "me dê liberdade ou me dê a morte".

O Objetivismo sustenta que:

1. A realidade existe como um absoluto objetivo, ou seja, fatos são fatos, independentemente dos sentimentos dos homens, de seus desejos, esperanças ou medos.
2. A razão, faculdade que identifica e integra o material provido pelos sentidos humanos, é o único meio humano de perceber a realidade, sua única fonte de conhecimento, seu único guia para a ação, seu meio básico de sobrevivência.
3. Todo homem é um fim em si mesmo, não um meio para os fins de outros. Ele deve existir para seu próprio bem e por conta própria, sem sacrificar-se pelos outros ou sacrificar os outros para seu benefício. A busca do interesse próprio racional e da própria felicidade é seu maior propósito moral na vida.
4. O sistema ideal político-econômico é o capitalismo *laissez-faire*. Trata-se de um sistema no qual os homens lidam uns com os outros, não como vítimas e algozes, nem como mestres e escravos, mas como negociantes, em trocas livres e voluntárias para benefício mútuo. É um sistema onde nenhum homem pode obter qualquer valor de outro pelo uso da força física, e nenhum homem pode iniciar o uso da força física contra os demais. O governo age apenas como um policial que protege os direitos dos homens; ele usa a força física somente para retaliação e somente contra aqueles que iniciaram o uso da força física, tal como criminosos ou invasores externos. Num sistema de capitalismo completo, deveria haver uma total separação entre o Estado e a economia, da mesma maneira e pelos mesmos motivos que foram separados o Estado e a Igreja.

Em 1964, Ayn Rand concedeu uma entrevista para a revista *Playboy*. Ela falou de forma sucinta dos principais pilares de sua filosofia. Questionada sobre o que ela pretendia atingir com sua filosofia, Ayn Rand respondeu de forma objetiva, como não poderia deixar de ser, que buscava fornecer aos homens — ou àqueles dispostos a aprender — uma visão integrada, consistente e racional da vida. O Objetivismo começa com o axioma de que a existência existe, ou seja, a realidade objetiva é independente de qualquer observador ou de suas emoções, seus medos, desejos ou suas esperanças. A razão é o único meio pelo qual o homem pode perceber a realidade, assim como seu único guia para a ação. A razão seria a faculdade que identifica e integra o material fornecido pelos sentidos humanos.

Ayn Rand rejeita com veemência a ideia do pecado original, como se os homens já nascessem carregando alguma culpa. "O conceito do pecado original nega a moralidade", diz a autora, referindo-se ao fato de que sem escolha não há julgamento moral. A moralidade, afinal, depende do livre-arbítrio do homem, e considerá-lo culpado por natureza é uma contradição em termos.

Qual seria a maior depravação do homem? Para Ayn Rand, seria a falta de um propósito na vida. A ausência de um objetivo está na raiz de inúmeras outras depravações, como o sadismo, o assassinato, a ditadura etc. Qualquer forma de mal é a consequência da evasão do homem em relação à realidade, um resultado de seu fracasso em pensar. "Um homem sem um propósito é um homem que fica à mercê de sentimentos aleatórios ou demandas não identificadas, e é capaz de qualquer mal, porque está totalmente fora do controle de sua vida." E para controlar a vida, é preciso um propósito — um propósito produtivo. Questionada pela revista se Hitler ou Stalin não seriam homens com propósitos, Ayn Rand diz que não, pois ambos acabaram literalmente como psicóticos, homens sem autoestima que, por conseguinte, detestavam toda a existência. Homens sem objetivos, mas que precisam agir para destruir os outros. Algo bem diferente de um propósito produtivo ou criativo.

Ainda sobre as emoções, Ayn Rand é enfática ao afirmar que apenas a razão é uma ferramenta de cognição e de conhecimento. Agir racionalmente significa agir de acordo com os fatos da realidade. Aquilo que sentimos não nos diz nada sobre os fatos, mas apenas sobre nossas estimativas sobre os fatos. As emoções são o resultado de nossos julgamentos sobre os valores. Agir por impulso, por desejo instintivo, é agir como um zumbi, sem o conhecimento daquilo com que se está lidando, sem saber qual o objetivo da ação, ou o que motiva a ação. Significa que o homem está agindo sob uma insanidade temporária. "Agir contra os fatos da realidade pode resultar apenas em destruição", define. As emoções devem, portanto, ficar reservadas ao seu devido lugar.

A emoção é uma resposta automática, um efeito sobre as premissas de valores do homem. Um efeito, não uma causa. Não há dicotomia entre razão e emoção para Rand, já que um homem racional tenta descobrir a fonte de suas emoções, as premissas básicas de onde elas vêm. As emoções não são inimigas, mas meios de aproveitar a vida. Só que elas não podem ser um guia, pois o guia é a mente. Caso contrário, ao tornar a mente um efeito passivo de suas emoções, o homem irá viver buscando racionalizar e justificar tais emoções de qualquer maneira, condenando-se ao fracasso.

Na opinião de Ayn Rand, o único homem capaz de sentir um verdadeiro amor é aquele movido por uma paixão pelo seu trabalho e sua obra, porque o amor é uma expressão da autoestima, dos mais profundos valores do caráter de um homem. Um indivíduo ama a pessoa que compartilha desses valores. Se um homem não tem claramente seus valores definidos, ele não é capaz de apreciar verdadeiramente outra pessoa. Como o herói de *A nascente* afirma, para dizer "eu te amo'" a pessoa precisa antes saber como falar o "eu". Conhecer a si próprio de verdade — eis o que é necessário para poder amar outro.

Quando você ama alguém, significa que esta pessoa é de grande importância pessoal para você e sua vida. Logo, o amor verdadeiro não pode ser abnegado, *selfless*, pois isso seria o mesmo que dizer que você não deriva prazer verdadeiro ou felicidade da companhia e da existência da pessoa amada, e que você é motivado apenas pelo sacrifício próprio, fruto de pena da necessidade que o outro tem de você. O amor não é autossacrifício. É pela sua própria felicidade que você precisa da pessoa que ama, e este é o maior elogio, o maior tributo que você pode prestar a essa pessoa. O amor é, nesse sentido, egoísta.

A filosofia de Ayn Rand, apesar do que alguns interpretaram, é completamente oposta ao hedonismo. O hedonismo seria a doutrina que prega que o bem é qualquer coisa que lhe dá prazer e que, portanto, o prazer é um padrão para a moralidade. O Objetivismo, por sua vez, sustenta que o bem deve ser definido por um padrão racional de valor, que o prazer não é uma primeira causa, mas apenas uma consequência, que somente o prazer que procede de um julgamento racional de valor pode ser considerado moral. Dizer que o prazer deve ser o padrão da moralidade significa dizer que quaisquer valores que você escolhe, consciente ou inconscientemente, racional ou irracionalmente, são corretos e morais. A vida será então guiada por sentimentos ao acaso, não pela mente. A filosofia de Ayn Rand é o oposto disso, pois defende que ninguém pode atingir a verdadeira felicidade desta maneira arbitrária e randômica.

Os críticos do Objetivismo o consideram maniqueísta por defender absolutos. Ayn Rand explica que para conhecermos o "caminho do meio", a região cinzenta entre o preto e o branco, antes é necessário conhecer o que é o preto e o branco. O cinza, afinal, é apenas uma mistura de ambos. E após o conhecimento do que é o bem e o que é o mal, não faz sentido algum pregar uma mistura deles, pois nada justifica a escolha de uma parte que você sabe ser ruim. Rand nega que o Objetivismo seja dogmático, pois um dogma é um sistema de crenças calcado apenas na fé, ou seja, sem justificativa racional ou contra evidências racionais. Um dogma é uma questão de fé cega. O Objetivismo é o oposto, pois diz que você não deve aceitar qualquer ideia ou convicção a menos que possa demonstrar sua veracidade por meio da razão.

A revista perguntou também sobre quais deveriam ser as funções adequadas do governo segundo a filosofia da escritora. Ayn Rand respondeu que, basicamente, existe apenas uma função adequada: a proteção dos direitos individuais. Como esses direitos podem ser violados somente pela força física, ou alguns derivados da força física, a função adequada do governo seria proteger os homens daqueles que iniciam o uso da força, dos criminosos. Numa sociedade livre, a força deve ser usada somente em retaliação e contra aqueles que iniciam seu uso. Ayn Rand não faz concessões nesse tema. Ela alega que as estradas, os correios e principalmente as escolas deveriam ser geridas pela iniciativa privada. Ela prega a separação entre o Estado e a economia. O governo deveria estar preocupado somente com as questões ligadas ao uso da força, como a polícia, as forças armadas e as cortes que decidem sobre as disputas entre os homens. Nada mais.

Ayn Rand não gostava de descrever sua posição política em termos negativos, como sendo anticomunista, antinazista etc. Ela era uma defensora do capitalismo *laissez-faire*, dos direitos individuais, da liberdade individual. Com base nesses valores é que ela se opunha a qualquer doutrina que defendesse o sacrifício do indivíduo para o coletivo, como fazem o comunismo, socialismo, fascismo, nazismo e até o *welfare state*. O interesse de Ayn Rand na política visava apenas garantir e proteger a liberdade. Quando ela chegou aos Estados Unidos após escapar da União Soviética, a única razão do seu interesse pela política era não ter mais que se interessar por política, e assim poder realizar seus objetivos pessoais sem a interferência do governo.

A primazia da existência

> *Se nada existe, não pode haver consciência: uma consciência sem ter nada do qual possa estar consciente é uma contradição em termos.*
> (AYN RAND)

A realidade existe independentemente do observador. O homem existe e possui uma consciência, que é a faculdade de perceber o que é real. A consciência é inerente à compreensão que o homem tem da existência. Ao partir desse axioma básico, Ayn Rand refere-se à "primazia da existência", um princípio que é fundamental para a metafísica do Objetivismo. Esse princípio declara que a existência vem em primeiro lugar. As coisas são o que são independentemente da compreensão que se tenha delas — percepções, imagens, ideias ou sentimentos de alguém. A consciência, em contraste, é dependente. Como explica o filósofo Leonard Peikoff, "sua função não é criar ou controlar a existência, mas ser um espectador, olhar, perceber, apreender aquilo que é".

O oposto dessa abordagem foi chamado por Ayn Rand de "primazia da consciência", o princípio que diz que a consciência é o fator metafísico primário. Desse ponto de vista, a função da consciência não é a percepção, mas sim a criação daquilo que é. Se um galho de árvore cai no meio de uma floresta inabitada e ninguém toma consciência desse fato, então, de acordo com tal "lógica", esse fato não existiu. A existência, portanto, é dependente. O mundo é visto como derivado da consciência. O homem cria o mundo.

Um bom exemplo para expor as diferenças práticas entre as duas abordagens pode ser o caso de um vulcão em erupção. O homem que começa a correr para salvar sua vida está, mesmo que implicitamente, aderindo à primazia da existência. Ele reconhece um fato — a erupção do vulcão — que independe de seus sentimentos ou do estado de sua consciência. Ele sabe que seus desejos não farão com que a realidade desapareça. Compare-se esse caso com um selvagem que fica paralisado sob as mesmas circunstâncias, proferindo palavras mágicas na vã esperança de que algo faça aquela lava descendo em sua direção sumir. Não importa quanto sua mente o engane, isso não irá alterar o resultado prático, a realidade: sua destruição.

De forma análoga, existem muitos comportamentos similares a esse, não necessariamente confinados ao mundo selvagem. São crenças que partem da premissa que a consciência tem primazia sobre a existência, do tipo: "se eu não quero algo ou não o vejo, ele não existe". Os indivíduos que supõem que a consciência controla a existência costumam viver de forma irracional, e colocam os sentimentos acima da razão e as esperanças acima da realidade. Vivem na expectativa de que seus simples desejos irão moldar sua vida, e que se ignorarem a realidade árdua, ela irá simplesmente desaparecer. Não enfrentam os fatos brutais da realidade, que servem como lição para o eterno aprendizado.

Como explica Peikoff em seu livro *Objetivismo: a filosofia de Ayn Rand*:

A existência precede a consciência, porque a consciência é a consciência de um objeto. Tampouco pode a consciência criar ou suspender as leis que governam seus objetos, porque cada entidade é alguma coisa e age de acordo. A consciência, portanto, é apenas uma faculdade de percepção.

A filosofia de Ayn Rand, segundo ela própria, era uma filosofia para a vida neste planeta. Fugir da realidade e aderir a algum misticismo é o caminho da autodestruição. Não importa a crença religiosa do indivíduo, se ele pular do alto de um prédio enorme o resultado concreto será o mesmo: irá se espatifar no chão. Nas palavras de Peikoff:

> O respeito à realidade não garante o sucesso de cada esforço; recusar-se a evadir ou reescrever os fatos não torna o indivíduo infalível ou onipotente. Mas esse respeito à realidade é condição necessária à ação bem-sucedida e garante que, se fracassarmos em algum empreendimento, não guardaremos rancor metafísico; como resultado não culparemos a existência por nosso fracasso. O pensador que aceita o absolutismo daquilo que é metafisicamente dado reconhece que é sua responsabilidade adaptar-se ao universo, e não o contrário.

Letargia mental

A qualquer hora, envolvendo qualquer problema de sua vida, você é livre para pensar ou se evadir desse esforço.
(AYN RAND)

Pensar ou não pensar, eis a questão! Ao contrário dos animais e plantas, o ser humano não sobrevive com base em reações automáticas. Sua consciência é volitiva, depende de sua vontade e esforço. O primeiro estágio da consciência é a sensação, um estado de apreensão produzido pela ação de um estímulo sobre um órgão dos sentidos. O segundo estágio é a percepção, um grupo de sensações automaticamente retidas e integradas pelo cérebro. Por fim, temos o estágio conceitual, em que os homens desenvolvem o conhecimento por meio do uso da lógica. Esse estágio é o que tanto nos distancia dos demais organismos vivos. Entretanto, não se trata de um processo automático, mas sim voluntário. O homem deve querer pensar, respeitando seu mais fiel instrumento epistemológico: a razão.

Como o ato de pensar não é um processo mecânico e as conexões da lógica não são feitas por instinto, diferente das funções do estômago, pulmões ou coração, o indivíduo depara com a escolha entre ser ou não consciente. Para tanto, o homem deve decidir sobre focar ou não sua mente. Da mesma forma que a faculdade da visão não é muito útil até estar focada, do contrário produz nada mais que um borrão, a mente também deve estar alerta. Isso exige esforço contínuo. Em um extremo, temos o indivíduo que possui a mente ativa, atenta para entender tudo com que lida, na luta para apreender os fatos com clareza, sem preguiça na busca dos dados e de denominadores comuns para o concreto observado. Tal indivíduo não permite contradições, e busca a verdade com total honestidade intelectual. No outro extremo, está o homem para quem tudo além do nível sensório-perceptual é um borrão, uma névoa. A mente se encontra entorpecida, tal como a de um bêbado pouco antes de desmaiar. Ela é passiva, errante, atordoada, vivenciando estímulos ao acaso. Esse homem se encontra num estágio de completa letargia mental.

Se a escolha individual for pela antirrazão, na crença de que o conhecimento humano ou é impossível ou cai do além, talvez de uma divindade qualquer, a pessoa será vítima de uma constante falta de foco da mente. Ela irá se sentir, cada vez mais, cega, insegura e ansiosa. Após algum tempo, o indivíduo sentirá o foco como uma tensão nada natural, fazendo com que o processo de pensamento seja relativamente tortuoso e improdutivo. Tal indivíduo ficará tentado a fugir para um estado passivo. Num grau extremo, a letargia se transforma em total evasão mental, quando o indivíduo revoga a própria consciência por vontade própria. Ele se recusa a pensar na fuga da responsabilidade de julgamento. Diferente do letárgico, que não se esforça, o evasivo se esforça para não enxergar, na esperança de que aquele fato desaparecerá, caso ele não o reconheça. Podemos dar como exemplo todos aqueles que cometeram suicídio coletivo sob o comando do reverendo Jim Jones, em 1978. O caminho inevitável, cedo ou tarde, para quem adota a evasão mental como filosofia de vida é a autodestruição. "Deixar a vida levar" costuma levar ao precipício.

O poder de escolha de um homem num processo de pensamento é manter ou não o vínculo entre sua mente e a realidade. Trata-se de uma questão de volição, quando o homem tem que escolher ser homem, um ser racional com livre-arbítrio. A alternativa é entregar-se ao acaso, sendo guiado por forças ocultas, sem a compreensão objetiva da realidade. Esse indivíduo será uma presa fácil para oportunistas de plantão, seguindo como autômato o comando de algum líder, seja o vizinho, a maioria, o papa, o presidente ou até o reverendo Jim Jones. Para evitar tal destino e assumir o controle de sua vida, o homem tem que escolher ser homem. Ele deve optar pelo foco constante de sua mente, num processo que exige esforço contínuo para o ato de pensar. Ser ou não ser, eis a questão. E para tanto, fica a pergunta: pensar ou não pensar, eis a verdadeira questão!

Os relativistas

Aquilo que você não conhece não é um custo moral contra você; mas aquilo que você se recusa a conhecer é a infâmia crescendo em sua alma.
(AYN RAND)

Os homens são seres racionais, mas é preciso lembrar que a racionalidade é uma questão de escolha. É preciso querer ser racional, já que temos consciência volitiva, dependente da nossa vontade de pensar, que não é um ato automático. Portanto, decidir buscar a razão e a lógica é o que nos torna *homo sapiens*, e não animais que reagem apenas por instinto.

O primeiro axioma lógico é que a existência existe, e se algo existe, e o percebemos, isso implica que quem o percebe possui consciência; ela é a faculdade de perceber a própria existência e aquilo que o cerca. Logo, descartamos de cara os místicos que alegam que nada existe de fato, pois a consciência de que nada existe é uma contradição. A fórmula básica que define essa existência seria A é A, dado que a existência é uma identidade, e a consciência uma identificação. Essa lógica é a arte da identificação não contraditória. Contradições não podem existir em um mundo lógico. E somente o uso da razão, a partir do pensamento, pode aprimorar nosso conhecimento lógico.

É desumano e irracional abdicar dessa ferramenta. Infelizmente, não são poucos os que abandonam o raciocínio lógico na busca honesta pela verdade. Muitos se esquivam da responsabilidade de pensar, e renunciam à necessidade de julgamento dos fatos. Consideram que é impossível conhecer certas verdades, alegam que não existem absolutos, e partem para um mundo nebuloso, onde a realidade é negada, e a lógica é solapada pela ignorância opcional. Entretanto, a realidade é objetiva, e sua negação não altera esse fato, não anula sua existência, e pode somente aniquilar o autor de tal desejo irracional. Seria como um ignorante que se joga de um penhasco desconhecendo a lógica da física, na esperança de que uma fé mística qualquer no desconhecido poderia impedir sua queda. O resultado é sua destruição no solo. Uma verdade absoluta!

Os relativistas de plantão não gostam de reconhecer fatos. Afirmam que, devido ao homem não ter certeza absoluta de nada, qualquer debate lógico é improfícuo e desnecessário. Quando confrontados por uma verdade que os incomoda, tentam fugir com a afirmação de que cada um tem sua opinião, sendo o veredicto desconhecido. Repetem que aquele que nada sabe é o mais sábio, enaltecem a ignorância, sem perceber a contradição de que precisam contar com uma suposta sabedoria para validar tal conclusão. Colocam o "sentir" acima do pensar, e esquecem, ou fingem esquecer, a incongruência de que é preciso pensar para defender isso. Pregam que o desejo é superior à razão, sem se dar conta de que os desejos são reflexos dos valores que podem e devem ser questionados pela razão. Defendem-se da ignorância na alegação de que não existem absolutos, sem perceber a contradição de que este seria um absoluto. Em resumo, partem para o relativismo quando não mais possuem argumentos concretos e lógicos para defender algo irracional.

O conhecimento dos homens é evidentemente limitado. Mas isso nem de perto é o mesmo que afirmar que nada sabemos. E não é porque ninguém é "dono" da verdade que os conhecimentos de um asno e de um sábio são equivalentes. Saímos da Idade das Trevas, um "apagão" da mente humana pela supressão do misticismo, por conta da lógica e do conhecimento objetivo de certos indivíduos. Adotar uma postura humilde de poder estar errado é fundamental, mas admitir que a verdade existe e que podemos testar as teorias objetivamente é mais importante ainda. Um inventor é alguém que não deixa nada ficar entre seus questionamentos e a verdade. Foram esses questionamentos concretos e suas respostas lógicas que nos trouxeram avanços medicinais, tecnológicos e culturais. Um avião não voa por um milagre oculto qualquer, mas pela lógica das mentes brilhantes de seres racionais. Um remédio não salva uma vida por sorte, mas pelo conhecimento humano. Tente imaginar como seria sobreviver sozinho numa caverna, e se haveria capacidade de se criar o mundo moderno dessa maneira, para ter noção do que nos distancia dos primatas: o conhecimento objetivo.

Dogmas são perigosos, pois partem de uma "certeza" baseada na fé, não na razão. Mas verdades existem e os homens têm a capacidade de conhecê-las. Como saber o que é bom ou mau? Como reconhecer algo moral ou imoral? Como definir uma mentira ou verdade? Eis as perguntas que o relativista usa, somente quando o debate em questão é contrário, pela lógica, ao seu ponto de vista irracional. Um pai estuprar um filho é imoral e errado, ele sabe. Um homem estuprar uma mulher também é imoral. Mas um pobre "estuprar" a propriedade de um rico em nome da "necessidade" pode ser considerado moral, quando tal flexibilidade o interessa. Um relativista é um mestre da máxima dois pesos e duas medidas. Atrocidades cometidas por orientais não passam de "diferenças culturais", mas as praticadas pelos ocidentais, de preferência norte-americanos, são condenáveis objetivamente. Ele não pode ter certeza de nada, mas tem certeza de que o capitalismo é maléfico ao homem. O relativista é um hipócrita.

Para não deixar a realidade aparecer e ser forçado a reconhecer um erro, o intelectualmente desonesto ignora os fatos, mas não troca a teoria. Não liga que, para sugerir o "caminho do meio", é necessário definir antes os extremos. Condena qualquer extremo como se não fizesse diferença entre ser extremamente burro ou extremamente inteligente, extremamente íntegro ou extremamente pérfido. Defende um ponto de encontro no meio, condenando claramente o bom em detrimento do ruim. O covarde que se nega a julgar, aquele que não concorda nem discorda, esquivando-se da responsabilidade de buscar a verdade objetiva, contemporiza com o mal. E quando o veneno se junta à comida saudável, é o veneno que vence. Eis a única consequência plausível do mundo dos relativistas.

A virtude do egoísmo

> *O homem deve ser o beneficiário de suas próprias ações morais.*
> (AYN RAND)

Para falarmos da virtude do egoísmo, vamos primeiro definir o que se entende aqui por egoísmo. Não abordaremos o conceito pejorativo da palavra, mas simplesmente o aspecto da preocupação com os interesses particulares de certo indivíduo. Isso vai contra o altruísmo, que declara que qualquer ação realizada para o benefício dos outros é boa e qualquer ação que vise o benefício próprio é ruim. Como a natureza não fornece ao homem uma maneira automática de sobrevivência, e ele precisa se sustentar pelo esforço próprio, uma doutrina que diz que a preocupação com os interesses particulares é ruim está dizendo também que o desejo de viver do homem é ruim. Em sua essência, esse seria o significado do altruísmo.

Os interesses particulares do homem não podem ser determinados por desejos cegos ou aleatórios, mas devem ser descobertos e alcançados por meio de princípios racionais. O egoísmo bom é o egoísmo racional. É justamente aí que entra o papel da moral e da ética. Seriam códigos de valores para guiar as escolhas e ações dos homens. A ética representa exatamente a busca de tais valores. Não devemos tomar a ética como algo dado, e sim buscar compreender suas origens e causas metafísicas. Essa busca a partir da razão contradiz a limitada visão de que "assim Deus quis" ou outras explicações místicas para a ética. Ela não nos foi revelada; deve, sim, ser descoberta pela razão humana.

Se tomarmos a vida como valor máximo, então tudo aquilo que ajuda a viver deve ser visto como positivo e tudo aquilo que ameaça a vida, negativo. Somente esse objetivo máximo de viver torna possível a existência de valores. Assim como o mecanismo de dor e prazer do corpo humano possui a função de alerta quanto à direção correta ou errada de uma ação física, a consciência do homem será a guardiã dos meios corretos para sua sobrevivência. Ao contrário das plantas, que funcionam somente através de mecanismos automáticos, o homem possui o poder da percepção, que seria a faculdade de reter sensações. Ele não possui códigos automáticos de sobrevivência, não sabe *a priori* o que é bom ou ruim para sua vida. Sua consciência é volitiva, depende de sua vontade. A capacidade de trabalhar os conceitos e conhecimentos importantes para formar esse código chama-se razão, e o processo em si chama-se pensar. Esse processo não é automático, e depende da escolha do homem.

Para o homem, o meio básico de sobrevivência é a razão. Tudo que ele deseja e precisa tem que ser aprendido, descoberto e produzido por ele, por sua escolha própria, seu esforço e sua consciência. Com a finalidade de caçar, desenvolveu armas. Para se aquecer, descobriu o fogo e depois a eletricidade. A agricultura veio para alimentá-lo. O avião foi criado para o transporte. Todos são exemplos práticos que nos distinguem de outros animais, que sobrevivem por conta de um processo mais automático, sem consciência ou razão.

O homem é livre para fazer as próprias escolhas, e essas podem ser as erradas, mas ele não está livre de suas consequências. Ele pode se esquivar da realidade, pode seguir cegamente um curso ou a estrada que quiser, mas não tem como evitar o precipício à frente que ele se recusa a enxergar. Em resumo, ele é livre para escolher não ser consciente, mas não consegue escapar das penalidades de sua inconsciência: sua própria ruína.

A ética, então, seria algo objetivo, uma necessidade metafísica para a sobrevivência do homem, e não algo proveniente da graça sobrenatural ou dos desejos de nossos vizinhos. Se alguns homens optam por não pensar, e sobrevivem imitando outros, e repetem, como animais treinados, a rotina aprendida com terceiros, sem fazer o esforço de compreender por conta própria sua conduta, ainda assim sua sobrevivência apenas é possível, pois alguém pensou por ele. A sobrevivência de tais parasitas depende de puro acaso, pois a mente sem foco deles precisa decidir a quem copiar e seguir. São vítimas fáceis, os seguidores que se atiram do abismo, autodestruindo-se em nome de alguém que prometeu assumir a responsabilidade da qual eles se esquivaram — a responsabilidade de ser consciente.

Se o homem não quer depender do puro acaso para sobreviver, se não quer tomar um caminho que leva à própria destruição, precisa escolher pensar, adotar um código de ética que o ensine como viver, sem depender assim de sensações e instinto. O homem tem que escolher ser homem, caso contrário vive como sub-humano, pouco mais que os outros animais, sobrevivendo, com sorte, apenas via mecanismos automáticos. Assim, o pior vício que pode existir num homem, fonte de todos os males, é o ato de não focar sua mente, suspender sua autoconsciência, que não significa cegueira, mas a recusa em enxergar; não a ignorância, mas a recusa em saber.

O princípio básico da ética objetivista é que, da mesma forma que a vida é um fim em si, cada ser humano é um fim em si também, e não simplesmente um meio para outros fins ou o bem de outros. Portanto, ele deve viver focado em sua própria felicidade, e não se sacrificando por outros. O alcance da felicidade seria o maior objetivo moral do homem.

A felicidade seria o estado consciente que procede ao alcance dos seus valores. Se um homem valoriza a destruição, como um sádico ou masoquista, ou então a vida após a morte, como os místicos, sua "felicidade" aparente será medida pelo sucesso de ações que levam a sua própria aniquilação. Nem a felicidade nem a vida podem ser alcançadas pela busca de desejos irracionais. A tarefa da ética é definir o código de valores adequado para que o homem possa atingir sua felicidade. Declarar que o valor adequado é aquele que dá prazer, não importa qual, é o mesmo que dizer que o valor correto é qualquer um que alguém escolha. Mas se somente o desejo é o padrão dos valores éticos, o desejo de um homem de produzir e o desejo de outro de roubar-lhe teriam a mesma validade ética. O desejo de alguém de ser livre e o de outro alguém de escravizá-lo teriam a mesma validade. A ética objetivista advoga e defende o egoísmo racional, não valores produzidos por desejos ou emoções e aspirações, que podem ser irracionais.

O egoísmo, entendido como o foco nos interesses particulares — que coloca cada indivíduo como um fim em si mesmo — é uma virtude, não um pecado. O instrumento epistemológico para a busca dos valores deve ser a razão, não emoções irracionais e avulsas. O sacrifício humano despreza a vida como valor máximo. Em sua essência, o altruísmo diz que sacrificar o próprio filho para salvar dez estranhos é um ato nobre. Para o bem da humanidade e até mesmo para sua sobrevivência, isso deve ser condenado. Humanos não são cupins que vivem como meios sacrificáveis para o bem da colônia. Está na hora de reconhecermos a virtude do egoísmo.

A imoralidade de Robin Hood

Quando alguém age por pena contra a justiça, é o bem que se está punindo para o benefício do mal.
(AYN RAND)

Não há como localizar historicamente Robin Hood com precisão. A existência de um fora da lei nas florestas de Sherwood durante a Idade Média parece ser um fato. Evidências apontam para possíveis indivíduos que se encaixam nas narrativas lendárias, e como Robin Hood tornou-se um apelido comum para os fora da lei, fica praticamente impossível determinar qual foi o verdadeiro. Uma das fontes da lenda sobre Robin Hood foi o historiador escocês John Major, que, em 1521, retratou as suas ações, que teriam ocorrido no final do século XII. Mas qual o verdadeiro e original Robin Hood, e quando exatamente ocorreram suas ações, não são pontos importantes para o objetivo deste texto. Aqui pretendo apenas tratar da "herança maldita", para usar termo em moda, que essa lenda representa até os dias atuais.

Vale antes uma ressalva, para esclarecer uma distinção relevante. Alguns defendem que Robin Hood não fazia mais do que recuperar o que era tomado à força, via impostos, pelas autoridades. Ele estaria, nesse caso, tirando de quem roubou de verdade o bem, e devolvendo-o a quem este pertencia. Mas não é essa a imagem que perdurou de Robin Hood. Quando esse nome é mencionado, trata-se de uma referência aos que tiram à força dos que têm mais, para distribuir aos que necessitam, não importando quem produziu os bens, ou a quem eles *a priori* pertenciam. Declaram concordar que a necessidade basta como conceito de justiça, e o direito à propriedade nada importa. É essa segunda visão, a predominante, que irei atacar como totalmente imoral.

Um princípio moral básico é o direito à propriedade, a começar pelo próprio corpo. Se não somos os donos dele, não passamos de escravos, de seres sacrificáveis para qualquer objetivo alheio. A consequência natural desse direito básico é que devemos ser donos também dos frutos do nosso esforço físico ou mental, da nossa produção, seja física ou intelectual. Aqui há uma confusão, normalmente por parte dos marxistas, no conceito de exploração dessa produção. Um trabalhador que não é autônomo, mas sim parte de uma organização maior, não vive da venda de produtos do seu trabalho, mas da venda do seu trabalho em si. Os benefícios dessa divisão de trabalho já são amplamente conhecidos desde David Ricardo. Alguém que executa uma tarefa específica pode obter, via troca voluntária, inúmeros bens e serviços, que seriam impossíveis individualmente. Ele não está produzindo os bens finais que demanda; ele voluntariamente troca sua habilidade específica por dinheiro, um meio de troca para a obtenção dos bens desejados. Como é algo voluntário, não há exploração. O conceito de mais-valia é, portanto, falacioso. E o critério de justiça ou moralidade aqui parece evidente: que o indivíduo possa ser o dono daquilo que ele produziu ou vendeu, voluntariamente, como seu trabalho, para outro produzir. Nem mais, nem menos!

Assim, todos seriam livres para realizar trocas voluntárias, tendo sempre que oferecer algo de valor, no julgamento dos outros, para obter os bens e serviços que ele considera valiosos. Sua produção é sua única ferramenta para a sobrevivência digna, e a troca livre, o único meio justo para obter o que não produziu, mas deseja. A alternativa é o roubo, é a apropriação indevida, pelo uso da força, coerção ou fraude, daquilo que ele não produziu nem obteve livremente por oferecer algo de valor em troca. Para esses, chamados marginais, existe o Estado, com seu papel precípuo de polícia, destinada a proteger os cidadãos livres e honestos. O problema, cada vez mais comum e grave, é quando o próprio Estado resolve bancar o Robin Hood, sem levar em consideração o aspecto moral de justiça, e invocando o abstrato e arbitrário termo "justiça social", como se a necessidade passasse a garantir o direito de expropriação da propriedade privada. Fica, nesse caso, legalizado o roubo, o direito de escravizar alguém e tomar à força sua produção, somente porque outro dela necessita, mas não quer ou pode oferecer nada de valor em troca. Os que produzem se tornam escravos dos que necessitam. Em pouco tempo, quem irá produzir assim?

Tais indivíduos inescrupulosos se escondem sob o manto de um suposto altruísmo, como se ser solidário com a propriedade dos outros fosse nobre e moral. Sentir compaixão de um miserável ou necessitado, e tentar ajudá-lo com seu esforço pessoal, é algo notável. Mas alguém que, em nome dessa compaixão, escraviza inocentes, rouba o fruto de seus trabalhos e ainda chama isso de justiça não passa de um imoral. A solidariedade precisa ser voluntária. Discursos românticos, que pregam o altruísmo, mas que defendem medidas que utilizam recursos alheios para tal "altruísmo", são pura perfídia. E infelizmente a institucionalização dessa imoralidade à la Robin Hood dá-se no próprio Estado, que passa a existir não para proteger a liberdade individual, mas para tirar de alguns à força para distribuir aos pobres, como se necessidade fosse critério de justiça. Sem falar que achar que os bens roubados chegarão aos pobres é uma utopia, dado que para possibilitar a existência desse Robin Hood gigante e legalizado, concentra-se poder absurdo no governo, e concentração de poder em uns poucos é garantia de corrupção.

Nem o conceito de justiça, tampouco o argumento de resultado prático, sustentam a defesa de legalizar Robin Hood na figura do Estado. A mentalidade precisa mudar. As pessoas devem entender que a necessidade não é uma carta branca para que indivíduos se tornem objetos sacrificáveis, escravos dos que necessitam. Quem tem necessidades, tem que trabalhar para supri-las. Tem que oferecer algo de valor em troca daquilo que precisa. E, em último caso, dependerá da solidariedade alheia, que por definição não pode ser imposta, compulsoriamente, mas sim voluntária de cada indivíduo. Tirar dos ricos para dar aos pobres é imoral. Precisamos abandonar o romantismo do mito de Robin Hood, que não passa de imoralidade disfarçada de altruísmo.

A praga do coletivismo

> *A menor minoria de todas é o indivíduo; aqueles que negam os direitos individuais não podem alegar serem defensores das minorias.*
> (AYN RAND)

Caso me fosse questionado qual a maior praga da humanidade, não hesitaria muito em responder que é o coletivismo. Entendo o coletivismo aqui como a supressão do indivíduo como um ser e uma finalidade em si mesmo. Como exemplo de diferentes vertentes do coletivismo, temos várias ideologias que deixaram um rastro enorme de sangue na História. O nazismo partia de uma visão coletivista de raças, enquanto o marxismo aderia ao prisma coletivista das classes. O nacionalismo colocava a nação como um fim em si, ao transformar seus indivíduos em simples meios para algo maior. Há ainda um coletivismo mais complexo, das culturas, que vê o indivíduo como nada além de um produto delas. Entre esses tipos de coletivismo, pode haver intercâmbio. Mas o verdadeiro denominador comum deles é o inimigo, o indivíduo.

Na perspectiva coletivista, os indivíduos são apenas representantes de classes, raças, credos, nações ou culturas a que pertencem. Não são seres ativos, a moldar o próprio destino, ainda que sob influência de todas essas características. São autômatos, como marionetes sem qualquer autonomia, sem responsabilidade, ou seja, habilidade de resposta. Os valores, o futuro, os interesses, tudo foi determinado pelo coletivo. Nesse tipo de mentalidade, há um verdadeiro assassinato do individualismo. Cada ideologia coletivista dá prioridade a uma única característica, entre infinitas que formam cada indivíduo. Para o nacionalista, o simples local de nascimento no mapa vale mais que qualquer outro valor. Para o marxista, um burguês sempre terá mais afinidade com outro burguês, partindo de um determinismo de classes. Para o fanático religioso, apenas o credo importa, e um pérfido pode ser mais querido que um sujeito honesto, caso a religião deste seja alguma outra qualquer. Nenhuma dessas ideologias considera de forma mais equilibrada as inúmeras características individuais, ao julgar ainda que cada indivíduo é um fim em si mesmo. Assim, nazistas podem exterminar judeus em nome da "raça pura", marxistas podem meter uma bala na cabeça dos burgueses em nome da "ditadura do proletariado", nacionalistas podem sacrificar alguns indivíduos em nome da "prosperidade da nação", religiosos podem lançar bombas em nome da "fé redentora", e por aí vai. O coletivismo suprime o indivíduo.

A praga coletivista vem de longa data. Platão, no livro *A República*, traça o que seria o Estado ideal, ainda que não exequível na prática. Há um claro viés coletivista, ao colocar os indivíduos como nada mais que instrumentos para a felicidade da "república", como se esta não fosse mais que o somatório dos indivíduos que a compõem. Caberia aos sábios determinar as regras todas, aniquilando as escolhas individuais. Normalmente, o coletivista parte do pressuposto de que ele estará sempre do lado legislador, criando as regras e decidindo o rumo da felicidade alheia. O coletivista é prepotente, enquanto os individualistas respeitam as preferências individuais, com maior humildade.

Voltando a Platão, temos passagens bastante autoritárias no livro, proferidas supostamente por Sócrates, como: "Deixaremos ao cuidado dos magistrados regular o número dos casamentos, de forma que o número dos cidadãos seja sempre, mais ou menos, o mesmo, suprindo os claros abertos pelas guerras, enfermidades e vários acidentes, a fim de que a república nunca se torne nem demasiado grande nem demasiado pequena." Ou ainda: "Os filhos bem-nascidos serão levados ao berço comum e confiados a amas de leite que terão habitações à parte em um bairro da cidade. Quanto às crianças enfermiças e às que sofrerem qualquer deformidade, serão levadas, como convém, a paradeiro desconhecido e secreto." O avanço dos "iluminados" sobre a liberdade individual não acaba por aí: "As mulheres gerarão filhos desde os vinte até os quarenta anos; os homens logo depois de passado o primeiro fogo de juventude, até os cinquenta e cinco."

Platão foi muito além, ao defender o fim das propriedades dos guerreiros e deixar todas as decisões significativas para os poucos sábios. Essa outra passagem deixa claro que a república estaria muito acima, em grau de importância, dos indivíduos: "Assim, em nossa república, quando ocorrer algo de bom ou de mau a um cidadão, todos dirão a um tempo 'meus negócios vão bem' ou 'meus negócios vão mal'". Todos participam das mesmas alegrias e das mesmas dores, segundo suas próprias palavras. Homens, dessa forma, não são mais homens, são cupins! A república platônica sempre conquistou uma legião de seguidores românticos. O fim da propriedade individual, tudo comum a todos. Nada mais coletivista. Nada mais absurdo!

Thomas More* resgata esse sonho coletivista com força em seu *Utopia*, com notória influência da obra de Platão. A utopia de More muito se assemelha ao comunismo, tanto que o autor mereceu uma estátua na União Soviética. Infelizmente, o resultado prático é bem diferente do imaginado, e Utopus acabou em um *gulag* da Sibéria. Nessa passagem, notamos a semelhança: "Esse grande sábio [Platão] já havia percebido que um único caminho conduz à salvação pública, a saber, a igual repartição dos recursos." Para isso, seria suprimida a propriedade privada. Os marxistas seguiram linha semelhante, com a máxima "de cada um de acordo com a capacidade, para cada um de acordo com a necessidade". Ora,

---

* Thomas More foi um filósofo, diplomata, escritor e advogado, ocupou vários cargos públicos, e em especial, de 1529 a 1532, o cargo de "Lord Chancellor" de Henrique VIII da Inglaterra. É considerado um dos grandes humanistas do Renascimento.

quem decide quais as necessidades individuais? E quem decide sobre as capacidades individuais? Claro, os "sábios". Os defensores dessas atrocidades sempre se colocam como parte integrante dos "iluminados" que irão moldar a sociedade, controlar os demais indivíduos, meios para o "bem maior". Com o tempo, ninguém mais pode nada, e todos precisam de tudo. Não há como o resultado ser diferente do terror soviético.

Tommaso Campanella surgiu apenas para requentar o mesmo prato azedo, em seu livro *A Cidade do Sol*. A linha coletivista é idêntica, tratando homens como abelhas, que trabalham para a felicidade da "colmeia". Campanella sugere roupas iguais, tudo igual, e os filhos também como propriedade "comum". Todos iguais, mas sempre uns mais iguais que os outros. Os tais "sábios" sempre entram em cena para comandar o show. Os indivíduos são apenas ratos de laboratório, ferramentas "científicas".

Os nacionalistas representam também um enorme mal coletivista. No século XIX, Friedrich List, já dizia que somente onde o interesse dos indivíduos estivesse subordinado ao da nação haveria desenvolvimento decente. Como se nação tivesse interesse! List foi totalmente contrário ao individualismo de Adam Smith, e colocava a nação como um ente vivo, com desejos e interesses, que justificavam inclusive o sacrifício de uns "simples" indivíduos. Quem saberia dizer quais os interesses da tal nação? Com certeza, os sábios, List incluído. Assim, a glória futura da nação valeria mais que tudo. Hitler não foi lá muito inovador...

Existem outros infinitos exemplos dos infortúnios que a mentalidade coletivista gera, mas creio ter deixado evidente o ponto. Somente quando os indivíduos forem tratados como um fim em si, como agentes ativos da própria vida, ainda que influenciados pelas diversas características mencionadas, mas com responsabilidades individuais, o mundo será mais justo. Cada um deve tentar ser feliz à sua maneira, respeitando a liberdade alheia. Devemos ter cuidado com os "sábios iluminados", que conhecem o caminho "certo". Os valores e as atitudes individuais são o que importa. Onde nasceu, qual religião pratica, a qual classe pertence, tudo isso me parece completamente secundário, ou pelo menos nenhuma dessas características merece o monopólio da relevância. Fora isso, jamais os fins justificam os meios. Eis o que defende o liberalismo, na contramão das ideologias coletivistas, quase sempre "genocidas". A melhor arma contra a praga do coletivismo é, sem dúvida, a defesa da ampla liberdade individual.

A raiz do mal

A pior culpa é aceitar uma culpa imerecida.
(AYN RAND)

Muitos repetem automaticamente que o dinheiro é a raiz de todos os males. Essas pessoas costumam condenar a riqueza alheia, ao mesmo tempo em que aplaudem medidas que punem o bem-sucedido, tirando-lhe parte desse dinheiro compulsoriamente. Afirmam que o dinheiro gera infelicidade, como se acumular uma fortuna fosse algum pecado. Os bons samaritanos vão salvar as almas dos infelizes pecadores ricos, e, de tão bondosos que são, aceitam carregar o fardo da transferência desse dinheiro para suas contas. Hipocrisia à parte, o que interessa refutar aqui é a ideia de que o dinheiro em si representa algo ruim. O que é o dinheiro? Qual a raiz do dinheiro?

Dinheiro é uma ferramenta de troca, que não pode existir a menos que existam bens e serviços produzidos para serem trocados. Dinheiro é a forma material do princípio de que homens que pretendem negociar com outros homens dispõem para trocar livremente no mercado, oferecendo valor em troca de valor. Dinheiro não é gerado pelos que, imóveis, reclamam da miséria, nem pelos que utilizam a força para adquiri-lo. Ele só é possível pela existência de homens que produzem. Seria isso a raiz do mal?

Os que alegam que apenas o trabalho braçal é que gera produção deveriam tentar obter comida e outros bens indispensáveis sozinhos na natureza. Assim talvez aprendam que a mente humana está por trás dos bens produzidos e da riqueza gerada no mundo. A riqueza é o produto da capacidade humana de pensar. Ela não é estática e nem está disponível na natureza para o bel-prazer da humanidade. Ela é criada, é possível graças aos que inventam, arriscam, pensam. Isso não é feito à custa dos incompetentes, preguiçosos ou tolos. Não é resultado de exploração alguma. Mas sim fruto do potencial e da habilidade de alguns homens. Um homem honesto é aquele que sabe que não pode consumir mais do que produz, pois precisa usufruir dos bens de acordo com trocas livres, oferecendo algo de valor em retribuição, seu esforço, sua produção. Exemplo: um produtor de calçados troca parte de sua produção pelo leite produzido pelo outro, pois cada um julga mais valioso o que recebe em troca. Uma troca livre necessariamente satisfaz ambas as partes envolvidas. E dinheiro nada mais é que um meio de troca, um facilitador dos escambos, por representar um denominador comum, expressar na mesma unidade o valor que cada indivíduo atribui ao produto, cujo preço de mercado será o encontro da oferta com a demanda.

O dinheiro não permite que outra força além da escolha voluntária do homem disposto à troca determine o valor do seu esforço em relação ao esforço obtido em retorno. Ninguém irá trocar algo mais valioso, na sua avaliação subjetiva, por algo menos valioso. O dinheiro não permite qualquer outro negócio exceto aqueles de benefício mútuo, pelo julgamento livre de coerção dos envolvidos. O dinheiro exige o reconhecimento de que os homens devem trabalhar para seu benefício próprio, não por sofrimento; para seu lucro, não para o prejuízo. Alguém que demande algo produzido por outro, precisa oferecer alguma coisa de valor em troca. O dinheiro exige que você venda não sua fraqueza para a estupidez alheia, mas seu talento para a razão dos demais. E quando temos liberdade de escolha, é o melhor produto que vence, o melhor desempenho, e o grau de produtividade de alguém é que determina o grau de remuneração. Os melhores produtos, os que geram maior utilidade, pelo julgamento dos outros, trarão os maiores lucros. Esse é o código existente cuja ferramenta e o símbolo são o dinheiro. Isso é a raiz do mal?

Claro que o dinheiro em si não trará felicidade para o homem que não sabe o que quer. O dinheiro em si não lhe dará um código de valores, se ele se esquivar do conhecimento do que é valor. O dinheiro não irá lhe prover um objetivo. Mas para o homem que sabe seu objetivo, que possui um código correto de valores, que honestamente produz para trocar pelos bens que demanda, o dinheiro será o resultado de seu sucesso, a prova de sua utilidade, a conquista de suas habilidades. Normalmente, o homem que condena o dinheiro o ganhou desonestamente, ou inveja o sucesso alheio que ofusca seu fracasso. Os que o ganharam honestamente, como fruto de seu esforço produtivo, o respeitam.

Portanto, o homem que pede desculpas por ser rico, que se sente culpado pelo seu sucesso, costuma ser vítima dos parasitas, dos que distorcem os códigos de valores para explorarem o sucesso alheio, como se o rico tivesse obrigação moral de ceder suas conquistas pela necessidade e vontade dos demais, e não pelo esforço destes, oferecendo algo de valor em retribuição. Não se obtém pão do padeiro por bondade, mas oferecendo algo de seu interesse e valor em troca. Quando o crime de tirar à força dos ricos para dar aos parasitas passa a ser legalizado, quando os meios de subsistência por meio de trocas livres são vistos como maléficos, quando o dinheiro migra dos que trocam bens para os que trocam favores, é porque os valores morais da sociedade já foram para o espaço.

Não devemos esperar que os homens produzam quando a produção é punida e a extorsão remunerada. Quando o dinheiro é visto como a raiz do mal, não se espere que os homens trabalhem para gerá-lo, lembrando que isso precisa ser feito, já que não nasce em árvore nem em máquinas do governo. Pior que matar alguém é vender-lhe o seu suicídio como um ato de virtude. Exigir o sacrifício de alguém é imoral. Os homens devem ser livres para buscar a felicidade, e trocar valor por valor com os demais. Um vencedor não deve ser forçado a abdicar da vitória para se unir à mediocridade. A meritocracia não deve ceder lugar à idealização da inveja. Os homens que carregam o mundo nas costas, que produzem boa parte da riqueza que facilita a vida da maioria, não devem ser torturados por suas virtudes e sucesso. Não devem ser condenados por aqueles que necessitam do produto de seu sucesso. O dinheiro, em um mundo competitivo e livre, é resultado do sucesso dos homens que produzem bens desejados. Ele não é raiz do mal, mas fruto do bem. Que ele fique nas mãos de quem o fez e o merece.

A fábrica da inveja

> *A inveja pública é como um ostracismo, que eclipsa*
> *os homens quando eles crescem demais.*
> (BACON)

A lei moral de que o justo é tirar de cada um de acordo com sua habilidade e dar para cada um de acordo com sua necessidade corrompeu milhões de corações ao longo dos anos, e ainda o faz. No entanto, nada poderia ser mais imoral, injusto e ineficaz do que esse conceito. A novelista Ayn Rand fez um dos melhores retratos das consequências dessa máxima colocada em prática no seu livro *A revolta de Atlas*, assim como expôs com perfeição os reais motivadores de seus defensores.

Na ficção, infelizmente nada distante da realidade de muitos, uma fábrica de motores decidiu votar um plano segundo o qual todos os funcionários iriam trabalhar de acordo com suas habilidades, mas o pagamento seria de acordo com as necessidades. O plano objetivava um nobre ideal de justiça. Era chegada a hora de acabar com a ganância individual, com a busca pelo lucro, com a competição selvagem. Todos os trabalhadores formariam uma grande família, e o bem coletivo seria colocado à frente dos interesses particulares.

Um ex-operário relata como o plano funcionou. Tente colocar água num tanque onde há um duto no fundo drenando o líquido mais rápido do que você é capaz de enchê-lo, e quanto mais você joga água dentro, maior fica o duto. Quanto mais você trabalha, tanto mais lhe é demandado, até que suas horas trabalhadas multiplicam-se para que seu vizinho tenha sua refeição diária, a esposa dele tenha a operação necessária, a mãe tenha a cadeira de rodas, o tio tenha a camiseta, o sobrinho a escola etc. Até pelo bebê que ainda não veio, por todos à sua volta, mais e mais é demandado de você, sempre em nome da "família". A cada um pela necessidade, de cada um pela habilidade.

Foi necessária apenas uma reunião para perceberem que todos haviam se transformado em vagabundos, pedintes de esmolas, pois ninguém poderia reclamar um pagamento justo, não havia direitos e salários, seu trabalho não lhes pertencia, mas sim à "família", e nada era devido em troca, sendo o único direito sobre ela a "necessidade". Cada um tinha que demandar tudo, alegar miséria, pois sua miséria, não seu trabalho, tinha se tornado a moeda de troca. Ninguém podia mais nada. Afinal, ninguém era pago pelo trabalho, pelo valor gerado, mas apenas de acordo com a "necessidade". Em pouco tempo, sendo a necessidade algo subjetivo, todos passam a necessitar de tudo, e a "família" experimenta enorme crescimento de ressentimento mútuo, trapaças, mentiras. A cirurgia da mãe do vizinho passa a ser vista com desconfiança, pois é seu trabalho que paga a conta. Cada nova demanda com o apelo de "necessidade" gera mais intrigas e brigas.

Bebês eram o único "item" de produção em alta, pois ninguém tinha que se preocupar com o custo dos cuidados com um filho, já que a conta recaía sobre a "família". Além disso, não havia muito que fazer, pois a diversão era vista como algo totalmente supérfluo — um dos primeiros itens a ser cortado em nome da "necessidade" de todos. A diversão passa a ser vista quase como um pecado. Um dos meios mais fáceis de conseguir um aumento no pagamento era justamente pedir permissão para ter filhos, ou alegar alguma doença grave.

Não há meio mais seguro de destruir um homem que forçá-lo a um mecanismo de incentivo em que seu objetivo passa a ser não fazer o seu melhor, e sua luta é por fazer um trabalho ruim, dia após dia. Isso irá acabar com ele mais rápido que qualquer bebida o faria, ou o ócio. A acusação mais temida era a de ser mais habilidoso que o demonstrado, pois sua habilidade era como uma hipoteca que os outros tinham sobre ele. Mas para que alguém iria querer ser mais hábil se seus ganhos estavam limitados pela "necessidade", e suas aptidões significariam apenas mais trabalho pesado para que outros ficassem com os benefícios?

A explicação sobre os motivos que levaram tal plano a ser aprovado está na passagem em que o ex-operário diz que não havia um único votante que não pensasse que, sob tais regras, poderia avançar sobre os lucros de outros homens mais habilidosos que ele. Não havia quem, rico ou esperto o suficiente, não achasse que outro seria mais rico ou mais esperto, e que tal plano lhe daria uma parcela de sua maior fortuna ou cérebro. O trabalhador que gostava da ideia de que sua "necessidade" lhe daria o direito a ter o carro que seu chefe tinha, esquecia que todos os vagabundos do mundo poderiam demandar aquilo que ele tinha conquistado pelo seu trabalho. Esse era o verdadeiro motivo para a aprovação desse plano igualitário, mas ninguém gostava de refletir sobre o assunto, e, quanto menos gostavam da ideia, mais alto gritavam sobre o amor pelo bem geral.

A fábrica continuava a perder os melhores homens, pois os habilidosos "egoístas" fugiam para lugares onde pudessem trabalhar pelos próprios interesses, sem o fardo de sustentar os parasitas. Em pouco tempo, não havia mais nada além dos homens "necessitados", e já não havia um único homem de habilidade. E a fábrica teve que começar a apelar para as suas necessidades, na tentativa desesperada de não perder todos os clientes, pois seus produtos não mais eram competitivos ou eficientes. Mas qual o bem que faz aos passageiros de um avião um motor que falha em pleno voo? Se um produto for comprado não pelo seu mérito, mas por causa da necessidade dos empregados da fábrica ineficiente, seria isso correto, bom, ou a coisa moral a ser feita pelo dono da empresa aérea? Se um cirurgião compra um equipamento não pela sua qualidade, mas pela necessidade dos funcionários do produtor, seria correto com seu paciente?

No entanto, é essa a lei moral pregada pelos vários líderes, intelectuais e filósofos no mundo. A cada um pela necessidade, de cada um pela capacidade. A fábrica da inveja, na brilhante novela de Ayn Rand, faliu, virou uma fábrica de miséria, assim como os países socialistas que tentaram adotar a mesma máxima de vida.

O discurso de Hank Rearden

> *O número de beneficiários não altera a natureza de uma ação, ele apenas aumenta o número de vítimas.*
>
> (AYN RAND)

Em *A revolta de Atlas*, um dos heróis é o personagem Hank Rearden, um industrial que cria do nada um império, com a Rearden Metal. Durante uma fase de crise econômica, os jornais apontam como causa dos problemas da nação a ganância egoísta dos ricos industriais. Esses mesmos jornais gritavam que a produção da Rearden Metal deveria ser proibida, porque seu dono estaria prejudicando o povo por causa de sua ambição. O governo adota medidas de controle da venda dos produtos de sua empresa, medidas ignoradas pelo industrial. Rearden é então levado a julgamento, e sua defesa é um primor de lógica. O industrial derruba os "argumentos" da acusação e expõe os verdadeiros motivadores por trás das acusações.

De início, Rearden afirma que não tem defesa alguma a fazer, pois não reconhece o direito da corte de julgá-lo. Afinal, ele não enxerga suas ações como crime. Ele não reconhece o direito do governo de controlar a venda de seus produtos. Ele afirma que as leis criadas por aquele governo tentam controlar sua vida, seu trabalho e sua propriedade, sem o seu consentimento. Logo, ele não se mostra disposto a compactuar com tais avanços sobre seus direitos, e fingir que aquele julgamento é justo. "Eu não vou simular uma ilusão de estar lidando com um tribunal de justiça", ele declara. E emenda: "Um prisioneiro trazido a julgamento pode se defender apenas se existe um princípio objetivo reconhecido por seus juízes, um princípio defendendo seus direitos, os quais não podem ser violados e que ele possa invocar." As leis pelas quais ele estaria sendo julgado não possuem tais princípios.

Os juízes alegam então que as leis em questão são baseadas no mais elevado princípio existente — o princípio do "bem público". Rearden pergunta: "Quem é o público? O que ele sustenta como bem?". Havia um tempo em que os homens acreditavam que o "bem" era um conceito a ser definido por um código moral de valores, e que nenhum homem teria o direito de buscar seu bem com a violação dos direitos do outro. No presente, entretanto, a crença é de que os cidadãos podem sacrificar outro indivíduo da maneira que desejarem pelo critério que quiserem definir como seu próprio bem. Acreditam que podem usurpar a propriedade de terceiros simplesmente porque dela precisam, assim como um assaltante. A diferença é apenas uma: o assaltante não pede a sanção da vítima em seu ato.

Um dos juízes pergunta então se deve ser entendido que Rearden coloca os próprios interesses acima dos interesses do público. Rearden responde que tal questão jamais poderia ser levantada, exceto numa sociedade de canibais, pois não há confronto de interesses entre homens que não demandam aquilo que é imerecido e não praticam sacrifício humano. O público pode reduzir os lucros de sua empresa no momento que desejar, basta se negar a comprar seus produtos. Qualquer outro método de redução dos seus lucros é um método de criminosos que usam a força para obter o que desejam.

Mesmo ciente das penalidades que seriam impostas pelo governo, Rearden se recusa a alterar seu discurso, pois diz que não vai fingir que possui a chance real de um julgamento justo, e que não pretende contribuir para a preservação de uma aparência de justiça quando entra num debate no qual a arma é o argumento final. Ele alerta que, a despeito da penalidade decidida, ela terá que ser imposta abertamente pela força, pois ele não vai acatar voluntariamente. "Eu não vou ajudá-los a disfarçar a natureza de sua ação."

Rearden confirma todos os fatos expostos nos jornais, mas não concorda com as avaliações desses fatos. Ele assume trabalhar apenas pelo seu lucro, que é concretizado pela venda de um produto do qual o consumidor precisa e está disposto a pagar para ter. Ele não produz para o benefício dos outros e sua despesa, assim como os consumidores não compram às suas custas para o benefício dele. "Eu não sacrifico meus interesses por eles nem eles sacrificam seus interesses por mim." As trocas são voluntárias, por consentimento e vantagem mútua. Por isso, ele sente orgulho de cada centavo que ganhou. "Eu fiz meu dinheiro por meu próprio esforço, em trocas livres e por meio de de consentimento voluntário com cada homem com quem negociei." Não há por que pagar mais aos seus trabalhadores do que seus serviços valem, ou vender seus produtos por menos do que aquilo que os consumidores estão dispostos a pagar. "Eu me recuso a aceitar como culpado o fato de ser capaz de fazer isto e de fazer isto bem feito." E o fato de fazer isso mais bem feito que a maioria dos concorrentes apenas prova que seu trabalho é mais valioso que o trabalho dos seus vizinhos pelo próprio julgamento dos clientes. "Eu me recuso a pedir desculpas pelo meu sucesso."

> Eu poderia dizer que fiz mais bem para os cidadãos do que vocês jamais sonhariam em fazer — mas eu não direi isso, pois eu não procuro o bem dos outros como uma sanção para meu direito de existir, nem reconheço o bem dos outros como uma justificativa para que

eles tomem minha propriedade ou destruam minha vida. Eu não direi que o bem dos outros era o propósito do meu trabalho — meu próprio bem era meu propósito, e eu desprezo o homem que desiste do seu.

Se fosse verdade que os homens podem alcançar seu bem pelo meio de transformar alguns homens em animais sacrificáveis, e se me fosse pedida a imolação em função de criaturas que desejassem sobreviver ao preço do meu sangue, se me fosse pedido para servir aos interesses da sociedade separado, acima e contra o meu próprio — eu negaria, eu rejeitaria isso como o mais perverso mal, eu lutaria contra isso com toda a força que possuo, eu lutaria contra toda a humanidade, se um minuto fosse tudo que eu pudesse durar antes de ser assassinado, eu lutaria com total confiança da justiça de minha batalha e do direito de um ser vivo existir.

O discurso de Hank Rearden remete ao que Adam Smith já havia descoberto no século XVIII, ao declarar que não é da benevolência do açougueiro ou do padeiro que esperamos nosso jantar, mas sim da preocupação deles com os próprios interesses. Não apelamos aos sentimentos humanitários deles, mas ao amor-próprio, e não falamos com eles sobre nossas necessidades, mas sobre suas vantagens. A descoberta de Adam Smith, reforçada pelo valor moral defendido por Ayn Rand, faz muita falta num mundo onde cada vez mais a "necessidade" de alguns é vista como justificativa para a escravidão de outros.

A deusa do mercado

Quase quarenta anos após sua morte, Ayn Rand continua atual, e a venda de seus livros segue em números impressionantes. Muitos acreditam que *A revolta de Atlas* foi um livro profético, antecipando a socialização dos Estados Unidos. Historiadores têm mostrado interesse na vida desta influente pensadora. O livro *Goddess of the Market* [A deusa do mercado], de Jennifer Burns, faz um excelente relato da trajetória de Ayn Rand. O que emerge é um ser humano com suas falhas e cont... es, como não poderia deixar de ser. Afi... s heróis criad... novelas eram arquétipos do "super-homem" nietzschiano. perar que a própria A... ...mo John Galt.

O que Burns demonstra de forma interessante é como a história de vida de Alissa Rosenbaum ajudou a moldar Ayn Rand. Sua experiência na Rússia comunista, o ataque bolchevique à farmácia de seu pai, o uso da força contra sua propriedade e seus direitos mais básicos, e tudo isso embalado com uma linguagem altruísta, exerceu profundo impacto em suas ideias. Rand construiu um edifício ideológico calcado na lógica individualista, que não permitiria brechas aos inimigos coletivistas. Para agravar a situação, ela foi viver nos Estados Unidos justamente numa época em que inúmeros intelectuais americanos admiravam a experiência soviética, em parte por ignorância. Ayn Rand sabia melhor sobre aquela experiência, e não iria tolerar nenhum tipo de contemporização com o mal. Ela seria uma radical na defesa do capitalismo.

A filosofia de Ayn Rand, o Objetivismo, foi moldada sob a influência de pensadores como Aristóteles, Isabel Paterson e Rose Wilder Lane. Com o tempo, Ayn Rand alegou total originalidade em suas ideias, e descartou quase toda influência que teve em vida. Seu sistema era absoluto e fechado, derivado da razão universal, da existência de uma realidade objetiva. A partir de certos axiomas, toda uma filosofia seria desenhada, não permitindo espaço para contradições. No entanto, algumas contradições já saltavam aos olhos, pois Ayn Rand era uma racionalista que escrevia ficção romântica.

Nada anula o valor de suas ideias na defesa do individualismo. Rand criou personagens que ajudaram na distinção entre indivíduos independentes e aqueles parasitas que ela chamava de "canibais morais". Seu ataque ao coletivismo passou a ser cada vez mais um ataque ao altruísmo, entendido como um sacrifício individual em função do "bem geral". Rand passou a pregar as virtudes do egoísmo, o direito de cada indivíduo viver para satisfazer seus potenciais e interesses, em vez de ser um escravo dos demais. Ela defenderia o capitalismo com bases morais, não com argumentos utilitaristas. Rand acreditava muito no poder das ideias, e sabia que somente com sólidos princípios o capitalismo teria uma chance. Os empresários não deveriam mais pedir desculpas por seus lucros. Lucrar não é vergonha alguma, e não deve ser justificado com base no utilitarismo. O lucro é o resultado de mentes independentes que têm total direito sobre aquilo que constroem.

Ayn Rand foi uma pessoa excêntrica. Não era fácil lidar com ela, e vários amigos descobriram isso com o tempo. O uso constante de anfetaminas não deve ter ajudado. No decorrer dos anos, ela foi se tornando mais intransigente e arrogante. Alimentada pela reverência do grupo de seguidores liderado por Nathaniel

Branden, Rand acabou criando uma espécie de seita, na qual ela era uma figura autoritária. Não obstante tais contradições, seu legado foi fundamental para o avanço do movimento libertário nos Estados Unidos. Não é preciso abraçar dogmaticamente todas as suas ideias para dar o devido valor ao individualismo e à razão que ela tanto ajudou a enaltecer. Nesse sentido, ela de fato merece todo reconhecimento por parte dos defensores da liberdade individual.

Individualismo sim, sociopatia não!

Cada indivíduo deve ser um fim em si mesmo. Nas palavras de Kant, "ninguém poderá obrigar-me a ser feliz à sua maneira". Essa tem sido a máxima dos liberais desde então, em contraposição aos coletivistas, que colocam algum coletivo qualquer, seja raça, nação, ou classe, como a finalidade nobre, e transformam indivíduos em simples meios sacrificáveis.

Na novela *A revolta de Atlas*, Ayn Rand apresenta seu arquétipo de super-homem, John Galt. A frase em destaque no rancho de Galt resume bem sua filosofia: "Juro pela minha vida e meu amor por ela que nunca vou viver em função de outro homem, nem pedir a outro homem que viva em minha função." Sem dúvida, trata-se de um individualismo exacerbado, mas compreensível como antídoto de uma individualista radical que fora vítima de uma das mais nefastas experiências coletivistas: a União Soviética.

Na novela anterior, *A nascente*, Rand já esboçara esse perfil de herói por meio de Howard Roark. Em determinada passagem, o vilão Ellsworth Toohey, um coletivista invejoso, quer saber o que Roark pensa dele, após um de seus golpes bem-sucedidos contra Roark. Este se limita a responder: "Eu não penso em você." A mais completa indiferença frente ao mal existente na humanidade. Eis uma meta interessante. Mas digna somente dos deuses. Tanto que a própria Ayn Rand, de carne e osso, não conseguia ser indiferente, tendo que atacar seus inimigos com suas novelas. Na fantasia, ela fugiu para seu paraíso, um lugar onde somente os melhores — todos com os mesmos valores e crenças — viviam. Narciso acha feio o que não é espelho.

A verdade é que Aristóteles já havia percebido que o homem é um "animal social". Quem não é impelido a estar com outros homens, dizia ele, "ou é um deus ou um bruto". Como nenhum ser humano é perfeito, então aquele que se mostra totalmente indiferente aos homens, mesmo aos piores, só pode ser um bruto. No fundo, todos nós necessitamos do convívio social, ainda que a sociedade seja vista como uma espécie de "baile de máscaras", com seus ritos hipócritas e regras bobas de civilidade. O equilíbrio entre o puro individualismo, que escuta apenas o chamado de potência de que falava Nietzsche, e a vida gregária, parece ser o grande desafio de todos.

Como organizar a sociedade de forma a preservar o máximo possível da liberdade individual, sem matar a própria comunidade? Essa é a questão que atormenta todos os pensadores individualistas desde sempre. Para Sigmund Freud, estamos fadados a experimentar o "mal-estar na civilização", pois o homem tem que abrir mão de parte de sua liberdade para viver em sociedade. As possibilidades de satisfação individual são reduzidas nesse convívio, mas a alternativa é ainda pior. Renunciar a certos impulsos, ou sublimá-los, passa a ser questão de sobrevivência do próprio indivíduo na cultura. Nas palavras de Freud:

> O ímpeto libertário se dirige contra determinadas formas e exigências da cultura ou contra a cultura em geral. Não parece que se possa levar o homem, através de algum tipo de influência, a transformar a sua natureza na de um cupim; é provável que ele sempre defenda sua pretensão à liberdade individual contra a vontade da massa.

Encontrar um equilíbrio conveniente tem sido a luta da humanidade. O individualista estará sempre fadado à frustração na sociedade. Afinal, ele não é um inseto gregário como o cupim.

Antecipando Freud em mais de um século, Adam Smith já tinha notado que mesmo o "altruísmo" tinha uma natureza egoísta. A primeira frase de seu livro *Teoria dos sentimentos morais* é: "Por mais egoísta que se suponha o homem, evidentemente há alguns princípios em sua natureza que o fazem interessar-se pela sorte de outros, e considerar a felicidade deles necessária para si mesmo, embora nada extraia disso senão o prazer de assistir a ela."

Mas, independentemente da causa original do sentimento de empatia, o fato é que os seres humanos, à exceção dos psicopatas, estão inclinados a olhar para o próximo sem indiferença. Por projeção ou não, o sofrimento alheio incomoda, a felicidade pode contagiar, e a banalidade do mal choca. Humanos de carne e osso não ficam indiferentes aos Tooheys da vida, mas sim revoltados. Levar os outros em consideração, ligar para o que se passa em volta, estar preocupado com o destino de outras pessoas, nada disso é necessariamente coletivismo. O individualista pode perfeitamente demonstrar traços "altruístas". A diferença é que seu altruísmo estará voltado para indivíduos, e não abstrações coletivas.

"É fácil amar a Humanidade", dizia Nelson Rodrigues, completando que "o difícil é amar o próximo". O individualista rejeita o amor por abstrações coletivas, não por outros indivíduos. Para Karl Popper, a associação que Platão fez entre individualismo e egoísmo, em seu sentido pejorativo, tinha como estratégia manchar a imagem do primeiro, de forma a defender seu coletivismo. Mesmo o cristianismo, lembra Popper, recomenda amar "teu próximo", não "tua tribo". Mas a visão distorcida platônica prevaleceu, e até hoje os individualistas são erroneamente confundidos com egoístas insensíveis, ou pior, sociopatas.

Quem tratou de forma clara desse tema foi Mário Vargas Llosa, ao escrever sobre *O estrangeiro*, de Albert Camus. O personagem principal do livro de Camus, Meursault, não aceita "jogar o jogo" da sociedade, repleta de hipocrisias e máscaras. Ele se recusa a ser um ator no teatro da vida. Mas, conforme lembra Vargas Llosa, "não existe sociedade, quer dizer, convivência, sem um consenso dos seres que a integram, de respeito a certos ritos ou formas que devem ser respeitadas por todos". Sem isso, haveria apenas uma "selva de bípedes libérrimos onde somente sobrevivem os mais fortes". Meursault pode não saber, mas ele também interpreta um papel: o de "ser livre ao extremo, indiferente às formas entronizadas da sociabilidade".

Mário Vargas Llosa acredita que "no fundo de todos nós existe um escravo nostálgico, um prisioneiro que queria ser tão espontâneo, franco e antissocial" como o personagem de Camus. Mas mesmo os espíritos mais livres reconhecem que há um preço a se pagar pela cultura, qual seja, o de renúncia à soberania absoluta, aos impulsos que poderiam colocar em risco a vida em sociedade. Se todos fossem puro instinto, até a instituição da família estaria em perigo, e com ela os próprios indivíduos.

O parecer de Vargas Llosa não é favorável ao tipo "libertário" representado por Meursault. Em sua opinião, o estrangeiro de Camus vive num mundo desumanizado, e mostra a "imagem deprimente de um homem a quem a liberdade não engrandece moral ou culturalmente; talvez, destrua sua espiritualidade e o prive de solidariedade, de entusiasmo, de ambição, e o torne passivo, rotineiro e instintivo, num grau pouco menos que animal". Trata-se, pois, de um bruto no sentido aristotélico.

O individualista deve colocar sua própria felicidade no topo da hierarquia de valores, e não levar tanto em conta o que os outros pensam o tempo todo dele.

Ele tem o direito de existir para a própria felicidade. Aquele que vive sempre preocupado com tudo que dizem ou pensam dele não passa de um escravo. Mas isso não é sinônimo de total aversão à vida em comunidade, ainda que esta exija, em contrapartida, o convívio com suas infindáveis imperfeições e limites à própria liberdade plena. Esta só existe mesmo nas utopias.

PARTE 4

Os contemporâneos

Michael Oakeshott

Agora que conhecemos os principais pensadores clássicos, os dois maiores expoentes da Escola Austríaca, e o Objetivismo de Ayn Rand, é hora de mergulhar nos defensores da liberdade do século xx. Vamos começar com Michael Joseph Oakeshott (1901-1990). Oakeshott foi um filósofo e um teórico político britânico, autor de obras nos campos da filosofia, da estética, do direito, da filosofia da religião, entre outros temas.

Uma das coisas mais interessantes em Oakeshott é que ele se assumia um conservador, mas não dependia de sentimento religioso para tanto. Assim como Edmund Burke, Russell Kirk e Samuel Huntington,* Oakeshott parte do pressuposto de que o conservadorismo não é uma ideologia no acervo de concepções de mundo, uma vez que não é propriamente inventado racional e sistematicamente. Trata-se de uma "disposição", uma "propensão" ou mesmo um sentimento de "familiaridade" a valores e instituições.

Em uma de suas passagens mais famosas, ele afirma: "Ser conservador é preferir o familiar ao desconhecido, preferir o tentado ao não tentado, o fato ao mistério, o real ao possível, o limitado ao ilimitado, o próximo ao distante, o suficiente ao superabundante, o conveniente ao perfeito, a felicidade presente à utópica."

Em 1962, Michael Oakeshott publicou o que seria seu melhor trabalho, uma coleção intitulada de *Rationalism in Politics and Other Essays* [O racionalismo na política e outros ensaios]. Na época, a Grã-Bretanha estava

---

* Cientista político conservador cuja ideia de "choque de civilizações" atravessou muitos debates nas últimas quatro décadas.

pendendo para algumas posições polêmicas depois da Segunda Guerra Mundial — como a aceitação do socialismo. Oakeshott procurou demonstrar estruturalmente a importância da tradição, e seu ceticismo sobre o racionalismo. Ou seja, ele era acima de tudo um conservador em epistemologia, descartando aventuras racionalistas radicais.

Oakeshott notabilizou-se como crítico do racionalismo político e do que chamava de ilusão racionalista. Mas a preocupação de Oakeshott não foi apenas a de refutar o racionalismo. Seu objetivo era descobrir as circunstâncias em que ele surgiu na política e o efeito que teve nesse domínio. No seu pensamento, o racionalista crê que a sua razão compreende sempre melhor o que é melhor para todos. Dizia-se crítico da fé, apesar de ser o mais ardente advogado da fé na política. O racionalista não reconhece "o melhor de acordo com as circunstâncias"; ele só admite "o melhor". Para cada dificuldade, o racionalismo só pode encontrar uma única resposta: a racional.

A libertação do homem

Sua obra sobre filosofia política, *On Human Conduct* [Sobre a conduta humana], parte da premissa de que a ação humana é um exercício de inteligência em atividades de escolha. Suas ideias apresentam semelhanças em vários aspectos com a obra-prima de Mises, *Ação humana*. Aqui o foco será seu texto sobre a educação liberal, *A Place of Learning* [Um lugar de aprendizado], na qual ele mostra que o homem é aquilo que aprende a ser, a partir da própria reflexão num ambiente favorável ao aprendizado.

A mente é a atividade inteligente pela qual o homem pode compreender e explicar processos; é a autora não apenas do mundo inteligível onde os homens vivem, mas também de sua relação autoconsciente com esse mundo. O homem é livre para buscar o autoconhecimento, sendo responsável por seus pensamentos e ações. A possibilidade de ser inteligente abre espaço para a possibilidade de ser estúpido, e talvez isso afaste tantos dessa busca pelo conhecimento, levando-os à crença de algum determinismo qualquer como fuga. Mas os homens não podem alegar que suas palavras são colocadas em sua boca por algum deus ou que não passam de descargas elétricas do seu cérebro: elas têm significados pelos quais cada um é responsável por julgar se faz ou não sentido. A simples tentativa de fuga expõe sua impossibilidade, pois somente a mente pode se arrepender por ter que pensar. A liberdade de pensamento exige a responsabilidade pelo que se pensa.

Para Oakeshott, o que distingue um ser humano e o que o constitui são seus pensamentos, crenças, dúvidas, sua compreensão da própria ignorância, seus desejos, preferências, escolhas, sentimentos, emoções e propósitos, assim como a expressão deles por meio de suas ações. A condição necessária para tudo isso é que o homem deve *aprender* tais coisas. Ele diz: "O preço da atividade inteligente que constitui o ser humano é aprender." E este aprendizado necessário é algo que cada um de nós deve e só pode fazer por conta própria. O aprender humano é bem diferente do processo natural de adaptação de organismos como reação ao meio ambiente e às circunstâncias. Não é um aprender passivo, mas um compromisso autoconsciente. Não é uma reação induzida pela pressão externa, mas uma tarefa autoimposta inspirada pela noção da própria ignorância e de quanto há para aprender. É um desejo pela compreensão. Para um ser humano, aprender é um compromisso por toda a vida, e o mundo onde ele habita é o local de aprendizado.

Uma grande parte da conduta humana é direcionada à exploração de recursos no planeta para a satisfação de desejos e necessidades. Esse aprendizado é sempre individual. Não é uma abstração chamada "Homem" que pode realizar a cura de uma doença, por exemplo, mas algum médico individual que aprendeu com alguns professores a tarefa em questão. Oakeshott afirma que não há algo como "aprendizado social" ou "compreensão coletiva". São indivíduos que aprendem.

O filósofo reconhece a relevância desse tipo de aprendizado, mas está mais preocupado com outro tipo, qual seja, as aventuras no autoconhecimento humano. A isso ele chama de "educação liberal", pois está liberada da distração dos negócios que buscam a satisfação das demandas imediatas. Sua compreensão da liberdade decorre da visão de que o homem não está condenado à "dança macabra das necessidades e satisfações". A vida não se resume a "obter e gastar". Não estamos presos intelectualmente ao aqui e agora.

Nesse aspecto, segundo Oakeshott, entra o papel da cultura. O autoconhecimento humano seria inseparável do aprendizado na participação daquilo chamado "cultura", ou seja, uma continuação de sentimentos, percepções, ideias, compromissos, atitudes etc. Não faz sentido, para o filósofo, falar em homem "culturalmente condicionado", já que o homem é sua cultura, e aquilo que ele é ele teve que aprender a ser. O aprendizado liberal é aprender a responder aos convites das grandes aventuras intelectuais nas quais os seres humanos expuseram suas várias compreensões do mundo e de si mesmos. A cultura não seria, então, uma miscelânea de crenças, percepções e ideias, mas pode ser reconhecida como uma variedade distinta de línguas de compreensão. Oakeshott faz uma analogia com as vozes, como se cada componente cultural desses fosse uma expressão diferente de uma compreensão de mundo, um idioma diferente, e a cultura seria a união dessas vozes, como numa conversação.

Existem constantes ameaças a essa educação liberal. Uma delas vem da "socialização" do aprendizado. Trata-se de uma doutrina que, porque o aqui e agora está cada vez mais uniforme do que já foi, defende que a educação deve reconhecer e promover essa uniformidade. Para Oakeshott, isso seria uma das mais insidiosas de todas as corrupções, pois ataca o cerne do aprendizado liberal. O mundo moderno estaria repleto de acontecimentos, mas não muitas experiências memoráveis. Seria um fluxo contínuo de trivialidades sedutoras que não invocam reflexão, mas participação instantânea. As pessoas pulam de uma conformidade da moda para outra, de um guru do momento para o próximo. Há a repetição de *slogans* e pontos de vista embalados de forma profética, mas sem embasamento. Os ouvidos estão cheios de sons na Babel atual, um convite às reações instintivas.

Vale lembrar que Oakeshott escreveu esse artigo em 1975, época em que as universidades estavam vivendo uma intensa transformação nesse sentido de busca pelo interesse imediato, pela necessidade da profissão, mesmo em sua London School of Economics, na qual era professor. Mas o alerta continua válido, talvez mais do que nunca. Essas circunstâncias são hostis à educação liberal, aquela que desamarra o indivíduo das necessidades urgentes do aqui e agora, levando-o a escutar a conversa na qual os seres humanos desde sempre buscam se compreender enquanto humanos. A busca pelo conhecimento prático é crucial para reduzir o desconforto dos homens na natureza. Os ganhos materiais advindos do avanço no conhecimento humano são fantásticos, e devem ser comemorados. O progresso da medicina, por exemplo, permitiu que a expectativa de vida dobrasse em poucos séculos. Mas não podemos deixar de lado a questão essencial: qual vida?

Os seres humanos não são máquinas que processam alimentos com o único objetivo de sobreviver e procriar. Somos capazes de muito mais. Michael Oakeshott tentou nos lembrar desses grilhões, ao combater o materialismo excessivo da modernidade. A libertação do homem vem por meio dessa busca pelo autoconhecimento. Sem isso, somos apenas autômatos a repetir gestos. Oakeshott reforça, então, a lição socrática: "A vida não examinada não vale a pena ser vivida." Devemos sempre examinar *qual* vida desejamos viver.

Ser conservador

Em seu artigo sobre o que significa ser conservador, Oakeshott fez talvez o melhor regime do *sentimento* conservador de buscar preservar aquilo que é familiar, conhecido. "Assim sendo", explicou, "as mudanças pequenas e lentas serão, para ele, mais toleráveis que as grandes e repentinas, e valorizará consideravelmente toda a aparência de continuidade". Normalmente somos todos conservadores com aquilo que amamos e conhecemos, pois não desejamos, como queria fazer Obama com a América, mudá-lo "fundamentalmente". Para Oakeshott,

> A única forma que temos de defender a nossa identidade (ou seja, de nos defendermos a nós mesmos) contra as forças adversas da mudança encontra-se no conhecimento da nossa experiência; apoiando-nos naquilo que mostre maior firmeza, aderindo àqueles costumes que não estejam imediatamente ameaçados e assimilando assim o novo sem nos tornarmos irreconhecíveis para nós mesmos.

Esse sentimento é garantia de nossa sobrevivência, pois o apego ao que existe é crucial para preservá-lo: "É por algum subterfúgio do conservadorismo que todas as pessoas ou povos forçados a sofrer uma mudança notável evitam a desonra da extinção." Ele acrescenta: "Para além disso, ele está consciente de que nem toda a inovação constitui verdadeiramente um avanço." Um alerta essencial quando lembramos que os "progressistas" enaltecem o novo por ser novo, o que faz pouco sentido.

Dom Lourenço de Almeida Prado, que foi reitor do prestigiado Colégio São Bento, no Rio de Janeiro, escreveu sobre isso na década de 1990:

> Modernidade não é índice de valor, mas apenas de tempo. Há vícios e defeitos modernos, como há virtudes e perfeições, também modernas. Moderno quer dizer atual ou algo que está na moda. Narcotráfico, AIDS, sequestros e outras situações semelhantes são de indiscutível modernidade. Quem dirá que são valores positivos?

Ser moderno ou não ser moderno não constitui critério de valor. É critério, apenas, de tempo. Há moderno que não presta e há moderno que é bom. Mais importante é olhar o moderno e o antigo com olhos atentos e atilados. [...] Essa repulsa à ligação de moderno com bom não é implicância de quem já viu muitos modernos enterrados e esquecidos, porque eram fugazes ou possuíam, num certo momento, a aparência ilusória de serem valores positivos, mas a preocupação com o prejuízo que causa a modernomania, ao repelir o antigo, sem maiores exames, simplesmente porque é antigo. É o novidadeirismo. Isso gera uma atitude preconceituosa que impede perceber no antigo o que nele havia de perene.

E mesmo diante da mudança que parece de fato um avanço, o conservador vai cobrar o ônus da prova, sem aceitá-la de forma passiva. Oakeshott afirma: "Ainda mais, mesmo quando a inovação representar um progresso convincente, ele analisará duas vezes os argumentos que a justificarem antes de a aceitar". Afinal, "existe a possibilidade de que os benefícios que se obtiverem sejam maiores que os previstos, mas existe também o risco de estes serem contrabalançados por mudanças para pior."

Trata-se de um perfil com postura de cautela: "A inovação implica uma perda certa e um ganho possível. Por conseguinte, cabe ao hipotético reformador provar ou demonstrar que pode esperar-se que a mudança seja, em última instância, benéfica." E por isso é desejável manter prudência diante das mudanças: "Consequentemente, [o conservador] prefere as inovações pequenas e limitadas às grandes e indefinidas. [...] ele prefere o passo lento ao rápido, e para observar as consequências atuais e fazer os ajustamentos necessários."

A seguir um bom resumo, escrito por Oakeshott, do perfil de um típico conservador:

> O indivíduo de temperamento conservador pensa que não deve abandonar um bem conhecido por outro desconhecido. Não gosta do perigoso e difícil; não é aventureiro; não o atrai navegar por mares desconhecidos; para ele não há qualquer prazer em encontrar-se perdido, aturdido ou naufragado.

Os mais ousados ou aventureiros podem ridicularizar essa postura, mas Oakeshott sai em sua defesa: "O que os outros veem como timidez, ele qualifica como prudência racional; o que os outros interpretam como sendo inatividade, para ele constitui uma inclinação para desfrutar em vez de explorar", declara e então completa: "É uma pessoa cautelosa e tende a indicar a sua aprovação ou desaprovação não de forma categórica, mas prudente."

Aqueles que agem dessa maneira podem ser acusados de "velhos medrosos", mas Dom Lourenço de Almeida Prado teria a resposta pronta para dar: "Do velho se espera a reflexão e a medida, o discernimento mais perfeito entre o certo e o errado, a calma madura na ponderação da coisa a fazer, a sabedoria obtida na sucessão das surpresas e percalços de uma caminhada que já vai longe."

O papel do governo

"A imagem do governante deve ser a de um árbitro cuja função consiste em aplicar as regras do jogo, ou a de um moderador que dirige um debate sem participar nele", explica Oakeshott. "Em resumo", continua, "a função que se atribui ao governo é a da resolução de alguns dos conflitos que são gerados pela variedade de crenças e atividades; preservar a paz sem impor uma proibição à escolha ou à diversidade implícita do seu exercício; e sem impor uma uniformidade substantiva, a não ser mediante a aplicação de regras gerais de procedimento a todos os súditos de igual modo".

"Em síntese, os segredos do bom governo provêm do protocolo, não da religião ou da filosofia; no gozo de um comportamento ordeiro e pacífico, não na busca da verdade ou da perfeição." Oakeshott descreve o governo como algo quase maçante e enfadonho, o que não enxerga com maus olhos, uma vez que a alternativa é levar paixões para a política, o que ele via como temerário. "O guardião deste ritual será o governo, e as regras que o impõem serão a Lei", disse, pregando um governo de leis em vez de um governo de "reis-filósofos".

O que Oakeshott temia era a religião secular política, uma "política de fé", como chamou, em vez da "política do ceticismo". A primeira entende que o governo deve buscar a perfeição humana, que para todo problema há uma única solução racional, enquanto a última entende o governo não como entidade benigna e perfectibilista, mas apenas necessária, e que é impossível construir uma sociedade perfeita. No âmbito individual, cada um buscará a perfeição à sua maneira, e não devemos colocar o governo ou a sociedade como agentes dessa busca de perfeição.

> Governar não tem a ver com o bem ou com o mal moral, e o seu objetivo não é fazer homens bons ou melhores; não vai buscar justificação à "perversão natural da humanidade", é algo necessário apenas devido à tendência que há para se ser extravagante; a função [do governo] consiste em manter os seus súbditos em paz uns com os outros nas atividades em que escolheram procurar a felicidade.

Oakeshott exigia relativamente pouco do governo, pois entendia que o que sempre fez da Terra um inferno foi tentar transformá-la em paraíso por meio do aparato estatal.

> Por conseguinte, o conservador nada terá a ver com as inovações que se destinem, meramente, a satisfazer situações hipotéticas; optará por empregar a regra que tem a inventar uma nova; achará conveniente atrasar a modificação de regras até que seja claro que a alteração de circunstâncias que a justifica veio para ficar. Suspeitará de propostas de mudança que vão além do que a situação exige; dos governantes que peçam poderes extraordinários para a consecução de grandes modificações e cujas palavras estejam relacionadas com banalidades como "o bem público" ou a "justiça social"; e dos Salvadores da Sociedade que abracem a armadura e procurem dragões para matar.

> O conservador entende que a função do governo não consiste em alimentar paixões e dar-lhe novos objetivos com que possam alimentar-se, mas sim em introduzir um ingrediente de moderação nas atividades de pessoas demasiado apaixonadas; limitar, desencorajar, pacificar e reconciliar; não atiçar o fogo do desejo, mas sufocá-lo. E tudo isto não porque a paixão seja um vício e a moderação uma virtude, mas porque a moderação é indispensável se se quiser evitar que homens apaixonados sejam aprisionados por conflitos que os frustrem mutuamente.

Por isso mesmo, Oakeshott via com desconfiança a mistura de juventude e política: "A política é uma atividade inadequada para os jovens, não devido aos seus vícios, mas sim devido ao que eu considero serem as suas virtudes." Ele explica:

> Os tempos de juventude de toda a gente são um sonho, uma loucura deliciosa, um doce solipsismo. Nesse tempo, nada tem uma forma fixa, um preço fixo; tudo é possível e vive-se numa felicidade a crédito. Não há obrigações a respeitar, não há contas a fazer. Nada há que se especifique de antemão; cada coisa é o que se pode fazer dela. O mundo é um espelho em que procuramos o reflexo dos nossos próprios desejos. A tentação das emoções violentas é irresistível. Quando somos jovens, não estamos dispostos a fazer concessões ao mundo; nunca sentimos o contrapeso de algo nas nossas mãos — a menos que seja um bastão de críquete.

Tradição como epistemologia

Por um certo período, hábitos e práticas estabelecidos ao longo do tempo permitiram o florescimento da liberdade individual sem os excessos inevitáveis das premissas liberais. Ou seja, a inércia da tradição impediu que a liberdade puramente racional virasse licenciosidade inconsequente, egoísmo destrutivo, subjetivismo exacerbado e outros males que enxergamos no "liberalismo" hoje. A liberdade não sobrevive num vácuo de valores, e a América tinha os valores adequados por meio de sua tradição.

Os liberais seculares acham que é possível abrir mão desse arcabouço tradicional e, ainda assim, preservar seus frutos. O autor discorda, e a crise atual da liberdade corrobora essa dificuldade. Sem o contrapeso da tradição, as premissas liberais podem levar aos excessos da Revolução Francesa, que os "pais fundadores" da América mais liberais, como Thomas Jefferson e Thomas Paine, chegaram a defender, ao contrário dos mais conservadores, como John Adams.

Para Mitchell, o problema reside na epistemologia, na rejeição de qualquer autoridade além da razão para impor limites aos apetites humanos ou definir hierarquia de valores. Se tudo que importa é a "liberdade de escolha individual", livre de qualquer coerção, então caímos no subjetivismo emocional, em uma leitura perigosa do relativismo moral.

Para piorar, a tolerância, um valor liberal, transforma-se em completa intransigência com quem não reza da mesma cartilha. Se você ousar questionar determinadas premissas, já será considerado um antissocial perigoso, um preconceituoso autoritário, que deverá ser forçado a aprender como ser "livre", como queria Rousseau. Ao dar vazão aos apetites em nome da liberdade, corremos o risco de um liberalismo iliberal.

As elites cosmopolitas costumam endossar essa visão, e seus representantes se sentem livres de amarras como tradição, pátria, costumes. Eles são os "cidadãos globais", desapegados desses preconceitos, libertados das restrições de particularidades locais e da tradição. Normalmente, essas pessoas abraçam abstrações, tais como a "humanidade", mas não demonstram a mesma empatia para com o próximo, o indivíduo de carne e osso, o seu vizinho.

Isso vai na contramão do que defendia Burke ao destacar a importância dos "pequenos pelotões", das associações de indivíduos próximos com uma herança semelhante, que seriam cruciais para preservar a liberdade. O núcleo familiar é o exemplo mais óbvio, e não é por acaso que os cosmopolitas reduzem cada vez mais a importância da família, possuem menos filhos, pois filho exige sacrifício e o hedonismo acaba falando mais alto. Virtudes como o sacrifício e a prudência costumam depender mais desse pacto social entre gerações, de um acordo tácito entre os que já morreram, os que vivem e os que ainda nem nasceram.

Para os cosmopolitas, existem apenas duas opções: seu "liberalismo" ou a violência do nacionalismo e do tribalismo. Curiosamente, o próprio "liberalismo" que defendem se tornou tribal, ou seja, estaríamos condenados a optar por um dos dois tribalismos. Para Mitchell, porém, existe uma terceira alternativa, uma espécie de "localismo humano", que resgata a importância da tradição e, para preservá-la, impõe certos limites a essa liberdade individual.

Para desenvolver seu raciocínio, o autor busca em pensadores como o próprio Michael Oakeshott, Alasdair MacIntyre e Michael Polanyi os pilares da defesa da tradição na formação de nossas ideias e da própria razão. E oferece, em seguida, a possibilidade de resgate dessa visão, encontrando inspiração em Agostinho, Burke e Eliot. São muitos pontos importantes que não podem ser resumidos aqui, mas a essência está nessa crença de que a tradição é fundamental pilar da liberdade.

É preciso tomar cuidado com os "cabeças de planilha", aqueles que habitam torres de marfim e, de lá, produzem modelos sociais do zero, puramente "racionais", sem levar em conta a lição básica da experiência, já apontada por

Aristóteles: moral é um hábito, e a prática é indispensável, não pode ser substituída por normas abstratas. Tradição não é respeito às cinzas, mas preservação do fogo, um esforço contínuo de absorver uma herança, e deixá-la para as próximas gerações. Não quer dizer que seja imutável, de forma alguma. É dinâmica, tem conflitos internos, pode ser alterada, desde que em cima dos seus alicerces, numa cadeia de continuidade eterna.

Conhecimento prático

Vale a pena traçar algumas diferenças entre o papel da tradição para Burke e para Oakeshott, com base na análise feita por Mitchell. Para Burke, a tradição é entendida principalmente em termos de herança. Ao referir-se à tradição, os indivíduos fracos podem aproveitar a sabedoria acumulada da história humana. Em uma passagem famosa, Burke escreve: "Temos medo de colocar os homens para viver e negociar cada um com o próprio estoque particular de razão; porque suspeitamos que esse estoque de cada homem é pequeno, e que os indivíduos fariam melhor em aproveitar o banco geral e capital de nações, e de eras". A tradição, nesse sentido, se assemelha ao que G.K. Chesterton chamou de "a democracia dos mortos".

Para Oakeshott, a tradição é um pouco diferente. A tradição é para ele não apenas, ou mesmo principalmente, um repositório histórico de verdades valiosas e comprovadas pelo tempo e que são ignoradas por nossa conta e risco. Em vez disso, a tradição serve principalmente a uma função epistemológica. Em *On Human Conduct* [Sobre a conduta humana], seu último grande livro, ele intencionalmente substituiu o termo "tradição" por "prática", que passou a usar como sinônimo.

A filosofia é uma tentativa sem fim de apreender a totalidade da experiência como um mundo completo e coerente de ideias. Mas, ao mesmo tempo, a filosofia não pode simplesmente substituir os modos de experiência. Seria impossível e até indesejável abandonar completamente esse modo. Assim, a filosofia pode e deve substituir a experiência prática, mas não pode ocupar o seu lugar.

O racionalista é caracterizado por uma crença plena na independência da mente; ele é o inimigo de qualquer autoridade, do preconceito, da tradição, do hábito e dos costumes. Ele é cético com tudo. Por outro lado, em sua própria razão, é otimista ao extremo. Sendo assim, ele suspeita de toda experiência alheia. Nesse sentido, ele não tem qualquer "senso de acúmulo de experiência".

Por essa razão, não há qualquer questão de manter ou melhorar a tradição, pois ambas envolvem uma atitude de submissão. Ela deve ser destruída. E para preencher seu lugar, o racionalista coloca algo de sua própria autoria — uma ideologia. Além disso, não pode haver lugar para preferências que não seja uma preferência racional, e todas as preferências racionais necessariamente coincidem. A atividade política é reconhecida como a imposição de uma condição uniforme de perfeição à conduta humana.

Para o racionalista, a soberania da "razão", significa soberania da técnica. Portanto, o racionalista nega a existência de um "conhecimento prático". O conhecimento técnico pode ser aprendido por meio de livros, mas não o prático. Claro que qualquer *expert* não pode abrir mão, em sua área de especialidade, de uma dose razoável do conhecimento técnico. Mas isso é apenas insuficiente e inadequado.

Michael Oakeshott observa que o aprendizado — o aluno que trabalha ao lado do mestre que, ao ensinar uma técnica, também transmite o tipo de conhecimento que não pode ser ensinado —, embora não completamente abandonado, está certamente em declínio. O objetivo da ética racionalista é formular a lei moral em regras prontamente acessíveis. A moralidade é comprimida em uma estrutura puramente racional e vendida como a verdade completa.

Assim, o racionalista reduzirá a política e a moralidade à mera técnica, a ser adquirida pelo treinamento em uma ideologia em vez de uma educação no comportamento. A educação moral reduzida a tal "receita" fracassa em produzir aquilo para o qual ela existe: indivíduos moralmente sãos. Os herdeiros de trono eram educados desde a tenra idade para se tornarem governantes morais. Não havia qualquer garantia, pois há sempre o fator humano, a personalidade, a genética. Mas trocamos isso para a fé cega em tecnocratas quase autômatos, que precisariam apenas aplicar as regras racionais obtidas por uma ideologia.

A conduta racional, conforme descrita aqui, pressupõe que a mente existe como um instrumento neutro que deve ser exercido regularmente e, ao considerar a solução racional para um problema, deve ser devidamente separada das particularidades de tempo e lugar. A mente aberta, vazia ou livre, a mente sem disposição, é para esses racionalistas um instrumento que atrai a verdade, repele a superstição e é a única fonte do julgamento racional e da conduta racional.

O problema com o racionalismo origina-se, acredita Oakeshott, dessa concepção errônea da mente. O racionalista vê a mente como um instrumento no qual informações, crenças, preconceitos e assim por diante são despejados. A mente é concebida como separada e distinta daquilo que contém. Como ironizou Chesterton, "não seja tão mente aberta que o cérebro caia para fora".

Temos aprendizado relevante, que se deve à observação da experiência alheia. Tradição é sim capaz de mudança; não é algo estático e fixo. Mas sem perder sua continuidade e coerência, tem a habilidade de mudar sem perder sua identidade.

Ser introduzido aos elementos de uma tradição não começa com o aprendizado de uma lista de regras ou princípios que devem ser seguidos. Se a teoria realmente segue o rastro da ação, então devemos saber como agir apropriadamente antes do desenvolvimento da teoria que justifica nossa ação. Assim, por meio da inculcação em uma tradição moral, aprendemos como nos comportar moralmente à medida que vivemos e observamos aqueles que têm habilidades morais mais desenvolvidas e refinadas do que nós. Em certo aspecto, então, sabemos antes de podermos explicar o que ou como sabemos.

Para Oakeshott, a teoria é derivada da prática, não o contrário. Uma hipótese é uma abstração com base num grande e complexo corpo de conhecimento, e sem a existência desse corpo, a abstração seria ininteligível. Nós adquirimos hábitos de conduta da mesma forma que nossa língua. Não é o produto de um estudo detalhado de um sistema de regras. A criança não aprende a linguagem por meio de livros de gramática, mas pela constante exposição ao seu uso adequado.

A moralidade, para Oakeshott, é formada da mesma maneira, adquirida por observação e prática. Eis a moralidade que demonstra ter muito mais estabilidade. E esta se deve justamente ao fato de ela ser flexível dentro de um contexto de continuidade e coerência, da mesma forma que uma língua. Ela reconhece a necessidade de regras e ideais, mas nunca os eleva acima das contingências da própria vida. Nesse aspecto, Oakeshott segue os rastros deixados por Aristóteles em *Ética a Nicômaco*, que enfatizava o hábito e a prática mais do que um jogo explícito de regras a serviço de uma ideologia.

Tradição são aquelas suposições, hábitos, costumes e procedimentos que nos fornecem a estrutura conceitual pela qual nos envolvemos com o mundo. Vemos o mundo por meio da tradição em que fomos inculcados. Não podemos fazer nada diferente. Portanto, os recursos que a nossa tradição nos oferece são as únicas ferramentas à nossa disposição. Assim, qualquer teoria da moralidade ou política deve reconhecer que teorizamos e agimos *a partir* de algum lugar particular, e não de uma abstração cartesiana vinda de lugar algum.

Isso não quer dizer que Michael Oakeshott endossava o relativismo moral e o multiculturalismo — nem que todo conhecimento é subjetivo. Isso simplesmente indica que todo conhecimento é necessariamente mediado por particularidades da nossa própria cultura.

Karl Popper

Karl Raimund Popper nasceu em 1902 em Viena, e foi um dos mais importantes filósofos liberais do século xx. Popper é conhecido por sua rejeição às visões indutivistas clássicas sobre o método científico em favor do falsificacionismo. Uma teoria nas ciências empíricas nunca pode ser provada, mas pode ser falsificada. A frase mais famosa que define essa visão é sua: "Não importa quantos cisnes brancos você veja ao longo da vida; isso nunca lhe dará certeza de que cisnes negros não existem." Veremos adiante o que isso significa.

Conjecturas e refutações

Alguém que desejasse provar que só existem cisnes brancos não pode buscar encontrar só estes, mas sim partir em busca de um cisne de outra cor que possa refutar tal tese. Até encontrá-lo, tudo que ele pode dizer é que nada derrubou, até aqui, a teoria de que só existem cisnes brancos. O *insight* vem do fato de que foi descoberta a existência de cisnes negros em outro continente, o que chamou a atenção dos europeus, que pensavam só existir a cor branca do bicho.

Em outra ocasião, ele afirmou: "A questão do conhecimento e da descoberta não está tanto em lidar com o que sabemos, mas em lidar com o que não sabemos." Popper disse ainda:

> Um sistema é empírico ou científico apenas quando é capaz de ser testado pela experimentação. Essas considerações sugerem que, não a verificabilidade, mas a refutabilidade de um sistema deve ser

tomada como critério de demarcação. Deve ser possível que um sistema empírico ou científico seja refutado pela experimentação.

Ou seja, não faz sentido tentar afirmar a validade de uma crença que não pode ser cientificamente refutada. Ao menos do ponto de vista científico, ela é sem valor. Não temos como verificar ou refutar que existem bules invisíveis e indetectáveis na órbita terrestre; logo, essa crença não pode ser do campo da ciência. Essa analogia remete ao dragão invisível de Carl Sagan.

Qual seria a reação esperada das pessoas se alguém afirmasse ter um dragão invisível que cospe fogo em sua garagem? Foi uma das questões que Sagan levantou em seu livro *O mundo assombrado pelos demônios*. Logo de cara, podemos esperar que nos peçam para mostrar o tal dragão. Mas ocorre que ele é invisível. Podem então sugerir que farinha seja espalhada no chão, para detectar suas pegadas. Mas acontece que o dragão flutua no ar. Um sensor infravermelho pode então ser usado para detectar o fogo que ele cospe. Mas o problema é que o fogo é desprovido de calor. Uma tinta talvez possa ser borrifada para torná-lo visível. Infelizmente, o dragão é incorpóreo. E assim por diante. Qualquer ferramenta científica de nosso conhecimento é reiteradamente descartada como viável para provar a existência do dragão.

Então Carl Sagan pergunta: "Ora, qual a diferença entre um dragão invisível, incorpóreo, flutuante, que cospe fogo atérmico, e um dragão inexistente? Se não há como refutar a minha afirmação, se nenhum experimento concebível vale contra ela, o que significa dizer que o meu dragão existe?". A incapacidade de invalidar sua hipótese não é, de forma alguma, a mesma coisa que provar sua veracidade. No fundo, pedir para acreditar no relato da existência do dragão é o mesmo que pedir, na total ausência de evidências concretas, para acreditar na palavra de quem afirma isso.

Com certeza passaria pela cabeça da maioria das pessoas a explicação mais provável de que a *mente* do sujeito em questão criou o dragão, talvez por um sonho que pareça real ou mesmo uma alucinação, mais comum nos seres humanos do que muitos gostariam de admitir. E não seria nada correto da parte de quem afirma a existência do dragão, ficar ofendido com os demais, apenas porque apresentaram o veredicto de "não comprovado".

O livro de Sagan trata de inúmeros casos de crenças totalmente desprovidas de evidências, e o autor sempre levanta questões incômodas para os mais crédulos, mostrando que explicações mais prosaicas são também as mais prováveis. A mente humana é falível, e pode criar muitas armadilhas para seus donos. O desejo de crer pode tornar árdua a tarefa de questionar, exigir evidências, adotar uma postura mais cética. Por isso o rigor científico é um método tão diferente, infinitamente mais seguro que a simples fé. As emoções podem pregar peças no cérebro, ainda mais se este não estiver preparado e acostumado com a postura cética e o método científico de busca da verdade.

"Racionalismo crítico" é o nome que Karl Popper (1902-1994) deu a um racionalismo modesto e autocrítico. Ele contrastou essa visão com o "racionalismo acrítico ou abrangente", a visão justificacionista aceita de que somente o que pode ser provado pela razão e/ou experiência deve ser aceito.

Popper argumentou que teoria científica é subjetiva, conjectural, impossível de ser provada. Não é possível confirmar a veracidade de uma teoria pelos resultados alcançados de uma previsão efetuada por meio dela. Ela deve continuar a ser tratada como teoria não contrariada pelos fatos É preciso estender a abordagem de Popper a todas as áreas de pensamento e ação, a fim de evitar que crenças metafísicas ganhem respaldo científico. Basta tratá-las com objetividade: elas pertencem a campos distintos.

Como todo liberal, Popper dava um peso grande à tolerância também, mas ela exigia certos limites: "Não é possível discutir racionalmente com alguém que prefere matar-nos a ser convencido pelos nossos argumentos", declarou. E acrescentou: "Não devemos aceitar sem qualificação o princípio de tolerar os intolerantes senão corremos o risco de destruição de nós próprios e da própria atitude de tolerância."

A falibilidade humana

> *Tolerância é a consequência necessária da percepção de que somos pessoas falíveis: errar é humano, e estamos o tempo todo cometendo erros.*
> (VOLTAIRE)

Popper considerava que encobrir erros é o maior pecado intelectual. Somos humanos e, portanto, falíveis. O poeta Xenófanes, que viveu cerca de quinhentos anos antes de Cristo, já havia capturado essa ideia quando disse: "Verdade segura jamais homem algum conheceu ou conhecerá sobre os deuses e todas as coisas de que falo." Porém, isso não significa relativismo total, pois podemos obter conhecimento objetivo, como o poeta deixa claro depois: "Os deuses não revelaram tudo aos mortais desde o início; mas no decorrer do tempo encontramos, procurando, o melhor."

Mas é a *possibilidade* de estarmos errados que nos faz mais tolerantes com os outros e que nos coloca sempre na busca por mais conhecimento, já que podemos defender algo que se prova errado amanhã. Tal postura é oposta àquela que Epíteto condena quando diz: "É impossível para um homem aprender aquilo que ele acha que já sabe."

O conhecimento humano é possível. Conhecimento é a busca pela verdade, a busca de teorias explanatórias, objetivamente verdadeiras. Mas não é a busca por certeza. Entender que errar é humano é reconhecer que devemos lutar incessantemente contra o erro, mas que não podemos eliminá-lo totalmente com certeza. Como diz Popper, "mesmo com o maior cuidado, nunca podemos estar totalmente certos de que não estejamos cometendo um erro".

Essa distinção entre verdade e certeza é fundamental para Popper, pois vale a pena sempre buscarmos a verdade, mas devemos fazê-lo principalmente investigando erros para corrigi-los. Por isso o método científico é o método crítico, o método da "busca por erros e da eliminação de erros a serviço da busca da verdade, a serviço da verdade". Alguns acusaram Popper de relativista por conta dessa postura, mas ele explica isso com base na confusão entre verdade e certeza, e é enfático ao recusar tal rótulo: "O relativismo é um dos muitos crimes dos intelectuais; é uma traição à razão, e à humanidade."

Karl Popper encara o conhecimento no sentido das ciências naturais como um *conhecimento conjectural*, ou seja, um ousado trabalho de adivinhar. Mas se trata de um adivinhar disciplinado pela crítica racional. Isso, para ele, "torna a luta contra o pensamento dogmático um dever". A modéstia intelectual também vira um dever de pensadores sérios. E, sobretudo o cultivo de uma linguagem simples e despretensiosa passa a ser um dever de todo intelectual.

Na mesma linha, Isaiah Berlin, em seu livro *A força das ideias*, escreve:

> Uma retórica pretensiosa, uma obscuridade ou imprecisão deliberada ou compulsiva, uma arenga metafísica recheada de alusões irrelevantes ou desorientadoras a teorias científicas ou filosóficas (na melhor das hipóteses) mal compreendidas ou a nomes famosos, é um expediente antigo, mas no presente particularmente predominante,

para ocultar a pobreza de pensamento ou a confusão, e às vezes perigosamente próximo da vigarice.

Em resumo, *nenhum* ser humano é infalível, e é o reconhecimento desse fato que nos permite maior tolerância e a eterna busca pelo aprendizado. Os homens possuem a faculdade do raciocínio e devem questionar qualquer crença, buscando evidências que sustentem sua veracidade. "Só pelo conhecimento podemos nos libertar *espiritualmente* — da escravidão por falsas ideias, preconceitos e ídolos", afirma Popper.

O apelo à autoridade não é um bom argumento, tampouco diz algo sobre o embasamento do que está sendo afirmado. Um argumento sólido deve se sustentar pela sua própria solidez, independentemente de quem o profere. O conhecimento objetivo é possível e desejável. Mas a noção de que podemos estar errados é importante. Acredito que o mundo tem muito a melhorar se todos entenderem que somos seres falíveis. Errar é humano, e somos todos humanos. Insistir no erro é que é burrice.

O cisne negro

Antes da descoberta da Austrália, as pessoas do Velho Mundo estavam convencidas de que todos os cisnes eram brancos, e tal crença era corroborada pela evidência empírica. No entanto, bastou verificar a existência de *um* cisne negro para derrubar essa crença. Isso ilustra os graves limites de nosso aprendizado por observações. O livro *A lógica do cisne negro* (Editora BestSeller, 2008) de Nassim Taleb, trata justamente desse interessante tema, e é possível notar a forte influência de Popper e de Hayek em sua análise. O livro é uma forma de apelo por maior humildade epistemológica, infelizmente algo em falta na maioria dos homens, que necessitam do conforto de previsões e, portanto, costumam ignorar os limites do nosso conhecimento. É um livro sobre a incerteza, sobre os raros eventos que mudam o rumo das coisas sem aviso prévio e sem que os modelos estatísticos possam antecipá-los.

A ideia central de Taleb está relacionada à cegueira em relação ao fator randômico das diferentes áreas da vida. Cada um pode observar sua própria história de vida para verificar quanto os fatos ocorridos divergiram dos planos traçados anteriormente. A escolha da profissão, o encontro com a futura mulher, as mudanças repentinas do rumo da vida — quanto cada uma dessas coisas havia sido corretamente prevista? A lógica do "cisne negro" torna aquilo que não sabemos algo muito mais relevante do que aquilo que sabemos. Os "pontos fora da curva" ocorrem com muito mais frequência do que antecipamos, e nossa incapacidade de prevê-los é nossa incapacidade de prever o curso da história. Basta verificar os erros grosseiros das previsões passadas para se ter mais humildade em relação às previsões do futuro. É preciso deixar um espaço enorme para os eventos imprevisíveis. A maioria das descobertas tecnológicas, por exemplo, não foi planejada, mas fruto de "cisnes negros". O mecanismo de tentativa e erro é crucial para garantir esse avanço. Taleb chega a afirmar que o livre mercado funciona porque permite que as pessoas tenham sorte.

Taleb define aquilo que chama de "tripé da opacidade", algo que a mente humana sofreria ao entrar em contato com a história. Seriam eles: (i) a ilusão de compreensão, com todos achando que sabem o que se passa num mundo que é bem mais complexo do que percebem; (II) a distorção retrospectiva, que transforma a história mais esclarecida *após* os fatos, organizando-os de forma bem mais simplista do que a realidade; e (III) a sobrevalorização da informação factual, particularmente quando "autoridades" criam categorias, quando idealizam os fatos de maneira platônica. Tentamos explicar os fatos do passado de forma bem mais simplista do que ocorreram, e tudo parece mais razoável e previsível depois disso. Em retrospecto, chegamos a questionar como outros foram capazes de ignorar o que estava para acontecer. A categorização dos fatos produz uma redução de sua verdadeira complexidade. Taleb conclui que nossas mentes são brilhantes máquinas para *explicar* os fenômenos ocorridos, mas geralmente incapazes de aceitar a ideia da imprevisibilidade acerca do futuro.

O mundo seria dividido, segundo Taleb, entre *Mediocristan* e *Extremistan*, os conceitos que ele criou para explicar realidades diferentes. No primeiro caso, a distribuição normal da famosa curva de Gauss explica razoavelmente os eventos. No segundo caso, os eventos são escaláveis, e os resultados não se encaixam no padrão estatístico dominante. O peso dos indivíduos, por exemplo, faz parte do primeiro mundo. Já a renda deles está na segunda categoria. A profissão de garçom gera determinado salário médio, com certo desvio-padrão. Mas a profissão de escritor produz resultados bem diferentes, com desigualdades monstruosas e disparidades muito distantes daquelas calculadas pela curva normal. As recompensas de uns poucos escritores que chegam ao sucesso são infinitamente maiores do que as da média, e muitos simplesmente não vendem quase nada.

O mesmo vale para atores: poucos atingem a fama e a fortuna, enquanto muitos fracassam e ficam no total anonimato. Para Taleb, a sorte exerce um importante papel nesses resultados, mas a mente humana costuma atribuir tudo apenas às habilidades e aos esforços. O mundo é cada vez mais *Extremistan*, com as novas tecnologias e a globalização, a mentalidade "*the winner takes all*". No entanto, a maioria ainda usa as velhas ferramentas estatísticas do *Mediocristan* para analisar os fatos.

A observação de fatos passados para a inferência do futuro carrega enormes problemas. Um exemplo citado por Taleb é a alimentação de um peru desde o seu nascimento até o Dia de Ação de Graças. Supondo que ele recebeu certa quantia de comida a cada dia, por mil dias, o gráfico de seu peso ou tamanho no tempo será praticamente uma reta, com pouca variância. De fato, a confiança em relação ao futuro, com base nos dados passados, aumenta a cada dia, ainda que ele esteja cada vez mais próximo da morte. Algo funcionou por vários dias de forma bastante regular, até que, de repente, ele deixa de funcionar de forma inesperada. Esse tipo de erro — o uso ingênuo de observações passadas como representativo do futuro — é a causa de nossa incapacidade de compreensão do "cisne negro". O capitão do Titanic afirmou, em 1907, que jamais estivera envolvido em qualquer acidente, com toda a sua experiência. Até que algo deu errado em 1912, e o navio afundou. Quanto realmente os dados passados podem ser utilizados para prever o futuro?

Nassim Taleb vem do mercado financeiro, e essa é uma área excelente para ensinar sobre imprevisibilidade. Em 1982, os principais bancos americanos perderam praticamente todo o ganho acumulado anteriormente. Tudo que fora gerado antes, na história desses bancos, perdido em um único ano. Eles haviam emprestado grandes somas para países da América Central e da América do Sul, e esses países deram o calote na mesma época. Um "evento excepcionalmente raro", conforme as estatísticas. No entanto, ocorreu. O crash de 1987 nas bolsas é outro exemplo, ou então a bancarrota do *Long-Term Capital* em 1998, criado por economistas com prêmio Nobel, figurões que encaravam as finanças como algo pertencente ao mundo "normal". Seus complexos modelos estatísticos não foram capazes de prever os fatos, que teriam probabilidade infinitesimal, mas aconteceram. A arrogância desses economistas era enorme. Faltaram mais humildade e ceticismo. Faltou entender que "cisnes negros" existem.

O viés de confirmação é um dos grandes inimigos na compreensão do "cisne negro". A mente humana busca confirmar teorias a partir da observação dos fatos. Muitas pessoas confundem, por exemplo, a afirmação verdadeira de que "quase todos os terroristas são muçulmanos" com aquela falsa que diz que "todos os muçulmanos são terroristas". Na verdade, uma minúscula parcela dos muçulmanos é terrorista, mas a confusão produz uma estimativa absurda de que cada muçulmano em particular pode ser um terrorista. As pessoas vão, então, observar os ataques terroristas, quase todos praticados por muçulmanos, e vão concluir que os muçulmanos são terroristas. As pessoas tendem a procurar fatos que corroboram suas teorias prévias, e tratam esses fatos como evidências. A ótima contribuição de Popper foi justamente inverter o ônus da prova, qual seja, tentar *refutar* as teorias em vez de confirmá-las. A diferença é que milhões de cisnes brancos observados não provam que *todos* os cisnes são brancos, enquanto basta um único cisne negro para *negar* isso. Podemos nos aproximar da verdade por meio da negação de teorias, mas não pela sua verificação. É arriscado demais construir uma teoria geral com base nos fatos observados.

Um exemplo do cotidiano pode ilustrar melhor o ponto. Todos conhecem a máxima "sorte de principiante", a crença disseminada de que os jogadores costumam ter mais sorte no começo. No fundo, isso não passa de uma ilusão. Aqueles que começam a jogar serão sortudos ou azarentos. No entanto, aqueles com sorte tendem a insistir no jogo, pois acreditam que vencer é seu destino. Os outros, desanimados com as perdas iniciais, tendem a abandonar o jogo. Eles somem das estatísticas. Aqueles que continuam no jogo lembrarão a sorte inicial. Isso explica a tal "sorte de principiante", nada mais.

Chamamos isso de viés de sobrevivência, e o mesmo pode ser observado na análise de investidores bem-sucedidos. O cemitério está repleto de evidências silenciosas. No entanto, costumamos olhar apenas para os sobreviventes e inferir teorias que explicam seu sucesso, ignorando a quantidade enorme de pessoas com as mesmas habilidades que fracassaram no caminho. Essa noção está por trás também do *insight* de Bastiat, quando lembrou que existe aquilo que se vê, e aquilo que não se vê. Várias medidas do governo, por exemplo, são celebradas porque as pessoas focam apenas nos resultados imediatamente observáveis, esquecendo os mortos no caminho, aquilo que não se vê.

O mundo é bem mais complexo do que pensamos ou modelamos. Taleb expressa seu espanto no fato de que continuamos acreditando que somos bons em prever fatos usando ferramentas que excluem os eventos raros, mesmo diante de um histórico terrível de previsões passadas. Aprendemos com a história que não aprendemos muito com a história. Somos arrogantes em relação àquilo que achamos que sabemos, e ignoramos que aquilo que não se sabe pode ser fatal. Costumamos supervalorizar o que sabemos e subestimar a incerteza. Deveríamos ser bem mais céticos com os "profetas", ao analisar sua taxa passada de erros.

Isso serve para quase todos os campos, e há séculos os "profetas" conquistam multidões dispostas a focar somente nos acertos. Nostradamus ficou famoso dessa forma, assim como atualmente temos outros "profetas". Mesmo os economistas insistem na mania de fazer previsões como se fossem capazes de antecipar os complexos eventos futuros. Ambientalistas usam modelos estatísticos para inferir como será o clima um século na frente. Governos apelam aos "especialistas" para desenhar planos econômicos com base em estimativas de décadas à frente. A necessidade humana de controlar ou antecipar o futuro garante o emprego de todos esses "profetas". Poucos são os céticos que se dão ao trabalho de olhar para trás e verificar a quantidade de previsões erradas de todo tipo de especialista.

As inovações tecnológicas que mudaram o mundo nos últimos séculos foram, em grande parte, não planejadas. Além disso, quando uma nova tecnologia surge, costumamos subestimar ou sobrevalorizar sua importância de forma grosseira. Thomas Watson, o fundador da IBM, chegou a prever que não haveria necessidade para mais do que uns poucos computadores no mundo. Diferente do que previram, não estamos passando nossos finais de semana em estações espaciais desde 2000. Quando o homem chegou à Lua, a Pan Am chegou a reservar viagens para lá. Ignorou apenas que estaria falida pouco depois. O Viagra deveria ser uma droga para a hipertensão. Das cem maiores empresas atuais, poucas estarão na lista em cinquenta anos.

São infindáveis os exemplos de mudanças relevantes sem previsão alguma, ou de previsões de mudanças incríveis que não se realizaram. O homem tem dificuldade de aceitar esse processo evolutivo como fruto de mudanças randômicas. Ele necessita da sensação de controle, da imagem de um *designer* inteligente por trás das mudanças, capaz de antecipar o futuro. No entanto, a criação de inúmeros produtos foi simplesmente algo não intencional. Se hoje poucos acreditam na infalibilidade papal, muitos acreditam na infalibilidade dos diferentes "profetas", especialmente se associados a alguma forma de autoridade, como um prêmio Nobel. O livro de Nassim Taleb é um ótimo antídoto contra essa doença, que resgata a humildade epistemológica presente em alguns pensadores da Antiga Grécia.

O conhecimento humano tem evoluído bastante, e isso é maravilhoso. Mas se o resultado desse maior conhecimento for a arrogância em relação ao futuro incerto, então seremos vítimas indefesas dos "cisnes negros" negativos, e também evitaremos muitos "cisnes negros" positivos. O conhecimento humano pode nos mostrar justamente os limites desse conhecimento, de nossa capacidade de prever o futuro. Como disse Hayek, "a razão humana não pode prever ou deliberadamente moldar seu próprio futuro; seus avanços consistem em descobrir onde esteve errada". Basta encontrar apenas um cisne negro para derrubar uma crença milenar de que existem somente cisnes brancos!

O mito do contexto

> *O relativismo cultural e a doutrina do contexto fechado constituem sérios obstáculos à disposição de aprender com os outros.*
> (KARL POPPER)

Para Karl Popper, um dos componentes do irracionalismo moderno é o relativismo, entendido como a doutrina segundo a qual a verdade é relativa à nossa formação intelectual. Em outras palavras, a verdade mudaria de contexto para contexto, o que impossibilitaria um entendimento mútuo entre culturas, gerações ou períodos históricos diferentes. Eis a frase que define esse "mito do contexto", segundo Popper:

> A existência de uma discussão racional e produtiva é impossível, a menos que os participantes partilhem um contexto comum de pressupostos básicos ou, pelo menos, tenham acordado em semelhante contexto em vista da discussão.

Para Popper, a afirmação é não apenas falsa, mas também perigosa. Se acolhida de forma generalizada, pode inclusive contribuir para o aumento da violência, minando a unidade da humanidade. Sem dúvida uma discussão entre participantes que não compartilham do mesmo contexto pode ser *difícil*, mas é um exagero afirmar que é *impossível* ter um debate proveitoso sem essa premissa. Popper vai além, e acredita que um debate entre pessoas com várias ideias em comum pode ser bastante agradável, mas talvez não seja tão proveitoso quanto um debate entre pessoas com pontos de vista totalmente divergentes.

Uma história muito usada para reforçar o mito do contexto é aquela contada por Heródoto, o pai da historiografia. Conforme relata, o rei persa Dario I, querendo dar uma lição aos gregos residentes em seu império, teria chamado esses gregos e perguntado por qual preço eles estariam dispostos a devorar os cadáveres dos seus próprios pais. Naturalmente, os gregos responderam que por preço algum aceitariam fazer isso. Em seguida, Dario I teria chamado um grupo de indianos que tinham por hábito comer os pais mortos. Utilizando-se de um intérprete, ele perguntou aos indianos, na presença dos gregos, por qual preço aceitariam queimar os restos de seus parentes falecidos. Os indianos teriam ficado indignados, exortando o rei a não dizer blasfêmias. Os adeptos do relativismo costumam usar esse exemplo como evidência de que há um abismo intransponível a depender do contexto. Mas Popper não concorda.

Na verdade, Popper sustenta que tal discussão não teria sido infrutífera. A experiência do confronto entre hábitos tão diferentes sem dúvida permitiu algum aprendizado novo aos envolvidos. A conclusão de Heródoto é que devemos olhar com tolerância para os costumes que são diferentes dos nossos, e isso já seria um resultado positivo do choque de culturas. O fosso existente entre contextos ou culturas diferentes *pode* ser ultrapassado, e esta é a tese de Popper. O próprio avanço da civilização ocidental é fruto do choque de diferentes culturas. Podemos aprender com os diferentes contextos, e podemos evoluir em nosso conhecimento acerca do mundo. O método que permite esse aprendizado é o da crítica. Conforme coloca Popper, "uma das principais tarefas da razão humana é tornar o universo em que vivemos algo compreensível para nós". Essa é a tarefa da ciência. E todos os povos têm capacidade de utilizá-la.

As barreiras às discussões racionais e críticas são muitas. Os elementos pessoais ou emocionais podem dificultar esse debate. O instinto de tentar "vencer" um debate precisa ser superado pela razão, pois uma "vitória" no debate não significa nada, "ao passo que a mínima clarificação de um problema que se tenha — mesmo a menor contribuição para uma compreensão mais clara da sua própria posição ou da de um opositor — constitui um grande sucesso". Tentar, em suma, se aproximar genuinamente da verdade — eis um ideal importante que pode ser buscado. Por outro lado, uma expectativa extremamente otimista em relação aos debates, de que é possível obter frequentemente como resultado a vitória da verdade sobre a falsidade, pode levar a uma frustração que conduz ao pessimismo generalizado sobre a fecundidade das discussões.

Mantendo-se o realismo acerca das dificuldades desses debates, o fat ele pode produzir efeitos extremamente positivos. As leis
fazem enorme diferen   que vivem sob a sua a

podem ser cruéis, bárbaros, enquanto outros podem aliviar o sofrimento ou favorecer a cooperação mútua e voluntária. Alguns povos respeitam a liberdade individual, outros, não, ou o fazem em grau bem menor. Como afirma Popper, "estas diferenças são extremamente importantes e não podem ser postas de lado ou ignoradas pelo relativismo cultural ou através da afirmação de que leis e costumes diferentes se devem a padrões diferentes, ou a diferentes formas de pensamento, ou a diferentes marcos conceituais que são, por isso, incomensuráveis ou incomparáveis". Popper acha justamente o contrário: devemos tentar compreender e comparar. Devemos tentar avaliar quem tem as melhores instituições, e devemos aprender com elas a partir de um olhar crítico.

Hegel e Marx foram, talvez, os mais influentes pensadores do mito do contexto. Para Marx, a ciência era dependente das classes sociais. Haveria uma ciência proletária e outra burguesa, cada qual prisioneira de sua conjuntura. A classe é que definiria o pensamento do indivíduo, sendo totalmente impossível um debate racional. A falibilidade humana pode representar um perigoso atrativo para tais doutrinas. O fato de existir parcialidade em todos os seres humanos não quer dizer que uma aproximação da verdade seja inviável. O curioso é que o próprio Marx, que não era proletário, arrogava-se a capacidade de pensar por esta classe, uma gritante contradição à sua própria crença. É evidente que o contexto pode influenciar nossos pensamentos. Mas parece claro também que os homens desfrutam da magnífica capacidade de olhar crítico, de debate racional *independentemente* de seu contexto. Não existe uma razão diferente para cada situação. Existe uma razão, que pode não ser infalível, mas em compensação é capaz de nos afastar dos erros e, portanto, nos aproximar da verdade.

A conclusão fica com Popper:

> As prisões são os contextos. E aqueles que não gostam de prisões opor-se-ão ao mito do contexto. Acolherão com agrado a discussão com um parceiro vindo de outro mundo, de outro contexto, pois tal oferece-lhe a oportunidade de descobrir as suas amarras até aí não sentidas, ou de quebrá-las e desse modo ultrapassarem-se a si próprios. Mas o sair da prisão não é, seguramente, uma questão de rotina: só pode ser o resultado de um esforço crítico e de um esforço criativo.

A opinião pública e o liberalismo

Em 1954, Karl Popper proferiu uma conferência em Veneza, cujo tema era "a opinião pública à luz dos princípios do liberalismo". Tal conferência encontra-se no livro *Em busca de um mundo melhor*, de Popper. Aqui, pretendo fazer um breve resumo do que foi dito por este grande defensor da sociedade aberta.

Em primeiro lugar, Popper trata do mito da opinião pública, referindo-se ao mito clássico "*vox populi, vox dei*", que atribui à voz do povo uma espécie de sabedoria divina e infalível. Ele lembra que o povo raras vezes fala uma só voz, devido à sua enorme pluralidade. Existem vários "homens comuns", e mesmo o que eles decidem com unanimidade nem sempre é sábio. Contudo, Popper acredita existir um grão de verdade no mito, pois as pessoas simples são muitas vezes mais sábias do que os governantes, e, se por acaso não forem, "são frequentemente guiadas por interesses melhores e mais generosos".

A seguir, Popper levantou um conjunto de teses acerca dos fundamentos do liberalismo. O Estado seria um mal necessário, e seus poderes não podem ser multiplicados além da medida necessária. Mesmo num mundo com homens bons, ainda haveria homens mais fracos e mais fortes, e os mais fracos não teriam nenhum direito de ser tolerados pelos mais fortes sem um Estado que garantisse tal direito. Eles teriam que ser gratos pela bondade dos mais fortes em tolerá-los. Todos que consideram tal visão insatisfatória e creem que qualquer um deve ter um direito de viver e uma reivindicação de ser protegido contra o poder dos fortes, reconhecerão a necessidade de um Estado que proteja o direito de todos. Entretanto, não é difícil mostrar que o próprio Estado é um perigo constante e nesse sentido um mal, mesmo que necessário. Afinal, para o Estado cumprir essa função necessária, ele deve ter mais controle do que qualquer indivíduo ou mesmo grupo de indivíduos. Tal concentração de poder sempre será perigosa para a liberdade.

Outro fundamento do liberalismo é a democracia. A diferença entre esta e um despotismo é, segundo Popper, que numa democracia é possível livrar-se do governo sem derramamento de sangue, enquanto num regime despótico não. Como Popper defende para as ciências naturais o método de tentativa e erro, por meio da crítica racional, infere o mesmo para o modelo político, entendendo que com a democracia é, ao menos, viável derrubar um mau governante pacificamente. Mas Popper deixa claro que não devemos ser democratas porque a maioria sempre está certa, e sim porque as instituições democráticas, se enraizadas em tradições democráticas, "são de longe as menos nocivas que conhecemos".

Popper atribui relevância às tradições também, pois meras instituições nunca são suficientes se não estão sustentadas por sólidas tradições. Instituições são sempre ambivalentes, e podem eventualmente atuar segundo um propósito oposto ao que deveriam, caso não tenham o auxílio de uma tradição forte. O autor explica melhor: "Como todas as leis podem estabelecer apenas princípios universais, elas devem ser interpretadas para ser aplicadas; mas uma interpretação, por sua vez, precisa de certos princípios da prática cotidiana que só uma tradição viva pode desenvolver." Popper considera que não há nada mais perigoso do que a aniquilação da moldura moral, que são exatamente essas tradições mais importantes. Ela leva a um niilismo cínico, "à desconsideração e dissolução de todos os valores humanos".

Além disso, a liberdade de pensamento e livre discussão são valores estruturantes do liberalismo, que podem ser explicados por referência ao papel que desempenham na busca da verdade. Como a verdade não é manifesta, não cai do céu, tampouco é fácil de encontrar, é fundamental garantir tais princípios, para que tenhamos a descoberta gradual de nossos próprios valores, por meio da tentativa e erro e da discussão crítica. O valor de uma discussão "depende amplamente da variedade das visões e opiniões que se enfrentam", e o liberalismo põe sua esperança "não num consenso de convicções, mas na fertilização mútua das opiniões e em seu consequente desenvolvimento". Nesse contexto é que a opinião pública pode representar um perigo para a liberdade. Pelo seu anonimato, a opinião pública "é um poder sem responsabilidade" e, por isso, especialmente perigosa. Ela pode tornar-se um poder despótico, e isso gera a necessidade de proteção do indivíduo pelo Estado. Popper resume:

> A entidade vaga, mal compreendida, chamada "opinião pública" é, com frequência, mais esclarecida e sábia do que os governos; mas, sem as rédeas de uma forte tradição liberal, representa um perigo para a liberdade. A opinião pública jamais pode ser reconhecida como *vox dei*, como árbitro da verdade e da falsidade, mas às vezes é um juiz iluminado em questões de justiça e outros valores morais. É perigosa em questões de gosto. Podemos combater esses perigos apenas pelo fortalecimento das tradições do liberalismo; e qualquer um pode participar desse projeto.

A sociedade aberta

O filósofo Bertrand Russell definiu a obra-prima de Karl Popper, *A sociedade aberta e seus inimigos*, como "um trabalho cuja importância é de primeira linha e que deve ser largamente lido por sua crítica de mestre aos inimigos da democracia, antigos e modernos". O livro faz um ataque contundente a Platão, assim como uma análise impiedosa de Hegel e Marx. Creio que um dos grandes valores do livro é levar o debate político para a divisão entre coletivistas e individualistas, e não de esquerda e direita. Popper combate duramente os autoritários coletivistas, seja qual for o espectro político. Seu foco é a transição da sociedade tribal, ou sociedade fechada, para uma sociedade aberta. Na primeira, há uma submissão a forças mágicas, enquanto a última "põe em liberdade as faculdades críticas do homem".

Um dos maiores inimigos da sociedade aberta é o *historicismo*. Para Popper, "o futuro depende de nós mesmos, e nós não dependemos de qualquer necessidade histórica". Os historicistas, ao contrário, acreditam ter descoberto leis históricas que permitem profecias sobre os acontecimentos no curso do tempo. Segundo esses pensadores, os homens não seriam donos do próprio destino. Essa postura alivia os homens do ônus de suas responsabilidades, pois não importa o que façam, o futuro já está definido. Como exemplo está a doutrina do "povo escolhido", ou o determinismo econômico de Marx. A doutrina historicista costuma ser profética, conduzindo à rejeição da aplicabilidade da ciência e da razão aos problemas da vida social. Em última instância, é a doutrina do poder, da dominação e da submissão.

Como sinônimo desse modelo, temos o tribalismo, ou seja, "a ênfase sobre a suprema importância da tribo, sem a qual o indivíduo nada é em absoluto". O coletivismo, seja ele de classe, raça, credo ou nação, fica acima do indivíduo, que nada significa. Esse tribalismo tem como traço marcante uma rigidez social, sendo a vida determinada por tabus sociais e religiosos. Cada um tem seu lugar definido, um lugar "natural", que lhe foi destinado pelas forças que regem o mundo. A sociedade ideal de Platão, exposta em *A República*, atesta isso, ao defender a divisão entre castas.

Popper diz: "Em combinação com a ideia historicista de um destino inexorável encontramos frequentemente um elemento de misticismo." O filósofo demonstra aberta hostilidade para com o historicismo, convicto de que ele é "fútil, senão pior do que isso". Com base na tradição tribal coletivista, as instituições não deixam campo à responsabilidade pessoal. Essa sociedade mágica, tribal ou coletivista seria a sociedade fechada, enquanto uma sociedade aberta ou democrática seria aquela "em que os indivíduos são confrontados com decisões pessoais". Platão, ao ir contra tudo isso segundo a leitura de Popper, foi tachado por este de "partidário do totalitarismo".

Para Popper, a transição da sociedade fechada para a aberta "pode ser descrita como uma das mais profundas revoluções por que passou a humanidade". O comércio seria um dos maiores perigos para a sociedade fechada, forçando sua abertura. Por isso vemos tanta hostilidade ainda hoje, por parte dos coletivistas, em relação ao comércio global. A queda da sociedade fechada gera tensões, criadas pelo esforço que a vida em uma sociedade aberta continuamente exige, por meio da necessidade de ser racional, de cuidar de nós mesmos e de aceitar responsabilidades. A comunidade tribal é o refúgio dos receosos, o lugar de segurança contra os "inimigos hostis", o desconhecido. Seria o análogo a uma família para uma criança, que sabe qual papel deve desempenhar, já que este lhe é imposto.

Na Guerra do Peloponeso, entre Esparta e Atenas, Karl Popper encontra o berço dessa transição, com os espartanos representando a vida tribal e os atenienses esboçando uma abertura ao indivíduo livre e racional. Entre os princípios da política espartana estavam a proteção contra as influências estrangeiras que pudessem pôr em perigo a rigidez dos tabus tribais, a independência do comércio externo, o antiuniversalismo de não se misturar com os inferiores e a dominação dos vizinhos. Em Atenas, ao contrário, vários pensadores já defendiam os pilares básicos da sociedade aberta, com uma nova fé na razão, na liberdade e na fraternidade dos homens. Para Popper, esta é a única possível fé da sociedade aberta. Seus principais inimigos são os misantropos e os detratores da razão humana. Aqueles que sonham com uma unidade, beleza e perfeição, com um coletivismo utópico, demonstram um sintoma do espírito de grupo do tribalismo. "Nunca podemos retornar à alegada inocência e beleza da sociedade fechada", afirma Popper. O sonho de um céu não pode ser realizado na terra.

Quando começamos a confiar em nossa razão, a usar nossos poderes de crítica, "não poderemos retornar a um estado de submissão implícita à magia tribal". O paraíso está perdido para aqueles que experimentaram da Árvore do Conhecimento. Uma tentativa de regressar à Idade de Ouro leva à inquisição, à polícia secreta e a um banditismo romantizado. Nas palavras de Popper: "Não há mais volta possível a um estado harmonioso da natureza; se voltarmos, então deveremos refazer o caminho integral — devemos retornar às bestas." Para permanecermos humanos, só existe o caminho da sociedade aberta. Popper conclui: "Devemos marchar para o desconhecido, o incerto e o inseguro, utilizando a razão de que pudermos dispor para planejar tanto a segurança *como* a liberdade."

Tribalismo cosmopolita

O autor que mais li na vida foi Mario Vargas Llosa. Em seu mais recente livro, *O chamado da tribo*, ele resume as ideias de grandes pensadores como Adam Smith, Ortega y Gasset, Hayek, Popper, Raymond Aron, Isaiah Berlin e Revel. Como o título já diz, o denominador comum que Vargas Llosa encontrou nesses autores é sua rejeição ao tribalismo, um chamado natural, uma vez que se trata de uma paixão atávica essa busca por pertencimento a um grupo coeso. O liberal luta contra o coletivismo tribal desde sempre, e não é trivial compreender as vantagens de um sistema mais impessoal como o livre mercado global, pois não é algo intuitivo.

Sou admirador de Vargas Llosa, não só do romancista, mas também do liberal em política. Mas vale ressaltar logo de cara as diferenças essenciais: enquanto ele adota uma visão de um liberalismo mais progressista e cosmopolita, às vezes quase flertando com uma social-democracia ao estilo tucano, eu me julgo cada vez mais um liberal com viés conservador, justamente por rejeitar a visão racionalista demais dos que ignoram o legado e a importância das tradições morais e religiosas, além do saudável patriotismo.

Vargas Llosa chega a forçar um pouco a barra para puxar para seu lado pensadores como Ortega y Gasset, que estaria certamente mais no campo conservador. Ele também despreza esse lado conservador nos costumes de estadistas como Reagan e Thatcher: "Em muitas questões sociais e morais eles defendiam posições conservadoras e até reacionárias — nenhum dos dois aceitaria o casamento homossexual, o aborto, a legalização das drogas ou a eutanásia, que me pareciam reformas legítimas e necessárias — e nisso, certamente, eu divergia deles." Eu me alinho mais com os conservadores.

Em que pesem diferenças importantes, o que nos une é mais forte: Vargas Llosa absorveu desses pensadores liberais a humildade necessária para não cair em tentações utópicas revolucionárias; ele prefere o gradualismo reformista e a democracia que, com todos os seus defeitos, tem como maior virtude evitar o derramamento de sangue em trocas violentas de grupos no poder.

A aversão de Vargas Llosa ao coletivismo é por mim compartilhada. Com Karl Popper, talvez sua maior influência, o escritor peruano, vencedor do Prêmio Nobel de Literatura em 2010, rejeita a irracionalidade do ser humano primitivo que

> Descansa no fundo mais secreto de todos os civilizados, que nunca superaram totalmente a saudade daquele mundo tradicional — a tribo — em que o homem ainda era parte inseparável da coletividade, subordinado ao feiticeiro ou ao cacique todo-poderosos que tomavam todas as decisões por ele, e nela se sentia seguro, livre de responsabilidades, submetido, como o animal de manada, no rebanho, ou o ser humano em uma turma ou torcida, adormecido entre os que falavam a mesma língua, adoravam os mesmos deuses e praticavam os mesmos costumes, e odiando o outro, o diferente, que podia ser responsabilizado por todas as calamidades que assolavam a tribo.

Nessa longa passagem, Vargas Llosa resume, talvez de forma um pouco caricata, o sentimento tribal coletivista, fonte do nacionalismo xenófobo, que ao lado do fanatismo religioso levou às maiores matanças na história da humanidade. A liberdade individual demanda responsabilidade, a começar por pensar de forma independente e assumir as rédeas da própria vida, o que assusta muita gente. A tribo fornece o conforto do coletivismo, em que o indivíduo pode se diluir em meio a uma massa monolítica, o que pode anular sucessos pessoais, mas anula também os fracassos. É tentador para muitos.

Acredito, porém, que é preciso ter cuidado para não tomarmos os excessos como a norma, e as exceções como a regra. Se o nacionalismo tribal dos nazistas é claramente terrível, isso não quer dizer que o patriotismo americano seja ruim, por exemplo. O risco do liberalismo individualista e cosmopolita é se transformar em algo que rejeite a importância do coletivo, da história comum de um povo, das tradições e, sim, do legado moral religioso, dos tabus. O racionalista quer submeter tudo à sua razão, mas isso parece uma tarefa fadada ao fracasso. E o fanatismo pode também ser de cunho político e ideológico, inclusive em nome da razão, como o terror jacobino mostrou.

Em *Tribe: On Homecoming and Belonging* [Tribo: sobre retorno e pertencimento], Sebastian Junger, correspondente de guerra, mostra como muitos militares sentem falta dos anos de batalha, pois ali, apesar de toda a dor e violência, havia ao menos um sentimento forte de pertencimento a algo maior. Não por acaso, virtudes — e também vícios — destacam-se em momentos como esses. A coragem que desperta em alguns, com um propósito de "bando", é heroico e conhecido. Numa tribo, estamos dispostos a dividir mais, compartilhar, algo que as sociedades modernas impessoais dificultam — e o Estado é péssimo substituto para isso. Não quer dizer, naturalmente, que seja desejável retornar ao tribalismo. Mas é recomendável assumir que algo se perdeu no processo, que existe uma troca aqui, que o progresso civilizacional traz um custo.

Por fim, retorno à humildade, característica fundamental do liberalismo. Vargas Llosa resume bem:

> Entre os liberais, como demonstram aqueles que figuram nestas páginas, com muita frequência há mais discrepâncias que coincidências. O liberalismo é uma doutrina que não tem respostas para tudo, como pretende o marxismo, e admite em seu seio a divergência e a crítica, a partir de um corpo pequeno, mas inequívoco, de convicções.

De fato, Vargas Llosa é um liberal, assim como foi Popper, e eu também me considero um. Ele tem inclinação progressista; eu, uma mais conservadora. Mas há uma elasticidade dentro do liberalismo que permite essas divergências, sempre de forma civilizada, dirimidas por meio do diálogo calcado em argumentos. Numa época de crescente polarização tribal, creio que o livro de Vargas Llosa tenha muito mais méritos do que deméritos, e mereça ser lido.

George Orwell

Eric Arthur Blair nasceu em 1903, na Índia Britânica, e ficou mais conhecido por seu pseudônimo de escritor George Orwell. Ele foi apontado por alguns como anarquista, e chegou a se dizer um socialista, mas ficou mais conhecido pelos ataques veementes ao stalinismo em seus romances *A revolução dos bichos* e *1984*. Tratam-se de distopias que revelam os aspectos mais sombrios do totalitarismo na alma humana, e por isso Orwell já merece um lugar de destaque no rol dos pensadores da liberdade: poucos denunciaram os regimes mais avessos ao indivíduo como ele.

A granja da igualdade

> *No meu dicionário, "socialista" é o cara que alardeia intenções*
> *e dispensa resultados, adora ser generoso com o dinheiro alheio,*
> *e prega igualdade social, mas se considera mais igual que os outros...*
> (ROBERTO CAMPOS)

Os ideais igualitários sempre conquistaram, como ainda conquistam, inúmeros adeptos. Inexoravelmente, porém, são corroídos pela própria natureza humana e desembocam em tiranias. É do que trata o pequeno livro satírico de George Orwell, *A revolução dos bichos*, escrito na época da Segunda Guerra Mundial. O livro ataca o modelo soviético sob a ditadura de Stalin e, a partir da alegoria dos bichos, faz um retrato fiel do que ocorre de fato na tentativa de implantar o comunismo. Aqueles que renunciam à liberdade em troca de promessas de segurança acabam sem nenhuma delas. A utopia seduz pelas emoções, mas na hora dos resultados, a irracionalidade cobra um elevado preço, com juros estratosféricos.

A fábula se passa na Granja do Solar, onde os animais eram explorados por seu dono. O velho porco Major fez um discurso sobre um sonho e conquistou todos os animais. O homem seria o grande inimigo, o único inimigo, e, ao retirá-lo de cena, a causa principal da fome e da sobrecarga de trabalho desapareceria para sempre. "Basta que nos livremos do Homem para que o produto de nosso trabalho seja só nosso", disse o velho porco. Num piscar de olhos, todos seriam livres e ricos. A promessa do paraíso sem esforço. Nenhum animal iria jamais tiranizar outros animais. Todos seriam como irmãos. Todos são iguais. O mundo dos insetos gregários, sonhado por todos aqueles que odeiam o sucesso alheio, e, portanto, as diferenças entre os homens.

Em seguida, uma canção foi criada para transmitir a mensagem igualitária do sonho dos animais da granja. Todos repetiam aqueles versos com profundo entusiasmo, até com certo fanatismo. O futuro seria magnífico. A riqueza, incomensurável. Para tanto, bastava lutar, mesmo que custasse a própria vida. Sansão, o forte cavalo, era o discípulo mais fiel. Não sabia pensar por conta própria, e aceitava os porcos como instrutores, por sua reconhecida sabedoria. Passava adiante o que era ensinado, através da repetição automática, como vemos de fato nos chavões e *slogans* repetidos ad nauseam pelos comunistas, como por vitrolas arranhadas. A figura de Sansão é o retrato do idiota útil, que, bem-intencionado, serve como massa de manobra dos oportunistas de plantão.

Os animais se revoltaram, e finalmente tomaram o poder da granja. Nada seria tocado na casa, que passaria a ser um museu da revolução. Nenhum animal deveria jamais morar lá. Foram criados sete mandamentos, entre eles: qualquer coisa que andar sobre duas pernas é inimigo; nenhum animal dormirá em cama; nenhum animal matará outro animal; e o mais importante, que todos os animais são iguais. Com o tempo, todos esses mandamentos foram sendo devidamente ignorados pelos novos donos do poder, que os alteravam sem cerimônia.

O leite das vacas, por exemplo, desaparecera. Com o tempo, o mistério foi esclarecido: era misturado à comida dos porcos. Mas o discurso era convincente: "Camaradas, não imaginais, suponho, que nós, os porcos, fazemos isso por espírito de egoísmo e privilégio." Não, claro. Eles eram os intelectuais, e a organização da granja dependia deles. O bem-estar geral era o único objetivo dos porcos. "É por *vossa* causa que bebemos aquele leite e comemos aquelas maçãs." E como não poderia faltar no hipócrita discurso altruísta, usado para dominar os inocentes, há que existir um bode expiatório, um inimigo externo, ainda que fictício, que justifique os abusos domésticos. Logo, se os porcos falhassem nessa nobre missão, o antigo senhor voltaria ao poder, o terrível homem. E isso ninguém queria. Portanto, tudo que os sábios porcos diziam e faziam deveria ser verdade. Era pelo bem da granja!

Durante uma batalha com invasores humanos, os porcos deixavam claro que não era para ter nada de "sentimentalismo". Guerra é guerra, e "humano bom é humano morto". George Orwell ataca com veemência a figura de Stalin, mas curiosamente poupa Lênin, que não é identificado facilmente na obra. No entanto, algumas declarações do líder da revolução bolchevique demonstram que essa mentalidade violenta estava presente nele. Lênin disse: "Enquanto não aplicarmos o terror sobre os especuladores — uma bala na cabeça, imediatamente — não chegaremos a lugar algum!". Seu objetivo *era* uma guerra civil, e ele deixava claro que esse era o caminho que deveriam buscar. Suas palavras eram diretas: "É chegada a hora de levarmos adiante uma batalha cruel e sem perdão contra esses pequenos proprietários, esses camponeses abastados." Na verdade, não eram tão abastados assim, os pobres *kulaks*. Mas eram os alvos perfeitos para justificar a guerra civil que os bolcheviques desejavam, para depois tomar o poder completo. Dito e feito.

O Stalin do livro é Napoleão, um porco esperto que criara em segredo uns cachorros amedrontadores. Chegada a hora de assumir o poder absoluto, Bola de Neve vira vítima dos cães adestrados de Napoleão, para o terror de todos os animais que olhavam a cena. Bola de Neve seria o Trotsky no livro, iludido pela revolução, mas depois enganado. A história é totalmente reescrita por Napoleão, que transforma Bola de Neve num espião, que desde o começo da revolução trabalhava para o inimigo. As regras mudam, as votações acabam, e as decisões passam a ser tomadas por uma comissão de porcos, presidida por Napoleão. Isso tudo é passado aos animais como um imenso sacrifício de Napoleão, tendo que carregar o fardo da responsabilidade, em prol do bem geral. Era isso ou o retorno do homem malvado. Esse "argumento" era infalível.

Dá-se início a um verdadeiro culto de personalidade, como costuma ocorrer em todos os países socialistas. Napoleão passa a dormir na cama, ignorando um dos mandamentos da revolução, que passa a contar com um adendo que diz que nenhum animal deve dormir em cama *com lençóis*. O mandamento de que nenhum animal mataria outro foi substituído — após uma chacina de alguns dissidentes do regime — para outro segundo o qual nenhum animal deveria matar outro *sem motivo*. Ora, não foi difícil, com tanto poder, achar motivos para justificar o massacre de Napoleão. A miséria se abateu sobre a granja, mas os porcos comiam cada vez melhor. O cavalo Sansão trabalhava cada vez mais, convencido de que Napoleão estava sempre certo. Acabou doente de tanto cansaço, e foi levado para um abatedouro, sem piedade alguma por parte do "grande líder".

Os sete mandamentos davam lugar a apenas um agora: "Todos os bichos são iguais, mas alguns bichos são mais iguais que outros." Os porcos ligados a Napoleão passaram a negociar com os homens de outras granjas vizinhas, algo totalmente condenado na revolução. Passaram a beber álcool, também condenado, e aprenderam a andar em duas patas. No fim, era completamente indistinguível quem era porco e quem era homem. Eis o destino inevitável dos igualitários revolucionários. Instalam um regime tão opressor ou mais que o anterior, tudo em nome da granja da igualdade.

O grande irmão

> *Não é fazendo ouvir a nossa voz, mas permanecendo são*
> *de mente que preservamos a herança humana.*
> (GEORGE ORWELL)

Em seu famoso livro *1984*, Orwell descreveu em que se transformaram as nações socialistas. Escreveu a magnífica obra ainda na década de 1940, e já tinha os exemplos nazista e bolchevique para sua análise dos resultados práticos do socialismo. Mas ainda assim foi de uma clarividência incrível ao mostrar como funciona a mentalidade do socialista, e quais as consequências disso. Lembremos também que a propaganda de Stalin e sua "cortina de ferro" não deixavam transparecer ao mundo as atrocidades cometidas em casa. O "profeta" Orwell merece respeito por sua acurácia!

Orwell define que a nova aristocracia que tomaria o poder pelo socialismo seria composta, majoritariamente, de burocratas, cientistas, técnicos, organizadores sindicais, peritos em publicidade, sociólogos, professores, jornalistas e políticos profissionais. Essa gente, cuja origem estava na classe média assalariada e nos escalões superiores da classe operária, fora moldada pelo mundo do governo centralizado, onde a liberdade individual precisa ser combatida. Como o próprio autor diz, "comparada com os seus antecessores, era menos avarenta, menos tentada pelo luxo, mais faminta de poder puro e, acima de tudo, mais consciente do que fazia e mais decidida a esmagar a oposição". A oligarquia procura o poder pelo poder, sem interesse real no bem-estar alheio. Não é a ditadura um meio para a "revolução", mas sim a revolução um meio para se chegar à ditadura! São algumas características inerentes dos ícones do socialismo.

A manipulação da mente é um dos principais mecanismos de manutenção do poder. O advento da televisão tornou ainda mais fácil manipular a opinião pública, e pela primeira vez existia a possibilidade de fazer impor não apenas completa obediência à vontade do Estado, como também completa uniformidade de opinião em todos os súditos. A única base segura da oligarquia é o coletivismo, já que a riqueza e o privilégio são mais fáceis de defender quando possuídos em conjunto. Por isso a chamada "abolição da propriedade privada" sempre é defendida pelos socialistas, e acaba sendo, na verdade, a concentração da propriedade em um número bem menor de mãos — as dos donos do poder. Para isso, abusam da distorção linguística, com termos abstratos como "justiça social", "direito à cidadania", "controle participativo da sociedade" etc. Retórica coletivista para a tomada de poder da *nomenklatura*.

No livro, Orwell afirma que há quatro modos de um grupo governante abandonar o poder: ser vencido de fora; permitir o aparecimento de um grupo médio forte e descontente; perder a confiança em si e a disposição de governar; ou pela revolta das massas. Mas estas quase nunca se revoltam espontaneamente, e se não lhes for permitido um padrão de comparação, nem ao menos se darão conta de que são oprimidas. A classe média representa um perigo maior, e por isso é sempre o alvo principal dos governantes socialistas. Os impostos escorchantes já encomendaram sua extinção. A ameaça externa é muitas vezes usada como pretexto para aumento do controle interno, assim como fortalecimento do aparato militar do partido. Hugo Chávez e seu sucessor, Nicolás Maduro que o digam!

O ódio é constantemente fomentado, e quando não há inimigos reais, cria-se. Espera-se que o membro do partido viva num frenesi contínuo de ódio aos "inimigos" estrangeiros e aos "traidores" internos, desviando suas emoções para tais coisas. O "neoliberalismo", o "império ianque", o FMI, Bush, Trump, Bolsonaro, são todos figuras usadas para despertar esse ódio instintivo. Não pode haver lugar para a razão, para uma busca imparcial de fatos. O domínio do sentimento sobre o cérebro deve ser total. O inimigo real do partido é o "pensamento independente". Ele precisa ser abolido!

Um dos meios de controle mais interessantes, e abordado por Orwell, é a manipulação da mente. O autor criou, em sua Novilíngua, o termo *duplipensar*, que representa a capacidade de guardar simultaneamente na cabeça duas crenças contraditórias e aceitá-las ambas. A estupidez não basta. Pelo contrário, é exigido sobre o processo mental do indivíduo controle tão completo quanto o de um contorcionista sobre seu corpo. O Grande Irmão é onipotente e o partido é infalível. Para isso, deve haver uma incansável flexibilidade na interpretação dos fatos. O relativismo deve ser permanente, sempre interpretando fatos sem objetividade, para que a "verdade" esteja eternamente com o partido. O passado deve ser alterado, e realmente vemos como os socialistas costumam reescrever a História com frequência.

O membro do partido consegue dizer mentiras deliberadas e nelas acreditar piamente. Como descreveu Orwell, "esse particularíssimo amálgama de opostos: sabedoria e ignorância, cinismo e fanatismo, é um dos sinais que distinguem a sociedade oceânica". Verificamos essas características em todos os países ou partidos socialistas. Ora, a "soberania nacional" diz que uma nação democrática não pode criticar outra sem liberdade, como quando Lula defendeu a Venezuela e Cuba das acusações americanas, ora a mesma "soberania nacional" é ignorada quando uma nação autoritária invade outra livre, como a China no Tibete ou a ajuda venezuelana na revolução da Nicarágua. Dois pesos, duas medidas.

Todo partido socialista mantém alguns ou vários desses ensinamentos e características. O que interessa é o poder. Para isso, abusam do relativismo e das ideias contraditórias na mente, gastam bilhões em propaganda e lavagem cerebral, apelam para o culto à personalidade, escancaram no uso da Novilíngua, com excesso de termos vagos e maleáveis, a depender do que se queira defender no momento, e criam constantemente elementos externos para culpar.

O discurso é invariavelmente coletivista, na tentativa de aniquilar com o indivíduo perante a "sociedade", o "interesse nacional" ou o "bem geral". Desqualificam oponentes com rótulos, agressões pessoais constantes e apelo numérico, como se fosse o número de adeptos que definisse a lógica do argumento. O Estado é visto como um deus, mesmo que suprima a liberdade dos cidadãos nos mínimos detalhes. Detestam a liberdade de escolha. Todos devem obediência e amor ao "iluminado" Grande Irmão!

Contra o totalitarismo

"Fui forçado a me tornar uma espécie de panfleteiro", confessou certa vez George Orwell. O autor de *1984* e *A revolução dos bichos* compreendeu que o momento político que ele vivia demandava alguma atitude prática dos indivíduos mais esclarecidos. Ele sabia bem dos riscos que o engajamento em alguma causa política gera para a boa escrita independente. Orwell olhava com desdém para os "agentes de publicidade" do comunismo, que precisavam criar um novo molde para o "marxismo" sempre que Stalin trocava de parceiros.

Sobre esses, Orwell escreveu em *Dentro da baleia e outros ensaios*: "Todo comunista está na verdade sujeito, a qualquer momento, a ter de alterar suas convicções mais fundamentais, ou então sair do partido. O dogma inquestionável da segunda-feira pode se tornar a heresia condenável da terça-feira, e por aí afora." Ele sabia que havia pouca possibilidade de um escritor se manter politicamente indiferente naqueles tempos. E para Orwell, o comunismo oferecia aos escritores jovens uma nova religião: "Foi simplesmente algo em que acreditar. Eis aqui uma igreja, um exército, uma ortodoxia, uma disciplina." Em suma, o comunismo era o "patriotismo do desenraizado".

O ambiente de relativa liberdade e segurança da Inglaterra fez com que esses jovens defendessem algo que não conheciam, uma coisa distante, enquanto tapavam os olhos para todas as suas atrocidades. "Podem engolir o totalitarismo *porque* não têm experiência de coisa alguma, exceto do liberalismo", constatou. E ainda acrescentou: "Muito do pensamento esquerdista é uma espécie de brincadeira com fogo feita por pessoas que nem sequer sabem que fogo queima." Fome, penúria, campo de concentração, guerra, prisão arbitrária, tudo isso eram apenas palavras para esses intelectuais, incapazes de compreender seu real significado.

Por isso tudo, Orwell achava que fazia bem o escritor que resolvia ficar fora da política, pois aderir ao partido significava seguir a linha ou se calar. "A literatura como a conhecemos é algo individual, que exige honestidade mental e um mínimo de censura", pensava Orwell. Em uma época de rótulos e *slogans*, com comunistas dominando a crítica literária, dificilmente um bom romance poderia ser escrito, uma vez que "bons romances são escritos por pessoas *sem medo*". Nesse contexto, não era difícil entender a atração que a reclusão gerava. Orwell explica com base na metáfora da baleia:

As entranhas da baleia são apenas um útero grande o suficiente para conter um adulto. Lá ficamos, no espaço almofadado e escuro em que nos encaixamos perfeitamente, com metros de gordura entre nós e a realidade, capazes de manter uma atitude da mais completa indiferença, não importa o que aconteça. Uma tempestade que naufragaria todos os navios de guerra do mundo mal nos atingiria em forma de eco. [...] Com a exceção da morte, é o estágio sem igual, definitivo, da irresponsabilidade.

Mas quando enfrentamos o perigo real e iminente de um Hitler ou um Stalin, que alternativa concreta nós temos? Como não tomar partido numa luta dessas? Como o escritor pode fugir, enquanto cidadão, do combate político? Orwell reconheceu melhor muitos dos riscos do casamento entre literatura e política. Em *Escritores e Leviatã*, declarou: "É claro que não estou sugerindo que a desonestidade mental seja peculiar aos socialistas e esquerdistas ou que seja mais comum entre eles. É só que a aceitação de *qualquer* disciplina política parece ser incompatível com a integridade literária." E ainda concluiu de forma fulminante: "Na verdade, o mero som de palavras que terminam em 'ismo' parece trazer em si o cheiro de propaganda." Afinal, "a literatura é o produto de individualidades".

Mesmo assim, George Orwell sentiu que precisava escrever sobre política. Lutar contra a onda totalitária que varria o mundo. Ele era, acima de tudo, uma pessoa realista, que não estava disposta a usar a literatura para enfiar a cabeça na areia feito um avestruz. Deixo as palavras finais com o próprio Orwell:

> Trancar-se numa torre de marfim é impossível e desaconselhável. Entregar-se subjetivamente, não apenas a uma máquina partidária, mas até a uma ideologia de grupo, é se destruir como escritor. Entendemos que esse é um dilema doloroso, porque percebemos a necessidade de envolvimento na política ao mesmo tempo que também percebemos o quanto ela é uma atividade degradante e sórdida. E a maioria de nós ainda tem uma crença persistente em que toda escolha, mesmo política, é entre o bem e o mal, e em que se uma coisa é necessária é também certa. Penso que devemos nos livrar dessa crença, que pertence ao universo infantil. Em política, nada mais podemos fazer do que concluir qual dos dois males é o menor, e existem situações das quais só podemos escapar agindo como um diabo ou

um louco. A guerra, por exemplo, pode ser necessária, mas com certeza não é certa nem sã. Mesmo uma eleição geral não é exatamente um espetáculo agradável ou edificante. Se tivermos de participar dessas coisas — e acho que temos, a menos que estejamos blindados pela velhice, a estupidez ou a hipocrisia —, teremos também de manter íntegra uma parte de nós.

Filhos de Gandhi

O jeito mais fácil de terminar uma guerra é perdê-la.
(GEORGE ORWELL)

Basta mencionar o nome Gandhi para que automaticamente muitos se lembrem do pacifismo como um meio para um fim nobre, que é a paz. "Olho por olho e o mundo acabará cego", eis o resumo da doutrina gandhiana. Em muitos aspectos, essa doutrina remete aos ensinamentos de Cristo, que teria dito no famoso Sermão da Montanha: "Ouviste o que foi dito: olho por olho e dente por dente; Eu, porém, te digo que não resistas ao mau; mas se alguém te bater na tua face direita, oferece-lhe também a outra." Em resumo, jogar fora a *lex talionis* e responder à violência com amor. O próprio Gandhi afirmara que "Cristo é a maior fonte de força espiritual que o homem até hoje conheceu". E para ele, "a força de um homem e de um povo está na não violência".

Tudo isso parece, sem dúvida, muito bonito. Normalmente, aquele que propaga tais ideais adquire um ar de nobreza, de boa alma imbuída das mais belas virtudes. Quem poderia ser contrário à paz? Ocorre que a paz é uma finalidade, e existem diferentes meios para alcançá-la. Nem sempre o meio pacífico será o melhor, como Jesus mesmo reconhecia, em outras passagens bíblicas, como quando expulsa os vendilhões do templo a chicotadas. Muitas vezes será necessário, no mundo real, combater violência com violência, ou pelo menos com a ameaça de seu uso. Seria preciso combinar com o inimigo antes a estratégia de "paz e amor". Afinal, para o pacifista retribuir chumbo com rosas, é crucial que ele esteja vivo. Mortos não costumam reagir a estímulo algum.

George Orwell foi, enquanto jornalista, bastante realista. Em um artigo de 1948, chamado "A defesa da liberdade", expressou sua opinião resumida sobre os métodos políticos de Gandhi, tendo como base o livro *Gandhi e Stalin*, de Louis

Fischer: "Gandhi jamais lidou com um poder totalitarista. Lidava com um despotismo antiquado e um tanto vacilante, que o tratava de um modo razoavelmente cavalheiresco e lhe permitia a cada passo invocar a opinião pública mundial." E complementou: "É difícil reconhecer como sua estratégia de greve de fome e desobediência civil poderia ser aplicada em um país onde os oponentes políticos simplesmente desapareçam e o público nada ouve além do que lhe permite o governo." Ou seja: se Gandhi obteve algum sucesso com seu pacifismo romântico, isso se deveu ao fato de ser a Inglaterra do outro lado. Fosse um Stalin, por exemplo, e Gandhi seria apenas mais um mártir, um cadáver extra perdido numa pilha incontável. Não é preciso ficar na especulação: Dalai Lama adotou postura similar e isso nunca impediu que o povo tibetano fosse dizimado pelos chineses.

Um ano após o artigo de Orwell, Pablo Picasso criaria uma litografia para o cartaz do Congresso Mundial da Paz em Paris, que eternizou a pomba como símbolo dos pacifistas. Paradoxalmente, o evento era financiado pelos assassinos de Moscou. Picasso foi simpático ao comunismo, e chegou a ser agraciado com o Prêmio Lênin da Paz. Desconheço contradição maior que utilizar Lênin e paz na mesma expressão. Os comunistas sempre fizeram muita propaganda pela paz, enquanto na prática foram sempre sua maior inimiga. Tentavam monopolizar os fins para não terem que debater os meios, e dessa maneira, todos que não compartilhavam dos seus *slogans* românticos eram belicosos ou assassinos em potencial. Foi assim que os comunistas franceses exortaram os soldados a abandonar seus postos poucas semanas antes de Hitler invadir a França. Oferecer a outra face para alguém como Hitler é o caminho certo para a destruição.

Ainda hoje nota-se que muitos seguem os passos de Gandhi. Reagem com discursos lindos quando a escalada da violência é brutal. Basta dar carinho que os psicopatas assassinos poderão virar bons samaritanos. A impunidade permanece e o convite ao crime fica irresistível para os delinquentes. Assim, os filhos de Gandhi saem às ruas com suas camisetas brancas na cruzada pela paz enquanto soltam bolhas de sabão, já que cruzadas costumam valer mais pelo sentimento de bem-estar que incutem nos seguidores que pelos resultados práticos concretos. Os criminosos agradecem. Olho por olho, e a humanidade acabará cega. Olho por rosas, e somente uma parte da humanidade acabará cega: a parte boa, inocente.

Além disso, a imagem de Gandhi como santo tem mais de mito do que de realidade. Entre as boas intenções e os resultados concretos, a vida de Gandhi deixou um abismo, justamente devido à sua incrível ingenuidade e persistente ilusão. Seu grande "feito", a independência da Índia, jamais seria uma conquista fosse o adversário um regime autoritário, e não a Inglaterra, como já vimos. Os britânicos já haviam concedido o princípio da independência, e a questão era mais sobre quando aconteceria.

Mas isso não é tudo. A vida de Gandhi e muitas de suas ideias jamais seriam vistas como desejáveis por muitos daqueles que idolatram o Bapu, o guia espiritual que só pode despertar pensamentos positivos para essas pessoas. Por trás da fama, havia uma mente bastante perturbada, como fica claro no decorrer da leitura de *Gandhi: ambição nua*, a biografia escrita por Jad Adams, membro da Royal Historical Society.

O pacifista também era capaz de ser violento com a própria mulher. Escreveu que certa vez, ao perder a cabeça, pegou-a pelo braço, arrastou-a até o portão de casa e abriu-o com a intenção de empurrá-la para fora. Kasturba, sua esposa, teria gritado com ele, e avisara que não tinha de aturar seus socos e chutes só porque era sua mulher. Os motivos das agressões podiam ser os mais banais: por exemplo, se ela se recusasse a limpar as próprias fezes e, pior, se recusasse a fazê-lo com prazer, tal como ele exigia.

Em 1908, preso, soube que Kasturba estava muito doente, mas se recusou a pagar a multa que lhe permitiria sair da prisão. Em vez disso, mandou-lhe uma carta em que afirmava que a morte dela seria um outro grande sacrifício para a causa de *Satyagraha*, e pediu-lhe que não ficasse ofendida. Pelo visto, sua consciência pesaria depois, e ele chegou a escrever: "Eu estava tão cansado dela e queria que morresse. Fui uma cobra disfarçada."

Ao refletir sobre esse episódio, Gandhi chegaria a uma conclusão moral: "Não é possível dedicar-se a uma particular mulher e, ao mesmo tempo, dedicar-se à humanidade. Os dois não se harmonizam." Confesso ter dificuldade em imaginar uma típica esquerdista caviar elogiando seu marido pela luta em prol da abstrata humanidade, enquanto ela vive no frio abandono, como apenas mais uma miserável.

Sobre o bolchevismo, o pacifista disse que "um ideal santificado por sacrifícios desses espíritos mestres, como Lênin, certamente deixaria a sua marca". De fato, deixou: um rastro enorme de sangue inocente, de muita miséria e de escravidão!

Mahatma foi um grande nacionalista. Tanto que até Hitler merecera uma ou outra palavra de tolerância, inclusive por ser também vegetariano e obcecado com a saúde: "Eu não desejo que os aliados sejam derrotados, mas não considero que Hitler seja tão ruim quanto dizem. Ele está demonstrando uma habilidade surpreendente e parece estar ganhando suas vitórias sem muito derramamento de sangue", transcreveu Jad Adams, em *Gandhi: ambição nua*.

A benevolência no julgamento do *Führer* (que chegaria a chamar de "caro amigo" em uma carta) sem dúvida tinha ligação com os valores com que Gandhi realmente se importava: "Ele não tem vícios. Não se casou. Dizem que seu caráter é limpo." Essa visão totalmente deturpada impediu que fizesse uma análise mais realista da guerra, e o amarrou a uma típica postura da esquerda caviar, o relativismo: "Eu não vejo diferença entre os poderes fascistas ou nazistas e os poderes dos aliados. Todos são exploradores, todos recorrem à crueldade."

Para Jad Adams, "a sugestão de Gandhi de uma equivalência moral entre as democracias e os poderes do Eixo demonstra a sua ignorância ou falta de interesse por saber em que consistia a verdadeira ditadura". Ele sempre minimizou as atrocidades coletivas, pois não se encaixavam em sua visão romântica do ser humano, e porque assim era mais fácil demonizar o Império Britânico.

Seu pacifismo se estenderia à Segunda Guerra. Em 1940, por ocasião da Batalha da Inglaterra, escreveu que os ingleses deveriam utilizar seu conceito de não violência, deixando que Hitler e Mussolini tomassem o que desejassem "de sua linda ilha com seus edifícios maravilhosos".

Se quisessem ocupar casas, então que fossem entregues. Assim, os ingleses mostrariam que se recusavam à submissão, ainda que massacrados. Por sorte dos ingleses, o beligerante Winston Churchill, detestado pela esquerda caviar, tinha uma visão bem diferente sobre guerra: achava que era importante vencê-la!

Aliás, Churchill referiu-se a Gandhi como um "maligno fanático subversivo". Julgamento duro e talvez injusto, mas justificável se lembrarmos que o estadista inglês servira na Índia e "sabia que o país pululava de homens santos autoestilizados, usando vários tipos de trajes (nudez), mendigando às pessoas já pobres e oferecendo falsas panaceias", como explica Jad Adams.

Esse pacifismo fanático de Gandhi também contribuiu para o agravamento da guerra civil dentro da Índia, entre hindus e muçulmanos. A criação do Paquistão não fora suficiente para arrefecer os ânimos, e Gandhi se mostraria inábil para conter a escalada da violência. Chegou a dizer: "Se a Índia quer um derramamento de sangue, que seja feita a sua vontade."

O mais importante era manter a tática de não violência e de unidade nacional, não importando as consequências. Sua ideia de que a violência era culpa do Império Britânico mostrar-se-ia altamente enganosa quando indianos passaram a massacrar indianos depois da retirada dos ingleses.

Após a independência da Índia, o herdeiro intelectual e amigo de Gandhi, Jawaharlal Nehru, assumiu o poder. Nehru era um socialista que acreditava no planejamento central. O resultado, como não poderia deixar de ser, foi catastrófico. O setor público inchou absurdamente, a quantidade de empresas estatais disparou, e a economia entrou em crise.

A ineficiência era a regra, e a corrupção, gigantesca, agravada pelo excesso de burocracia. A Índia olhava apenas para dentro, e seguia a visão de autossuficiência pregada por Gandhi. O preço pago pelos indianos seria muito alto, mas Gandhi não estava mais lá para tomar conhecimento.

A imagem de Gandhi até hoje enfeitiça muita gente no Ocidente. Ele é visto como um santo, acima das paixões humanas, e seu legado pacifista, extremamente infantil e romântico, continua exercendo influência forte na esquerda caviar. Os "filhos" de Gandhi, não os verdadeiros, mas os "espirituais", precisam fazer o luto dessa imagem idealizada do Bapu.

Churchill e Orwell na luta pela liberdade

Um foi tido como fanfarrão pouco confiável no mundo da política britânica, até ter a oportunidade de se tornar protagonista como primeiro-ministro no embate de vida ou morte contra Hitler e os nazistas, tornando-se então o maior estadista do século XX. O outro era um escritor meio apagado, com alguns textos e livros de razoável repercussão, até retratar com perfeição o modelo totalitário comunista que ameaçava as mais básicas liberdades individuais. Hoje considerado um dos autores mais influentes do século XX.

A vida de Winston Churchill e George Orwell suscita inúmeras biografias e filmes. Quando ambas são retratadas em paralelo, por um jornalista premiado, o resultado é o imperdível *Churchill & Orwell: The Fight For Freedom* [Churchill e Orwell: a luta pela liberdade], de Thomas Ricks. Tanto Churchill como Orwell se viram no epicentro de acontecimentos marcantes da história, quando regimes totalitários colocaram em xeque a sobrevivência da democracia liberal do Ocidente.

Hitler e seu nacional-socialismo de um lado, e Stalin com seu comunismo do outro, os dois monstros desafiaram a essência do legado ocidental, que tinha no Reino Unido seu principal bastião (até a entrada mais ativa dos Estados Unidos no jogo geopolítico). E tanto Churchill como Orwell reagiram com ferramentas similares: seu intelecto, sua confiança no próprio julgamento e suas convicções, mesmo quando muitos em volta flertavam com o inimigo, e, acima de tudo, com suas palavras.

Cumpre lembrar que Churchill também era um jornalista, e sua habilidade com a língua inglesa foi crucial em sua estratégia de defesa do Ocidente. O primeiro-ministro sabia extrair o melhor de seus concidadãos por meio de seus inesquecíveis discursos. O que estava em jogo – e ambos sabiam disso – era a própria liberdade de pensar de maneira independente, de viver em um ambiente democrático, de se expressar e se associar sem o controle estatal.

O indivíduo autônomo, em suma, poderia deixar de existir se Hitler e Stalin vencessem, e Churchill, assim como Orwell, tinha plena noção do risco. Ainda que por caminhos distintos e perfis diferentes, inclusive ideológico, o fato é que os dois compartilharam de uma causa comum, e por conta dela lideraram uma resistência à maré estatista assassina ocorrida nos anos 1920 e 1930, chegando ao seu apogeu na década de 1940.

Com o benefício do retrospecto é sempre mais fácil julgar. Mas Churchill e Orwell tiveram que superar obstáculos dentro do próprio ambiente britânico, já que muitos na elite flertaram com soluções autoritárias quando o modelo liberal parecia fadado ao fracasso após a crise de 1929. Coletivismos de matizes distintas pareciam oferecer a saída mágica, mas não para esses dois heróis: eles entenderam a importância do valor do indivíduo no mundo, um indivíduo que deveria ter o direito de discordar da maioria, e de criticar as autoridades estabelecidas.

"Se liberdade significa alguma coisa, ela significa o direito de dizer às pessoas aquilo que elas não querem escutar", resumiu Orwell. E era essa liberdade que estava morrendo pela aceitação do coletivismo. Mesmo Orwell, que se dizia um socialista, na prática condenava a essência do socialismo, ao menos aquele existente, o único possível, o "real". Não por acaso retratou em suas distopias a realidade sombria do experimento soviético, e foi perseguido pelos comunistas.

Um ponto que merece destaque é como as oportunidades se apresentaram para os dois heróis, já com certa idade, e quando ambos pareciam desacreditados por seus pares. Churchill era considerado por vários políticos ingleses como instável, dono de um temperamento imprevisível e caráter questionável. Principalmente nos meios mais conservadores dos *Tory*, ele era um *outsider*, um ególatra, alguém que tentava se promover a todo custo.

Mas foi essa figura que assumiu a liderança na guerra contra Hitler, e conquistou não só a aprovação do rei como de seus súditos, bem como de quase todos os políticos, liberais e conservadores. Muitos ainda tinham diversas discordâncias e desconfiavam de seu estilo, mas reconheciam sua capacidade de liderar, assumir riscos numa posição de isolamento, sua coragem e determinação, e sua obstinação incansável. Tudo isso foi revelado somente quando a chance bateu à sua porta.

Algo parecido aconteceu com Orwell. Eric Blair, seu nome verdadeiro, foi um menino franzino e doente. Na juventude, saiu em aventuras à procura de histórias para escrever ou da sensação de lutar por justiça. Já em Burma, experiência que lhe rendeu um livro, aprendeu a ser cético com a autoridade, e entendeu que o exercício do poder pode corromper uma pessoa, por melhor que ela seja. Essas ideias iriam acompanhá-lo até mais tarde, quando, reelaboradas e amadurecidas, foram decisivas para a escrita de *A revolução dos bichos* e *1984*, os dois livros que lhe garantiram fama eterna.

Quando foi combater fascistas na Espanha, acabou perseguido por comunistas, o que significou uma lição preciosa: opressores são opressores, não importa qual ideologia utilizem. Sua visão de dentro da elite sempre o acompanhou como alerta para os defeitos da classe alta: ele chegou a sentir desprezo por seus pares. Não foi muito diferente com Churchill: seu lado americano, pela mãe, sempre foi motivo de desdém pelos aristocratas esnobes, e a recíproca era verdadeira.

Mas tanto Orwell como Churchill puderam manter o contato com a realidade do povo, sentindo o pulso dos cidadãos em momentos importantes. Estavam em sintonia com a classe média, não necessariamente com as elites. Até porque as elites, com mais a perder, preferiam em grande parte apoiar o acordo de paz de Neville Chamberlain com Adolf Hitler, como se isso fosse possível. Sabemos, da perspectiva histórica, que o grosso do financiamento das ideologias totalitárias não vem do proletário, mas das elites.

Em tempos de desespero, quando tudo parecia perdido, Churchill e Orwell não abaixaram suas cabeças; eles assumiram o fardo de enfrentar o inimigo de peito aberto, com clareza moral e realismo, e, com enormes custos pessoais, contribuíram para a vitória da democracia liberal, principal legado da civilização ocidental. Não é pouca coisa.

Milton Friedman

Milton Friedman nasceu no bairro do Brooklyn, Nova York, em 1912, filho de imigrantes de origem húngara. Friedman foi um famoso economista e recebeu o Prêmio Nobel em 1976. Lecionou na Universidade de Chicago por mais de três décadas, e tornou-se o maior representante da chamada Escola de Chicago. Sua contribuição sobre a teoria monetária foi gigantesca, bem como sua defesa mais popular dos pilares do liberalismo.

O mecanismo de incentivos

No meu livro *Privatize já*, utilizei, como epígrafe, uma frase famosa dele. Friedman alertava que se o governo fosse colocado para administrar o deserto do Saara, em cinco anos faltaria areia no local. O que aconteceria se o governo fosse o empresário em um país com abundância de fontes baratas de energia? Sabemos a resposta: apagões frequentes, necessidade de importar combustível e energia cara para os consumidores.

É importante notar que tal resultado não depende tanto assim de qual partido está no poder, ainda que a capacidade de a esquerda causar estragos maiores não deva ser subestimada. Mas o principal ponto é que o *mecanismo de incentivos* na gestão estatal é totalmente inadequado. E foi isso que Friedman mostrou com brilhantismo.

Quando o empresário depende do lucro para sobreviver no livre mercado, a busca por excelência passa a ser questão de vida ou morte para ele. Manter a elevada produtividade de sua empresa e atender bem à demanda de seus clientes é crucial se ele pretende prosperar. Para tanto, ele terá de estimular seus bons funcionários, e punir os incompetentes.

Já nas estatais, os "donos" somos nós, sem poder algum de influência em sua gestão, que fica sob o controle de políticos e burocratas cujos interesses diferem dos nossos. A troca de favores políticos para a "governabilidade", o uso da empresa como cabide de empregos para apaniguados ou instrumento de política nacionalista, o descaso com o "dinheiro da viúva", essas são as características comuns nas estatais.

Não é coincidência a enorme quantidade de escândalos de corrupção que é divulgada na imprensa envolvendo estatais, tampouco o fato de os setores dominados pelo Estado serem os mais precários. Portos e aeroportos, os Correios, os transportes públicos, os hospitais e escolas administrados pelo governo, o Detran, os presídios, enfim, basta o Estado intervir muito para estragar qualquer setor da economia.

Quando um partido com mentalidade mais estatizante assume o governo, a situação tende a piorar sensivelmente. A arrogância de que o governo pode fazer melhor do que a iniciativa privada leva a um nefasto modelo "desenvolvimentista". Foi justamente o caso do governo petista. O resultado conhecemos bem: os maiores escândalos de corrupção da nossa história e a economia destruída. Faltou conhecer o básico das lições de Friedman.

Sobre esse aspecto do mecanismo de incentivos, Friedman resumiu a questão com as tais quatro formas de gastos:

1. Quando gastamos nosso próprio dinheiro para nós mesmos; nesse caso, sempre com o esforço de fazê-lo da melhor forma possível, afinal, é o fruto de nosso trabalho, dos nossos esforços. Por isso procuramos sempre a melhor relação custo-benefício na hora de comprar qualquer produto ou serviço e evitamos desperdício. É a forma mais comum no mercado, quando vamos numa loja ou no supermercado;
2. Quando gastamos o nosso dinheiro com outra pessoa, comprando, por exemplo, um presente para alguém. Nesse caso, sempre calculamos o valor do presente em função da importância e do merecimento da pessoa e principalmente se temos ou não condições para isso. Como as preferências são subjetivas, e podemos nem conhecer tão bem o outro, damos muito mais importância ao custo do que ao benefício. Afinal, o outro sempre pode trocar o presente;

3. Quando gastamos o dinheiro de uns com outros. Por exemplo, se alguém nos desse um dinheiro para comprar um presente para uma terceira pessoa ou nos mandasse fazer um serviço utilizando material que não foi comprado por nós. Nesse caso, as considerações que teríamos na 1ª e 2ª formas desapareceriam, afinal, não haveria razão para nos preocuparmos com o bom uso desse dinheiro. Essa forma envolve basicamente todos os gastos públicos, por meio do governo;
4. Por fim, quando gastamos o dinheiro de outra pessoa conosco. Um bom exemplo é imaginar que alguém nos ofereça um almoço no restaurante que escolhermos. Com toda a certeza, escolheremos um restaurante melhor e mais caro do que aquele que optaríamos num dia qualquer, afinal, não seríamos nós que pagaríamos a conta. Essa também é uma forma semelhante ao governo, e uma garantia de farra. Os pagadores de impostos pagam a festa, enquanto os consumidores escolhem o destino e se aproveitam de seu luxo, com seus privilégios. Daí temos apartamentos funcionais para guardar entulhos, viagens incessantes em classe executiva etc. Falta o escrutínio do dono do recurso, sinônimo de desperdício.

Liberdade individual e capitalismo

A única pessoa que pode realmente persuadi-lo é você mesmo; você deve revirar as questões em sua mente à vontade, considerar os muitos argumentos, deixá-los ferver e, depois de muito tempo, transformar suas preferências em convicções
(MILTON FRIEDMAN)

Em *Capitalismo e liberdade* (Editora LTC, 2014), Milton Friedman sintetiza quais seriam os principais fundamentos da visão liberal segundo ele. Os pilares do liberalismo estão no indivíduo e seu direito à liberdade, crença que vai contra a visão paternalista de um Estado patrão e dirigista, que determina o destino dos seus cidadãos como se esses fossem seus súditos.

Para o homem livre, o país não passa da coleção de indivíduos que o compõem, e não algo acima deles. O governo é visto apenas como um meio para seus objetivos, nunca um fim em si, nem um agente garantidor de favores ou um mestre que devesse ser cegamente seguido, detentor de uma sabedoria clarividente.

A maior ameaça à liberdade individual é a concentração de poder, e o papel do governo seria basicamente o de preservar essa liberdade, em vez de ameaçá-la concentrando cada vez mais poder em si.

Numa sociedade livre, o escopo do governo é limitado, porém não inexistente, nem irrelevante. Ele deve ser capaz de preservar as regras do jogo, manter a ordem, definir os direitos de propriedade, ser o juiz em disputas quanto à interpretação das leis e forçar contratos. Alguns liberais aceitam que o Estado atue no sentido de promover a competição e intervir apenas em situações de monopólios naturais ou externalidades negativas, além da função paternalista com as crianças e adultos irresponsáveis. O liberal entende que a liberdade só anda junto com a responsabilidade, e só deve ser livre quem puder arcar com as consequências de sua liberdade. Como fica evidente, o liberalismo, pela ótica de Friedman, nem de perto prega a ausência de governo, como defendem os anarquistas.

Alguns exemplos de intervenções indesejáveis do governo seriam: programas de suporte a preços; controle de produção; salário mínimo; regulamentações muito detalhadas para algumas indústrias; programas de previdência social como as atuais; serviço militar obrigatório etc. Passaremos rapidamente por algumas delas.

Qualquer intervenção governamental no mecanismo de formação de preços cria um resultado ineficiente. Os preços não passam de sinais emitidos pelos agentes do mercado, para que o processo produtivo possa sempre funcionar. Respeitar as leis de oferta e demanda é fundamental, e governo nenhum deveria se meter nisso. É a partir do foco das empresas no consumidor e em suas preferências que o mundo evolui, de modo a respeitar os interesses particulares de cada um.

O papel-chave do governo é apenas garantir a competição, mas os preços devem ser livres sempre. Isso inclui o câmbio de um país, seus produtos agrícolas, bens e serviços básicos, enfim, todas as mercadorias e serviços trocados no mercado, que não passa de um palco para esses escambos. Algumas pessoas não conseguem entender essa função tão básica dos mercados, em que indivíduos focam suas energias nas atividades que possuem vantagens comparativas para poder depois consumir o restante das suas necessidades por meio da troca. No regime de mercado livre, o poder *de facto* reside nos consumidores.

Um tema que traz controvérsias é o do salário mínimo, apesar de estar claro na cabeça do liberal que ele apenas gera mais miséria. Para a grande parcela das pessoas, parece mais lógico entender que o governo deveria definir um mínimo aceitável de renda para o trabalhador, mas isso é apenas fruto de uma falta de conhecimento das leis básicas de economia. As pessoas possuem um raciocínio simplista de que basta definir o mínimo e melhoraremos o social, mas ocorre na prática justamente o oposto. Não se pode ir contra as leis do mercado, e quando o valor de qualquer salário é definido arbitrariamente, e não pelo encontro entre oferta e demanda, ele gera uma grande distorção no mercado de trabalho.

As pessoas que defendem o salário mínimo deveriam passar mais tempo conversando com os milhões de desempregados, pois estes claramente estariam em uma situação melhor se estivessem com trabalho, mesmo que por um salário abaixo do mínimo. Incomoda profundamente termos salários tão baixos, mas a proposta socialista apenas agrava essa situação. Os salários aumentam pelos ganhos de produtividade por meio de investimentos do capital, assim como pela livre competição entre empregadores. O salário mínimo, definido acima do de mercado, cria apenas mais desemprego e informalidade.

Nessa mesma linha de raciocínio, todos os direitos adquiridos pelos trabalhadores sindicalizados não passam de benefícios destes às expensas de outros, que eventualmente aceitariam trabalhar com menos "conquistas" ou regalias. Os sindicatos monopolizam a oferta de empregos, ao interferir na lei natural de mercado competitivo, e isso prejudica os mais pobres ou independentes. Se bastasse uma canetada do governo para resolver as injustiças do mundo, não mais haveria miséria, fome, violência ou problemas de saúde. Seria suficiente assinar uma lei que garantisse o mundo perfeito!

Os salários em uma sociedade livre são determinados unicamente pelo equilíbrio entre a oferta e demanda por trabalho, e como as escolhas são voluntárias e o Estado garante um ambiente de competição, não se pode caracterizar uma exploração do empregador. Os socialistas costumam achar que as empresas deveriam priorizar menos o lucro e garantir salários maiores para seus empregados, mas isso ocorre pois não entendem algumas coisas elementares. Em primeiro lugar, em um mercado competitivo, as empresas vão pagar salários atrelados ao rendimento do trabalhador, pois não vão se arriscar a perder essa fonte de renda para o concorrente, que poderá a qualquer momento contratar seus funcionários. É fundamental entender aqui que os salários são fruto do valor gerado, e não podem ser garantidos sob qualquer circunstância, pois uma empresa sem lucro é uma empresa rumo à bancarrota, que não pode empregar ninguém.

Em segundo lugar, precisam entender que o objetivo final de qualquer empresa é seu lucro, pois sem isso ela não poderá investir, crescer, produzir mais e permanecer no mercado competitivo. Portanto, o objetivo de maximização de lucros é não só característica básica para a formação de qualquer empresa como também desejável, já que permite melhorar os rendimentos de todos a ela ligados. Sem falar que o lucro representa o retorno do capital de risco investido, mais do que razoável, pois sem ele não haveria empregos para aqueles que se dizem explorados. Foi no ambiente competitivo americano que os empregados mais conquistaram vantagens reais, e isso não se deveu às canetadas do governo, mas ao próprio estímulo do capitalismo competitivo.

Mais um exemplo de intervenção indesejada está na previdência social. O governo define uma parcela da renda obtida pelo indivíduo a ser destinada compulsoriamente a um fundo de previdência. Isso inibe completamente a livre escolha da pessoa em dispor dos frutos de seu trabalho como melhor lhe convém. Somente o argumento de que o povo é irresponsável e por isso não deve ser livre justifica um ato paternalista desses, mas mesmo assim nada explica um monopólio público na administração dessas aposentadorias. Se defendemos a liberdade individual, temos que aceitar que os homens são livres também para cometerem seus próprios erros, pois apenas assim se aprende lições importantes.

Além disso, quem seria capaz de definir o que está ou não errado? Será que deveríamos utilizar a coerção para evitar que o indivíduo faça o que quiser, enquanto não causar mal a outro ser? Não existe sempre a possibilidade de que este indivíduo esteja certo e nós errados? Não temos infinitos exemplos disso em nossa história, desde quando Sócrates foi condenado ao veneno da cicuta, Jesus foi crucificado, até Galileu que foi julgado pela inquisição por estar certo, mas contrariar as crenças de seu tempo? Cada um deve ser livre para viver como quiser, com a condição de não agredir o próximo e de arcar com as consequências de suas atitudes. A diferença básica entre o liberal e o socialista é que o primeiro acredita na humildade e falta de conhecimento pleno dos homens, enquanto o segundo parte de uma visão totalmente arrogante, de que sabe o que é melhor e mais justo para a humanidade, e quer impor sua visão de mundo aos demais.

No caso das regulamentações, mesmo em monopólios naturais, é importante entender que é indesejável um excesso de intromissão governamental. Em geral, as pessoas superestimam o poder desses monopólios, pois o progresso é mais forte do que eles. As estradas de ferro já foram consideradas monopólios, e por isso criaram-se verdadeiras parafernálias burocráticas que amarraram as empresas nesse setor. Porém, com o tempo e o progresso, vieram os caminhões e, mais tarde, os aviões. Como definir então o monopólio? Em questões de logística, rapidamente surgiram substitutos, mas como as empresas ferroviárias não tinham flexibilidade para reagir num mercado competitivo, ficaram para trás em termos de eficiência. O mesmo pode ser dito para vários outros negócios considerados monopólios naturais, como telefonia, energia etc. Os mercados costumam ser mais criativos e rápidos do que os burocratas que enchem os setores de amarras e regulamentação, criando espaço infindável para a corrupção e atraso.

Um outro exemplo de intervenção injusta e contra a liberdade individual seria na distribuição de renda. Muitas pessoas acreditam que o governo deveria possuir o papel de justiceiro. Tirar dos ricos e dar para os pobres passa a ser considerado "justiça social". Podemos combater isso tanto pela teoria de justiça como pela prática. Vamos supor que três amigos caminham pela rua tranquilamente quando, de repente, um deles avista uma nota de US$ 100. Será que alguém iria defender a obrigatoriedade desse sortudo dividir seu ganho com os demais? É muito mais fácil para as pessoas aceitarem que o companheiro de trabalho ficou rico por acaso, ganhando na loteria. Mas se for por puro mérito e esforço pessoal, a inveja logo toma conta de suas emoções, e desenvolvem essa vontade de lhe tirar os frutos de seu trabalho. Logo surgem explicações falaciosas como o rudimentar argumento marxista de explorados *versus* exploradores numa economia de soma zero.

Em uma sociedade livre, é preciso respeitar as diferenças entre as pessoas, e as opções distintas quanto ao trabalho, dinheiro ou lazer. O que não se deve fazer, ainda mais em nome da "justiça social", é selecionar apenas do ponto de vista financeiro os ganhadores, e tomar-lhes boa parte de sua riqueza, muitas vezes conquistada exatamente pelo esforço, ousadia, riscos e abdicação de uma vida mais segura e pacata, ou até mesmo de mais tempo de lazer com a família. Por isso mesmo que os liberais não aceitam a ideia de impostos escalonados, dependentes da renda de cada um. Os impostos precisam ser um percentual fixo para todos, já que pagam pelos mesmos serviços, e de preferência bem baixo — o Estado é praticamente mínimo nesta sociedade. A defesa desse mesmo ponto teórico pelo lado da prática é que quanto mais imposto tiver, menos riqueza será gerada para todos, pois ninguém trabalha duro para sustentar burocrata do governo, mas sim visando a seus interesses particulares. Sem falar que esses impostos não são na verdade direcionados para os mais pobres, e se perdem no mar de corrupção inerente ao modelo de Estado grande.

Se um Estado menor e mais focado em tarefas importantes, porém básicas, é tão desejável assim para a manutenção da liberdade individual, devemos nos perguntar então por que caminhamos muitas vezes na direção oposta. Encontramos aqui duas explicações convincentes. A primeira seria a de que muitas pessoas abdicam voluntariamente dessa liberdade; preferem um Estado paternalista para que possam fugir de suas responsabilidades e viver se eximindo de culpas. São escravos por opção. E como apenas uma minoria obtém sucesso em mercados competitivos — ainda que esse sucesso traga inúmeros benefícios para a maioria —, essa parte para uma idealização pura da inveja, em luta para tirar de quem alcança sucesso em vez de estimular o crescimento de todos.

Uma segunda explicação estaria no próprio mecanismo de funcionamento dos governos, que se autoalimentam, engordando cada vez mais. Existem vários interesses por trás de um governo inchado, provenientes de uma classe sanguessuga parasitária e dos "amigos do rei", que enriquecem via corporativismo ou assistencialismo estatal. Além disso, vale lembrar que, em política, os benefícios são sempre concentrados, enquanto os custos dispersos. Com isso, os governos tendem a agradar algumas categorias e dissipa os custos, de maneira a aumentar sua força e se perpetuar no poder. Em outras palavras, grupos de interesse se mobilizam para disputar pela via política mais e mais privilégios, à custa dos indivíduos não organizados. Uma forma de pilhagem mais sutil e com o selo da legalidade.

Mas, se de um lado temos evidências do aumento dos governos na prática, como nos Estados Unidos, onde os impostos saíram de cerca de um dígito para quase 30% do PIB em pouco mais de um século, temos do outro lado a seleção natural a nosso favor. O tempo joga a favor dos acertos, e não dos erros. Justamente por isso a democracia, que era uma exceção antigamente, hoje é predominante. Assim como o capitalismo, que sobrevive ao teste do tempo, mesmo com tentativas para destruí-lo, como foi o comunismo. Basta verificar como as esquerdas no mundo convergiram para um discurso próprio do capitalismo liberal de anos atrás, que veremos que há esperança.

O processo de globalização tem sido um aliado de peso. Ele pressiona os países na direção de maior competitividade no cenário internacional. A lógica precisa prevalecer no longo prazo. Portanto, para os liberais mais otimistas, como Friedman, nunca é demais sonhar com o dia em que governos existirão apenas para servir aos indivíduos, lutando para manter sua liberdade. O risco disso é o alerta que Keynes fazia: "No longo prazo todos estaremos mortos!".

A liberdade de escolha

A sociedade que colocar a igualdade — no sentido de igualdade de resultado — acima da liberdade irá acabar sem igualdade nem liberdade.
(MILTON FRIEDMAN)

Após escrever *Capitalismo e liberdade*, Milton Friedman fez uma série para a televisão chamada "Livre para escolher", que virou depois um livro homônimo. Ele trata o sistema político e o econômico de forma simétrica, ambos considerados mercados nos quais o resultado é determinado pela interação entre indivíduos buscando seus próprios interesses. O livro contou com a influência de nomes como James Buchanan, Gordon Tullock e Gary Becker. A televisão é mais dramática e apela às emoções, mas Friedman preferia justamente um instrumento mais eficaz para a persuasão verdadeira, que não pode ser obtida em uma noite, mas somente após uma profunda reflexão. E o que não falta no livro são argumentos!

Logo no começo, Friedman afirma que o *insight* de Adam Smith foi perceber que ambas as partes se beneficiam numa troca, contanto que a cooperação seja estritamente voluntária. Caso contrário, simplesmente não há troca. Dessa forma, um indivíduo que busca seu ganho próprio será guiado por uma "mão invisível" a promover um fim que não fazia parte de suas intenções. Em seguida, Friedman cita John Stuart Mill, em uma luminosa passagem na qual o autor afirma que "o único propósito pelo qual a força pode ser corretamente usada sobre qualquer membro de uma comunidade civilizada, contra sua vontade, é prevenir mal aos outros". A coerção, portanto, não deve visar ao seu próprio bem. Nos aspectos que interessam somente a ele, sua independência deve ser absoluta. Ao juntar as coisas, Friedman conclui que a liberdade econômica é um requisito essencial para a liberdade política. Permitindo que os indivíduos cooperem uns com os outros sem coerção ou direção central, reduz-se a área sobre a qual o poder político é exercido. A combinação de poder econômico e político nas mesmas mãos, em contrapartida, é receita certa para a tirania.

Sobre a Grande Depressão do começo dos anos 1930, Milton Friedman fez uma análise muito diferente do consenso dos economistas, que gostam de culpar o livre mercado pela crise. Para ele, "a depressão foi produzida por um fracasso do governo em uma área — moeda — onde ele tinha exercido autoridade desde o começo da República". Entretanto, a responsabilidade do governo na depressão não foi reconhecida. Como um dos resultados dessa visão errônea, encontra-se a substituição da visão de que o governo deveria ter como papel central a garantia da liberdade individual, pela visão de que seu papel era servir como um pai responsável através da coerção e ajuda aos demais.

Segundo Friedman, não se conhece sociedade que tenha alcançado prosperidade e liberdade a menos que a troca voluntária tenha sido seu princípio organizacional dominante. A troca voluntária é "uma condição necessária tanto para prosperidade como liberdade". Como já foi dito, se a troca entre duas partes é voluntária, ela não irá ocorrer a menos que ambos acreditem estar se beneficiando com ela. Muitas falácias econômicas derivam do esquecimento dessa simples verdade. Há uma tendência a assumir que existe uma torta fixa, e que o ganho de uma parte tem que ser a perda da outra.

Além disso, os preços, quando formados a partir dessas trocas voluntárias, exercem funções cruciais em organizar a atividade econômica. Eles transmitem informação, fornecem um incentivo para que os métodos mais eficientes de produção sejam adotados, e por fim determinam quanto cada um recebe do produto — a distribuição de renda. Qualquer coisa que interfira na livre formação de preço irá prejudicar a transmissão de informação acurada, e isso leva a resultados ineficientes. E se os preços não podem livremente determinar a distribuição de renda, eles não podem ser utilizados para os demais propósitos corretamente. A única alternativa é o comando, alguma autoridade tendo que decidir quem produz o que e quanto é produzido. Sabe-se muito bem como esse modelo em que todas as propriedades são estatais termina. Basta estudar o caso soviético, onde a riqueza era frágil, oriunda principalmente de recursos naturais, petróleo e gás e, com um poder centralizado, a burocracia e a corrupção estatal logo fizeram a economia ruir.

O principal problema para o alcance e manutenção de uma sociedade livre é precisamente saber como assegurar que as forças coercitivas delegadas ao governo para preservar a liberdade fiquem limitadas a essa função, em vez de se tornarem uma ameaça à liberdade. Quando se demanda intervenção estatal para atacar as "falhas de mercado", esse risco costuma ser ignorado. Esquece-se das falhas do próprio governo, e dos efeitos negativos que sua intervenção gera para terceiros. Por isso deveria ser desenvolvida a prática de se analisar tanto os benefícios como os custos da intervenção estatal. Normalmente, o foco fica restrito aos benefícios, principalmente os de curto prazo.

Como exemplo de intervenção indesejada, Friedman cita as restrições tarifárias impostas ao comércio internacional, sempre à custa dos consumidores.

Tais tarifas são eufemisticamente chamadas de "proteção", e os grupos de interesse que a demandam falam sempre no "bem geral", na necessidade de preservar empregos e promover a segurança nacional. Como brinca Friedman, se tudo que importa é ter empregos, basta empregar pessoas para cavar buracos e depois fechá-los. O objetivo real deve ser por empregos produtivos, que irão significar mais bens e serviços para o consumo depois. A conclusão de Friedman é curta e objetiva, quando diz que a "proteção" realmente quer dizer "exploração do consumidor".

Milton Friedman descarta o "argumento" de que o livre-comércio só é vantajoso quando outros países também o praticam. Ele explica que competição no masoquismo não é uma política sensata para a economia internacional. Ainda que a reciprocidade na abertura comercial seja desejável, não é necessária, não anula o fato de que uma abertura unilateral também será vantajosa, mesmo que menos. O autor lembra que o livre-comércio costuma levar à paz, enquanto as guerras tarifárias podem acabar em guerras reais, já que o conflito, não a cooperação, passa a vigorar. Por fim, Friedman também defende o câmbio totalmente livre, lembrando que este é apenas outro preço que transmite relevantes informações ao mercado, e não deve sofrer, portanto, influência artificial do governo.

O livro segue com a abordagem de diferentes assuntos, como saúde, educação, previdência, meio ambiente, sindicatos, salário mínimo, inflação etc. Em todos esses temas, Milton Friedman oferece sólidos argumentos que conduzem a uma reflexão, sempre na linha da preservação da liberdade de escolha individual, limitando ao máximo o poder coercitivo do Estado. Ele lamenta, no final, que se tem ignorado uma verdade estruturante: que a maior ameaça para a liberdade é a concentração de poderes. Em um mundo em que o governo invade cada vez mais a esfera das escolhas privadas, essa lição é fundamental. Espera-se que as pessoas façam bom uso de sua liberdade de escolha, e possam ler com atenção o livro de Milton Friedman. O mundo seria um lugar melhor e mais livre.

O problema da educação

> *Se o consumidor é livre para escolher, uma empresa pode crescer de tamanho somente se produzir um item que o consumidor prefere por causa ou de sua qualidade ou de seu preço.*
> (MILTON FRIEDMAN)

A educação do povo é um dos mais valiosos recursos de uma nação, principalmente em um mundo no qual o capital humano ganha cada vez mais importância frente ao capital físico. Justamente por ser tão importante para o progresso da nação, ela não deve ficar a cargo do governo, sempre com gestão mais ineficiente e corrupta, por causas inerentes ao seu modelo de incentivos. A alimentação é uma necessidade ainda maior — pois quem não come, morre —, e quando ficou sob o comando do Estado, como na União Soviética ou na China, o resultado foi a fome generalizada, com milhões morrendo de inanição.

Na verdade, as escolas, academias e universidades têm suas origens na livre-iniciativa privada. Mestres e alunos participavam de trocas em benefício mútuo. O mundo conheceu filósofos como Sócrates dessa forma, e o governo, quando interveio, foi para dar cicuta a ele. Até 1918, a presença dos alunos nas escolas americanas não era obrigatória. Os pioneiros em controle estatal na educação foram a Prússia autoritária, de Bismark, e a França imperial. Desde então, o avanço do Estado na educação tem sido expressivo, normalmente com resultados bem aquém dos desejados.

A educação é um serviço, como tantos outros. O fato de ser tão importante apenas ressalta que devemos buscar o maior grau de eficiência possível. Se o consumidor é livre para escolher, e há competição no mercado, somente as escolas que atendem à demanda irão sobreviver. A eficiência de resultados é que garante o sucesso delas. Já quando a pesada mão do Estado entra, os consumidores, no caso os alunos e seus pais, perdem o controle, que passa para os burocratas. Estes possuem interesses próprios, nem sempre — ou quase nunca — alinhados com os dos alunos. A concentração de poder no Estado facilita a vida dos produtores, no caso os donos das escolas, que são "amigos do rei" e trocam favores pela via política, em vez de bons produtos no mercado livre. E é o poder de decisão dos consumidores que força a constante busca de melhoria do produto por parte dos produtores.

Além disso, os pais com certeza estão mais interessados na educação dos seus filhos que os agentes do governo. Os governantes, muitas vezes, preferem a ignorância do povo, para vender sonhos utópicos e ganhar votos. Passar o poder para os pais é essencial. Um meio efetivo de fazer isso seria por meio de um sistema de *vouchers*, ou vales. Dessa forma, os pais com menos condição financeira poderiam bancar a educação dos filhos, ou parte dela, mas escolhendo livremente a escola. Os vales só poderiam ser usados para essa finalidade — o que reduz, assim, os riscos de fraude. Tal medida iria assegurar a competição pelo lado da oferta, a melhor garantia que existe para a boa qualidade do serviço. E iria retirar o enorme poder dos burocratas, que gera ainda mais ineficiência no setor, além do risco de doutrinação ideológica, pois as escolas perdem a liberdade e ficam dependentes demais do Estado. Cuba seria um exemplo dos riscos dessa doutrinação.

Um dos maiores defensores desse modelo foi o economista Milton Friedman. Infelizmente, o modelo encontra fortes barreiras nos interesses particulares dos burocratas e políticos, assim como professores de escolas públicas com visão míope ou receio da competição livre de mercado. Basta ver como os sindicatos de professores odeiam a palavra meritocracia. Mas onde foi adotado, como em determinados lugares nos Estados Unidos ou na Suécia, mostrou extrema eficiência.

O Estado deveria vender suas universidades e focar seus recursos no ensino básico, por meio desse modelo de *vouchers*, que permite aos mais pobres escolher o melhor ensino para os seus filhos. A maioria ajuda uma minoria verdadeiramente carente, sempre em busca de uma maior responsabilidade individual. As universidades públicas, hoje, acabam utilizadas pela classe média alta, que teria condição de pagar por faculdades privadas. Claro, se imaginarmos que os impostos seriam também menores, pois o governo reduziria seus gastos com esse modelo. Igualar oportunidades é uma utopia, pois cada indivíduo possui capacidade diferente, fora uma criação distinta de cada família. Mas reduzir a discrepância é possível, e justamente a partir desse modelo. Já igualar resultados é não só delirante, como indesejável, posto que os humanos não são cupins. Os resultados serão frutos de uma interação livre no mercado, com respeito à meritocracia e às preferências individuais. Eis o único jeito de se fazer justiça verdadeira, além de resolver o grave problema da educação.

Os resultados importam

A Escola de Chicago ficou muito conhecida não só por seus vários prêmios Nobel, mas pela visão pragmática na defesa das "*second best solutions*", ou seja, uma abordagem realista da política econômica. Paulo Guedes contou-me uma vez o que viu com os próprios olhos em Chicago, onde fez seu doutorado. Eram os anos 1970, com crise de petróleo, e um jornalista foi entrevistar Milton Friedman, questionando o que ele achava que o governo deveria fazer. Friedman, então, quis saber se a resposta era como cidadão ou como economista. O entrevistador respondeu que era como economista, por estar ali com o professor na universidade.

Friedman passou, então, a dissertar sobre a teoria econômica, defendendo que nada precisava ser feito, pois haveria um custo muito alto a ser pago no curto prazo, mas que depois as forças produtivas se ajustariam, combustíveis alternativos seriam explorados ou descobertos, e depois desse longo e árduo processo de ajuste, tudo voltaria ao normal ou seria até melhor. O entrevistador ficou satisfeito e já ia embora, quando Friedman teria dito: "Ei, você esqueceu da resposta como cidadão." Curioso, o entrevistador a solicitou, no que Friedman rebateu de pronto: "Eu acho que nós deveríamos invadir aquela bosta!".

"Nós não defendemos a liberdade por seus lindos olhos azuis", disse certa vez Rubem Novaes, também doutor por Chicago, ao justificar posturas "pragmáticas" em algumas ocasiões. À época, ainda imbuído de uma paixão pelo princípio libertário "absoluto" de justiça, discordei dele. Acusei-o de ser o "Sr. Utilitarista". Então os fins justificam os meios? Somos todos maquiavélicos? Para o inferno com os princípios? Não é bem assim, ele explicou. Levamos em conta nossos princípios, claro. Os fins *não* justificam quaisquer meios. Mas existem casos extremos em que *mais* de um princípio importante estará em jogo. Na complexidade do mundo real, é assim que a coisa funciona. E o resultado das medidas que defendemos certamente tem um peso fundamental na escolha de nossos atos.

Na verdade, o expoente da Escola Austríaca também pensava de forma parecida. Tanto é verdade que Ludwig von Mises preferiu sempre focar nos resultados da ação humana, mostrando porque as pessoas deveriam abandonar o intervencionismo estatal com base em seus efeitos prejudiciais e contrários ao desejado por muitos defensores de tal política. Mises, como vimos, não entrava quase nunca na questão da ética e dos valores, e desconfiava dos direitos naturais. Ele achava melhor se abster desse julgamento, e se limitar a demonstrar logicamente que algumas medidas levariam a determinados resultados. Escolher ainda assim tais medidas seria uma questão subjetiva. Mises, ao que parece, também era utilitarista.

Pessoas que defendem ideias custe o que custar, independentemente de seus efeitos práticos, sofrem daquilo que Thomas Sowell chamou de "tirania da visão".

"Faça-se justiça nem que o mundo pereça", defendem os fanáticos. Estes estão dispostos a tudo para sustentar suas ideias abstratas, mesmo que cada vez fique mais evidente que elas podem levar a resultados práticos terríveis. No fundo, a imensa maioria defende certas ideias *porque* acredita que seus efeitos serão positivos, vantajosos, úteis. Mesmo os libertários que parecem apaixonados por seu sistema de justiça esperam, na prática, que tal sistema entregue os resultados esperados, qual seja, uma vida mais livre e próspera para os indivíduos. Será que algum libertário estaria disposto a abraçar seu princípio absoluto mesmo sabendo que haveria elevada probabilidade de ele levar ao caos social e à tomada de poder por fascistas?

Um libertário que discorda dessa postura dogmática é David Friedman, filho de Milton Friedman. Mais radical que o pai, sem dúvida, mas pelo visto aprendeu noções básicas de pragmatismo. Em seu livro *The Machinery of Freedom* [O maquinário da liberdade], ele apresenta bons argumentos em defesa da filosofia libertária calcada no "consequencialismo". Eis o que ele diz ao imaginar uma situação de ameaça externa:

> Em algumas circunstâncias, as violações de direitos devem ser avaliadas por seus méritos, em vez de rejeitadas a priori com base nos direitos naturais libertários convencionais. [...] Suponha que sejamos ameaçados de conquista militar por um governo totalitário particularmente cruel; se a conquista for bem-sucedida, todos perderemos a maior parte de nossa liberdade e muitos de nós perderemos nossas vidas. Afirma-se que apenas um alistamento militar obrigatório pode nos proteger. Duas respostas são possíveis. A primeira é que, uma vez que a coerção é sempre errada, devemos rejeitar o projeto, sejam quais forem as consequências. Tentei mostrar que a resposta não é satisfatória — no máximo deveria levar-nos a recusar nós próprios a fazer cumprir o alistamento forçado, esperando que alguém com menos princípios nos imponha. Afinal, a escravidão temporária é melhor do que a escravidão permanente.

David Friedman não está defendendo o alistamento obrigatório, o que ele rejeita em praticamente todas as situações. Eis o seu ponto principal: "Mas a questão com a qual estou atualmente preocupado não é se nas atuais circunstâncias, ou mesmo sob circunstâncias prováveis, um alistamento é desejável. A questão é se sob *quaisquer circunstâncias concebíveis* isso poderia ser. A resposta é sim."

Os libertários que seguem cegamente o princípio absoluto de não iniciação de agressão vão atacá-lo por tal pragmatismo, mas a verdade é que Friedman toca num ponto muito importante e desconfortável para esses "puristas", como fica claro nesta outra passagem:

> É fácil afirmar que somos a favor de seguir os princípios libertários quaisquer que sejam as consequências — uma vez que acreditamos que as consequências seriam a sociedade mais atraente que o mundo já conheceu. Mas a afirmação de que colocamos os direitos individuais acima de tudo é, para a maioria de nós, falsa. Embora demos algum valor, talvez um valor muito grande, aos direitos individuais, não lhes atribuímos um valor infinito. Podemos fingir o contrário apenas nos recusando resolutamente a considerar situações em que possamos ter que escolher entre direitos individuais e outras coisas que também são de grande valor. Meu propósito não é argumentar que devemos deixar de ser libertários. Meu propósito é argumentar que o libertarianismo não é uma coleção de argumentos diretos e inequívocos que estabelecem com certeza um conjunto de proposições inquestionáveis. É antes a tentativa de aplicar certos insights econômicos e éticos a um mundo muito complicado. Quanto mais cuidadosamente o fizermos, mais complicações provavelmente descobriremos e mais qualificações devemos atribuir aos resultados.

Como Isaiah Berlin mostrou, existem valores que entram em choque, e não há solução simples possível. Nesse caso, a própria sobrevivência e alguma liberdade, ou a pureza do princípio ético libertário. Como resumiu Friedman, "se não estamos dispostos a impor custos aos outros para nos defendermos, então existe uma política externa libertária — a rendição".

Ideias têm consequências. E essas consequências são fundamentais para se escolher as ideias que defendemos. Se eu tivesse que resumir em uma linha o que defendo, seria algo assim: o máximo possível de liberdade individual, levando-se em conta as limitações de um mundo complexo e imperfeito. Pode não ser o bastante para meus colegas "puros", que abraçam o direito natural como o único valor importante. Mas é o que acredito ser possível de forma realista. E essa crença certamente tem influência de Milton Friedman.

Viena e Chicago

Os defensores do livre mercado estão basicamente divididos em dois grupos: os seguidores da Escola de Chicago e os seguidores da Escola Austríaca. Na verdade, há mais similaridades do que diferenças entre elas, pois ambas acreditam fielmente no livre mercado e em mentes livres. Mas o fato é que divergências importantes acabam mantendo as duas escolas muitas vezes afastadas, ainda que seus seguidores compartilhem de muitos ideais por meio da Mont Pelerin Society, criada por importantes ícones de cada escola. O economista Mark Skousen, admirador das duas vertentes liberais, escreveu um excelente livro chamado *Vienna & Chicago: Friends or Foes?* [Viena e Chicago: amigos ou inimigos?]. Nele, o autor tenta abordar as principais diferenças entre os dois grupos, sugerindo que a distância entre elas está se estreitando.

Antes de tudo, é preciso resumir os principais pontos em comum das duas escolas. Skousen acredita que suas diferenças não são tão graves, e encara ambas como herdeiras intelectuais da economia *laissez-faire* de Adam Smith. Seriam primas filosóficas, em vez de inimigas. Ambas colocam a propriedade privada em um patamar crucial para as bases de trocas, justiça e progresso na sociedade. Ambas defendem o capitalismo liberal e acreditam na doutrina da "mão invisível" de Adam Smith, de que as ações individuais motivadas pelos próprios interesses maximizam o bem-estar da sociedade. Ambas são extremamente críticas ao marxismo e suas crenças sobre exploração, alienação e demais noções anticapitalistas. Ambas defendem o livre-comércio, a imigração liberal e a globalização. Ambas condenam o controle de preços e salários, o que inclui a legislação de salário mínimo. Ambas pregam, de forma geral, um governo bem limitado, cumprindo funções básicas. Ambas são defensoras da privatização e da desregulamentação. Ambas se opõem ao corporativismo do *welfare state* e atacam os privilégios concedidos pelo governo, e pedem igualdade perante a lei. Ambas rejeitam o planejamento central socialista e o totalitarismo. Ambas refutam o keynesianismo intervencionista que defende um governo grande para estabilizar a economia. Ambas são geralmente contra a taxação progressiva, o déficit nos gastos públicos e demais políticas do *welfare state*. Ambas preferem soluções de mercado para a poluição e demais problemas ambientais. Em resumo, as afinidades entre as escolas liberais são enormes.

Mas como elas seriam uma só se tudo fosse igual, existem distinções. A primeira, e mais relevante, diz respeito à metodologia. Os "austríacos", seguindo

Mises, adotam uma postura dedutiva, subjetiva e apriorística para a análise econômica. Além disso, trabalham com um *approach* de processo dinâmico de mercado. Os "*Chicago boys*", seguindo os trabalhos de Milton Friedman, preferem uma análise histórica, quantitativa e de equilíbrio para estudar os acontecimentos econômicos. Eles partem para estudos empíricos que poderiam comprovar teorias, enquanto os "austríacos" acham que dados passados podem apenas ilustrar uma teoria, que deve ter sustentação exclusivamente lógica. Para os "austríacos", o estudo econômico deve ser construído em cima de axiomas autoevidentes. Outra diferença importante está na questão monetária. Os adeptos da Escola Austríaca costumam preferir o padrão-ouro, ou alguma outra moeda adotada naturalmente pelo próprio mercado. A Escola de Chicago, por sua vez, rejeita o padrão-ouro, e parte para uma receita monetarista, em que a oferta de moeda cresceria automaticamente a uma taxa neutra, como se o Banco Central fosse substituído por uma espécie de robô. Por fim, os "austríacos" costumam negar a validade dos agregados econômicos como ferramentas pedagógicas úteis. A macroeconomia é vista com bastante desconfiança por seus seguidores. Estas seriam, de forma resumida, as divergências mais relevantes entre as duas escolas.

A Escola Austríaca tem argumentado de forma persistente que um elevado nível de poupança voluntária dos indivíduos é a chave para o rápido crescimento econômico. Tanto o keynesianismo, que prega o consumo elevado como locomotiva do crescimento, como os ativistas monetários, que enfatizam a oferta de moeda como ingrediente-chave para o crescimento, são atacados pelos "austríacos". Para ser mais eficiente, toda a poupança deve ser voluntária, calcada nas livres escolhas individuais para determinar suas próprias preferências temporais. Na essência, a teoria do ciclo econômico da Escola Austríaca enfatiza como a inflação monetária feita por bancos centrais artificialmente distorce a estrutura da economia, e isso causa uma bolha insustentável que deve necessariamente estourar. O capital acaba alocado de forma ineficiente por conta da intervenção do governo, e o "dinheiro fácil" não apenas eleva os preços, mas também cria vencedores e perdedores. Os poupadores, aqueles que são responsáveis pela oferta de capital para investimentos produtivos, são justamente os maiores perdedores. A instabilidade econômica em crises financeiras seria culpa das políticas monetárias do governo, segundo os "austríacos", e não do livre mercado.

Não obstante o sólido arcabouço teórico, a Escola Austríaca não foi capaz de reverter o crescimento do keynesianismo durante a depressão de 1929. Segundo Skousen, o método de Chicago, com vasta base de dados, análises quantitativas e uso de matemática sofisticada para testar diversas teorias econômicas, foi mais útil para derrubar o dogmatismo dos discípulos de Keynes. Milton Friedman trabalhou dentro do próprio sistema keynesiano, usando seus mesmos métodos para refutar sua "nova economia". Friedman mostrou, com ampla base de dados históricos, que as famílias ajustavam seus gastos somente de acordo com mudanças na renda permanente ou alterações de longo prazo, prestando pouca atenção aos padrões transitórios. Isso derrubava o mito do "multiplicador" keynesiano, cujo modelo se baseava num efeito alavancado no crescimento econômico para um aumento nos gastos do governo. Em uma época na qual as ciências exatas eram transportadas para as ciências sociais, o método de Chicago surtiu um efeito maior na prática, ainda que a sofisticada lógica dos "austríacos" tenha derrubado as falácias dos keynesianos.

Apesar da força prática da metodologia empírica de Chicago, Skousen reconhece como extremamente válido o alerta de Mises e Hayek para os perigos do "cientificismo". Existe um "lado ruim" no uso de dados empíricos, quando estes são utilizados de forma equivocada, interpretados de maneira inadequada ou simplesmente estão errados. Interpretar a história não é fácil, pois se trata de um fenômeno complexo, com infinitas variáveis que exercem influência. Skousen conclui que ambos os métodos devem ser aplicados, tanto o empírico como a lógica dedutiva. De fato, Rothbard usa diversos dados para embasar seu estudo sobre a Grande Depressão. Por que não manter uma mente aberta em relação aos dois métodos? Skousen reconhece a importância do ponto de Mises sobre a dificuldade de prever o futuro, pois os economistas, de fato, carregam inúmeros erros de previsões passadas nas costas. A econometria, que olha para trás, não deve ser vista como fonte altamente confiável para antecipar o que ainda está por vir. A história pode até rimar, mas não se repete, como disse Mark Twain. Apesar disso, Skousen considera que Chicago está em vantagem em relação à metodologia. Em contrapartida, Skousen prefere a teoria de ciclo econômico da Escola Austríaca, assim como seu foco no processo dinâmico do mercado, em vez de modelos de equilíbrio.

De forma simplista, a Escola Austríaca é mais "pura" por defender seus ideais sem concessões ao pragmatismo, talvez por isso tida por muitos mais como filosofia liberal do que economia, enquanto a Escola de Chicago suja as mãos no mundo real das políticas públicas, influenciando mais as decisões imediatas. Particularmente, acredito que há uma crucial função para ambas as posturas. Entendo que é fundamental alguém pregar o ideal, o ponto de chegada que devemos almejar. Mas entendo que também há um papel extremamente importante para quem joga com metas mais práticas e de curto prazo. A Escola Austríaca, nesse contexto, mostra onde deveríamos mirar, enquanto a Escola de Chicago apresenta opções concretas para o trajeto. Para sair de A até C, talvez seja preciso passar por B. A Escola de Chicago foca bastante nas "*second-best solutions*", nas alternativas viáveis, como vimos. Se tivesse que resumir em uma expressão, a Escola de Chicago pensa que o ótimo é inimigo do bom, e luta pelo bom possível. Mas assumindo aqui o papel de advogado dos "austríacos", até por ter um viés nessa direção, lembraria que o inverso também pode ser verdade, ou seja, o bom muitas vezes é inimigo do ótimo. O que quero dizer com isso é que em muitos casos podemos deixar para trás o ótimo, justamente porque objetivamos e ficamos satisfeitos apenas com o bom. Quem coloca como meta a medalha de bronze, que com certeza é melhor que nada, pode abandonar as chances de conseguir a medalha de ouro.

O livro de Skousen é dedicado aos membros da Mont Pelerin Society, porque são amigos tanto da Escola de Chicago como da Escola Austríaca. Afinal, ambas defendem a liberdade individual, o capitalismo de livre mercado, e lutam contra inimigos comuns, intervencionistas e defensores do planejamento central, que desconfiam da ordem espontânea e, por conseguinte, condenam o livre mercado. Os inimigos, infelizmente, ainda têm conquistado muito espaço no campo das ideias, mesmo depois de evidentes fracassos de suas crenças. Por essa razão, e também por entender que as semelhanças são mais importantes que as divergências, procuro olhar as duas escolas como complementares, e não como inimigas.

Milton Friedman, George Stigler, Gary Becker, Mises, Hayek, Rothbard e Kirzner, entre outros, podem ter opiniões conflitantes sobre determinados temas. Mas, de forma geral, estão bem mais próximos uns dos outros do que qualquer um deles em relação aos defensores do intervencionismo estatal, seja o keynesiano, seja o marxista. Viena e Chicago representam ícones da luta pela liberdade. O mundo será definitivamente um lugar bem mais livre quando o debate de ideias for dominado por essas duas escolas. Aí sim, o foco poderá ser bem maior nos aspectos que afastam Viena de Chicago. Até este dia — que ainda não parece estar próximo —, o ideal é **focar** nos fatores de convergência entre elas, para garantir munição pesada contra os inimigos da liberdade.

Russell Kirk

Nascido em 1918, Russell Kirk foi um dos grandes pensadores do conservadorismo americano, resgatando muito daquilo que Edmund Burke havia defendido antes. Seu livro *A mentalidade conservadora* (Editora É Realizações, 2015), publicado em 1953, deu forma ao movimento conservador pós-Segunda Guerra Mundial nos Estados Unidos.

O conservadorismo, segundo Kirk, não é um dogma imutável ou fixo, e se adapta ao tempo sem trair suas convicções. Em sua essência, porém, representa a tentativa de preservar o que é familiar, e daí decorre o respeito pelas tradições assimiladas e testadas pela sociedade ao longo do tempo, pela sabedoria dos antepassados.

Alguns pilares costumam estar presentes em todo pensamento conservador. São eles:

1. A crença de que há uma intenção divina que governa a sociedade e a consciência individual, criando um elo eterno que liga os vivos e os mortos;
2. afeição pela enorme variedade e mistério presentes na vida, ao contrário da visão mais uniforme e limitada dos sistemas radicais;
3. convicção de que a sociedade civil necessita de ordem e classes, de lideranças naturais que, uma vez abolidas, deixarão um vácuo a ser ocupado por ditadores;
4. noção de que propriedade e liberdade estão conectadas de forma inseparável;

5. descrença em modelos racionalistas que ignoram o fato de que os homens são governados mais pelas emoções que pela razão;
6. reconhecimento de que reforma e inovação revolucionária não são a mesma coisa, sendo esta normalmente arriscada demais para a manutenção da sociedade.

A política da prudência

A editora É Realizações lançou no Brasil *A política da prudência*, um livro imperdível para quem deseja conhecer melhor o conservadorismo. Logo no segundo capítulo, Kirk apresenta os dez princípios do conservadorismo, e vale a pena destacar alguns trechos do próprio autor:

> Não sendo nem uma religião nem uma ideologia, o conjunto de opiniões chamado de conservadorismo não possui Sagradas Escrituras, nem um *Das Kapital*, como fonte dos dogmas.
>
> Não existe um modelo conservador, e o conservadorismo é a negação da ideologia: é um estado de espírito, um tipo de caráter, um modo de viver a ordem civil e social.
>
> A continuidade histórica da experiência de um povo, diz o conservador, oferece um guia político muito melhor do que os projetos abstratos dos filósofos dos cafés, uma clara alusão aos *philosophes* franceses.

Os dez "artigos de fé" a seguir refletem aquilo que os conservadores, nos Estados Unidos de hoje, põem em relevo. São eles:

> Segundo Russel Kirk, primeiramente, o conservador acredita que há uma ordem moral duradoura. Essa ordem é feita para o homem, e o homem é feito para ela: a natureza humana é uma constante, e as verdades morais são permanentes.
>
> Nosso mundo do século XX experimentou as terríveis consequências do colapso da crença em uma ordem moral. Tal como as

atrocidades e os desastres ocorridos na Grécia do século V antes de Cristo, a ruína de grandes nações no nosso século mostra o abismo no qual caem as sociedades que confundem o autointeresse inteligente ou controles sociais engenhosos com alternativas agradáveis a uma ordem moral ultrapassada.

Segundo, o conservador adere aos costumes, à convenção e à continuidade. A continuidade é o meio de unir geração a geração; importa tanto para a sociedade quanto para o indivíduo; sem ela, a vida não faz sentido.

Os conservadores são defensores dos costumes, da convenção e da continuidade, porque preferem o mal que conhecem ao mal que não conhecem.

A lembrança, feita por Burke, da necessidade de uma mudança prudente está sempre na mente dos conservadores; mas a necessária mudança, argumentam, deve ser gradual e judiciosa, nunca desenraizando antigos interesses de um só golpe.

Terceiro, os conservadores acreditam no que se pode chamar de princípio da consagração pelo uso. Os conservadores percebem que as pessoas da era moderna são anões nos ombros de gigantes, capazes de enxergar muito além dos antepassados apenas por causa da grande estatura daqueles que os precederam.

Conservadores afirmam ser improvável que nós, modernos, façamos qualquer descoberta nova e extraordinária em moral, política ou gosto. Não confundir, portanto, evolução tecnológica com evolução moral.

Quarto, os conservadores são guiados pelo princípio da prudência. Complexa como é a sociedade humana, as soluções não podem ser simples, se têm de ser eficazes. O conservador declara agir somente após suficiente reflexão, tendo sopesado as consequências. Reformas rápidas e agressivas são tão perigosas quanto cirurgias rápidas e agressivas.

Quinto, os conservadores prestam atenção ao princípio da variedade. A sociedade almeja por uma liderança honesta e capaz; se as diferenças naturais e institucionais entre as pessoas forem destruídas, em breve algum tirano ou alguma sórdida oligarquia criarão novas formas de desigualdade.

Sexto, os conservadores são disciplinados pelo princípio de imperfectibilidade. Por ser o homem imperfeito, uma ordem social perfeita jamais pode ser criada.

Sétimo, os conservadores estão convencidos de que a liberdade e a propriedade estão intimamente ligadas. A instituição das diversas propriedades — isto é, da propriedade privada — é até hoje um poderoso instrumento para ensinar responsabilidade a homens e mulheres, para dar incentivos à integridade, apoiar a cultura geral, elevar a humanidade acima do nível de uma mera lida repetitiva e opressora e proporcionar as horas vagas para pensar e a liberdade para agir.

Oitavo, os conservadores defendem comunidades voluntárias, da mesma forma que se opõem a um coletivismo involuntário. O que quer que seja beneficente e prudente numa democracia moderna é possibilitado por volições cooperativas. Se, portanto, em nome de uma democracia abstrata, as funções da comunidade são transferidas a uma direção política distante — ora, aí o verdadeiro governo pelo consentimento dos governados dá ensejo a um processo padronizante, hostil à liberdade e à dignidade humana.

Nono, o conservador vê a necessidade de limites prudentes sobre o poder e as paixões humanas. A anarquia nunca dura muito, por ser intolerável para todos e contrária ao fato inelutável de que algumas pessoas são mais fortes e inteligentes que seus semelhantes. À anarquia se sucedem a tirania ou a oligarquia, nas quais o poder é monopolizado por uns poucos.

É uma característica do radical pensar no poder como uma força para o bem — desde que o poder recaia em suas mãos.

Sabendo que a natureza humana é uma mistura de bem e mal, o conservador não deposita a confiança na mera benevolência. Restrições constitucionais, freios e contrapesos políticos, um cumprimento adequado das leis, a velha e intricada rede de restrições sobre a vontade e o apetite — são aprovados pelo conservador como instrumentos da liberdade e da ordem. Um governo justo mantém uma tensão saudável entre as pretensões da autoridade e as pretensões da liberdade.

Décimo, o conservador razoável entende que a permanência e a mudança devem ser reconhecidas e reconciliadas em uma sociedade vigorosa. O conservador, em suma, favorece um progresso refletido e moderado; opõe-se ao culto do progresso, cujos devotos acreditam que tudo o que é novo é necessariamente superior ao que é antigo.

Não é preciso concordar com tudo, mas acho importante trazer tal ponto de vista à tona, por dois motivos. Em primeiro lugar, muitos falam de conservadorismo, especialmente as esquerdas que acusam todos disso, sem ter uma ideia razoável do que sustenta, de fato, o movimento conservador.

Segundo, porque realmente acredito que o pêndulo foi demais para um lado na era moderna e, apesar de ser um liberal clássico, creio que os conservadores têm muito a agregar ao debate de ideias com seus fundamentais alertas céticos, assim como uma nostalgia de certos valores permanentes que se perderam.

Alex Catharino, que escreveu a apresentação do livro para sua edição brasileira, resumiu bem a postura de Kirk:

> A proposta conservadora de Kirk é um conjunto de conselhos prudenciais que nos alerta para os riscos de desconsiderarmos totalmente os valores e costumes testados historicamente pela tradição em nome da arrogância racionalista de erigir uma nova ordem social a partir dos caprichos humanos.

A essência do pensamento de Kirk, portanto, não é uma doutrina política, mas um "estilo de vida, forjado pela educação e pela cultura".

Libertários dogmáticos

Como muitos já sabem, tenho feito algum esforço, dentro de minhas limitações, para unir o que se chama "direita" neste país. Evitar o "fogo amigo" seria, portanto, uma boa estratégia.

Mas, em nome do debate aberto de ideias, considero importante trazer à tona as críticas que o conservador (de boa estirpe) Russell Kirk faz aos libertários, ou a um tipo específico de libertário: o dogmático. Creio que esse não é muito "amigo" dos liberais ou conservadores. Em seu livro *A política da prudência*,

Kirk dedica um capítulo a esses libertários, e outro aos neoconservadores, para contestar ambas as posturas ideológicas. Kirk, diga-se de passagem, é contra a própria ideologia, para ele uma religião secular perigosa.

Confesso que já vi muitos libertários desse tipo descrito por ele, e seu fanatismo realmente não combina com o liberalismo que defendo. Em várias ocasiões já tive a sensação de que eram mais parecidos com os marxistas do que com os liberais clássicos. Abaixo, seguem alguns trechos do livro:

> Qualquer um que tenha sido muito influenciado pelo pensamento de Edmund Burke (1729-1797) e de Alexis de Tocqueville (1805-1859) — como o professor Hayek e este comentarista —, põe-se firmemente contra a ideologia; e o libertarianismo é uma ideologia simplista, apreciada por um tipo de gente a quem Jacob Burckhardt (1818-1897) chamou de "os terríveis simplificadores".
>
> [...] o que podemos dizer do libertarianismo, amistosamente, é que tem sido amiúde um espaço de recrutamento de jovens conservadores, ainda que os libertários não tenham a menor intenção de fortalecer a crença nos costumes, na convenção e na política da "consagração do uso". É uma alfinetada de que o libertarianismo seria uma porta de entrada na direita conservadora.
>
> O que podemos afirmar é que, em geral, são anarquistas "filosóficos" em trajes burgueses. Das antigas instituições sociais, manteriam somente a propriedade privada. Buscam uma liberdade abstrata, que nunca existiu em civilização alguma — nem entre qualquer povo bárbaro ou selvagem. Dariam cabo do governo político; nisso, subscrevem a noção de Karl Marx (1818-1883) da extinção do Estado.
>
> Precisamos limitar os poderes do Estado, é claro, e a constituição nacional o faz — se não perfeitamente, ao menos de modo mais eficaz do que qualquer outra constituição nacional. A Constituição dos Estados Unidos decididamente não é um ensaio de libertarianismo.
>
> "Partindo da liberdade ilimitada", escreveu Fiódor Dostoiévski (1821-1881), "chego ao despotismo ilimitado". Os libertários do século XX

são discípulos da noção de natureza humana e das doutrinas políticas rousseaunianas.

O típico libertino de 1992 [ano da publicação do livro] deleita-se com a excentricidade — tanto na vida privada como na política. Sua liberdade, ou licenciosidade, é do tipo que resulta no colapso social.

No tocante à excentricidade libertária, o sonho de uma liberdade privada absoluta é uma daquelas visões que amanham dos portões de marfim; e a desordem na qual a sociedade seria lançada em consequência dos desejos já é ilustrada pela desordem moral dos assuntos privados.

O modelo de libertário da presente década não tem senso de humor, é intolerante, farisaico, mal instruído e enfadonho. [...] estou desmascarando as pretensões dos doutrinários intolerantes e libertinos pomposos que se aprisionaram numa ideologia "libertária" tão confinadora e irreal quanto o marxismo — ainda que menos persuasiva do que esta cruel ilusão.

A liberdade e a justiça só podem ser estabelecidas depois que a ordem esteja razoavelmente assegurada. Os libertários, porém, dão primazia a uma liberdade abstrata.

Ao exaltar uma "liberdade" absoluta e indefinível à custa da ordem, os libertários colocam em perigo a própria liberdade que louvam.

Em suma, a função primária do governo é a restrição; e isso é anátema para os libertários, embora seja um artigo de fé para os conservadores.

Por tais defeitos dos libertários estarem muito evidentes, os conservadores recordam a admoestação de Edmund Burke a respeito dos reformistas radicais: "Homens imoderados nunca podem ser livres. As paixões lhes forjam os grilhões."

O que os libertários doutrinários nos oferecem é uma ideologia de egoísmo universal — no momento em que o país precisa, mais do que nunca, de homens e mulheres que estejam prontos a subordinar os interesses privados, caso necessário, à defesa das coisas permanentes. Nós, criaturas humanas imperfeitas, já somos bastante egoístas sem precisarmos de estímulo para buscar o egoísmo como princípio.

Crítica aos neoconservadores

Em momentos de crise aguda, quando o "perigo vermelho" nos ronda com força total, evitar conflitos entre aliados é uma estratégia prudente. Ainda assim, como trouxe as críticas que o conservador Russell Kirk fez aos libertários doutrinários, agora é o momento de trazer suas críticas aos neoconservadores, feitas logo depois, no capítulo seguinte do livro *A política da prudência*.

Acho importante para o debate, pois muitas vezes os conservadores que passei a chamar de "boa estirpe" são confundidos com os neoconservadores, com seguidores de George W. Bush ou algo do tipo. Estes não gozavam da estima de Russell Kirk. A seguir, alguns trechos do capítulo:

> Apresento-vos dois exemplos da rejeição aos neoconservadores que vejo hoje em dia, em vários lugares. O primeiro deles foi retirado de uma carta, recentemente recebida de um historiador altamente conceituado: "Cortei relações com a maioria (não todos) dos Konservatives, e especialmente com os neoconservadores, que são radicais e progressistas, egoístas e ignorantes, desejosos de cimentar todo o país e tornar o mundo um lugar seguro para a democracia, muito além dos sonhos de Woodrow Wilson (1856-1924)", escreve-me. "Nenhum deles tem sentimentos pela pátria, pela sua preservação e pela imperiosa moderação de um patriotismo tradicional (distinto do nacionalismo)."
>
> O segundo caso do crescente desagrado com os neoconservadores vem de um afamado especialista em literatura: "É significativo que, quando os neocons desejam condenar algum conservador que solicitou um financiamento a uma fundação conservadora, dizem aos gestores da fundação que o tal conservador é um fascista", afirma. "Acredito que os maiores inimigos do conservadorismo norte-americano não sejam os marxistas, nem os

esquerdistas liberais do Partido Democrata, mas os neoconservadores, que têm sabotado o movimento internamente, e o exploram para propósitos egoístas."

Tais neoconservadores muitas vezes são inteligentes; raramente sábios.

A ideologia, aventuro-me a vos recordar, é fanatismo político: na melhor das hipóteses, é a substituição de um pensamento político genuíno por slogans políticos.

[Michael] Novak reconhece um pouco da importância da religião em seu ensaio — convenientemente ignorando o fato desagradável de que todas as ideologias são antirreligiões, ou religiões invertidas.

Por intermédio da defesa vigorosa do capitalismo democrático e pela adesão doutrinária a essa ideologia, o sr. Novak está efetivamente dizendo que o marxismo será derrotado e será dada ao povo norte-americano a visão da perfeição social. Que caniço frágil para se ter à mão!

Ora, na verdade, nossa sociedade não é absolutamente um "sistema capitalista", mas sim um complexo arranjo cultural e social, que abarca religião, moral, instituições políticas recebidas, cultura literária, uma economia competitiva, propriedade privada e muito mais.

Esperar que todo o mundo deva, e seja obrigado, a adotar instituições políticas características dos Estados Unidos — e que muitas vezes não funcionam muito bem mesmo dentro da própria casa — equivale a se permitir ter a mais irrealista das visões; ainda assim, essa parece ser exatamente a esperança e a expectativa de vários neoconservadores.

O que Kirk ataca aqui é o internacionalismo neoconservador, de quem acredita ser possível exportar a democracia e o modelo americano como um sistema pronto, a ser imposto pelas Forças Armadas americanas em todo o mundo.

A palavra "democracia" passou a assemelhar-se a um chapéu velho que todo mundo usa e ninguém respeita. E, muitas vezes, as democracias não foram alianças perversas entre um demagogo de sucesso e uma multidão gananciosa?

A política externa de sucesso, tal como o êxito político em geral, é fruto da arte do possível — não da rigidez ideológica.

Muitos pensaram que os neoconservadores iriam se tornar os paladinos da diversidade no mundo, em vez de aspirarem um mundo de uniformidade e enfadonha padronização. No entanto, inúmeros se mostraram imperialistas culturais e econômicos.

Tais são os talentos dos neoconservadores em Washington, D.C. nos últimos anos — criaturas inteligentes, comprometidas com uma ideologia, e não muito honestos na conquista dos próprios objetivos.

O peregrino na terra desolada

Alex Catharino é um grande estudioso da obra de Kirk e visitou várias vezes sua família em Mecosta, tendo publicado depois um livro sobre o filósofo. Segue uma resenha que escrevi da obra:

> "[Eu] diria que Kirk foi um filósofo atento à vida com os transcendentais do Belo e do Bem, e que essa atenção se materializava tanto na sua escrita quanto no seu olhar sobre o mundo. Kirk pensava de modo elegante, argumentava de forma delicada, defendia o mundo porque ele é belo e bom", escreveu Pondé.
>
> Se até mesmo Luiz Felipe Pondé, que flerta com frequência com o niilismo (mas sem cair nele), reconhece esse poder de enaltecer o mundo belo e bom que tinha Kirk, como escreve na introdução de *Russell Kirk: o peregrino da terra desolada*, escrito por Alex Catharino, é porque o filósofo americano era mesmo capaz de tornar o mundo mais bonito, apesar dos pesares.
>
> O livro de Catharino é um ótimo resumo para quem quer conhecer mais a vida e as ideias de Kirk — e creio que todos deveriam querer isso. Seus livros *A mentalidade conservadora* e *A Política da prudência* foram importantes influências recentes em minha formação intelectual. Catharino conseguiu sintetizar muito bem as principais ideias do pensador, assim como sua postura diante da vida, reflexo dessas ideias.

Diante de um mundo cada vez mais barulhento e tolo, a reclusão e o esmero com a estética e a ética de Kirk se fazem necessários, como antídoto à "sociedade do espetáculo". Kirk foi muito influenciado pelo poeta T.S. Eliot, e buscou em sua vida resgatar aqueles valores permanentes que se esgarçavam diante de seus olhos. Inspirou-se muito em Burke também, para tentar criar esse elo entre os que nos antecederam e os que ainda nem nasceram.

O "Mago de Mecosta" lutou contra a desordem crescente do mundo, seguro de que a ordem interior em cada indivíduo era o começo para uma ordem social desejável. A autodisciplina seria fundamental para a liberdade, mensagem importante na "era dos apetites". Assim como seu amigo Eliot, Kirk acreditava que somente o Cristianismo poderia impedir o triunfo da barbárie. Catharino resume:

> *Nesse sentido, acima de qualquer outra definição, o conservadorismo kirkiano é uma disposição de caráter que nos move a lutar pela restauração e preservação das verdades da natureza humana, da ordem moral e da ordem social, legadas pela tradição, fatores que, necessariamente, levam à rejeição de todos os esquemas racionalistas apresentados pelas diferentes concepções ideológicas.*

Seu conservadorismo era contra todas as ideologias, uma negação da própria ideologia, que seria uma substituta da religião. Projetos abstratos utópicos que prometem a criação de um paraíso terreno seriam os principais alvos dos ataques de Kirk. Em seu lugar, ele oferecia a "imaginação moral", ou "a capacidade distintamente humana de conceber a pessoa como um ser moral".

Em vez de "derrubar florestas", o educador deveria "irrigar desertos", plantar sementes que pudessem produzir bons frutos depois. A literatura teria essa função de transmitir valores éticos, de desenvolver o indivíduo humano, a pessoa. Uma educação liberal, uma "conversa com os mortos", que poderia preservar o clássico, ensinar as "coisas permanentes".

"Aprendemos com a literatura a ter aquelas percepções da natureza humana que tornam a vida digna de ser vivida", escreve Kirk. Não é preciso ser um conservador para entender a relevância de sua mensagem no mundo moderno. Sempre haverá espaço e necessidade para aqueles cavalheiros atemporais. Kirk foi um deles.

Alex Catharino, ao se inspirar no escritor, procura seguir a mesma trilha. E é louvável respirar um ar fresco em meio à asfixia das redes sociais. Afinal, o Belo e o Bom são eternos, não passageiros como os modismos da internet.

Gertrude Himmelfarb

Também conhecida como Bea Kristol, por ter se casado com o ícone e fundador do neoconservadorismo Irving Kristol, Gertrude Himmelfarb nasceu em Nova York em 1922, e se tornou uma das principais historiadoras americanas. A autora escrevia extensivamente sobre a história intelectual, com foco na história britânica e na Era Vitoriana, bem como sobre a sociedade e cultura contemporâneas.

Para seu marido, Irving Kristol, não existe sociedade política tolerável sem um estado bem mais intervencionista do que o "guarda noturno" de que falava Herbert Spencer. Por esse e outros motivos, o Estado, segundo Kristol, não deve ser neutro perante diferentes concepções do bem, mas proteger valores morais relevantes para a sociedade. Gertrude, por sua vez, era uma conservadora mais ao estilo britânico.

O iluminismo britânico e a sociologia da virtude

Quando se fala em iluminismo, costuma-se pensar em Voltaire, no racionalismo francês, na própria Revolução Francesa. Mas esse foi apenas um lado do fenômeno. No Reino Unido, especialmente na Escócia, ocorria uma fervilhante troca de ideias também, mas com abordagem bem distinta. No fundo, faz sentido falar em iluminismos, pois foram mais de um. E esse aspecto é ignorado por muitos professores de História. Mas esse Iluminismo britânico também ajudou a moldar a era moderna, e merece maior atenção.

É o que sustenta Himmelfarb em seu magistral *O caminho da modernidade*, em que divide o legado iluminista em três: o francês, o britânico e o americano. De forma resumida, as principais diferenças poderiam ser definidas como a "ideologia da razão" (França), a "sociologia da moral" (Reino Unido) e a "política da liberdade" (Estados Unidos). Na síntese de Luiz Felipe Pondé feita no prefácio da edição brasileira, "o iluminismo foi uma tentativa de examinar três formas básicas da experiência humana a partir do exercício livre do pensamento, a saber, a moral, o conhecimento e a política".

A ênfase dada ao lado francês é explicitada quando se fala da "era da razão", o que já soa um tanto prepotente, como se até então a humanidade vivesse no obscurantismo das superstições, e finalmente tivesse acordado para o poder do raciocínio. Mas é justamente essa a ideia que muita gente tem desse período de intensa produção intelectual, minimizando a maior cautela dos britânicos. Não que fossem irracionais; certamente não eram. Mas porque defenderam ideias mais moderadas, que não combinaram com aquele clima revolucionário.

Ocorre que houve revoluções e "revoluções". Não é possível colocar no mesmo saco a Americana e a Francesa, por exemplo. Uma teve influência de pensadores britânicos mais conservadores, e pretendeu resgatar valores perdidos e preservar as liberdades existentes na própria metrópole inglesa, enquanto a outra buscou destruir todos os pilares até então existentes, declarar guerra à aristocracia, à religião, e criar um mundo novo praticamente do zero.

Enquanto a Revolução Americana produziu uma das nações mais livres e prósperas do mundo, a Francesa levou ao terror jacobino e ao regime ditatorial de Napoleão. O "Templo da Razão" se revelou um tanto irracional. Muitos foram sacrificados em nome da liberdade. Em boa parte, argumenta a autora, isso se deve ao esquecimento de certas lições defendidas pelos pensadores britânicos, como David Hume, para quem a razão era facilmente dominada pelos afetos e paixões.

Ou seja, o ceticismo britânico alertava para um ensinamento básico que foi jogado para debaixo do tapete pelos racionalistas franceses: o de que os "hábitos são essenciais para nos mover num mundo do qual não temos grandes certezas contínuas", no resumo de Pondé. Uma razão excessivamente autoconfiante pode produzir utopias perigosas, fruto dessa "arrogância fatal", como diria Hayek, algo que o "espírito conservador" dos britânicos procurava evitar.

Os britânicos eram mais empíricos, reconheciam os limites da razão, com base na própria razão, e por isso rejeitavam ideias revolucionárias de um "mundo novo" parido do nada, como se a natureza humana fosse uma tábula rasa. Essa postura levava a um foco maior nas virtudes, não necessariamente as virtudes individuais, mas as "virtudes sociais", tais como compaixão, benevolência, simpatia. Para os britânicos, elas naturalmente unem as pessoas, mais do que a razão, que teria um papel secundário, instrumental, diferente do papel primário e determinante dado a ela pelos *philosophes*.

Tais distinções não são tão claras e estanques assim, e havia comunicação entre esses diferentes pensadores. Em alguns casos, um pensador francês poderia estar mais alinhado com o ponto de vista anglófilo, e vice-versa. Mas em linhas gerais essa divisão define bem o fator predominante em cada ala iluminista. O ódio contra a religião, por exemplo, era uma característica basicamente francesa, e foi Voltaire quem lançou sua famosa declaração de guerra conta a Igreja, "esmague o infame", enquanto Jean Meslier, um sacerdote francês, propôs "enforcar o último rei com as tripas do último padre".

Esse não era, nem de perto, o clima dos Iluminismos britânico e americano, que foram liberais em termos de religião, compatíveis com um amplo espectro de crença e descrença. E, se a "era da razão" levou à guilhotina dos jacobinos, é preciso considerar que a "era da benevolência" dos britânicos não só garantiu maior estabilidade política como produziu uma incrível proliferação de atos filantrópicos. Para Himmelfarb, os britânicos confrontaram o mundo moderno com bom senso — o "senso comum" —, e seus filósofos dele se serviram em um período tumultuado e que ecoa ainda hoje em um estágio posterior da modernidade.

Isso ajudou a evitar derramamento inútil de sangue, assim como a impedir modelos totalitários no Reino Unido, cuja monarquia parlamentar sobrevive até hoje. "Piedade", "empatia", "benevolência", esses foram conceitos marcantes para o iluminismo britânico, para pensadores como Hume, Smith e Burke. O "senso moral" era ainda mais importante do que a razão para esses filósofos com forte senso prático.

Numa era de individualismo exacerbado, de tantos buscando monopolizar a razão, e da velha arrogância racionalista de que é possível e desejável se criar um "novo mundo" a partir do zero, com base em conceitos abstratos paridos do conforto do escritório de "intelectuais" e abandonando completamente as antigas tradições, talvez seja prudente deixar um pouco o fervor revolucionário dos novos jacobinos de lado e escutar o alerta dos britânicos. Mais prudência, mais ceticismo, menos utopia e menos febre revolucionária.

O mundo não começou hoje, tampouco com Voltaire e companhia. Seria bom um pouco mais de respeito por nossos antepassados e pela formação de nossas instituições, especialmente a moral, tão combalida na atualidade, quase considerada "ultrapassada".

Guerra cultural

O Ocidente, em geral, e os Estados Unidos, em particular, talvez nunca tenham estado tão divididos como hoje. O grau de ruptura interna é enorme, e às vezes o abismo que separa os dois lados parece intransponível. Espera-se que não, pois foi a capacidade de união em prol de objetivos e valores comuns que permitiu um contínuo avanço de nossa civilização.

Tem sido marcante a sensação de que se vive hoje num só país, mas com duas culturas diametralmente opostas. E é exatamente o tema do livro *One Nation, Two Cultures* [Uma nação, duas culturas], de Gertrude Himmelfarb. A historiadora usa a expressão "revolução cultural" para definir o que vem acontecendo no país desde os anos 1960, e que tem abalado os principais pilares do Ocidente e da América.

Os valores austeros da era vitoriana já foram o credo oficial dos ocidentais, especialmente dos anglo-saxões. Trabalho, empenho, temperança, disciplina, religiosidade, essas eram virtudes que, de certa forma, a imensa maioria aceitava como louváveis, ainda que fossem violadas na prática. A hipocrisia sempre foi a homenagem que o vício prestou à virtude, como disse La Rochefoucauld.

Mas ao menos essas eram características estimadas, almejadas, universalmente aplaudidas. Não mais. Se no começo do século XX a geração da boemia representava uma minoria rebelde que desafiava tais valores, hoje essa postura ficou predominante: a regra é ridicularizar essas virtudes "burguesas", tidas como ultrapassadas ou sinais de uma época "opressora". Ali começava a primeira "revolução sexual", que passaria por outros estágios ainda mais subversivos depois, como na década de 1960.

Joseph Schumpeter chegou a prever o fim do capitalismo com base nesses efeitos que ele exerce sobre os intelectuais. O capitalismo cria um ambiente crítico a tudo, que não poupa a autoridade moral ou as instituições estabelecidas, e que no final pode se voltar contra ele mesmo. A burguesia ficaria espantada, previa Schumpeter, que a atitude racionalista não iria parar em reis e papas, mas sim continuar seu ataque à propriedade privada e a todo esquema de valores burgueses.

A previsão não se mostrou totalmente acertada, pois o capitalismo ainda sobrevive, expandindo-se em outras regiões antes dominadas por regimes socialistas. Mas parece inegável que a "destruição criadora" também cobrou seu preço na vida moral da sociedade. O capitalismo sobreviveu, diz Himmelfarb, mas ao custo do etos burguês que originalmente o inspirou e o manteve por tanto tempo.

À medida que a sociedade enriquecia e se tornava mais aberta, a moralidade e a cultura eram liberalizadas e democratizadas, dando lugar a um sistema mais frouxo. Aquele estilo rebelde da elite que desafiava os pilares morais estabelecidos se espalhou por toda a sociedade, tornando-se acessível a todos. Deu-se, então, o que Daniel Bell chamou de "contradições culturais do capitalismo": se por um lado seu funcionamento demanda restrições morais como disciplina e visão de longo prazo, por outro ele mesmo estimula um hedonismo e uma impaciência com todas essas restrições.

De fato, essa "contracultura" avançou com uma velocidade que nem o mais otimista dos revolucionários poderia esperar. Minorias tiveram motivo para celebrar conquistas concretas, sem dúvida, mas seria absurdo ignorar seus efeitos negativos também, inclusive para as próprias minorias. Basta pensar num exemplo: mais de 70% das crianças negras americanas nascem hoje fora do casamento.

Muitas mulheres mergulharam no mercado de trabalho e viram suas carreiras deslancharem, mas não sem o custo de perder um lugar seguro dentro da configuração tradicional do casamento, que permitia um investimento maior na formação dos filhos. As taxas de divórcio explodiram, o que prejudicou justamente os filhos. Diversas mães solteiras precisam se virar entre trabalho e casa, e passaram a depender do Estado, o que fez com que o *welfare state* se agigantasse. Isso significa mais impostos e menos liberdade.

A modelagem favoreceu aqueles que bancavam a vítima. Quem não chora não mama, diz o ditado. Com o governo subsidiando certos comportamentos, era apenas natural que eles fossem fomentados. Com o intuito de "liberar" todos dos asfixiantes "valores burgueses", a revolução cultural ajudou a enfraquecer as virtudes que sempre tiveram efeitos estabilizadores e moralizantes na sociedade.

Há indícios claros de doenças morais por toda parte, como o colapso de princípios e hábitos éticos, a perda de respeito por autoridades e instituições, a ruptura das famílias, o declínio da civilidade, a vulgarização da alta cultura e a degradação da cultura popular. Riqueza e acesso à educação não são garantias de imunidade contra desordens morais. Na verdade, argumenta-se que a elite mais rica e educada tem alguma responsabilidade sobre a condição das classes sociais inferiores. Várias dessas ideias perniciosas nascem justamente na elite, não no povo.

A situação gera bastante incômodo, pois abala uma das crenças mais disseminadas no Ocidente: a de que o progresso moral é um subproduto inevitável do progresso material. Os otimistas que adotam tal premissa ignoram a experiência histórica, como no caso do declínio romano após o avanço material, que ajudou a corromper os valores morais. Os "liberais" celebram a prosperidade, apesar de focarem mais nas "desigualdades", mas não percebem que a degradação de valores morais está ameaçando essa prosperidade e, acima de tudo, nossas liberdades.

Tem ocorrido uma crescente normalização dos desvios, e o que sempre foi norma tem sido tratado como o atual desvio a ser condenado. O Estado usurpou funções antes exercidas pelas famílias e igrejas, e nunca a dependência do indivíduo foi tão grande. Diante desse quadro, há uma forte reação por parte de quem está revoltado com as inversões de valores, com a vulgaridade, a promiscuidade, a decadência moral.

O verdadeiro pluralismo depende da compreensão de que a persuasão é preferível à violência, e que as diferenças sejam tratadas com civilidade. Isso parece cada vez mais distante da realidade. Mas as chances de sucesso do Ocidente dependem da capacidade dessas pessoas de se unir em prol de um objetivo comum: resgatar os valores morais e culturais, independentemente da crença religiosa, evitando os extremos, assim como o relativismo exacerbado de hoje. Himmelfarb toca no cerne da questão:

> Os "progressistas" sempre souberam que o poder absoluto tende a corromper absolutamente. Assim como Havel, agora estamos descobrindo que a liberdade absoluta também tende a corromper absolutamente. Uma liberdade que é divorciada da tradição e da convenção, da moralidade e da religião, que torna o indivíduo um único repositório e árbitro de todos os valores, colocando-o num relacionamento antagônico com a sociedade e o Estado — tal liberdade é um grave perigo ao próprio liberalismo. Quando essa liberdade não atende às

expectativas, quando viola o senso moral de comunidade ou é incompatível com as demandas legítimas da sociedade, não há princípio moderador que ocupe o seu lugar, não há descanso entre as ferozes variações do liberalismo e do paternalismo.

As virtudes vitorianas

Em 1995, Gertrude Himmelfarb publicou *The De-Moralization of Society* [A desmoralização da sociedade], um livro que tentava resgatar a importância dos princípios morais da era vitoriana. A historiadora abre com a lembrança de que o debate sobre valores morais pode parecer antigo, mas foi Margareth Thatcher quem o trouxe à tona para a política mais recentemente.

Em sua campanha de 1983, um entrevistador perguntou se ela aprovava os "valores vitorianos", e Thatcher disse que sim, que foram exatamente esses valores que fizeram da Inglaterra uma grande nação. Em outra ocasião, ela alegou ter sido criada por uma avó que lhe incutiu tais valores.

A ideia britânica de "valores vitorianos" é similar à ideia americana de "valores familiares", mas mais abrangente, pois inclui a noção de trabalho duro, parcimônia, respeito próprio, boa vizinhança e patriotismo. Nos Estados Unidos, o debate sobre "valores familiares" acabou mais limitado por girar em torno de questões como aborto, ilegitimidade e homossexualidade.

No Reino Unido, antes mesmo de a rainha Victoria chegar ao poder, a "reforma moral" estava em vigor, em boa parte pelo evangelicalismo, com o auxílio do metodismo. Foram esses grupos religiosos que lutaram pelo fim do tráfico de escravos e depois da escravidão. E os avanços na dignidade humana não pararam por aí. Grupos seculares também participaram do esforço que levou à aprovação de medidas para limitar horas de trabalho nas minas, reformas sanitárias, educação pública, reformas penais e amenidades cívicas, como iluminação de vias, bibliotecas, parques etc. Foi esse arcabouço que produziu o que ficou conhecido depois como "valores vitorianos", que se estendiam às classes média e operária.

À medida que a religiosidade foi se arrefecendo, tais valores acabaram absorvidos pelos seculares, e adquiriram uma santidade independente de sua origem religiosa. Essa "reforma moral" iniciada no fim do século XVIII atingiria seu ápice no fim do século XIX. A avó de Thatcher já não falaria dessas coisas como "valores", mas apenas como "virtudes".

Tais virtudes englobavam aquelas clássicas, destacadas já por Aristóteles, como a sabedoria, a justiça, a temperança e a coragem, associadas à prudência, magnanimidade e gentileza. Os vitorianos, na era da burguesia, adaptaram tais virtudes e insistiram em sua relevância não só para a saúde do indivíduo, mas para o bem-estar da sociedade como um todo.

No decorrer do século XX, porém, conforme aponta Himmelfarb, as virtudes passaram a ser relativizadas e deixaram de ser virtudes, passando a "valores", cada vez mais subjetivos. Essa transmutação, para a historiadora, foi a grande revolução filosófica da modernidade. Para ela, foi Nietzsche o grande responsável por essa revolução, ao degradar as virtudes e para criar um código de valores para o seu "homem novo".

Ao falar em valores, ressalta-se a ideia de que são relativos e subjetivos, que são como meras convenções e costumes, puramente instrumentais, com fins utilitários. Para Himmelfarb, quando a moralidade era alicerçada pela linguagem da "virtude" ela era mais firme, tinha um caráter mais resoluto. Falar em virtude já trazia um senso de gravidade e de autoridade, algo que "valor" não é capaz de fazer. Valores, como entendemos hoje, não precisam ser virtudes, afinal; podem ser crenças pessoais, opiniões, atitudes ou sentimentos.

Atualmente, estão tão enraizadas no vocabulário popular ideias como "livre de valor", "não julgamento" ou "imparcial", que fica evidenciada a transfiguração de virtude para algo bem mais elástico e neutro, uma espécie de "vale tudo" moral. As virtudes vitorianas não eram isso, e tampouco eram as virtudes clássicas ou cristãs: elas eram mais domesticadas e mais seculares, mas eram virtudes.

Os padrões eram rigorosos, mesmo que nem sempre atendidos. Havia hipocrisia, sem dúvida, mas todos entendiam o que *deveria* ser seguido, qual era a régua moral. Essas virtudes eram aquilo a que os vitorianos aspiravam, mesmo sabendo que não seriam capazes de atingi-las em sua plenitude.

Os vitorianos não consideravam uma virtude insignificante manter as aparências, as maneiras e a boa conduta mesmo quando violavam algum princípio moral, pois dessa forma ao menos afirmavam a legitimidade do mesmo princípio. Isso já é algo bem diferente do que fazem os modernos, ao *rejeitar* os princípios em si. Ou seja, os vitorianos nem sempre conseguiam cumprir aquele código de princípios, mas nem por isso eles desprezavam tais princípios como metas desejáveis.

Os adversários de tais virtudes e princípios passaram a atacá-los com base no argumento de que não passavam de formas de "controle social", especialmente porque a classe média se tornou o grande sustentáculo dessas virtudes burguesas. Até porque essas virtudes incluíam, além dos valores já mencionados, aspectos mais práticos, como pontualidade, regularidade e conformidade, consideradas como "ética de trabalho". Essa "ética de trabalho" é que foi fundamental para o advento e sucesso do capitalismo.

Esses "valores vitorianos", como já mencionei, englobavam não só a classe média, como a classe operária. Perto do final do século, esta era mais puritana do que aquela, que passou a se tornar mais relaxada e permissiva. Mas esses valores influenciaram todos. Para os homens, significava ter um emprego, por mais baixo que fosse o salário, e não viver bêbado; para as mulheres, significava administrar um lar limpo, ordenado e organizado; para as crianças, era sinal de obediência na casa e na escola, e contribuir com as tarefas domésticas e com a renda familiar, quando possível.

É nesse ponto que os "valores vitorianos" e os "valores familiares" se cruzam e se fundem. E seu efeito para a sociedade era evidente: o surgimento de uma "sociedade respeitável" pode ser medido pela queda da criminalidade, da violência, da taxa de alcoolismo, e também pela redução da ilegitimidade paternal e da crescente estabilidade da família. E mesmo com divisões mais claras de classes, a Inglaterra daquela época tinha como denominador comum, que unia todas as classes, essa ideia de respeitabilidade, uma virtude comum a que todos pagavam tributo. As classes trabalhadoras aspiravam às mesmas virtudes das demais classes, e isso dava um senso de que todos compartilhavam da mesma natureza humana e de um mesmo direito político e civil.

Um cavalheiro poderia estar em qualquer classe, revelado por sua postura mais do que por seus títulos. Burke mesmo disse que um rei pode criar um nobre, mas não um cavalheiro. Eis uma definição boa do perfil: um verdadeiro cavalheiro é um homem realmente nobre, um homem digno de comando, um homem desinteressado e íntegro, capaz de se expor, até mesmo se sacrificar por aqueles que lidera; não apenas um homem de honra, mas um homem consciencioso, em quem os instintos generosos foram confirmados pelo pensamento correto e que, agindo corretamente por natureza, age ainda mais corretamen[te a] partir de bons princípios.

O *gentleman* inglês, portanto, pode ser identificado por suas virtudes morais: integridade, honestidade, generosidade, coragem, graça, educação, consideração pelos outros. Ao "moralizar" a ideia do *gentleman*, a era Vitoriana também a democratizou, estendendo-a às classes média e, eventualmente, até mesmo à operária.

Ao atribuir a todos as mesmas virtudes, pelo menos potencialmente, já que temos a mesma natureza humana, os vitorianos permitiram que se falasse em "virtudes democráticas", num ambiente de maior igualdade. São virtudes apropriadas a uma sociedade liberal também, ao enaltecer o ordinário, o homem comum capaz de agir como um cavalheiro, produzindo assim um etos que transferia a responsabilidade ao indivíduo. Burke era capaz de entender a importância disso:

> As boas maneiras são mais importantes do que as leis. Delas, em grande medida, dependem as leis. A lei nos toca, mas aqui e ali, e de vez em quando. Os modos são o que irrita ou acalma, corrompe ou purifica, exalta ou rebaixa, barbariza ou nos refina, por uma operação constante, firme, uniforme, insensível, como a do ar que inspiramos. Elas dão toda a sua forma e cor às nossas vidas.

São essas as lições vitorianas que Himmelfarb tentou resgatar numa era de imoralidade e "revolução sexual", que ameaçava a família e, assim, o indivíduo. Para ela, a lição final que devemos aprender com os vitorianos é que o etos da sociedade, seu caráter moral e espiritual, não pode ser reduzido à economia, ao material, aos aspectos políticos, que os valores, ou melhor, as virtudes são um fator determinante. Não são um reflexo da classe econômica, como queriam os marxistas, mas os agentes cruciais que vão moldar essas realidades.

Hoje, confrontando-nos com uma sociedade "desmoralizada", necessitamos de uma nova reforma para restaurar não tanto os valores vitorianos, mas um senso mais abrangente de virtudes cívicas e morais.

A imaginação moral ainda vive

> *O pós-modernismo nos seduz com um canto de sereia de libertação e criatividade, mas pode ser o convite ao suicídio intelectual e moral.*
> (GERTRUDE HIMMELFARB)

No apagar das luzes de 2019, tivemos a triste notícia do falecimento de Gertrude Himmelfarb, aos 97 anos. A historiadora americana não é muito conhecida no Brasil, embora seus livros já comecem a receber edições em língua portuguesa. Por acaso eu havia terminado a leitura de *Ao sondar o abismo* dias antes.

No livro, a historiadora reúne ensaios que detonam o pós-modernismo, especialmente o modismo disseminado pela Escola de Frankfurt que, com um jogo de palavras, atentou contra nossa capacidade racional e de diálogo. Como a tradutora Márcia Xavier de Brito explica no prefácio, os textos trazem como fios condutores "a arrogância e o empobrecimento espirituais das humanidades e da política na época contemporânea".

Himmelfarb nunca deixou de acreditar na verdade e na realidade, e que há uma ligação entre elas, assim como há "uma conexão entre sensibilidade estética e imaginação moral, entre cultura e sociedade". Ideias têm consequências, e as ideias perniciosas dos filósofos que "brincaram" de flertar com o abismo abalaram as estruturas da sociedade, e assim deixaram um legado terrível. O relativismo virou niilismo, a amoralidade se transformou em imoralidade escancarada, a irracionalidade se metamorfoseou em insanidade e a "libertação sexual" acabou como "perversidade polimorfa".

No afã de manipular palavras e conceitos e "desconstruir" tudo, os pós-modernos se esqueceram de que a sociedade precisa caminhar sobre algum pilar. A filosofia já foi sinônimo de "amor pela sabedoria", e foi transmutada em algo sem sentido ou propósito quando nos disseram que não há relação alguma entre ela e a virtude. Para os pós-modernos, a moralidade é uma forma de estética e não devemos levar a filosofia muito a sério. O resultado foi uma produção "filosófica" realmente sofrível, um espetáculo de pura retórica e muita verborragia que simulavam uma profundidade intelectual onde havia apenas confusão mental.

Em sua área de atuação profissional o estrago não foi menor. O último sinal da deformação, de acordo com ela, foi o ataque ao cânone com base na afirmação de que é dominado por "homens brancos mortos". Os clássicos desapareciam, levando junto a noção humilde de que há enorme sabedoria acumulada no passado. Isso deu lugar não só à arrogância extrema, como também ao subjetivismo exacerbado. Não existem mais fatos que os historiadores, com todas as suas limitações, buscam revelar, para dar mais sentido à trajetória humana. Existem apenas interpretações pessoais e nada mais.

E com isso o papel relevante de indivíduos também some. "Sem vontade, sem indivíduos, não há heróis, mas também não há vilões", escreve a autora. O relativismo apaga o protagonismo de indivíduos que fizeram a diferença para o bem, e também para o mal. Não por acaso, os pós-modernos foram capazes de relativizar as atrocidades cometidas pelos comunistas.

Do relativismo, muitos chegaram ao niilismo. "O homem que diz que a verdade não existe está pedindo para que você não acredite nele. Então, não acredite", resumiu Roger Scruton, que também desferiu ataques argumentativos fatais contra esses desconstrutivistas, como veremos.

Por que a esquerda pós-moderna precisa "desconstruir" tudo, apelar para um relativismo contraditório, ao afirmar que a verdade não existe, que tudo é questão de opinião? Por que vemos tanto ódio exalando das penas dos principais herdeiros de Marx e Rousseau? O livro *Explaining Postmodernism* [Explicando o pós-modernismo], de Stephen Hicks, publicado no Brasil pela Avis Rara com o título *Guerra cultural*, também tenta dissecar o fenômeno visível e preocupante, e é complementar à obra de Himmelfarb.

O autor mergulha nas questões mais filosóficas, que criaram o ambiente fértil para o surgimento do movimento pós-moderno. Resgata o ceticismo de alguns pensadores iluministas que colocaram em xeque a própria razão humana, principal instrumento do iluminismo, o que abriu espaço para o ataque posterior dos defensores do irracional. O pós-modernismo rejeita o legado iluminista.

Os grandes pilares do mundo moderno são a democracia liberal, a economia capitalista de mercado, o foco no indivíduo e a razão como instrumento eficaz para apreender a realidade. O pós-modernismo iria atacar tudo isso com incrível voracidade. Todas as conquistas iluministas ocidentais seriam transformadas em pragas. O Ocidente seria visto apenas como uma história de opressão do homem branco rico, nada mais. Não importa que a escravidão tenha terminado, após séculos, justamente no Ocidente liberal.

Se Marx e os marxistas tentavam falar em nome da ciência, ainda filhos dos tempos iluministas, seus herdeiros pós-modernos abandonariam completamente a lógica e a razão, ao condenar a própria possiblidade de conhecimento objetivo. Os "sentimentos" estariam acima da razão. Mas claro que não quaisquer sentimentos. Se os pós-modernos levassem a sério seu excessivo subjetivismo epistemológico, haveria de tudo no movimento, da esquerda à direita. Afinal, qualquer sentimento vale. Mas todos os seus representantes eram radicais de esquerda. Coincidência?

Hicks argumenta que não. Sua tese é a de que, após a escancarada falência do socialismo nos campos teórico e prático, restou aos seus adeptos um ataque aos próprios fatos, à razão em si, à capacidade humana de apreender a realidade e debater racionalmente com argumentos. O pós-modernismo é, então, uma estratégia da esquerda para reagir à crise do socialismo. Sua grande arma seria a linguagem; e o alvo, a juventude universitária.

Como não dava mais para atacar o capitalismo por supostamente não gerar riqueza para as massas, ele passaria a ser atacado por gerar riqueza demais, ameaçar o planeta (nascia o ecoterrorismo), ou então por produzir desigualdade. Como quem não quer nada, a esquerda parou de falar em riqueza absoluta e passou a focar somente em riqueza relativa. O coletivismo também seria transferido da classe social para grupos de identidade: mulheres, homossexuais, negros, todos seriam parte da "minoria oprimida", cujo denominador comum é demonizar o homem branco.

Como o capitalismo mostrava oportunidade de ascensão material e a formação de uma ampla classe média, o novo ataque iria focar em uma espécie de alienação velada: saía de cena o proletário e entrava o trabalhador de classe média psicologicamente reprimido, vítima da propaganda do "sistema" e aparentemente feliz com os estímulos do consumo. Ele acha que é livre, mas não passa de um escravo, o pior tipo de escravo: o que pensa que é livre.

Por isso Noam Chomsky e companhia podem afirmar que os Estados Unidos são a maior tirania do planeta, num mundo com Cuba, Irã, China e Coreia do Norte. E fazem tal ataque gozando do conforto e da liberdade que só o capitalismo americano poderia lhes oferecer. Incoerente? Contraditório? Isso é apenas lógica aristotélica, e os pós-modernos vivem no mundo da dialética hegeliana.

Marcuse, Foucault, Derrida, todos ajudaram a criar um clima propício para o surgimento de inúmeros movimentos terroristas de esquerda na década de 1960. A Nova Esquerda ainda era revolucionária, mas faria isso subvertendo os valores ocidentais e atacando seus pilares fundamentais. No campo da linguagem, confusão deliberada, sofismas, malabarismos semânticos. No campo das artes, todo lixo efêmero seria tratado como equivalente aos clássicos.

O multiculturalismo serviria para nivelar por baixo e diminuir as conquistas das civilizações mais avançadas, como a ocidental.

Por trás disso tudo, um forte ressentimento, um ódio ao capitalismo liberal, e um desejo profundo de destruição. Era a transição do socialismo para o niilismo: se um não vingou, vamos destruir o outro.

Ironicamente, são os esquerdistas os que mais falam de dinheiro, enquanto denunciam nos outros a ambição. Mas há mais do que pão para o homem, algo que um niilista não poderia compreender. O materialismo marxista é atacado por Himmelfarb no livro: "O 'verdadeiro movimento' da história, como verificamos, não é estimulado pela matéria, mas pelo espírito, pela vontade de liberdade." E esta, em boa medida, depende dos valores disseminados na sociedade.

Gertrude Himmelfarb não está mais entre nós, mas sua obra e suas ideias, sim, da mesma forma que a imaginação moral, a qual ela tanto ajudou a preservar.

Jean-François Revel

Jean-François Revel nasceu em Marselha em 1924 e foi um filósofo, escritor e jornalista francês, membro da Academia Francesa de Letras. Embora tenha sido socialista até os anos 1970, Revel foi, até o fim de sua vida, um dos maiores críticos do marxismo, em particular, e das esquerdas, em geral, dentro da intelectualidade francesa.

Em seu livro *A grande parada*, Revel procura elucidar os motivos para a sobrevivência da ideologia socialista mesmo após a queda do Muro de Berlim e do fim da União Soviética. O livro trata também da recusa das pessoas de esquerda em aceitar o fato de que a ideologia comunista é responsável por milhões de mortes em todo o mundo.

Outros livros de grande destaque do autor são *Nem Marx, Nem Jesus* e *A obsessão antiamericana*. Ele disse uma frase que se tornou célebre: "Se o fascismo e o comunismo só tivessem seduzido os imbecis, teria sido mais fácil livrar-se deles." Veremos, a seguir, o resumo de diversas obras desse importante autor francês.

A França é mestre em produzir pensadores esquerdistas, mas de vez em quando surge um liberal de mão cheia. Revel, além de ter passado por essa conversão em sua própria vida, foi um defensor dos Estados Unidos, o que mexe com outro aspecto delicado em seu país, onde o antiamericanismo chega a ser patológico. Por isso mesmo acho que vale abrir com seu brilhante livro sobre essa patologia, e que foi publicado no Brasil.

Antiamericanismo patológico

> *Para os latino-americanos é um escândalo insuportável que um punhado de anglo-saxões, chegados ao hemisfério muito depois dos espanhóis, tenham se tornado a primeira potência do mundo*
> (CARLOS RANGEL)

O povo brasileiro, ou melhor, a elite brasileira é, segundo algumas pesquisas apontam, um dos que tem maior sentimento negativo em relação aos Estados Unidos. A principal causa, creio, está na ignorância alimentada pela inveja. A falta de conhecimento acerca de inúmeros fatos, junto com décadas de lavagem cerebral ideológica, transformaram a nação do norte num demônio, assim como no perfeito bode expiatório.

Mas o desconhecimento por si só não explica. Como coloca Revel no livro *A obsessão antiamericana*, "o mistério do antiamericanismo não é a desinformação — a informação sobre os Estados Unidos é muito fácil de se encontrar — é a vontade de estar desinformado". Ou seja, é um fator mais psicológico do que qualquer coisa.

Não é meu objetivo aqui esgotar o assunto, pois seria necessário um livro inteiro só para isso. Sugiro então a leitura do livro Revel na íntegra. E, para quem preferir um estilo mais irônico, *Manual do perfeito idiota latino-americano,* escrito por Plinio Mendoza, Álvaro Vargas Llosa e Carlos Alberto Montaner.

Revel escancarou as entranhas da elite francesa arrogante e invejosa, cujo antiamericanismo talvez seja o mais claro sintoma. "É na França que a perda — real ou imaginária — do status de grande potência causa a mais aguda amargura", escreve. É preciso conhecer a América e desejar a verdade, para se livrar de visões preconceituosas. Para Revel, os Estados Unidos que ele descobrira com seus estudos "diferiam inteiramente da imagem convencional habitualmente proposta e aceita na Europa".

Em primeiro lugar, vamos tentar compreender o motivo dessa obsessão antiamericana. No passado recente, num mundo bipolar, os Estados Unidos representavam o experimento capitalista liberal, enquanto a União Soviética era o socialismo planejado. Com a queda do segundo, ocorreu uma perda de identidade por parte dos países socialistas, já que ele representava o denominador comum desses povos. Atônitos, eles precisam encontrar um novo foco, que passa a ser então o antiamericanismo.

Não recuperados da humilhação que foi a queda da "cortina de ferro" e o aparecimento de suas cruéis atrocidades, com mais de cem milhões de vítimas fatais no currículo, precisam tentar "provar" que os Estados Unidos, e por conseguinte o capitalismo, também falharam. Jamais vão perdoar os americanos pela vitória na Guerra Fria! Nessa jornada passional, vale absolutamente tudo, desde mentiras grosseiras, passando por propaganda enganosa maciça, sofismas, inversão de causalidade ou ocultação de fatos. O objetivo é apenas um: condenar o capitalismo liberal e seu maior ícone.

Uma das principais acusações contra os Estados Unidos diz respeito ao seu poderio militar. Muitos chegam ao absurdo de afirmar que é o poder americano que representa a maior ameaça à paz mundial, não a corrida armamentista de países como Irã, Coreia do Norte ou China. Chamam o país de "império estadunidense", e acham que sua força inigualável gera instabilidade no mundo.

Não param para refletir que, mesmo com tanto poder, os Estados Unidos jamais foram conquistadores. Ignoram que entraram em várias guerras apenas de forma reativa, defendendo sempre o lado correto. Até mesmo a mais fracassada de todas as guerras, com o Vietnã, costuma gerar muito calor nos debates, mas pouca luz. Esquecem o contexto, e ignoram que o regime de Ho Chi Min, depois da partida americana, matou em poucos anos cerca de três vezes mais que as duas décadas de guerra com os Estados Unidos.

Não citam Camboja, que não teve intervenção americana, e por isso mesmo viu o Khmer Vermelho, do comunista Pol-Pot, trucidar cerca de 25% de sua população. Não pensam que a ajuda americana na Coreia foi o que possibilitou a parte ao sul ser próspera e livre atualmente, ao contrário de sua irmã do norte, o país mais fechado do mundo. Mas ainda tem gente que pensa que o mundo seria mais calmo se o Irã tivesse o mesmo poder que os Estados Unidos.

Durante a Guerra Fria, havia uma divisão mais igual de forças, e o Império Soviético dividia com os Estados Unidos a hegemonia. Alguém por acaso acha que o mundo era mais seguro? A "hegemonia unilateral" dos americanos é bem mais tranquilizadora que a situação anterior, com um império maligno, que objetivava a exportação do terror vermelho mundo afora, ameaçando a paz e a liberdade dos povos.

Graças ao poder americano, o mundo não caiu nas garras comunistas. Não fossem os americanos e seu poder bélico, talvez boa parte do mundo hoje falasse russo e obedecesse a uma *nomenklatura* ditatorial, com os dissidentes jogados num campo de concentração qualquer da Sibéria. Se Hitler fracassou, devemos isso principalmente aos americanos, e se Stalin e seus seguidores também fracassaram, novamente devemos isso ao poder norte-americano.

Hoje a grande ameaça vem da China, e novamente são os americanos que oferecem resistência, e só por isso Taiwan não foi anexada ainda, e Hong Kong luta para preservar sua liberdade com algum grau de sucesso. Todos que defendem a liberdade, ou seja, repudiam o nazismo e o socialismo, deveriam agradecer esta força militar americana que tanto condenam.

Os Estados Unidos nunca conquistaram nações. Foram atacados tanto pelo Japão como pela Alemanha, reagiram, venceram e garantiram a liberdade nesses países, que hoje estão entre as maiores economias do globo. Mesmo no Iraque, que diziam que seria pilhado pelos americanos, os militares lutaram para garantir eleições democráticas, ainda que a situação seja bem mais delicada ali.

Aliás, sobre o islã, é relevante destacar que as intervenções na Somália, Bósnia ou Kosovo, assim como pressões sobre o governo macedônio, tiveram por objetivo defender as minorias islâmicas. Quem ataca de fato os muçulmanos são os próprios muçulmanos, como no caso do Iraque no Kuwait, que foi defendido pelos americanos, ou na Argélia, onde o próprio povo se massacra sozinho. Como tamanha contradição pode passar despercebida?

Em 1956, foram os americanos que detiveram a ofensiva militar anglo-francesa-israelense contra o Egito, na chamada "Expedição Suez". Nada disso é relevante para os povos obstinados e imbuídos de fé cega, cujos líderes se utilizam de intensa lavagem cerebral, apontando os Estados Unidos como os causadores de todas as desgraças para justificar suas atrocidades domésticas.

Sem dúvida, uma das críticas mais pesadas em relação aos Estados Unidos é seu unilateralismo. Em primeiro lugar, deve ficar claro que esse unilateralismo é consequência, não causa, da perda de influência do resto do mundo. E como argumentar contra essa postura americana quando se tem uma total ausência de um outro lado ativo, ou que está evidente o viés antiamericano nas demais nações? Será que alguém ainda duvida da inoperância da ONU, que nada fez sobre a Chechênia, Tibete, Coreia, Kosovo e tantos outros casos?

A China tem poder de veto no Conselho de Segurança da ONU, e tem usado esse poder constantemente para desviar as sucessivas tentativas dos Estados Unidos de impor sanções aos países que representam ameaças, como o Irã em suas ambições nucleares. O Conselho dos Direitos Humanos da ONU conta com países como China e Cuba, onde os direitos humanos são completamente ignorados. A Liga das Nações, antecessora da ONU, estaria provavelmente ainda hoje debatendo os riscos da Alemanha nazista, enquanto o Führer estaria sentado em um trono europeu, quiçá mundial. Como culpar o unilateralismo americano quando sabemos que a Europa reluta até para reconhecer o perigo real do islamismo fanático?

É preciso lembrar que seria necessário termos motivações lógicas e racionais por parte dos terroristas para se ter alguma esperança de acordo diplomático. Mas sua cruzada já ficou evidente: destruir os infiéis, ou seja, todos os não muçulmanos. O aforismo é antigo: com terroristas não se negocia. Podemos fazer um paralelo com o caso de Hitler, em que fica claro que não seria razoável alguém pensar em solução política amistosa, como queria Chamberlain. Ainda bem que tinha Churchill, o "belicoso", simpático aos Estados Unidos e ligado ao país por sua mãe americana.

Há muito mais o que se falar no campo militar e diplomático, mas podemos partir para o caso econômico também. Um dos pontos mais repetidos diz respeito ao argumento marxista de que, para o rico ficar mais rico, o pobre tem que ficar mais pobre. Logo, como os americanos prosperaram economicamente, conclui-se automaticamente que o mundo pagou o preço. Esse absurdo, que enxerga a economia como um jogo de soma zero, pode ser refutado com a mais singela observação empírica, mas a falsidade nunca impediu um ponto de vista de prosperar, quando sustentado pela ideologia e protegido pela ignorância.

Goste-se ou não, a verdade é que a superpotência americana resulta em parte da vontade e criatividade de seu povo, e em parte pelos fracassos acumulados do resto do mundo. Afinal, foram os europeus que tornaram o século XX o mais sombrio da história, ao provocar duas guerras mundiais e regimes totalitários assassinos. Foram as nações europeias, assim como Japão e China, que tentaram conquistar outros países. O papel dos Estados Unidos foi justamente o de salvar o mundo das garras de Stalin e Hitler, e depois ajudar na reconstrução financeira europeia com o Plano Marshall. Mas, paradoxalmente, são os americanos os acusados de "império colonizador". Logo eles, que restauraram a democracia na Alemanha e no Japão, e que compraram terras como a Louisiana e o Alaska.

Os Estados Unidos são acusados de exploradores comerciais, mas ignoram que o país possui déficit comercial com praticamente todas as demais nações. São centenas de bilhões importados todo ano a mais do que exportam. Em outras palavras, os consumidores americanos garantem o emprego de milhões de pessoas mundo afora, e ainda são acusados de exploradores e "consumistas". Dependem do consumo dos americanos, mas o condenam.

Criticam o embargo a Cuba, esquecem que este país apontou mísseis para a Flórida e tomou na marra as empresas americanas na ilha, sem notar ainda a contradição de que culpam a ausência do comércio com os Estados Unidos pelos males do país comunista ao mesmo tempo que culpam a globalização pela pobreza de outros países. É preciso decidir se ser parceiro comercial dos americanos é solução para a miséria ou exploração que leva à miséria!

Muitos se sentem agredidos com a "invasão" da cultura americana, do excesso de McDonalds em seus países. Não param para pensar que a globalização não uniformiza, mas diversifica. A reclusão é que exaure a inspiração. Se temos várias lanchonetes americanas espalhadas pelo mundo, temos também diversos restaurantes árabes, italianos ou japoneses. As trocas entre nações fizeram florescer a diversidade cultural, não o contrário. Temos acesso à música, arte, cultura de todos os povos.

Além disso, ao contrário do que muitos costumam afirmar, a cultura americana não se limita às canções de Madonna ou filmes de Bruce Willis. É também um país onde há centenas de orquestras sinfônicas, milhões de entradas para óperas por ano, centenas de milhões de entradas em museus. Desenvolveram milhões de patentes em diversas áreas importantes. Suas universidades, por seguirem um modelo mais lógico e eficiente de ligação com o mercado, absorvem os melhores intelectos do mundo todo.

Os povos se sentem agredidos pela adoção do inglês como língua predominante no mundo. Ora, é justamente a difusão dele que facilita a comunicação entre diferentes culturas, permitindo que cada povo possa ter acesso às mais diversas informações. Imaginem a loucura que seria se tivéssemos que aprender cada língua diferente para nos comunicarmos ou lermos um livro! O latim já desempenhou esse papel no passado, e não tem nada de mais usarmos o inglês como língua internacional. Isso não impõe de forma alguma a cultura americana aos outros povos; pelo contrário, facilita a diversificação cultural.

Enfim, a lista de acusações infundadas seria infindável. Claro que existe muito o que se criticar nos Estados Unidos, não há dúvida. Mas está evidente que essas pessoas não estão utilizando a razão para tanto. Não são críticas racionais, mas sim passionais, totalmente desprovidas de lógica. Não é razoável alguém bradar contra os Estados Unidos ao lado de Maduro, por exemplo. Ou ainda, não há um pingo de lógica em alguém que justifica o que fez Bin Laden, achando causas para seu terrorismo nos próprios Estados Unidos.

A ideologia é uma máquina de rejeitar fatos no momento em que estes apresentam risco de constrangimento. Com tanta evidência de viés e incoerência, o americano pode tirar uma só conclusão: os Estados Unidos são sempre culpados. Como julgar, portanto, o unilateralismo deles? Nas palavras de Revel:

> As perfídias frequentemente delirantes do ódio antiamericano, as imputações da mídia, dependendo ora da incompetência ora da mitomania, a maledicência perseverante que inverte o significado de todo acontecimento de maneira a interpretá-lo, sem exceção, como desfavorável aos Estados Unidos, leva-os ao convencimento da inutilidade de qualquer consulta.

Na verdade, esse antiamericanismo, em grau impressionante na academia brasileira, assim como na francesa, é totalmente patológico. Certas pessoas jamais perdoarão o fato de esses "broncos" americanos terem criado em poucos séculos a nação mais próspera do mundo, com base em ampla liberdade individual. Não vão perdoar também o fato de eles não terem deixado os soviéticos acabarem com a liberdade no mundo.

A patologia é tanta, em alguns casos, que gostariam que a Al Qaeda tivesse conseguido aquilo que os comunistas não conseguiram: a destruição total dos americanos. Lidar com tanta inveja e ressentimento assim seria um caso para psiquiatria mesmo...

A tentação totalitária

Como já disse antes, Revel seguiu os passos de muitos intelectuais liberais, e flertou com o socialismo na fase inicial da vida. Um livro que pega justamente essa transição é *The Totalitarian Temptation* [A tentação totalitária], publicado em 1976. No livro, Revel faz duros ataques ao comunismo e ao regime soviético, mas ainda no afã de salvar o "verdadeiro socialismo". Não obstante, fica claro o seu gradual afastamento de uma visão mais socialista para outra mais liberal. Até porque as raízes do liberalismo já estão presentes ali, mas ele parece resistir ao necessário abandono de ilusões passadas.

Revel inicia o livro constatando que o mundo evoluía rumo ao socialismo, mas que o obstáculo a esse destino "desejado" não era o capitalismo, e sim o comunismo. A sociedade socialista do futuro, segundo ele, só poderá ser global se abolirmos os Estados-nação, ou ao menos submetê-los a uma ordem política global (outro nome para globalismo).

O filósofo francês ainda seguia a tendência de que o capitalismo e as nações seriam superados pelo socialismo, mas que isso deveria se dar por meio de uma lenta revolução, que opera pelas bases, pelas profundezas da sociedade, para somente depois guiar a ação de líderes políticos. Não existia ainda, portanto, o socialismo, mas apenas experimentos comunistas que alegavam agir em nome do socialismo.

Quanto a tais regimes, Revel era totalmente contrário e um grande crítico deles. Ele defendia, por exemplo, a liberdade de imprensa, mesmo com uma "falsa objetividade" ou tendo o lucro como motivador, pois considerava a alternativa infinitamente pior: um monopólio estatal para impor um monólogo de "notícias", que nunca passariam de propagandas oficiais do regime. O jornalismo corrupto só poderia ser derrotado pelo jornalismo honesto, não por uma comissão governamental que distribuísse subsídios secretos.

A liberdade é um valor em si, e sua expressão necessariamente produz mal assim como bem. Quem não compreende isso está incapacitado de absorver a cultura democrática, conforme ele afirma. Apesar do vocabulário esquerdista, a meta dos comunistas não era a liberdade ou o bem-estar das massas, mas sim o poder de uma minoria.

Para Revel, nessa época de sua vida, o mundo caminhava para o socialismo porque a lista de necessidades representava um forte argumento em prol de uma economia globalmente administrada, sob uma ordem política capaz de tal administração, pelo interesse de toda a humanidade e com o máximo possível de igualdade entre as pessoas. Ele ainda era utópico, como fica claro, e não absorvera argumentos convincentes como os de Hayek, de que sem a liberdade econômica não haveria liberdade política possível.

Mas Revel não acreditava que essa "evolução" seria automática, e apontava que muitos acreditavam num fatalismo, uma ilusão derivada do determinismo histórico herdado de Hegel e Marx, que exclui a possibilidade de invenção criativa. A política é ação, não uma jornada para um futuro previsível. E o desafio, segundo Revel, era se livrar da nação-estado, pois racionalmente ela é incompatível com a criação de uma ordem econômica e política global. É bom lembrar disso, pois quem *rejeita* tal globalismo, precisa então defender o conceito do Estado-nação, da soberania nacional.

O socialismo, admite um Revel ainda simpático a ele, não pode ser concebido ou concretizado senão numa escala global. Para ele, no livro aqui abordado, os recursos naturais do planeta deveriam ser transformados em propriedade comunitária, uma "necessidade para a sobrevivência da espécie humana". Estados-nação buscando poder e independência faziam com que os problemas da humanidade tivessem solução mais difícil.

Jean François Revel condena na obra a "tentação totalitária" dos comunistas, que se confundiam com socialistas por conta do uso sistemático das palavras como sinônimos. Mas ele achava que o comunismo representava uma burocracia totalitária, enquanto o socialismo poderia ser democrático e livre. Ele faz alusão aos modelos socialdemocratas europeus como exemplo. A confusão seria, então, do interesse dos comunistas, para enganar os demais e tomar o poder para uma minoria.

Seria mais difícil entender por que tantos "socialistas" e "revolucionários" aceitavam seguir essa mesma linha, ajudando assim os comunistas a tornar o socialismo impossível para sempre. Revel não tinha se dado conta, ainda, de que o socialismo *é* impossível, pois ele *inexoravelmente* leva ao comunismo, a essa "burocracia totalitária" que o filósofo tanto condenava.

Mas o que Revel já percebia, mesmo então, é como os defeitos das sociedades ocidentais capitalistas eram ampliados pela esquerda a ponto de elas parecerem regimes totalitários, enquanto as sociedades totalitárias comunistas tinham seus problemas minimizados a ponto de parecerem livres. Para essa esquerda, o comunismo era fundamentalmente bom, e o capitalismo ruim em sua essência. Daí não importava tanto analisar o compromisso delas com os direitos humanos, com a liberdade ou a redução da miséria.

Se fosse provado que com o abandono da liberdade era possível obter "justiça social", a escolha seria dolorosa, de acordo com Revel, mas ainda assim seria uma escolha. O problema é que esse não era o caso, e isso ele enxergava. O comunismo produzia a perda de liberdade sem qualquer tipo de ganho do lado social, e por isso seus defensores tinham que mascarar a realidade ou alegar que tudo era parte de um processo necessário para, um dia, obter o futuro radiante e igualitário.

Com essa minoria ocidental deliberadamente fechando os olhos para a realidade, a explicação para a sobrevivência do comunismo como ideia poderia estar num desejo não admitido ou mesmo consciente de viver sob um regime totalitário como o stalinista. Não "apesar" dele, mas "por causa" dele. Alguns querem delegar o poder a um tirano e desejam a perda *geral* de liberdade, pois assim as diferenças, que podem incomodar ao ponto do desespero, desapareceriam. Alguns aceitam se submeter a tiranias. Afinal, se os tiranos não tivessem tanto apoio para chegar ao poder, a história teria sido bem diferente.

O que pode estar por trás disso? Revel já oferece a pista em sua obra: é o ressentimento. Alguns, em sociedades livres, são incapazes de atingir o topo ou alguma posição de influência, e numa sociedade totalitária a bajulação aos tiranos pode substituir o talento ausente. Por outro lado, alguns bem talentosos podem não suportar direito os limites de poder impostos a esse talento numa sociedade livre, limites que desaparecem numa tirania, se seus talentos estiverem a serviço do tirano.

É da natureza humana desejar poder, inclusive um poder absoluto. Se fosse possível escolher tal modelo sabendo de antemão que *você* terá o poder, quantos seriam capazes de resistir a essa tentação? Para Revel, é hipocrisia negar o aspecto sedutor desse caminho.

Além disso, há também os ignorantes, que escutam sobre os casos "horríveis" de "miséria e opressão" do Ocidente o tempo todo na mídia, na academia, e votam por comunistas não por desejo pelo stalinismo, que desconhecem, mas pela crença de que essa é a única rota de mudança para melhorar suas vidas. Depois, com a experiência totalitária, já perderam a possibilidade de protestar, de criticar o governo ou mesmo de escapar dele.

A característica marcante do comunismo é justamente eliminar a possibilidade de qualquer desafio à sua regra, negar, portanto, o direito de cada um mudar de ideia, uma vez que o regime esteja no poder. Para Revel, a esquerda "liberal" sofre da ilusão de que existe alguma variedade de comunismo além da versão stalinista, mas o stalinismo é a essência do comunismo. Ele perceberia um pouco mais tarde que do socialismo também.

Eis as causas pelo desejo totalitário: um componente de ignorância, especialmente quando confrontados com os ataques incessantes contra as democracias liberais do Ocidente no próprio Ocidente; e o componente do desejo real pelo totalitarismo, normalmente pelas elites, o que exige uma explicação psicológica mais profunda, já que escolhem essa rota *sabendo* dos seus enormes defeitos.

Além do ressentimento, como já vimos, há outro fator: a arrogância. Na democracia é preciso assumir com humildade o grau de incerteza, e temos de persuadir os outros acerca dos caminhos que julgamos melhores. Mas para que submeter a escolha a um processo democrático se alguém "sabe" o que é o Bem último a ser conquistado, por meio de uma "teoria científica"? Quem "sabe" como a sociedade toda deve ser administrada terá inevitavelmente uma queda por regimes totalitários, imaginando-se, claro, pertencente ao exclusivo grupo dos tomadores de decisões pelo restante.

Se o sujeito está completamente convencido de que chegou à "verdade absoluta" e que somente ela representa o único interesse legítimo político, então ele vai julgar seu direito ou mesmo dever *impor* essa verdade por quaisquer meios, não importa o que o público pense, ou, melhor ainda, impedindo que o público pense em absoluto. O anormal na História é o respeito pelo pluralismo, pois essa arrogância coletivista parece mais a norma tribal do que a exceção.

O cínico é mais tolerante do que o fanático. Por isso a ideologia totalitária, ainda que muito usada para justificar o poder, também pode ser fruto do desejo sincero de controlar e de forçar de forma implacável sua "verdade" aos outros. O cínico pode se acomodar mais do que o fanático, pois a ambição tende a ser mais saciável do que a fé cega. É o tal "fascismo do bem", mais perigoso do que um sistema corrupto, pois aquele tirano que está seguro de que faz o que faz pelo nosso bem nunca encontrará freios para descansar em sua cruzada.

E para esses, qualquer erro, quando publicamente admitido, será somente um erro de *execução*, nunca da liderança e menos ainda dos princípios adotados. Alguns erros serão reconhecidos e possivelmente punidos pelo expurgo dos responsáveis, mas somente em segredo pela oligarquia no comando, mas certamente sem questionar os princípios básicos do socialismo stalinista. Mesmo o discurso explosivo de Kruschev, lembra Revel, foi contra Stalin, não contra o stalinismo. Foi, na verdade, para permitir a sobrevivência do regime, livrando-se de alguns excessos patológicos que poderiam eventualmente destruir todo o sistema.

Os comunistas não reconhecem qualquer possibilidade de *reforma* do capitalismo, e sequer admitem suas inegáveis conquistas. Eles desejam *substituir* o sistema por completo, e por outro sem qualquer histórico de sucesso. A conclusão inegável é de que a condenação absoluta do capitalismo não surge de considerações econômicas reais, mas de uma rejeição *moral* do sistema.

Na falta de prova de que cada crise de recessão, inflação ou desemprego é exclusiva do sistema capitalista, seus críticos preferem o caminho da condenação moral, ao alegar que o capitalismo é um modelo de exploração do homem pelo homem, concentrando poder numa minoria e com a subordinação dos seres humanos ao lucro, ao dinheiro. Se os males denunciados não são específicos do capitalismo, porém, resta explicar por que sua essência seria essa, e não a *melhoria* de situações que já existiam antes, em outros sistemas.

Quando o inquisidor culpa o capitalismo pelas guerras, genocídios, opressão das mulheres ou escravidão, chega a ser complicado rebater, pois seria um esforço pedante e tedioso, como afirma Revel, de dar um resumo abrangente da história da humanidade, algo tão elementar que beira ao insulto. O trabalho infantil, por exemplo, tão utilizado para denunciar o capitalismo industrial em suas origens, é algo que *sempre* existiu, começou muito antes do capitalismo, e continuou justamente em países que evitaram tal sistema. Foi o capitalismo, diz Revel, que colocou *fim* a essa necessidade de crianças trabalharem para sobreviver.

Revel apresenta um bom resumo da mentalidade esquerdista diante desses impasses incômodos:

> A esquerda não reconhece o fracasso, ou melhor, nunca assume a responsabilidade por ele. A esquerda é frequentemente derrotada por uma contraofensiva direitista, nunca por seus próprios erros. Incompetência, mentira e intriga são desconhecidas em suas fileiras. Sua análise é sempre correta e, quando suas políticas levam ao desastre, seria um ato de má-fé usar esse fato contra a esquerda. A explicação para o resultado infeliz reside em outro lugar que não na má concepção do plano ou na inépcia dos atores.

O ato de derrubar um regime opressor, quando de fato existente, não torna seus sucessores pessoas justas, e se eles forem depois derrubados por juntas militares, isso não os faz retrospectivamente inocentes das catástrofes que causaram, incluindo o próprio advento do fascismo, quase sempre uma reação aos avanços comunistas. Volto a Revel para fechar essa parte sobre a insistência em algo tão fracassado como o comunismo:

> Parece-me que a tentação totalitária é realmente impulsionada por um ódio por princípio da civilização industrial e comercial, e existiria mesmo se fosse provado que as pessoas naquela civilização eram mais bem alimentadas, com melhor saúde e melhor (ou menos mal) tratadas do que em qualquer outra. A verdadeira questão está em outro lugar: o dinheiro é pecaminoso, a raiz de todo mal; e se a

liberdade nasceu do desenvolvimento econômico, ela também sofre daquele pecado original.

No Ocidente capitalista, há uma facilidade extra em ser intelectual comunista: se eles vencerem e o regime totalitário emplacar, eles estarão do lado "certo", do lado do poder; se o comunismo não vingar, eles continuam livres, como oposição tolerada, com todas as garantias que só a democracia oferece, sem qualquer risco concreto, e ainda com o prestígio de ser um "não conformista". Mestre se vencer, intelectual inconformado com as injustiças se perder: não é preciso sequer ser um intelectual para calcular as vantagens práticas de só apostar no vermelho.

Como as democracias morrem

Está na moda falar sobre a ameaça "fascista" às democracias ocidentais. Vários alertas têm sido feitos, sem esconder o intuito de atacar o nacional-populismo de direita. Governos como Trump e Bolsonaro suscitaram a publicação desses livros que explicam como as democracias morrem, e a morte, para esses autores, vem sempre pela direita. Mas Jean-François Revel tem um livro de 1985 chamado justamente *How Democracies Perish* [Como as democracias perecem], cuja mensagem vai na contramão da atual. O pensador francês alertava para a real ameaça às democracias ocidentais: o comunismo, que vem pela esquerda.

Ele inicia o livro em tom pessimista, para reforçar o alerta. Revel alega que a democracia pode, talvez, mostrar-se um acidente histórico, um breve parêntese que está se fechando diante de nossos olhos. Como a história mostrou, e graças à resistência de liberais, conservadores e católicos como Reagan, Thatcher e o papa João Paulo II, as democracias sobreviveram, e foi o comunismo soviético que veio abaixo. Não obstante, vale a pena mergulhar nos argumentos do autor, pois a ameaça vermelha muda de estratégia, muda até de cor, mas nunca desaparece por completo.

A questão de Revel era de que as democracias não estavam estruturadas basicamente para se defender de inimigos externos que buscavam sua aniquilação, especialmente desde o mais recente e perigoso desses inimigos — o comunismo. Essas democracias só despertam para o perigo quando ele se mostra fatal, iminente e evidente. Mas aí resta pouco tempo para salvá-las, ou então o custo desse resgate se mostra elevado demais.

Essa fraqueza da democracia vem de uma de suas qualidades: ela permite aos inimigos totalitários uma oportunidade única de agir contra ela na legalidade. Às vezes chegam até a receber apoio aberto sem que tal relação seja vista como um rompimento do contrato social. Podemos pensar em partidos comunistas recebendo verbas públicas, espaço de propaganda na TV etc., tudo isso para conspirar contra a própria democracia, que consideram uma "farsa burguesa".

O totalitarismo é, por definição, um inimigo subversivo, mas a democracia trata subversivos como meros oponentes por medo de trair seus princípios. E para piorar, aqueles que visam destruir a democracia são vistos como pessoas e grupos que lutam por metas legítimas, enquanto seus defensores acabam rotulados de reacionários opressores. É quase um plano perfeito de ataque.

No mais, a democracia convida naturalmente à crítica, enquanto a combinação de forças dos inimigos totalitários no intento de extinguir a democracia pode ser mais poderosa do que as forças de quem luta para mantê-la viva. A democracia não costuma receber crédito por suas conquistas e benefícios, enquanto paga um enorme preço por todas as suas falhas e seus fracassos, suas imperfeições e seus erros.

Pela primeira vez na história, as democracias chegam a se culpar por conta de outras forças externas trabalhando para arruiná-las. É um caso único de uma civilização que se martiriza pelo desejo dos bárbaros de atacá-la, tamanha é a crença na autocrítica em nossa civilização. Isso pode levar, alega Revel, a uma perda da autoconfiança. Os defensores da democracia param de acreditar que podem sobreviver, porque a crise interna seria tanto insolúvel quanto intolerável ou então porque a ameaça externa é tida como tão forte que a civilização só pode escolher entre servidão ou suicídio.

Podemos pensar no pânico ocidental quando Ronald Reagan resolveu falar mais grosso com o Império Soviético, ou então quando muitos culparam os próprios Estados Unidos pelo atentado terrorista da Al Qaeda em 11 de setembro de 2001. Uma postura adotada por muitos democratas nessa situação é a da típica covardia dos fracos, que pensam que serão deixados em paz pelos valentões se cederem às suas exigências ou se fizerem alguns elogios e afagos a eles, e pedir desculpas por suas qualidades.

Revel não tinha dúvidas de que a ameaça vinha da esquerda revolucionária, que praticava atos terroristas na Itália, na Espanha, na Alemanha, em Portugal etc. Mas a propaganda, especialmente francesa, destacava uma ameaça que vinha da "nova direita" nos anos 1980, o que não passava da invenção esquerdista de um inimigo imaginário para esconder o verdadeiro inimigo, o comunismo. Revel foi enfático: "A Nova Direita é uma aberração intelectual e moral sem absolutamente qualquer peso político." Podemos pensar, hoje, na ladainha da esquerda sobre a enorme ameaça vindo dos "supremacistas brancos", um grupelho insignificante usado como espantalho, uma apresentação distorcida, apenas para atacar os legítimos conservadores.

Para Revel, a autocrítica é um sinal vital da civilização democrática, e uma das razões de sua superioridade, mas quando se transforma em autocondenação excessiva, sem qualquer fundação concreta, vira uma fonte de fraqueza e inferioridade diante de uma força imperialista que abandonou tais escrúpulos. Revel chamava a atenção para algo bastante atual: qual deve ser a postura adequada da direita democrática perante um inimigo que ignora as regras do jogo? Se for a de muita condescendência e pusilanimidade frente aos totalitários, então a derrota poderá ser inevitável.

Assumir que está sempre errado, não importa qual seja a verdade, é algo desencorajador e paralisante. As democracias não deveriam se culpar por pecados que não cometeram, tampouco criar o hábito de se julgar por ideais inacessíveis e utópicos. Autocrítica exagerada seria um luxo inofensivo da civilização se não houvesse um inimigo externo no portão condenando a democracia por sua própria existência, e contando com aliados dentro do portão. Mas vira um perigo enorme quando, ainda por cima, pinta esse inimigo mortal como correto.

O receio de Revel era que os democratas cada vez mais tentassem comprar apoio dos totalitários em vez de enfrentá-los. Ajuda financeira, uma espécie de resgate pago ao sequestrador ou chantagista, seria o caminho para levar tais países sob o regime comunista rumo à liberdade. Desafia a nossa razão que um sistema que perpetuou por décadas apenas miséria e escravidão possa sobreviver, mas a ideia de que um sistema político autoritário tem de colapsar porque não é capaz de oferecer uma vida decente aos seus "cidadãos" é algo que só pode ocorrer a um democrata.

Pequenos fatores de desconforto já podem perturbar democracias, mais rápido do que uma fome horrenda ou constante pobreza podem abalar regimes comunistas. Não há elo direto entre prosperidade e revolução. Na verdade, as democracias industriais se viram em condição de maior instabilidade justamente quando tinham enriquecido mais. Em suma, segundo Revel, não é a estagnação que alimenta a revolução, mas o progresso, pois cria a riqueza que torna a revolução viável. Podemos pensar hoje nas elites universitárias que espalham o caos, flertam com movimentos como Antifa e Black Lives Matter, depredam cidades e pedem o fim da polícia, enquanto seus pais gastam verdadeiras fortunas para pagar por seu estudo.

Já nos países dominados pelo totalitarismo, a sociedade não tem força para reagir, para desafiar o Estado. Mesmo fracassos monumentais não necessariamente levam à desintegração desses regimes, tampouco os tornam menos imperialistas ou ameaçadores para as democracias. O poder estatal e a felicidade social não apresentam correlação em um contexto totalitário. Basta citar a Coreia do Norte como exemplo, ou mesmo Cuba. É um erro que Revel condenava adotar a lógica democrática para sistemas totalitários. Por exemplo: democracias tendem a cortar o orçamento bélico quando a economia vai mal, enquanto países comunistas, não.

Mas muitos democratas preferem ignorar qualquer preocupação concreta com tal ameaça. São facilmente transformados em inocentes úteis pela propaganda comunista. Repetem que é fobia ou histeria esse tipo de alerta feito pela direita, e chamam de conspiração aquilo que, em uma observação fria e ponderada, é um plano metódico, paciente e incansável de avanço e domínio por parte dos regimes totalitários. Políticas de defesa devem se basear em hipóteses realistas ou de pior cenário, mas os democratas preferem adotar uma visão otimista ou mesmo indulgente em relação ao perigo.

A democracia, na defensiva contra a ofensiva totalitária, não ousa admitir que já está na batalha. E o medo de conhecer a verdade leva ao medo de chamar as coisas por seus nomes. Daí a falta de clareza moral, os eufemismos, as ironias contra quem enxerga com mais transparência o que está em jogo. "Comunistas vão te pegar", brincam aqueles que acham que a ameaça real desaparece se for tratada como troça. "Islamofobia", repetem aqueles que acreditam que os inimigos vão se tornar amigos se as democracias cessarem as críticas aos fanáticos.

Em sua conclusão, Revel coloca a questão fulcral diante dos leitores: devem as democracias consentir em lutar para escapar da escravidão, ou aceitar a escravidão para escapar da guerra? Ou, pior ainda, devem lutar uma guerra que poderá acabar em escravidão? Para Revel, a esperança era a de que as democracias ainda tivessem tempo de poupar tanto a guerra como a escravidão, o que de fato aconteceu, até aqui. A ameaça chinesa continua, mas o Império Soviético ruiu. E isso se deve em boa parte ao fato de que o trio Reagan, Thatcher e João Paulo II mostrou clareza moral e firmeza no combate ao inimigo, enquanto muitos democratas, horrorizados, achavam que essa postura levaria ao caos.

Hoje vivemos situação análoga. Os mesmos que insistem nos alertas de que as democracias correm perigo mortal por conta da direita populista dizem que não devemos criticar o regime chinês por "pragmatismo", pois se trata de um grande parceiro comercial. As democracias ocidentais de fato correm perigo, mas ele, uma vez mais, não vem da direita, e sim da esquerda.

A última saída para a utopia

Em 2000, Revel lançou *La Grande Parade* [O grande desfile], que foi traduzido no mesmo ano para o inglês, pois o autor já gozava de fama e respeito no mundo acadêmico anglo-saxão. Revel derruba o argumento de que uma aplicação *sempre equivocada* dos princípios comunistas é algo difícil de sustentar por tempo indefinido, ou seja, ele explica a persistência de uma ilusão. Os "nobres ideais" são usados para rechaçar críticas ao socialismo, com a máxima de que não se faz uma omelete sem quebrar alguns ovos.

Políticos de esquerda aparentemente acreditam que ideias com um péssimo histórico de fracassos vão ser bem-sucedidas se ao menos forem colocadas nas mãos certas — as suas. Isso pode ser chamado de um triunfo da esperança sobre a experiência, ou então da arrogância contra a evidência. E por que tanta persistência numa ilusão que se mostrou uma desgraça? Revel encontra no medo da competição e da responsabilidade a chave para a sobrevivência de regimes totalitários como metas em países civilizados.

A liberdade costuma ser sacrificada em nome da utopia que nunca pode ser atingida, pois ela está sempre no futuro, fora de alcance — e também de crítica. O erro da *intelligentsia* com a União Soviética, portanto, não foi meramente um equívoco intelectual, mas um crime, ao menos de cumplicidade. Esses intelectuais, na imensa maioria dos casos, devotaram sua influência e inteligência a deliberadamente negar ou justificar os crimes do comunismo, colocando-se, assim, ao lado de seus executores, em vez de suas vítimas nas valas comuns.

A democracia liberal não oferece uma esperança em que todas as contradições humanas são solucionadas, e nenhum conflito pode surgir, pois todos estão felizes e completos. Ela assume que conflitos, dificuldades, problemas e a insatisfação são características inescapáveis da condição humana, e que o melhor que podemos fazer é algum tipo de contemporização que evite derramamento de sangue, permitindo assim alguma esperança no progresso, sempre incerto. Para algumas pessoas, especialmente intelectuais, isso pode ser muito pouco.

Os intelectuais querem se sentir importantes, e uma ideologia que ofereça um princípio simples — ou simplista — com o qual será possível compreender o mundo, além de oferecer a perspectiva de um poder quase ilimitado para aqueles que compreenderam tal princípio, é extremamente atraente. Dentro de cada marxista ocidental há um Stalin tentando se manifestar, sair do armário.

Esse livro foi escrito quando o comunismo já estava desacreditado por muitos, após a queda do Muro de Berlim e do Império Soviético. Mas Revel alerta que, tal como um *chef* que limpa as partes podres do peixe antes de servi-lo, a esquerda moderna havia renovado a cozinha, mudado talvez o nome do prato, mas pretendia servir em essência a mesma comida. Na Europa, como na América Latina, basta uma qualificação para ter o cartão de membro da esquerda, respeitado pelos intelectuais por mais lento que seja de raciocínio: demonstrar um antiamericanismo radical.

O refrão era repetido: o comunismo acabou, mas que pessoas maravilhosas ele inspirou! Como seguir em algum ideal revolucionário ou utópico? No mais, o liberalismo é pior e não podemos sacrificar a esperança revolucionária, resignando-nos a um pragmatismo político sem tanta emoção. Eis que surge, para Revel, o paradoxo: a ferocidade das legiões marxistas redobrou no mesmo ano em que a história finalmente enterrou o objeto de seu culto secreto.

O socialismo "real" era, de certa forma, um problema para os marxistas, um estorvo a ser explicado, um fardo a ser carregado. Com o fim do regime soviético, eles se viram livres para a evasão total de críticas, para construir novamente sua fortaleza em torno de um ideal utópico e inatingível. Libertos das amarras da realidade importuna, os crentes puderam retornar às raízes de seu fanatismo. Eles se sentiram livres para finalmente resgatar o socialismo de seu estágio primordial: a Utopia.

Sendo o comunismo sinônimo do Bem, todo ataque a ele é um ataque ao próprio Bem. Agarrando-se a esse protótipo perfeito idealizado — e inatingível —, a esquerda jamais pode ser reacionária, não importa quão monstruosa sua prática e suas consequências. São as intenções, afinal, que contam, não as ações. O legado do "socialismo real" pode ser trágico, mas são os anticomunistas que realmente merecem críticas, pois desafiam uma doutrina com base em fatos mundanos por um motivo secreto inconfessável: odeiam suas metas, a realização da "justiça social" em si.

Os pecados socialistas são inquestionáveis, mas seus perpetradores devem ser perdoados, mesmo pelo maior crime contra a humanidade, pois tinham ao menos a "força da convicção". Cansamos de ver gente que defende o assassino Che Guevara, por exemplo, com base nessa linha de raciocínio: ao menos ele tinha um ideal nobre e estava disposto a lutar e morrer por ele. Acessar a robustez da *práxis* política com base no critério subjetivo de convicção interna e sentimentalismo chega a ser bizarro para os que acreditavam no materialismo histórico. No mais, Hitler era um homem de convicção, e como o mundo seria melhor se ele não acreditasse em nada!

Outro aspecto da guinada esquerdista foi reverter o discurso sobre pobreza. Durante milênios o desafio da humanidade foi produzir alimento suficiente para todos, eliminar a miséria. Essa era a meta que os comunistas alegavam que somente eles poderiam atingir. Quando o "socialismo real" expõe a incapacidade de entregar tal resultado, enquanto nos países capitalistas a fome é erradicada, eis que o discurso muda para o combate contra o "consumismo" ou as "desigualdades". A abundância passa a ser o problema, algo que pode colocar em risco o planeta.

Nada disso importava para os comunistas no final do século. O postulado seguia inalterado: apesar de o comunismo não ter feito nada além de ampliar as injustiças, se você é contra o comunismo você é contra a "justiça social". Diante do debacle da União Soviética, a esquerda se mostrou incapaz de fazer constatações realistas sobre as razões do colapso, e também de confrontar as questões de sua responsabilidade moral. Confissões como a de Paul Noirot eram tão honradas quanto raras:

> Racionalidade é a última coisa a pedir a todos aqueles — e eu fui um deles — que participaram dessa aventura quimérica. No final do dia, não construímos nada que durasse: nenhum sistema político, nenhum sistema econômico, nenhuma comunidade, nenhuma ética, nenhuma estética. Queríamos realizar as mais altas aspirações humanas e acabamos gerando monstros.

O evento simbólico que marcou o fracasso comunista, porém, não se deu com a queda do Muro de Berlim em 1989, mas com a sua *construção* mais de vinte anos antes, em 1961, como diz Revel. Ali estava dramaticamente demonstrado como o socialismo existente já tinha atingido um estágio avançado de putrefação, tendo que literalmente cercar seus povos para impedir que fugissem. Mas a utopia serve exatamente para isto: para não ter qualquer obrigação de produzir resultados, sendo sua única função permitir a seus devotos que condenem aquilo que existe em nome daquilo que não existe.

Já um regime totalitário real, existente, não pode ser reformado: sua única alternativa é sobreviver a todo custo ou colapsar. A única forma de "reformar" o comunismo, portanto, é se livrar dele de uma vez. Mas isso pode ser doloroso demais para os crentes, para quem se apegou a essa ideologia como redentora, como a encarnação do próprio Bem. É por isso que vale tudo para salvar a ideologia, uma religião política.

Uma das táticas usadas é alegar que os experimentos em seu nome podem até ter falhado, mas foi graças à oposição comunista nos países capitalistas que eles avançaram em direção a mais "justiça social". Ou seja, graças às greves violentas, à ocupação de fábricas e tudo mais que o progresso social foi viável nessas nações. Os fatos, porém, contradizem tal teoria também. Foram os liberais que lutaram por direitos dos trabalhadores, e foi o ganho de produtividade que possibilitou conquistas reais aos operários.

Nada disso importa. No fundo de seus corações, os esquerdistas pensam que o anticomunismo é o pecado, um sintoma de uma predisposição rumo ao fascismo. Qualquer coisa um pouco mais à direita do socialismo vira "ultraliberal" ou "ultraconservador". Um país como a França, de Revel, que possui um modelo econômico em que o Estado controla cerca de metade dos recursos, acaba assim "acusado" de ser "ultraliberal" pela esquerda saudosa do Império Soviético. Soa familiar aos brasileiros?

Liberalismo, uma ideologia?

Os socialistas imaginam que o liberalismo é uma ideologia. Como eles mesmos só operam com base ideológica, não são capazes de imaginar que qualquer outra forma de atividade intelectual possa existir, então eles detectam nos outros a mesma propensão em direção à sistematização abstrata e moralista que possuem.

Se o liberal afirma, por exemplo, que o mercado parece um meio mais eficiente de alocar recursos escassos do que um modelo centralizador de cima para baixo, o socialista rebate que o mercado não é a solução para todo problema. Mas quem disse o contrário? Trata-se de inserir um espantalho. Essa é a velha tática de desqualificar a proposta do oponente, nesse caso, tomando a proposta como defesa, a parte pelo todo, colocando na fala do liberal "parece" como se tivesse dito "todo".

O liberalismo nunca foi uma ideologia, diz Revel, ou seja, uma teoria calcada em conceitos *a priori*, com dogmas imutáveis divorciados do curso dos eventos e dos resultados. Para o autor, o liberalismo é um conjunto de observações dos fatos, enquanto ideologia é uma invenção maligna do lado mais obscuro do espírito humano, que alimenta o fanatismo. Os ideólogos não conseguem imaginar que a objeção aos seus sistemas abstratos poderia vir de qualquer fonte que não a de um sistema concorrente e análogo.

A luta contra o comunismo, por sinal, não precisa ser necessariamente *por* algum sistema específico qualquer. É o básico de qualquer ser decente diante do abuso da dignidade humana. Quando você se vê frente a uma combinação de prisão arbitrária, asilo lunático e uma gangue de assassinos, você não se pergunta se eles devem ser derrotados em nome do liberalismo, da social-democracia ou do anarcocapitalismo. Somente numa sociedade livre esse debate pode existir. A luta contra o comunismo deve vir da mesma "obsessão" que levou tantos a combater o nazismo: uma "ideia fixa visceral" a respeito da pessoa humana, seu valor, sua dignidade.

Por não aceitar a constatação de que o comunismo é da mesma natureza podre do nazismo, esquerdistas preferem, quando é para expiar seus pecados, admitir que foram vítimas de uma "ilusão", como defendeu François Furet em *The Passing of an Illusion* [O fim de uma ilusão]. É mais fácil reconhecer que se iludiu do que confessar que foi cúmplice de um enorme crime contra a humanidade. Mas muitos comunistas, salvo exceções, não estavam apenas "iludidos"; eles sabiam o que se passava, ainda que não em detalhes, e *toleravam* a barbárie em nome da ideologia.

A ideia de que é impossível melhorar a sociedade por meio de um processo gradual de reformas, que o progresso exige que todas as sociedades sejam completamente eliminadas e substituídas por sistemas novos do zero, essa visão redentora da política nos permite entender como o pensamento orgulhoso de que se está a serviço de um "futuro radiante" foi capaz de eliminar qualquer espírito crítico e senso moral em tantos. E qualquer um que tentasse confrontar esses "profetas" com os fatos era logo acusado de "fascista" ou "nazista". O nazismo, afirma Revel, é a cortina de fumaça usada para impedir que a história real do comunismo veja a luz do dia.

Mas o comunismo não foi somente uma ilusão; foi um crime. Ser um comunista era fazer parte, como participante ativo ou cúmplice, num colossal crime contra a humanidade. Daí o esforço homérico do revisionismo histórico. Enquanto quem nega o Holocausto pode sofrer sanções em países como a França, os comunistas têm permissão para mentir à vontade e com impunidade sobre os crimes de seu campo ideológico escolhido. "O comunismo sempre e necessariamente engendra a criminalidade e, nesse aspecto, é indistinguível do nazismo", declara Revel.

Em outra ocasião ele diz: "A recusa vigilante da esquerda em reconhecer a equivalência do nazismo e do comunismo ou mesmo em fazer comparações entre eles, apesar de sua afinidade evidente, tem um fundamento prático: a execração diária de um serve de barreira contra o exame cuidadoso do outro." Alain Besançon, autor de *A infelicidade do século*, coloca da seguinte forma: a "hipernesia" do nazismo, ou seja, o excesso de memória sobre seu legado terrível, tira a atenção da "amnésia" do comunismo.

Jean-François Revel não alivia, portanto, a barra dos comunistas, como se fossem apenas pessoas com boas intenções levadas ao engano. Para ele, há sempre uma porção da sociedade que aspira a viver num sistema tirânico. É esse anseio, seja como aquele que terá o poder, seja como aquele que quer ser um escravo para se livrar de responsabilidades, que explica a longevidade de regimes totalitários, o que seria inexplicável somente pela subjugação. A tacada de gênio dos comunistas foi autorizar a destruição da liberdade *em nome da liberdade*, mas o objetivo era abolir as liberdades básicas e a democracia.

O comunismo promete abundância e cria miséria; promete liberdade e impõe a servidão; promete igualdade e termina com a mais desigual das sociedades, com uma classe da *nomenklatura* cujos privilégios chegam a um patamar desconhecido até para sociedades feudais. O nazismo deixou transparecer suas reais intenções desde o começo, enquanto o comunismo escondeu sua natureza verdadeira atrás da utopia. Mas os comunistas sabem o que estão fazendo. Quando eles invocam boas intenções, estão conscientemente explorando um motivador utópico perene em nossa espécie.

É por essa capacidade infinita de se justificar do totalitarismo utópico que até hoje tantos servos do comunismo seguem sem sentimento de culpa ou vergonha. Sua utopia imaculada os protege, e eles assim se absolvem de crimes dos quais foram cúmplices "angelicais", em nome de ideais que eles jogaram descaradamente para baixo do tapete.

Revel mostra no livro inúmeras semelhanças entre o comunismo e o nazismo, assim como as origens socialistas que não foram desviadas por tiranos como Stalin ou Mao, e sim aplicadas com perfeição por eles. Sua visão de redenção total da sociedade era o que justificava tais métodos, a ponto de aniquilar uma raça ou classe inteira. Nas palavras de Revel:

> A característica fundamental de ambos os sistemas é que os governantes, convencidos de que possuem a verdade absoluta e estão guiando o curso da história para toda a humanidade, acreditam que têm o direito de destruir dissidentes (reais ou potenciais), raças, classes, categorias profissionais ou culturais — toda e qualquer pessoa que veem como obstáculos, ou que um dia pode ser obstáculo, ao *design* supremo.

Isso é típico das *ideologias totalitárias*, e não se encontra nada parecido no liberalismo ou no conservadorismo. O inimigo do comunismo não é o fascismo, mas a democracia. E o mistério não é a questão da criminalidade intrínseca do comunismo, e sim o fato de que nos tempos atuais ainda precisarmos debater isso. E isso se deve, em grande parte, ao esforço deliberado de reabilitar o comunismo e demonizar seus críticos por parte da elite esquerdista, que ocupa espaços influentes na guerra cultural:

> O fenômeno do *campus* americano, que se estende também a alguns jornais, revistas, canais de rádio e televisão americanos, é um lembrete de que a mentalidade marxista pode florescer e ter um efeito considerável no debate público, mesmo em nações onde o comunismo não conseguiu formar um partido eleitoral relevante ou influenciar os sindicatos. O comunismo pode ser uma presença ideológica mesmo quando nunca foi um ato político.

O liberalismo, que não é uma ideologia, enfrenta inimigos que exploram as fraquezas da natureza humana, o medo de assumir responsabilidade, a inveja do sucesso alheio, a tentação totalitária que fornece uma utopia ao crente político. Seja o socialismo, o comunismo, o fascismo ou o nazismo, o liberal inevitavelmente terá adversários ideológicos com anseios totalitários, pois isso é humano, demasiado humano. Revel conclui:

> A longa tradição, que remonta a dois milênios e meio, de ideias utópicas — de escritos que são surpreendentemente semelhantes, nos mínimos detalhes, em suas prescrições para a Cidade Ideal — confirma esta verdade: a tentação totalitária, escondida sob a máscara do demônio do Bem, é uma constante da mente humana. Sempre esteve em conflito com nossas aspirações de liberdade, e sempre estará.

Thomas Sowell

Nascido na Carolina do Norte em 1930, Thomas Sowell cresceu no Harlem e teve uma infância difícil e pobre. É um dos mais importantes pensadores da atualidade, um economista liberal e um filósofo político mestre em dissecar, com tiradas ácidas e postura elegante, as falácias esquerdistas.

Graduou-se em economia na Universidade Harvard em 1958, e concluiu o mestrado na mesma área pela Universidade Columbia. Em 1968, recebeu seu doutorado em economia pela Universidade de Chicago, e atualmente um membro sênior do Instituto Hoover na Universidade de Stanford.

Como intelectual, ganhou notoriedade por se opor a ações afirmativas como cotas raciais. O fato de ser negro certamente chamou mais atenção ainda para suas ideias sobre o assunto. Escreveu mais de 30 livros e lecionou em Cornell, Califórnia, UCLA, Stanford, entre outras universidades.

Li vários desses livros e confesso que Sowell, por seu estilo e sua firmeza na defesa dos valores da liberdade, é um dos meus preferidos nessa longa jornada. A seguir, vamos resumir alguns desses livros importantes do autor.

Um conflito de visões

> *Cada homem, aonde quer que vá, é englobado por uma nuvem reconfortante de convicções, que se move com ele como moscas num dia de verão.*
> (BERTRAND RUSSELL)

Eu adoro debater. Participo de infindáveis debates em diversas redes sociais, e também face a face. Acredito no poder das ideias e sei que elas podem mudar as pessoas, pois vi esse resultado inúmeras vezes, e algumas diante do espelho. Mas sempre me impressionou a resistência que muitos oferecem nos debates, quando confrontados por ideias diferentes daquelas previamente defendidas. Como ouriços, essas pessoas se fecham em suas crenças prévias, sem deixar espaço para o questionamento.

Quando isso acontece, o debate vira conversa de surdos, cada um tentando impor sua visão de mundo. Infelizmente, esse talvez seja o padrão dos debates, não a exceção, ainda mais na era das redes sociais, com crescente polarização tribal. E creio que Thomas Sowell, em um de seus melhores livros, *A Conflict of Visions* [Um conflito de visões], conseguiu oferecer boas explicações para esse espantoso fenômeno: estamos diante de um conflito de visões. A questão fundamental que se apresenta aqui é: quais são as premissas subjacentes a cada visão ideológica e doutrinária diferente? Dependendo dessas premissas básicas — sobre o homem, sobre a sociedade —, então pode ocorrer um conflito irreconciliável de visões de mundo.

Sowell deposita enorme importância nessas premissas e sua consequente visão de mundo. Conforme ele diz, os conflitos de interesse podem dominar o curto prazo, mas os conflitos de visões dominam a história. Não é possível ignorar uma visão de mundo para lidar com a realidade. Todos possuem uma, ainda que repitam o contrário, alegando serem pessoas "práticas". A visão de mundo é como um mapa que nos guia em um mundo complexo. Não podemos dispensá-la. Podemos, no máximo, nos evadir de maiores reflexões sobre ela. Mas, nesse caso, seguiremos cegamente a visão de outro, ou de outros, pincelada de forma aleatória, como uma verdadeira colcha de retalhos.

Toda visão será simplista, porque ela serve para facilitar a compreensão de um mundo complexo. Mas isso não quer dizer que sejam ruins; elas oferecem um sentido básico de como o mundo funciona. Qualquer teoria é calcada sobre pilares que dependem dessa visão de mundo que temos. Apesar de subjetivas, as visões e suas respectivas teorias possuem implicações claras, e fatos podem testar e medir sua validade objetiva. Um homem primitivo pode ter uma visão de que possui poderes místicos e que a reza altera o curso da natureza, mas sabemos que sua paralisia diante de um tsunami não vai impedir sua morte na praia, se ele não começar a correr e fugir. É a visão de mundo que vai pautar nossa agenda tanto de pensamento como ação.

Especificamente sobre as visões sociais e políticas, elas diferem basicamente em suas concepções sobre a natureza dos homens. Para Sowell, essa divisão pode ser resumida entre a visão limitada e a ilimitada. Na visão limitada, o homem é visto não como uma tábula rasa, mas como um ser que possui limitações desde sempre. Adam Smith, por exemplo, não olhava a natureza humana como algo a ser alterado. Sua preocupação era como chegar aos melhores meios para produzir benefícios sociais desejados, dentro dessas limitações humanas.

Um dos pontos-chave da visão limitada, conforme explica Sowell, é que ela lida com "*trade-offs*" em vez de "soluções". Já na visão ilimitada, a natureza humana é vista como infinitamente plástica, e isso possibilita a noção de "solução". Uma solução ocorre quando não é mais necessário fazer uma escolha entre duas alternativas imperfeitas, em que qualquer uma delas produza efeito negativo. Há uma resposta final e absoluta. As guerras, a pobreza e os crimes, todos esses males são vistos, na versão ilimitada, como coisas que podem ser extirpadas do mundo. Já pela visão limitada, tais desgraças são vistas como parte dos efeitos das paixões humanas, que podem ser, no máximo, minimizadas. A visão ilimitada desfruta de uma esperança utópica, enquanto a limitada adota postura bem mais cética.

A Revolução Francesa é o exemplo típico da visão ilimitada. Finalmente as injustiças seriam debeladas e o paraíso terrestre poderia se tornar realidade. Igualdade, liberdade e fraternidade, todos viveriam em paz e felizes. Faltou combinar com a natureza humana, e o resultado prático foi Robespierre e a guilhotina. Já a Revolução Americana, ainda que com a influência de pensadores da vertente ilimitada, como Thomas Paine e Thomas Jefferson, também contou com a importante participação de pensadores mais céticos. A Constituição americana é prova disso, elaborada com total preocupação aos pesos e contrapesos que limitariam a capacidade de estrago causada pelo governo. A ninguém deveria ser confiado completamente tanto poder.

A visão limitada parte da premissa de que nossa natureza é relativamente imutável ao longo do tempo. É evidente que costumes se aprimoram e o conceito de moral evolui. Mas o mal sempre estará presente nos homens, segundo essa visão. E isso justifica a desconfiança em relação a todo tipo de "engenharia social". A visão ilimitada enxerga o homem como um ser com potencial praticamente infinito, e que basta oferecer as condições "certas" para que todos pratiquem o bem. Na outra versão, o ser humano é visto como uma criatura tragicamente limitada, com impulsos egoístas e perigosos. Rousseau e seu "homem bom" corrompido pela sociedade representam o ícone da visão ilimitada; Hobbes e seu pessimismo com o "lobo do homem" seria o exemplo alternativo.

Sobre o conhecimento, a visão limitada supões que qualquer indivíduo será incapaz de tomar decisões sociais e políticas por conta própria, pois ele possui uma minúscula parcela do conhecimento necessário. A ideia de um "déspota esclarecido" desperta calafrios aos adeptos dessa visão. O conhecimento vem muito da experiência, do processo de tentativa e erro, aprendizagem gradual e darwinista que elimina aquelas ideias que não funcionam. Hayek foi quem melhor resumiu essa visão limitada do conhecimento humano, com seu argumento sobre o conhecimento disperso e fragmentado na sociedade. Por outro lado, a versão ilimitada deposita fé infinita na capacidade da razão humana. Seus adeptos estão dispostos a ignorar séculos de experiência e partir do zero para desenhar a sociedade perfeita e justa.

A depender da visão adotada, as medidas pregadas em diferentes áreas serão diametralmente opostas. Vejamos o caso do crime. Na visão limitada, há a noção de que seres humanos sempre terão um lado sombrio e violento, e que o mecanismo de incentivos pode mitigar seus efeitos. Por isso, defende-se nessa visão o uso de punição exemplar para crimes, especialmente os mais graves. Já na visão ilimitada, a culpa recai quase sempre sobre a "sociedade", e se as condições sociais forem melhoradas, então o crime poderá desaparecer. Tal visão costuma defender uma "reeducação" para os criminosos, mesmo os mais bárbaros.

A postura em relação às crianças também será radicalmente distinta. Na visão limitada, cada nova geração é como uma invasão de pequenos bárbaros que precisam ser civilizados antes que seja tarde demais. O livro *O Senhor das Moscas*, de William Golding, captura bem essa imagem nada romantizada das crianças. Sozinhas numa ilha após um acidente, elas criam todo tipo de situação absurda que costumamos ver nas sociedades de adultos. Intrigas, grupos formados para concentrar poder, inveja, violência e atos claramente irracionais são parte do dia a dia das crianças na ilha. Já a visão rousseauniana ilimitada vai enxergar as crianças como seres "puros", totalmente voltados para o bem, e qualquer forma de educação mais rigorosa será vista como um absurdo.

Cada visão dessas irá produzir conclusões que são consequências lógicas de suas premissas. Seguro delas, seu defensor tentará "vencer" os debates, muitas vezes com base em emoções. Não há saída fácil para o embate entre dois tipos tão diferentes de visão de mundo. O que podemos fazer, talvez, é seguir o conselho de Ayn Rand: checar sempre as premissas, e verificar se elas fazem mesmo sentido. Além disso, torna-se crucial manter a mente sempre aberta, e aceitar o debate civilizado, no qual o objetivo é se aproximar da verdade, e não derrotar o "oponente".

Não adianta fugir da questão em si, fingir que tanto faz qual visão de mundo nós temos, pois a depender de qual seja ela, os resultados práticos daquilo que pensamos e fazemos será totalmente diferente. Para o bem e para o mal.

O monopólio da virtude

A primeira coisa que um homem fará pelos seus ideais é mentir.
(JOSEPH SCHUMPETER)

Uma característica comum de se observar em certas pessoas é a tentativa de monopolizar a virtude. Normalmente são pessoas que sofrem do que Sowell chamou de "tirania da visão", quando um ideal particular de justiça cósmica anula qualquer capacidade de reflexão honesta. Tal indivíduo não terá interesse algum em debater seriamente os meios adequados para seus objetivos, testar suas teses por meio da experiência e aplicar a lógica nelas. Tudo que importa são as finalidades nobres, e qualquer alternativa oferecida com meios distintos será tratada com intenso desdém, como se a própria finalidade do outro fosse pérfida.

Existem inúmeros exemplos para ilustrar essa tentativa que alguns fazem de se arrogar a propriedade única da boa intenção. Um ótimo caso inicial está nos ditos "pacifistas". As pessoas que automaticamente confiscam para si o monopólio da "luta pela paz", como se o restante fosse adepto da violência, não pretendem nunca debater a fundo os métodos. A estratégia é desqualificar os fins dos oponentes, não seus meios pregados. Assim, qualquer um que não aplauda o modelo pacifista é ou um lacaio da indústria bélica ou um potencial guerreiro empedernido, sedento por sangue. Não importa que essas pessoas mostrem a lógica de que certos inimigos precisam ser combatidos com firmeza, ou que algumas guerras são úteis e necessárias para a própria manutenção da paz. Tampouco é relevante mostrar inúmeros casos empíricos em que a complacência com o inimigo foi o caminho da desgraça. Os "pacifistas" já encerraram a questão antes mesmo de o debate começar. Somente eles querem de verdade a paz.

É a busca pela paz, não quais métodos de fato garantem essa paz, que exalta moralmente esses visionários. No fundo, essas pessoas almejam uma exaltação pessoal perante os outros; estão atrás da imagem de nobres almas. Não ligam para os resultados concretos do que defendem, posto que um mínimo de avaliação honesta mostraria que há um abismo entre o defendido e o obtido. Foi dessa maneira que, faltando menos de um ano para que a guerra mais catastrófica do mundo fosse iniciada por Hitler, o primeiro-ministro inglês, Neville Chamberlain, enalteceu o "desejo do povo alemão pela paz". Vários intelectuais "pacifistas" condenavam os governos que investiam em armamento, antecipando a real ameaça nazista.

O enfraquecimento militar do Ocidente foi, sem dúvida, um dos fatores que estimularam os agressores. Não obstante, a dura realidade nunca impediu que tais "pacifistas" se considerassem moralmente superiores. Os outros são apenas bárbaros belicosos, ainda que a própria sobrevivência desses "pacifistas" dependa dos "belicosos". O padrão se repete atualmente na questão do islã, em que os relativistas morais se colocam acima dos demais, e atuam de forma complacente com um grupo de fanáticos que pretende, abertamente, destruir o Ocidente. Uma vez mais, esses "pacifistas" só irão sobreviver para repetir novas hipocrisias se os "belicosos" os defenderem do inimigo.

O campo militar é fértil nessa questão do monopólio da virtude, mas está longe de ser o único. Na economia, os monopolistas de fins nobres abundam também. Peguemos como exemplo a questão da miséria. Os "defensores dos pobres" são aqueles que pregam o uso do aparato estatal no combate à miséria, sem aprofundar o debate a respeito do melhor método para reduzir a pobreza de fato. Se um liberal mostrar com vastos casos empíricos que a pobreza foi combatida com maior eficiência onde o Estado menos interveio nos assuntos econômicos, ele será ignorado ou chamado de insensível.

Não são os meios o foco desses "defensores dos pobres", e sim a finalidade em si, como se alguém normal realmente desejasse o aumento da miséria. Se um liberal tentar explicar que a melhor forma de atacar o problema da miséria é por meio do livre mercado, poderá ser rotulado até mesmo de "darwinista social", como se quisesse, na verdade, entregar o pobre ao "deus-dará". A repetição de chavões vazios que objetivam apenas desqualificar a pessoa é inversamente proporcional à capacidade de argumentação. Os monopolistas da virtude jamais focam nos argumentos. Para que eles se sintam moralmente superiores, basta repetir muitas vezes e em coro que os outros não ligam para os pobres. Assim eles seguem adiante com o ar de superioridade alimentado mutuamente por cada um do grupo, ainda que os pobres sofram na pele as tristes consequências da falta de respeito com a realidade.

Temos vários outros casos para ilustrar o ponto central do artigo, mas creio ser desnecessário me alongar. Em todos esses casos, o padrão se repete, e humanos reais acabam sacrificados pela tirania da visão, pois aqueles sacrificados não são os mesmos que exploram moralmente a nobre visão. As teorias dessas pessoas não são testadas com seriedade, e o esforço delas está infinitamente mais direcionado na propaganda ou na demonização dos que carregam pontos de vista alternativos. Na cabeça deles, qualquer fim nobre tem um dono, e são eles os próprios. Quem ousa discordar ou questionar os meios desses nobres fins simplesmente não são virtuosos. Não podem ser! Caso contrário, os que aparentam nobreza ficarão nus, sem o manto da virtude, e restará ao mundo a visão de sua essência: a hipocrisia.

A visão dos ungidos

Há um grupo de pessoas para quem a visão de mundo é muito mais relevante do que a própria realidade. Essa visão, ou ideologia, oferece um estado de graça especial para seus detentores. Aqueles que acreditam nessa perspectiva, pensam estar não apenas corretos, mas também em um plano moralmente superior aos demais. Para Sowell, essa postura caracteriza o que ele chamou de "a visão dos ungidos".

Para os ungidos, há sempre uma necessidade urgente de ação para impedir uma catástrofe iminente, e esta deve partir quase sempre do governo. Uma minoria mais esclarecida deve decidir no lugar de milhões de pessoas, consideradas alienadas ou desinformadas, quando não motivadas por propósitos dúbios, questionáveis. Argumentos contrários são repelidos com frequência e as boas intenções dos próprios ungidos é o que importa. O foco nos resultados práticos dá lugar ao regozijo de sua cruzada moral.

Uma das coisas que chama a atenção de Sowell é a extraordinária habilidade de negar as evidências contrárias às suas medidas presente nos ungidos. Seus profetas preservam incrível aura de respeito apesar do histórico altamente negativo de suas previsões. As profecias apocalípticas dos neomalthusianos, por exemplo, são refutadas de tempos em tempos, mas nada abala a confiança nesses profetas. Os termos messiânicos dos ungidos, tais como "guerra contra a pobreza" ou "guerra contra as drogas", são empregados sem respaldo algum pelas consequências concretas de tais medidas.

Ainda que os mais céticos apontem *ex ante* os defeitos das medidas e seus prováveis fracassos, quando eles ocorrem são simplesmente desprezados pelos ungidos, ou então se alega que outros fatores imprevisíveis levaram a esse resultado insatisfatório. Os ungidos se colocam acima de qualquer teste empírico, ou então torturam os dados estatísticos até eles confessarem o resultado desejado. O fato de o curso dos eventos seguir um padrão diametralmente oposto àquele proclamado pelos ungidos não produz sequer uma reflexão acerca das premissas adotadas em suas políticas.

Os ungidos desejam chegar até a "raiz" dos problemas sociais, para então oferecer "soluções". Sowell considera essa característica fundamental para distinguir a visão dos ungidos da visão alternativa, que pode ser considerada trágica. Nesta, há a consciência de que somos seres limitados, e que a vida consiste em uma série de "*trade-offs*", em que uma escolha pressupõe abrir mão de algo; naquela, os principais males sociais podem ser solucionados. O crime, a violência, a miséria, tudo isso pode ser extirpado do mundo. Um novo mundo é possível, assim como um novo homem.

Para a visão trágica, a natureza humana é falha, e cada indivíduo é potencialmente um agente de maldades, ou ao menos de atos maldosos isolados. O mecanismo de incentivos se torna, portanto, crucial para reduzir os estragos na sociedade. O crime, por exemplo, deve ser combatido com punição. Além disso, cada indivíduo possui conhecimento extremamente limitado para apreender de forma holística o funcionamento da sociedade. Por isso a relevância da tradição, da descentralização na tomada de decisões, dos pesos e contrapesos na política, das liberdades individuais para se obter, por tentativa e erro, melhorias (graduais) na sociedade.

Já para os ungidos, o ser humano comete erros por alienação, falta de conhecimento, ou necessidade (miséria). O crime, por essa ótica, passa a ser culpa da "sociedade", nunca do próprio criminoso. Ele não deve ser combatido com a firmeza das punições, mas com "medidas sociais". A polícia é vista com desdém, enquanto os agentes sociais das ONGS são tomados por "salvadores da pátria". A natureza humana é quase infinitamente elástica, e, dependendo das circunstâncias, todos podem se tornar pessoas maravilhosas e altruístas, assim como os próprios ungidos. O alerta de Kant, de que da madeira torta de que é feito o homem nada inteiramente reto pode ser talhado, é solenemente descartado pelos ungidos.

A realidade imperfeita incomoda profundamente, e os ungidos confrontam essa imperfeição com sua visão utópica de mundo, concluindo automaticamente que "algo" deve ser feito. Esse "algo" será feito, naturalmente, pela imposição do governo. Os ungidos possuem uma insistente mania de se intrometer na vida dos outros, ainda que para o próprio bem deles.

Enquanto núcleo autônomo de decisão, a família representa um obstáculo a essa vontade de controle centralizado do processo social. Os engenheiros sociais, portanto, encontram-se constantemente em colisão com a família tradicional. É fácil identificar os ungidos com base nessa tendência de atacar os valores familiares. O poder decisório deve ser transferido das famílias para o Estado, que passará a ter uma função paternalista de tutela dos cidadãos, vistos como incapazes dessa tarefa.

O mesmo ocorre com o público consumidor, que deve ser protegido pelos ungidos dos capitalistas exploradores, ainda que a própria escolha desse público diga o contrário. Se os consumidores desejam A enquanto os ungidos querem B, então os consumidores são alienados e necessitam da luz proveniente da sabedoria dos ungidos para escolher de forma "correta". Como não é uma boa bandeira política atacar todos os consumidores, a responsabilidade do "erro" é colocada sobre os ombros dos produtores e vendedores, que manipulariam os consumidores indefesos.

Responsabilidade individual, aliás, é um conceito totalmente inexistente para os ungidos, pois sozinho o indivíduo seria capaz de derrubar quase todas as suas crenças, dispensando sua ajuda messiânica. Os ungidos necessitam de seres robotizados, e de determinismos socioculturais para "venderem" suas fantásticas habilidades de solucionar os problemas no mundo. O acaso tampouco existe, pois toda desgraça precisa de um culpado. Se a miséria na luta pela sobrevivência sempre foi a norma da vida humana, isso não interessa: a culpa pela miséria atual só pode ser dos ricos!

Os ungidos segregam o mundo em classes, colocam-nas em conflito, e depois se oferecem como os únicos capazes de solucionar os problemas oriundos desses conflitos. Essa nobre visão retroalimentada é o que garante a persistência desse grupo de pessoas, pois sempre haverá muita gente disposta a sacrificar o foco nos resultados em nome de sua própria imagem perante os outros e o espelho, via autoengano. A vaidade enraizada na natureza humana é uma importante aliada dos ungidos. E, afinal de contas, vaidade das vaidades, tudo é vaidade!

Intelectuais e sociedade

Com o risco de me tornar repetitivo, até porque vários livros de Sowell conversam entre si e giram em torno de tópicos semelhantes, passo agora para uma das melhores obras do autor: *Intelectuais e sociedade*. Sowell alega que provavelmente nunca na história houve uma época em que intelectuais exerceram um papel maior na sociedade.

Antes é preciso definir o que Sowell entende por intelectuais. Intelectual, aqui, é aquele que vive das ideias. Intelectual não é o mesmo que sábio, já que sabedoria é aquela rara qualidade de combinar intelecto, conhecimento, experiência e julgamento para produzir uma compreensão coerente do mundo. Sabedoria requer autodisciplina e a apreensão da realidade, saber os limites da experiência pessoal e da própria razão. Intelectuais, como uma categoria *ocupacional*, são os indivíduos que lidam com ideias, como escritores, acadêmicos, ativistas políticos e jornalistas, e eles não necessariamente demonstram tal habilidade.

O problema, na verdade, é o abismo entre a *intelligentsia* e a sabedoria, uma vez que esses intelectuais adotam critérios internos de "validação" para suas ideias, que passam a não depender do *feedback* do mundo real externo, o que permite uma forma circular que retroalimenta certas crenças mesmo quando absurdas. Se um engenheiro projetar uma ponte de forma equivocada, ela não fica de pé. Se um intelectual defender uma ideologia nefasta, ele sempre pode encontrar bodes expiatórios para transferir a responsabilidade pelos fracassos do experimento. "Deturparam Marx", dizem os crentes insistentes a cada nova desgraça marxista.

Não só os intelectuais ficam blindados contra as consequências materiais de suas ideias, muitas vezes eles desfrutam de imunidade total sem qualquer perda de reputação mesmo quando estão claramente equivocados. Sartre defendeu barbaridades e isso nunca o impediu de ser reverenciado como pensador. O ambientalista Paul Ehrlich previu imensas crises de inanição justo quando a revolução verde começava no mundo, e por aí vai. O intelectual não costuma ser cobrado por seus pares e restrições que se aplicam à maioria dos campos normalmente estão ausentes nessa área.

Outro aspecto interessante que Sowell mostra é como intelectuais ganham notoriedade por visões políticas e ideológicas, mesmo quando a fonte de sua *expertise* é bem diferente. Bertrand Russell tinha tratados interessantes sobre a matemática, mas isso não tinha nada a ver com a reverência que ele recebia como intelectual público, dando palpites sobre desarmamento global ou cristianismo. George Bernard Shaw era poeta, mas sua fama de intelectual veio de sua defesa do socialismo, e o fato de ele defender ditaduras de forma explícita nunca arranhou sua imagem perante seu público. Noam Chomsky se destacou como linguista, mas a bajulação a ele vinha de seu papel como intelectual "anarquista", demonizando o sistema capitalista americano.

Eis, então, o erro fatal dos intelectuais: assumir que sua habilidade superior dentro de uma área particular pode ser generalizada como uma sabedoria superior ou uma moralidade superior. Eles ignoram a falta de elo entre as duas coisas, assim como o fato de que há mais sabedoria na população *em geral* do que num indivíduo qualquer, por mais inteligente que ele seja. O conhecimento *total*, portanto, supera aquele das elites intelectuais, mesmo que cada indivíduo escolhido aleatoriamente entre os grupos tenha apenas fragmentos inexpressivos desse conhecimento.

De forma arrogante, os intelectuais partem da premissa implícita de que o conhecimento já está concentrado em pessoas como eles, e que por isso mesmo o processo decisório também deveria estar concentrado nessa elite "iluminada" que saberá tomar as melhores decisões pelo povo. O movimento "progressista" americano sempre teve como pilar essa visão elitista, que leva facilmente para o desprezo da democracia e da economia de mercado, e enxerga no "rei-filósofo" um caminho melhor para administrar a coisa pública.

Esses "*experts*" assumem também uma visão utópica de que serão sempre "desapaixonados", ou seja, agirão somente com base no bem geral e não no interesse egoísta, que são incorruptíveis e sem qualquer viés. Eis uma crença que não resiste a qualquer teste empírico, mas que sobrevive em círculos intelectuais como premissa verdadeira, ou seja, sem qualquer escrutínio sincero. Afinal, sem tal premissa, toda a defesa dessa "engenharia social" com poder concentrado nos "iluminados" vai para o espaço.

Os intelectuais gostam de falar em nome da razão, mas o uso adequado da razão leva à conclusão acerca de seus próprios limites. As leis, por exemplo, são muitas vezes fruto da experiência passada, não da lógica. Mas esses intelectuais se recusam a admitir isso — eles preferem flertar com abstrações racionalistas e desprezar as tradições e os tabus. Sowell entra em várias áreas para ilustrar as incríveis falácias repetidas por intelectuais, como na economia, no direito, na sociologia, na imprensa e na geopolítica. Cada capítulo é riquíssimo em casos bizarros de erros grosseiros causados por essa típica arrogância intelectual.

Mas é muito difícil persuadir tais intelectuais de seus graves equívocos, pois uma das violações mais comuns dos padrões intelectuais é a prática de atribuir às emoções as divergências de opiniões. Assim, alguém pensa diferente porque é racista, machista, homofóbico ou xenófobo, e o intelectual não precisa mais rebater os argumentos contrários. E como essa visão é predominante na mídia também, a visão dos intelectuais acaba sendo a dominante e influencia decisões pelo mundo.

Nem quando se afirmava que os reis tinham direitos divinos havia essa presunção de que uma elite tem o direito de guiar todos os demais, basicamente por meio da expansão de poder estatal. E essa visão dos "ungidos" não é apenas uma visão da sociedade; é também uma visão autocongratulatória dos próprios "ungidos", que dificilmente vão abrir mão dela já que, com isso, podem se sentir totalmente especiais.

Talvez o que mais falte para esses intelectuais seja humildade, a capacidade de se enxergar como alguém inteligente, de destaque em certa área do saber, mas não como um guia moral para as massas. Não como alguém cuja missão é "empurrar a história" na direção "certa".

O legado da *intelligentsia*

E qual foi o legado dessas ideologias? No final do livro, Sowell apresenta uma lista de exemplos que ilustram essa propagação de uma visão, mas que na prática contribuíram para a desintegração de laços sociais e minaram a confiança do povo em suas próprias sociedades. O autor reconhece que um histórico completo dos efeitos da *intelligentsia* demandaria um livro inteiro específico e muito maior, com vários volumes. Mas alguns casos já comprovam o perigo desses intelectuais.

A *intelligentsia* transformou as altas conquistas e recompensas de membros da sociedade, que antes serviam de inspiração para todos nós, em fonte de ressentimento e sofrimento para terceiros. Ela também ajudou no desprezo aos aspectos positivos de americanos mundo afora, como filantropia, tecnologia e medicamentos que salvam vidas, tudo transformado em erros ou defeitos.

Os intelectuais colaboraram com a visão de que aqueles que nada produzem para a sociedade têm o direito de só reclamar, organizar protestos, pois os outros não estariam fazendo o suficiente por eles. Ou seja, transformaram parasitas em vítimas do sistema, e racionalizaram o vandalismo e atos ilícitos como luta legítima dos "oprimidos".

Ao focar na "parcela justa" de cada um sobre o que é produzido pelo coletivo, os intelectuais colocaram no mesmo nível quem produz e quem nada produz, como se a desigualdade de resultado fosse um problema em si. A *intelligentsia*, ao adotar uma visão da economia como jogo de soma zero, influenciou o pobre a acreditar que o rico é rico por causa da sua pobreza, espalhando ressentimento e inveja.

Heróis de guerra que se arriscaram para defender nossas liberdades são tratados como vítimas que devem ser motivo de pena em vez de indivíduos corajosos cujo comportamento deve ser emulado. Nas salas de aula, os intelectuais conseguiram substituir o papel da educação para preparar os alunos para a vida em pura doutrinação ideológica, num processo cujas conclusões já são dadas pelos próprios "ungidos", dispensando o jovem de pensar por conta própria para tirar suas conclusões. De forma arrogante, esses intelectuais não tratam suas ideias como hipóteses que devem ser testadas, e sim como axiomas a serem seguidos ou mesmo impostos aos demais.

Esses intelectuais romantizaram sociedades que deixaram seu povo na miséria, violência e caos, enquanto demonizaram as culturas que lideraram o mundo na criação de prosperidade, avanços medicinais, lei e ordem. A *intelligentsia* sempre foi eficaz na produção de desculpas para crimes, enquanto várias vezes colocou a polícia entre os vilões da sociedade. Ela também ajudou a desarmar cidadãos ordeiros, de maneira a retirar seu direito de legítima defesa contra marginais.

Em vários temas distintos, os intelectuais ajudaram a transferir o poder decisório daqueles que são os maiores interessados no assunto e envolvidos em suas consequências diretas para aqueles políticos e burocratas distantes, que não precisam arcar com qualquer custo das próprias decisões.

Esses intelectuais também ocuparam boa parte da imprensa e filtraram informações relevantes para o público, sempre distorcendo a realidade para que ela se encaixasse em sua visão estreita e preconcebida de mundo. E, acima de tudo, esses intelectuais, ao exaltarem seu próprio papel enquanto difamavam a sociedade, jogaram seus membros uns contra os outros, e criaram divisões com base em critérios arbitrários e coletivistas fomentados pela própria *intelligentsia*.

Tudo isso coloca esses intelectuais em maus lençóis, e com razão. Talvez em nenhuma época anterior eles tiveram tanto poder e influência, e isso não serviu exatamente para construir o tal "mundo melhor".

A evolução material em boa parte se deu a despeito dessas ideias, não por causa delas. E não é fácil expor esse histórico de estragos causados pela *intelligentsia* e, com isso, convencer esses intelectuais a mudar de postura, pois essa visão da sociedade também é uma visão deles mesmos como uma vanguarda ungida que deve liderar o mundo na direção do progresso. Os dados da realidade derrubariam essa visão arrogante desses "iluminados", e por isso mesmo eles fogem dos dados como o diabo foge da cruz.

Mas não é possível tergiversar muito. Basta observar o século xx, com as ideologias totalitárias assassinas como o comunismo, o socialismo, o fascismo e o nazismo, ou analisar de forma imparcial o péssimo legado "progressista", para concluir que os intelectuais têm muita culpa no cartório. O livre mercado, a língua, os laços sociais e até as leis costumam ser formações mais espontâneas e naturais, de baixo para cima, e demanda humildade reconhecer isso. Nossos intelectuais preferem cuspir nessas instituições e remodelar o mundo à sua imagem, como se deuses fossem.

O culto do multiculturalismo

> *Uma cultura só tem importância se for boa para os indivíduos.*
> (KWAME ANTHONY APPIAH)

Uma das maiores ameaças à liberdade individual atualmente se encontra no culto do multiculturalismo. Vários autores notaram esse risco, entre eles Thomas Sowell, da Escola de Chicago. Em sua coletânea de textos *Barbarians Inside the Gates* [Bárbaros dentro das grades], Sowell lembra que o mundo sempre foi multicultural. Tratava-se de um multiculturalismo num sentido prático, diretamente oposto ao que o atual culto dos relativistas culturais prega. Como exemplos, Sowell lembra que o papel onde seu livro foi escrito fora inventado na China, as letras vieram da Roma antiga e os números da Índia, por meio dos árabes. O autor é um descendente da África, que escrevia enquanto escutava música de um compositor russo.

A razão pela qual tantas coisas se disseminam pelo mundo todo está no simples fato de que algumas coisas são consideradas melhores que outras, e as pessoas desejam o melhor para si. Essa obviedade é o contrário do que o credo do multiculturalismo atual defende, alegando que nada é melhor ou pior, "apenas diferente". Na verdade, as pessoas mundo afora não somente "celebram a diversidade"; elas escolhem aquilo de sua própria cultura que desejam manter e aquilo que preferem abandonar em prol de algo melhor vindo de fora. Quando os índios americanos, por exemplo, viram os cavalos dos europeus, eles não se limitaram a "celebrar a diferença"; eles começaram a montar em vez de andar. Na contramão do que o culto do multiculturalismo defende, as pessoas não buscam viver "em harmonia com a natureza", e sim obter o melhor que puderem. Eis o motivo pelo qual, desde automóveis até antibióticos, os bens demandados se espalharam pelo mundo. Não importa o que os filósofos do multiculturalismo dizem, é isso que milhões de pessoas fazem.

Para Sowell, esse tipo de multiculturalismo moderno é uma dessas afetações que algumas pessoas podem se dar ao luxo de ter enquanto estão usufruindo de todos os frutos da tecnologia moderna. Normalmente não são pessoas pobres vivendo em países atrasados que bradam sobre as "maravilhas" das diferentes culturas. São "intelectuais" de países desenvolvidos que olham com desdém para os processos que tornam possível a produção de todo tipo de conforto de que desfrutam. Sowell resume: "O multiculturalismo se resume ao fato de que você pode elogiar qualquer cultura no mundo, exceto a cultura ocidental — e você não pode culpar nenhuma cultura no mundo, exceto a cultura ocidental".

Uma cultura é, segundo a definição da *Enciclopédia Britânica*, um padrão integrado de conhecimento humano, crenças e comportamentos que são resultados da capacidade humana de aprendizagem e transmissão de conhecimento para as gerações seguintes. Cultura consiste então em língua, ideias, crenças, costumes, códigos de conduta, instituições, ferramentas, técnicas, rituais, arte, símbolos etc. A cultura de um povo pode evoluir com o tempo. Cultura se aprende.

Os relativistas culturais tentam logo acusar de "nazistas" aqueles que conseguem enxergar objetivamente instituições e costumes superiores — ignoram que Hitler falava em superioridade racial dos arianos, algo que seria inato, não aprendido. O conceito de raça humana sequer faz muito sentido. Já estoque de conhecimento, instituições, valores e avanços não só existem e variam muito de cultura para cultura, como uns são superiores a outros. Ou será que alguém realmente acredita que a cultura da Suíça é apenas "diferente" daquela existente no Zimbábue, e não melhor? Será que os costumes de sacrifício infantil praticados pelos incas seriam atualmente vistos como "apenas diferentes" pelos relativistas culturais? Como conciliar isso com a demanda por um código de direitos humanos universais?

Algo inerente aos relativistas culturais, pelo fator contraditório de suas crenças, é o constante uso de dois pesos e duas medidas. Ao mesmo tempo que relativizam todas as barbaridades provenientes da cultura atrasada que pretendem defender, esquecem o relativismo e partem para a objetividade de julgamento na hora de condenar as culturas que detestam — normalmente as mais avançadas e livres. Assim, cortar o clitóris passa a ser apenas uma "diferença cultural", como colocar um brinco na filha. Mas o "consumismo" ocidental é algo podre, que deve ser combatido, e não apenas uma "diferença" de valores. Uma cultura que prega a morte de "infiéis" é apenas uma cultura "diferente", enquanto se um país for se defender dessa ameaça, sua "cultura belicosa" passa a ser repugnante.

Os relativistas fingem não perceber que se "tudo vale", porque nenhuma cultura é superior a outra, então um povo pode alegar ter como valor supremo em sua cultura o extermínio de outras culturas. Com qual critério objetivo um relativista consegue julgar algo, se tudo não passa de "diferenças culturais"? Quando os relativistas culturais alegam, por exemplo, que nenhuma cultura está num estágio inferior e que seus costumes são "apenas diferentes", estão sendo coniventes com a prática nefasta de matar por apedrejamento uma mulher cujo único "crime" foi ter cometido adultério. Queiram ou não, o fato é que os adeptos desse culto do multiculturalismo são cúmplices dessas barbaridades.

O filósofo Kwame Anthony Appiah explicou de forma objetiva os riscos da visão coletivista da cultura, em detrimento do direito de livre escolha individual. O autor, nascido em Gana, é Ph.D. pela Universidade de Cambridge e lecionou em Harvard e Princeton, além de autor do livro *Cosmopolitanism* [Cosmopolitismo], no qual defende que a globalização fez bem às culturas regionais. A globalização não uniformiza, diversifica. Culturas fechadas estão fadadas ao insucesso. Basta comparar a diversidade nos Estados Unidos, com inúmeras culturas diferentes convivendo lado a lado, com a maior homogeneização de uma Coreia do Norte, isolada do mundo.

A população deve ter a liberdade de escolha de quais produtos culturais deseja consumir. Appiah dá o exemplo das camisetas que os africanos usam, deixando de lado suas roupas coloridas tradicionais. Se as camisetas cumprem a função de cobrir o corpo e são mais baratas, que mal há em deixar as vestes tradicionais para ocasiões especiais apenas? Tirar o direito de escolha dos indivíduos em nome da "preservação cultural" beira o desumano, e quem pensa assim está longe — no conforto de culturas mais liberais.

O mesmo vale para o resto dos produtos existentes. Os indivíduos devem ser livres para decidir qual filme desejam assistir, quais músicas querem escutar ou qual comida pretendem comer. Quanto mais liberdade de mercado, com abertura para diferentes países e culturas, maior o número de opções disponíveis. Appiah chama de "preservacionistas culturais" aquelas pessoas com bom padrão de vida em algum país ocidental, que olham para as culturas diferentes e exóticas como algo interessante, bonito, que deveriam ser mantidas para sempre da mesma forma. Mas, como Appiah diz, "se o costume é ruim para o bem-estar de uma grande parcela daquela população, o fato de fazer parte da cultura não é motivo para insistir no erro".

O foco deve ser o indivíduo e sua liberdade de escolha, não a tribo, a nação ou a cultura. A cultura não é um fim em si, mas um meio para a felicidade dos indivíduos. E cada um deve ser livre para escolher como quer buscar sua felicidade. Eis o que o culto do multiculturalismo deseja impedir.

As cotas racistas

"Os fatos são teimosos, e nossos desejos, nossas inclinações ou o imperativo de nossas paixões, quaisquer que sejam, não podem mudar o estado dos fatos e das evidências." Com esta frase de John Adams, Thomas Sowell inicia seu livro *Ação afirmativa ao redor do mundo*, no qual faz estudo empírico do efeito das cotas em vários países. O alerta vem à mente quando lemos alguns artigos em defesa das cotas que, não obstante as boas intenções dos autores, têm permitido que as paixões fiquem acima da frieza dos dados.

Esses autores têm utilizado estatísticas pontuais para mostrar que cotistas apresentam desempenho médio equivalente ao dos demais estudantes, além de menor taxa de evasão. Ora, se levarmos a lógica ao extremo — de que permitir o acesso às vagas de alunos menos preparados mantém a média —, pode-se concluir que fornecer cotas para *todos* não iria prejudicar o padrão de qualidade das universidades. Ou seja, se os alunos com as *piores* notas fossem aceitos no lugar dos alunos com as melhores notas, as universidades não perderiam qualidade, o que é, evidentemente, uma conclusão absurda. A estatística pode ser a arte de torturar números até que eles confessem qualquer coisa.

Sowell levanta importantes questões em seu livro. Ele lembra que "os asiático-americanos são um claro embaraço para os que usam os argumentos costumeiros em defesa da ação afirmativa". Afinal, tal grupo costuma apresentar desempenho médio maior que o dos brancos, principalmente em matemática. No livro *Fora de série*, Malcolm Gladwell mostra que fatores culturais podem explicar essa diferença. O fato é que os asiáticos apresentam, na média, melhor desempenho. Por isso esse grupo étnico acaba excluído nas estatísticas. Serão as maiorias brancas "vítimas" das minorias japonesas? É importante não confundir correlação com causalidade.

Outro erro comum é a utilização de casos específicos para provar uma regra. Por exemplo, citar alguns famosos beneficiados pelas cotas para afirmar a possibilidade de sucesso do modelo. Seria bastante fácil encontrar contraexemplos. Mas apontar casos isolados de fracasso ou sucesso das cotas não prova nada. Em qualquer experimento desse tipo, *alguns* casos de sucesso sempre ocorrerão. O importante é verificar a tendência geral. E nesse caso, o resultado é negativo para as cotas, como demonstra Sowell. A redução da miséria entre negros americanos, por exemplo, foi mais acelerada *antes* da política de ação afirmativa do que depois. De 1967 a 1992, os 20% de negros mais pobres tiveram seus rendimentos *reduzidos* numa proporção duas vezes maior que seus equivalentes brancos. Eis o resultado quando se arromba as portas de entrada das universidades com base não no mérito, mas no critério da cor da pele.

Até aqui, restringi o foco ao aspecto da eficiência das cotas. Mas há um fator muito mais importante que não deve ser desprezado: o moral. Quando indivíduos passam a ser segregados com base na "raça", concedendo-se privilégios para um grupo em detrimento de outro, o próprio racismo é fomentado. Alguns autores acreditam que essa ameaça não tem sido expressiva, mas ainda não há dados suficientes para se ter uma perspectiva histórica. Esses efeitos levam tempo.

O livro de Sowell deixa claro que a ameaça é significativa, e em alguns casos, como no Sri Lanka, acabou até em guerra civil. O próprio conceito de "raça" é uma criação humana, não um dado da natureza. Quando políticas do governo instituem o critério racial para separar os indivíduos, o racismo é alimentado. Isso vai contra o sonho de Martin Luther King, de um país onde as pessoas fossem julgadas "não pela cor da pele, mas pela firmeza do caráter".

O último ponto a ser analisado é o argumento de "dívida social". Em primeiro lugar, é preciso lembrar que nem mesmo um filho pode herdar dívida líquida do pai, já que não tem culpa de seus erros. Mesmo assim, para ser minimamente justo, seria necessário julgar cada caso isolado, para saber se *aquele* indivíduo é herdeiro de um dono de escravos ou de um escravo, ou nenhum dos dois. Afinal, a cor da pele não prova nada, já que negros foram donos de escravos, como o próprio Zumbi, e nem todos os brancos eram donos de escravos.

Portanto, quando dizem que muitos bolsistas são descendentes de escravos, com base na cor da pele, é impossível saber se isso é ou não verdade. A probabilidade é que seja falso. E reparar uma injustiça passada criando uma nova injustiça está longe de ser um bom critério de justiça.

THOMAS SOWELL

A lição do Sri Lanka

Não olhe para onde você caiu, mas para onde escorregou.
(PROVÉRBIO AFRICANO)

Quando foi presidente do Sri Lanka, Mahinda Rajapaksa declarou oficialmente a vitória das tropas de seu governo sobre os rebeldes do grupo separatista Tigres de Libertação da Pátria Tâmil, após 26 anos de guerra civil. Voltar às origens desse conflito, que tirou a vida de mais de 70 mil pessoas, pode ser útil para se chegar a algumas conclusões. Em seu livro *Ação afirmativa ao redor do mundo*, Thomas Sowell analisa o caso do Sri Lanka, e conclui que o regime de cotas imposto à população foi uma das causas do conflito.

A população do Sri Lanka é de 20 milhões de habitantes, com aproximadamente três quartos formados por cingaleses, sendo que a minoria principal, os tâmeis, constitui menos de um sexto da população. Antiga colônia inglesa do Ceilão, o Sri Lanka conseguiu a independência em 1948. Não ocorrera uma única rixa racial entre os cingaleses e tâmeis durante a primeira metade do século xx, independentemente da posição relativa bem mais favorável dos tâmeis, por fatores históricos, como o maior domínio inglês em regiões habitadas por eles. Os tâmeis foram, em boa parte, educados por ingleses e americanos, que deram maior ênfase às disciplinas de matemática e ciência. Prosperaram então, a despeito das regiões mais ricas em recursos naturais estarem sob o controle dos cingaleses.

Na independência, as posições de poder, riqueza e prestígio estavam principalmente nas mãos das elites cultas que falavam inglês, frequentemente cristãs, tanto de cingaleses quanto de tâmeis. A maioria, formada por cingaleses, pretendia tomar o poder. Adotaram o lema da "língua própria", contra a dominação do inglês. Como tantos outros lemas políticos, o pleito pela "língua própria", em lugar do inglês, escondia outros interesses obscuros. Houve rápida transição para a defesa de "somente o cingalês" como idioma do Sri Lanka, visando na verdade ao acesso de empregos, especialmente do governo. Atingir as minorias tâmeis era o real alvo dessa medida.

Um ambicioso membro do governo, Solomon Bandaranaike, partiu para a oposição, e criou seu próprio partido em 1951. Ele passou a levar a bandeira da luta pela língua própria. Solomon não representava todos aqueles em nome dos quais falava com tanta estridência. Era, na verdade, um aristocrata cingalês, cristão educado em Oxford. Mas Bandaranaike converteu-se ao budismo, esforçou-se para falar cingalês e se tornou defensor radical da cultura, idioma e religião cingaleses. Com certeza seus objetivos não eram religiosos. Ele pretendia ser primeiro-ministro. E conseguiu.

Sua administração produziu a legislação que especificou "só o cingalês" como idioma oficial do Sri Lanka. Essa política tornou-se foco de desavenças intergrupos em vista de sua potencialidade para influir profundamente sobre as oportunidades em educação e emprego. O governo instituiu ainda a aposentadoria obrigatória para os funcionários que não fossem capazes de falar o cingalês, dando um duro golpe nos tâmeis. A constituição do Sri Lanka foi reformada para eliminar os preceitos que garantiam direitos às minorias. Como em vários outros casos, a democracia era apenas um caminho para a ditadura da maioria.

Bandaranaike chegou a tentar um acordo com os tâmeis — cedeu em alguns pontos, devido à forte reação destes. Mas a reclamação dos cingaleses, já em luta para perpetuar os novos privilégios, evitou que o acordo entrasse em vigor. Em 1959, um extremista budista cingalês assassinou Bandaranaike, alegando que ele traíra a causa. Os partidos políticos cingaleses aproveitaram o pretexto dos direitos dos grupos e competiram para ganhar os votos da maioria, oferecendo manutenção de regalias. Como em todos os demais casos de cotas, o que era para ser temporário virou permanente. Em 1972, foi introduzido um "sistema distrital de cotas". Isso fez despencar a proporção de estudantes tâmeis universitários.

Depois que apelos, protestos e campanhas de desobediência civil fracassaram na luta pela autonomia dos tâmeis, começou um movimento de guerrilha, e as demandas dos tâmeis aumentaram, até o extremo de pregarem a separação do país. Em 1975, foi formado o grupo guerrilheiro Tigres Tâmeis, e o Sri Lanka estava em rota de guerra civil. Foi uma guerra repleta de atrocidades, de ambos os lados. Os tâmeis, sem o direito de secessão pacífica, começaram a fugir do Sri Lanka. A vizinha Índia recebeu mais de 40 mil tâmeis refugiados.

Em busca da paz, uma disposição na constituição de 1978 reconheceu os direitos de idioma dos tâmeis, mas já era impossível restabelecer o status quo ante. A guerra civil prosseguiu por décadas. Diferentemente da crença difundida, não foi quando as disparidades econômicas eram maiores que a rixa intergrupo atingiu seu pico. Ao contrário, os cingaleses e os tâmeis conviviam pacificamente nos anos 1920, quando a minoria tâmil era mais rica em termos relativos. Não foram as desigualdades que conduziram à violência intergrupos, mas a politização de tais diferenças, assim como a promoção de políticas de identidade de grupos, como as cotas.

O caso do Sri Lanka é sintomático. Ele demonstra o perigo de medidas racistas, como as cotas. O uso político das desigualdades, mesmo que oriundas de causas históricas diversas, favorece alguns inescrupulosos oportunistas, pois o benefício é concentrado e os custos são mais dispersos. Mas, com o tempo, os resultados catastróficos são inevitáveis. O Sri Lanka é um caso extremo, mas uma boa prova de que as cotas podem transformar paz em sangue!

Discriminação e desigualdade

Muitas pessoas observam as discrepâncias estatísticas na sociedade e concluem automaticamente que elas se devem a algum tipo de preconceito, de discriminação. Os salários mais baixos, na média, das mulheres ou dos negros precisam ter uma explicação no machismo ou racismo, pensam essas pessoas. Mas será que isso faz algum sentido?

Thomas Sowell mergulhou nesse tema em seu livro *Discriminação e disparidades* (Editora Record, 2019). Como de praxe, Sowell traz arrazoados sólidos, lógica e dados concretos para o debate, ou seja, não fala a quem só quer repetir *slogans* ou monopolizar as virtudes em busca de uma sensação artificial de superioridade moral. Ele fala a quem quer pensar.

O autor desperta a fúria dos líderes de movimentos de "minorias" justamente por isso: ao focar na verdade, descarta o sensacionalismo. O fato de ser negro é um agravante, pois anula a possibilidade de rejeitar seus pontos com base na acusação de racismo, de lugar de fala. O livro é dedicado a outro liberal negro, o professor Walter Williams, que também tem um livro que desmonta a falácia do racismo como bode expiatório para desigualdades, e mostrando que o livre mercado é o melhor amigo dos negros (e brancos, mulheres, gays etc).

Logo no começo, Sowell lança uma provocação sobre as chances de sucesso em alguma área qualquer. Ele nos pede para imaginar uma atividade em que as chances de alguém ter qualquer um dos cinco requisitos básicos para destaque seja de dois terços, uma chance elevada. Mas se o sucesso demanda os cinco requisitos juntos, então a possibilidade de alguém unir todos cai para 32/243, ou seja, apenas um em oito, aproximadamente.

Com esse exercício hipotético simples, Sowell nos lembra de que é absurdo esperar um sucesso igualmente distribuído pela sociedade, de forma aleatória. Alguns indivíduos ou grupos ou nações conseguem desenvolver, ao longo do tempo, certos atributos que levam ao destaque, a uma conquista que somente parcela ínfima do todo terá. Alguém pode ter um talento natural, mas não teve boas oportunidades. Outro pode ter oportunidades e talento, mas ser preguiçoso. E por aí vai.

Sowell tem apreço pela comprovação empírica das teorias, e mostra ao longo do livro que as evidências não sugerem o preconceito como fator crucial para as disparidades encontradas. São muitos fatores em jogo, e como basta falhar em alguns para obter resultados bem diferentes, a explicação se mostra muito mais complexa no mundo real. Até mesmo filhos dos mesmos pais, criados no mesmo ambiente, apresentam resultados distintos, o que anula a possibilidade de discriminação nesses casos.

O ambiente familiar, aliás, aparece como fator importante nas pesquisas, assim como o fator cultural. Por isso Sowell critica tanto a narrativa de vitimização típica das "minorias", em especial o ataque à alta cultura nos guetos dominados por negros. Com cerca de 70% dos filhos de negros americanos sem a figura do pai em casa, e com a acusação de "agir como branco" se for buscar um aprendizado correto da língua ou formação clássica, fica complicado se destacar depois.

Poucos povos sofreram tanto preconceito como o judeu. No entanto, isso não os impediu de enormes conquistas. Quando direitos iguais foram concedidos, primeiro pelos Estados Unidos no final do século XVIII, depois pela Europa, o fluxo de judeus para universidades deslanchou. Com a ajuda do aspecto cultural, o "povo do livro" se destacou em diversas áreas. Com menos de 1% da população mundial, judeus receberam 22% dos Prêmios Nobel em química, 32% em medicina e 32% em física (dados de 2017).

Sowell divide a discriminação em duas categorias: a primeira é aquela necessária para nossa tomada de decisão racional, baseada em fatos, e a segunda o preconceito, com base em premissas arbitrárias como aversão ao sexo ou "raça". Todas as políticas estatais surgem como reação ao segundo tipo, mas ele não é o único, nem sequer o predominante. Muitas vezes as pessoas julgam e discriminam com base em fatos, e todos nós discriminamos o tempo todo — é a própria definição de escolha. Preferir uma marca a outra é "discriminar", nesse primeiro sentido.

O mercado avalia desempenho, e às vezes, para economizar o custo da informação individual, faz isso por meio de agregados, de estatística, sendo impossível fazê-lo caso a caso. Homens jovens pagam mais caro pelo seguro do carro, pois costumam causar, na média, mais acidentes. Não é um preconceito, e sim uma discriminação racional da seguradora. Se, de forma análoga, negros praticam mais crimes, na média, serão abordados com maior frequência pela polícia. Discriminação racional ou puro preconceito racial, como supõe a esquerda?

Utiliza-se o fato de que a proporção de negros presos é bem maior do que os 13% da população que representam, mas alguém que alegasse viés racial para falar da grande quantidade relativa de negros na NBA seria ridicularizado pela evidente falácia lógica, aponta Sowell. Correlação não é o mesmo que causalidade, e a presença desproporcional em alguma coisa qualquer não é prova de racismo ou preconceito.

Falar disso no mundo atual já soa absurdo, mas só porque a marcha das "minorias oprimidas" tem asfixiado o debate livre racional. O problema, de acordo com Sowell, é que são as "minorias" os maiores prejudicados com essa postura. O salário mínimo, por exemplo, pune de forma desproporcional os jovens em geral, e os jovens negros em particular, ao impor um salário acima do de mercado. Como os jovens são menos experientes e produtivos, acabam penalizados com o desemprego.

Mas as estatísticas manipuladas ignoram isso, e focam nas disparidades de grupos como se fossem resultado do preconceito, nada mais. Ao se falar dos 1% mais ricos, ou dos 20% mais pobres, ignora-se a enorme mobilidade dentro dessas faixas, como se elas fossem formadas pelos mesmos indivíduos, num grupo estanque. Nada mais falso. Entre os mais ricos de hoje, menos da metade fazia parte desse grupo há uma década, e entre os mais baixos salários, há muitos que são apenas jovens começando no mercado de trabalho, e vão ascender na vida depois. Detalhes bobos para quem quer o efeito sensacionalista de chamadas sobre a desigualdade, para quem coloca a retórica acima da verdade.

Roger Scruton

Roger Scruton nasceu em 1944 na Inglaterra e faleceu recentemente, no começo do trágico ano de 2020. Ele foi um filósofo e escritor inglês cuja especialidade era a estética. Scruton tem sido apontado como o intelectual britânico conservador mais bem-sucedido desde Edmund Burke. Foi nomeado como Cavaleiro Celibatário pela rainha Elizabeth II em junho de 2016.

Scruton escreveu dezenas de livros sobre diversos assuntos, entre os quais livros didáticos sobre filosofia e cultura, dois romances, e também compôs duas óperas. Ele abraçou o conservadorismo depois de testemunhar os protestos estudantis de maio de 1968 na França. Na década de 1980, ele ajudou a estabelecer redes acadêmicas subterrâneas na Europa Oriental controlada pelos soviéticos. A seguir, veremos alguns de seus principais temas.

Como ser um conservador

Logo no prefácio do livro *Como ser um conservador*, Scruton imagina o perfil de seu público leitor: alguém que defenda a justiça do *common law*, a democracia parlamentar, a caridade privada, o espírito público e os "pequenos pelotões" de voluntários, ou seja, aquele que não se acostumou completamente à autoridade de cima para baixo do moderno estado de bem-estar, e menos ainda às burocracias transnacionais que se empenham para engoli-lo.

Para o filósofo, nosso modo de vida está ameaçado, e por isso o conservador precisa reagir. A oportunidade de viver com liberdade, a segurança do império da lei, uma cultura aberta e questionadora, tudo isso e muitas outras coisas familiares são tidas como certas, mas correm perigo. O conservadorismo, para Scruton, "advém de um sentimento que toda pessoa madura compartilha com facilidade: a consciência de que as coisas admiráveis são facilmente destruídas, mas não são facilmente criadas".

Diante da opinião pública, o conservador pode ser visto como aquele chato do contra. Roger Scruton resume: "Sua posição é verdadeira, mas enfadonha; a de seus oponentes é excitante, mas falsa." Daí a importância da ficção, da "imaginação moral", a ideia de que devemos ser modernos na defesa do passado e criativos na defesa da tradição, para compensar um pouco essa desvantagem conservadora.

Na Grã-Bretanha do jovem estudante Scruton, o socialismo ganhava cada vez mais força, a noção do Estado como uma figura paterna benevolente avançava, e a rebeldia anárquica tomava conta das universidades. Nesse contexto, a vitória de Margareth Thatcher foi praticamente um milagre, para reverter parcialmente esse quadro assustador. Para Scruton, os discursos mais importantes da "dama de ferro", assim como suas políticas, "provinham de uma consciência de lealdade nacional".

Thatcher era alguém que acreditava em seu país e nas suas instituições, e "as via como a personificação dos afetos sociais cultivados e acumulados ao longo dos séculos". Seus valores eram aqueles do conservadorismo da era vitoriana, com foco na família, na associação civil, na religião cristã e no Estado de direito, e formavam um ideal de liberdade sob a lei.

O que Scruton temia era o desejo de controlar a sociedade em nome da igualdade, o que demonstra expressar enorme desprezo pela liberdade humana. Os indivíduos de carne e osso nunca entravam nessas equações ideológicas, e desapareciam perante o abstrato termo "sociedade". As pretensões insolentes, como chamou Scruton, daqueles que desejavam reprogramar esses indivíduos para que se encaixassem dentro de visões preconcebidas representavam grande ameaça à liberdade.

Inserido nesse contexto, Scruton lamentou desde cedo o empobrecimento do debate público. Na esquerda, não parecia haver respostas sérias para as enormes mudanças em curso, introduzidas pela imigração em massa, por exemplo. O rótulo de "racista" encerrava qualquer tentativa de debate por parte de quem demonstrasse preocupação com o rumo da nação.

Roger Scruton também se deu conta de que as eleições significavam menos do que as instituições permanentes e o espírito público que responsabiliza os políticos eleitos. Daí a importância, para ele, de lutar pela defesa das fronteiras nacionais contra as pretensões da União Europeia, que se tornou uma ameaça para a democracia na Europa. Para o filósofo, os dois maiores legados da civilização europeia para o mundo estavam sob ataque: o cristianismo e a democracia. A União Europeia não parece apreciar nenhum dos dois, e por isso sua baixa popularidade perante o povo.

Apesar de reconhecer a crença cristã na origem da civilização ocidental, Scruton não acha que é preciso *ser* um cristão para compreender isso e defender, em conjunto, seus valores. A ordem econômica, para ele, depende de uma ordem moral. A sociedade é "uma herança compartilhada em nome da qual aprendemos a circunscrever as nossas demandas, a ver nosso lugar nas coisas como parte de uma corrente contínua de doações e recebimentos, a reconhecer que as coisas extraordinárias que herdamos não são nossas para destruirmos".

Ou seja, as tradições sociais não são costumes arbitrários como querem os liberais modernos, e sim formas de conhecimento, que contêm os resquícios de muitas tentativas e erros. O que isso quer dizer, basicamente, é que a tradição representa respostas que foram descobertas a partir de questões perenes. E entender isso tem efeito claro sobre a postura política, como explica Scruton:

> Em suma, o contrato social requer uma relação de filiação como membro de uma sociedade. Teóricos do contrato social escrevem como se isso presumisse somente uma escolha racional livre na primeira pessoa do singular. De fato, pressupõe uma primeira pessoa do plural que já tenha aceito o ônus de pertencer à sociedade.

Mesmo no caso americano, que começa sua Constituição com o famoso "nós, o povo", fica evidente que antes é preciso existir esse povo, no caso aqueles que já pertencem à sociedade americana, cujo vínculo histórico passa a ser representado pela nova lei. Não se trata de colocar a "sociedade" abstrata acima dos indivíduos, mas sim reconhecer que não pode haver uma sociedade sem essa experiência de adesão como membro, e é isso que nos permite ter interesse nas necessidades de desconhecidos, aceitar a autoridade das decisões coletivas e das leis a que devemos obedecer, mesmo quando podem contrariar nossos interesses.

Pensar apenas num "contrato entre os vivos", sem contar os que ainda nem nasceram, fará com que o "acordo" se converta numa "apropriação dos recursos da Terra em benefício dos residentes temporários". Por isso o conservador destaca a enorme relevância daquilo que é "nosso", mas sem se transformar num coletivista autoritário. Scruton resume:

> O conservadorismo é a filosofia do vínculo afetivo. Estamos sentimentalmente ligados às coisas que amamos e que desejamos proteger contra a decadência. Sabemos, contudo, que tais coisas não podem durar para sempre. Enquanto isso, devemos estudar os modos pelos quais podemos conservá-las durante todas as mudanças pelas quais devem inevitavelmente passar, de modo que nossas vidas continuem sendo vividas em um espírito de boa vontade e de gratidão.

Em defesa da beleza

Em um mundo trágico, rodeado por desgraças, um verdadeiro "vale de lágrimas", a busca do belo tem sido uma constante para a Humanidade. Eis onde entram as artes, as diferentes expressões individuais no afã de capturar de alguma forma esse transcendental, universal e atemporal que nos retira um pouco do efêmero, do aqui e agora.

Roger Scruton tem sido uma das vozes mais importantes na luta pela resistência desse ideal, e em *Beauty: A Very Short Introduction* [Beleza: uma introdução bem curta], o filósofo desenvolve sua visão acerca da importância da beleza em nossa vida. Tentarei, a seguir, resumir seu ponto de vista, que julgo instigante, mesmo para quem não compartilha de seus sentimentos religiosos. Aliás, diria que para ateus a busca do eterno nas artes se torna ainda mais relevante. Scruton entende que o julgamento artístico é subjetivo, mas ao mesmo tempo depende do suporte de motivos racionais. Mas esses não podem se limitar a algum argumento dedutivo, pois se fosse o caso, qualquer opinião de segunda mão sobre beleza valeria. Haveria especialistas em beleza que nunca a experimentaram, e isso não faz sentido.

O julgamento estético não é uma simples afirmação de preferências, pois demanda um ato de atenção. Nós chamamos algo de belo quando extraímos prazer ao contemplá-lo como um objeto individual, por si mesmo. Para tanto, é preciso deixar de lado outros interesses, como os utilitaristas e funcionais, e focar na coisa em si. Em outras palavras, exige uma atitude desinteressada, que não lida com o objeto como apenas um entre vários substitutos, mas como o foco exclusivo da atenção.

Esse prazer desinteressado é uma forma de pràzer também, mas sua diferença está nesse foco no objeto que depende também de pensamento, de reflexão. Há uma "intencionalidade" específica envolvida, é parte de uma vida cognitiva. Somente criaturas como nós, com linguagem, autoconsciência, razão prática e julgamento moral, podem observar o mundo dessa forma alerta e desinteressada, de modo a capturar o objeto apresentado e extrair prazer dele por meio da contemplação, não apenas do desejo.

Segundo Scruton, essa é uma maneira de se aspirar à imortalidade, que seria a demanda mais elevada da alma humana. Apesar de existirem modismos na beleza humana, e de cada cultura lidar com o corpo de forma diferente, os olhos, a boca e as mãos têm um apelo universal. Para o filósofo britânico, isso ocorre pois eles são os meios pelos quais a alma do outro brilha sobre nós, e se torna conhecida.

Uma analogia feita por Scruton ajuda a compreender a importância do bom gosto nas artes. A arte seria como o humor, como piadas que possuem uma função dominante, que são objetos de interesse estético. O que nos faz rir diz muito sobre quem somos. "Nada revela tanto o caráter de uma pessoa quanto as coisas que a fazem rir", disse Goethe. Parece evidente que existem boas e más piadas, refinadas e inteligentes ou grosseiras e superficiais, e que tal divisão não é somente algo subjetivo. Da mesma forma, a arte pode atingir sua função de uma maneira recompensadora, de modo a oferecer alimento para a alma e um espírito mais elevado, inspirando seu público. Caso contrário, sequer merece o conceito de arte, pois se tudo é arte, então nada é arte.

O objetivo da arte seria nos apresentar mundos imaginários, nos quais podemos adotar, como atitude estética, uma postura de preocupação imparcial. Nas artes vemos a comunicação de experiências individuais, que buscam dar significado ao mundo e à nossa existência. Para ser bela, ela precisa ter significado, fornecer um sentido de pertencimento a uma empreitada comum. Claro que o conflito e a dor podem fazer parte da aventura artística, mas eles também podem transmitir essa sensação de pertencimento. Isso em nada se assemelha à tentativa de chocar por chocar, de mexer com as emoções de forma banal e sentimentalista.

Implícito no sentido da beleza estaria nosso pensamento sobre a comunidade, sobre a concordância acerca de julgamentos que tornam a vida em sociedade possível e valiosa. Mesmo com diferenças culturais, há a possibilidade de denominadores universais, de cruzamento cultural, caso contrário Homero ou

Shakespeare não seriam admirados por séculos e séculos em diversas culturas diferentes. Simetria e ordem, proporção, harmonia, convenção, tudo isso parece enraizado em nossa natureza, como valores permanentes em nossa psique. A beleza, nesse aspecto, seria como o bem: ela nos fala, como a virtude nos fala, sobre os potenciais humanos; não sobre o que desejamos apenas, mas sobre o que deveríamos desejar, porque nossa natureza requer isso.

A distinção entre uma obra de arte erótica e a pornografia deixa mais evidente esse papel. São dois tipos diferentes de interesse em jogo, incompatíveis entre si. Na arte erótica não se pode simplesmente substituir o objeto envolvido, pois há um sujeito a ser contemplado; já na pornografia há uma total "despersonificação" do objeto, cujo único papel é despertar o interesse sexual, o desejo imediato. Um fala à nossa imaginação, o outro à fantasia. A pornografia, ao contrário da arte erótica, trata o objeto como uma *commodity*, separa o corpo da alma. Em vez de ser um tributo à beleza humana, representa sua dessacralização, transformando a pessoa em um objeto, um pedaço de carne.

A apreciação da beleza nos exige um afastamento intelectual de nós mesmos, do aqui e agora, de nossos interesses narcísicos. Uma renúncia que torna possível reverenciar o mundo e o que nele há de belo. Para Scruton, a necessidade que temos da beleza é parte de nossa condição metafísica, como indivíduos livres, em busca de nosso lugar em um mundo público e compartilhado. Podemos escolher a alienação, o ressentimento, a desconfiança e o niilismo, ou podemos encontrar um lar aqui, que nos forneça um descanso em harmonia com os demais e conosco. A experiência da beleza nos guiaria nessa segunda direção, surgindo a partir de uma postura de humildade diante do mundo, uma aceitação de nossas imperfeições, enquanto aspiramos a uma unidade mais elevada e transcendental.

A cultura pós-moderna, ao negar a beleza, ao atacar tudo que é sagrado, pretende destruir isso que nos julga e nos "acusa", justamente por ser mais elevado. Ela procura destruir o amor e a liberdade, profana tudo que é reverenciado como superior, universal e atemporal, como uma criança que deseja rejeitar toda autoridade. Em seu lugar, coloca o vício dos apetites, o aqui e agora hedonista, as fáceis recompensas dos interesses imediatos. Tal atitude estaria em evidente confronto com a busca pela beleza conforme descrita por Scruton, que demanda sacrifício, distanciamento, atenção canalizada para o objeto a ser contemplado. E o ser humano jamais seria o mesmo sem o enaltecimento do belo, que existe para elevar nosso espírito acima da existência meramente animal, efêmera, trágica.

A civilização ocidental, por meio da religião cristã, nos forneceu um recurso pelo qual as nossas perdas podem ser compreendidas e aceitas, e esse recurso é a beleza. As obras de arte não apenas nos ensinam a lidar com a perda: "Transmitem de modo imaginativo o conceito que os mais afortunados adquiriram por intermédio das formas elementares da vida religiosa — o conceito do sagrado." Quando Nietzsche, antes de enlouquecer, afirmou que temos a arte para não sucumbir à verdade, pode ser isso o que ele tinha em mente. "Recobramos a verdade recobrindo o vazio", resume Scruton. Por isso mesmo é perigoso tentar fugir da perda, do luto.

Scruton conclui que "devemos resistir aos que desejam por completo virar as costas para a perda, varrer para longe as sombras, as esquinas e os antigos e queridos umbrais e substituir a cidade por uma enorme tela de vidro sobre o abismo, que contemplaremos para todo o sempre".

Oikofilia: o amor pelo lar

Não são poucos os poemas e as músicas que falam do sentimento de pertencer a um lar, ou da saudade de casa. A busca por essa sensação de familiaridade, conforto e segurança, existentes somente quando estamos em "casa", parece ser algo atávico a nós, seres humanos. Se exagerado, pode levar a um tribalismo perigoso, a um nacionalismo xenófobo. Em doses certas, porém, produz um patriotismo saudável.

Roger Scruton defende em seu novo livro, *Where we are* [Onde estamos], esse valor patriótico, e toma como base o caso específico do Reino Unido e o "Brexit", aprovado em plebiscito. Muitos na imprensa repetiram que a escolha pela saída da União Europeia foi tomada pelos mais pobres e ignorantes, com medo da globalização. Não deixa de ser interessante ver que um dos mais inteligentes e preparados pensadores da atualidade se colocou ao lado desses "alienados".

A questão central de seu argumento gira em torno da "soberania nacional". Para muitas pessoas comuns, as redes de contato pessoal, os relacionamentos nas vizinhanças, a decisão de quem nos governa e de onde, são todos aspectos cruciais e urgentes. Para essas pessoas, algo estava em risco, que foi ignorado pelos políticos, e que era muito mais relevante do que demandas econômicas e geopolíticas. Era uma questão de *identidade*: quem somos, onde estamos, e o que nos mantêm unidos em torno de uma ordem política comum?

Aqueles que focam apenas em argumentos econômicos ignoram que essa questão antecede a economia. Para Scruton, as democracias ocidentais sofrem de uma crise de identidade, e isso tem afetado as decisões da população. O "nós", que é a fundação de uma sociedade de confiança, e uma condição *sine qua non* para um governo representativo, tem sido atacado não só pela economia global e as mudanças aceleradas no estilo de vida, mas também — e em muitos casos principalmente — pela imigração em massa de pessoas com outras línguas, costumes e religiões, que tantas vezes entram em confronto com os hábitos locais e representam lealdades concorrentes.

Para piorar, a população local sequer pode questionar tais mudanças, pois logo é acusada pelas elites de "xenofobia", "racismo" ou "islamofobia". Mas numa democracia, é o povo que confere poder aos governantes, e é ao povo que esses governantes devem obediência. A questão da soberania se torna evidente: precisamos saber quem "nós" somos, como povo, e o que nos faz um mesmo povo, para que a democracia seja possível. Não pode haver democracia sem "demo", sem o "nós" ligado por um sentimento compartilhado de pertencimento. Um povo não é somente o ajuntamento de indivíduos atomizados como ilhas, mas algo a mais, que demanda ao menos um apreço por valores comuns básicos.

No caso dos britânicos, lembra Scruton, há toda uma tradição de valores que explica a identidade do povo. A responsabilidade que cobram dos governantes, por exemplo, tem sido uma marca desde séculos. O patriotismo tem sido outro aspecto presente no legado britânico, um sentimento derivado do respeito e o amor ao estilo de vida que eles possuem. Essa "ideia britânica" se encontra ameaçada pela imigração em massa e o multiculturalismo.

Burke falava da importância dos "pequenos pelotões" formados pelas alianças locais, pontos focais de lealdades, mas duráveis. Daí viriam as emoções espontâneas, e a enorme quantidade de associações voluntárias, de clubes para todos os tipos de interesses, demonstra como os britânicos apreciam essa característica. Os britânicos sempre valorizaram sua liberdade, independência, e as instituições que permitiam tal modo de vida. Foi esse caráter britânico que Churchill soube explorar tão bem com suas palavras, para mobilizar o povo na luta contra o nazismo e pela sobrevivência do legado britânico, da própria civilização ocidental. Eles lutavam, prontos para morrer, em defesa de seu "lar".

As metrópoles urbanas impessoais e as conexões virtuais podem ter enfraquecido nos mais jovens essa sensação de pertencimento local, mas ainda é visível o mito da vida rural como cola social nos ingleses, e basta pensar na Hogwarts imaginada por J.K. Rowling. Desde o iluminismo, ao menos, a literatura e a arte britânicas têm sido essencialmente pastorais em sua inspiração. Mesmo aqueles que estão distantes desse estilo de vida conseguem imaginá-lo como um ideal, como algo importante que se perdeu e deve ser buscado para dar propósito à vida.

Os marxistas acharam que todos os trabalhadores poderiam abandonar esse amor pela "casa" e focar na abstração "classe", todos unidos no mundo todo em torno dessa ideia comum. Os trabalhadores de vários países, em especial na Inglaterra, provaram que a ideia da nação vinha antes do conceito de classe. Eles eram ingleses antes de ser marxistas. George Orwell foi um dos que perceberam essa força superior da ideia da pátria. O coração do proletariado estava no "nós" que formava uma só nação, um só povo, de classes distintas numa luta comum. Para Scruton:

> É porque a cidadania pressupõe adesão de membros que a nacionalidade se tornou tão importante no mundo moderno. A nacionalidade não é o único tipo de filiação pré-política, nem é um laço exclusivo. No entanto, é a única forma de adesão que se mostrou capaz de sustentar um processo democrático e um império das leis liberal.

A nação vem para aplacar os conflitos tribais. Por nação pode-se entender o compartilhamento de um território comum, da mesma língua, instituições, costumes e um senso de história, que faz com que aquele povo se considere igualmente comprometido tanto com o local de residência como com o processo político e legal que o governa.

"Membros de tribos se veem como uma família; membros de comunidades de credo se veem como fiéis; membros de nações se veem como vizinhos", resume o filósofo. E quando os fiéis colocam sua lealdade fora da vizinhança, os interesses podem entrar em um conflito irremediável. Se a lealdade do muçulmano britânico está em Alá, e não na comunidade local em que vive, ele dificilmente irá se tornar um bom cidadão, que respeita as leis locais, um vizinho que compartilha daquela mesma sensação de que estamos todos no mesmo barco.

Scruton *versus* Foucault

Em um de seus livros de maior força, *Pensadores da nova esquerda*, Scruton disseca cada um dos principais nomes do esquerdismo contemporâneo, e rebate com argumentos seus pontos de vista. Um dos alvos é Michel Foucault, ícone do pós-modernismo. "Não interessa o poder que reine nos céus da política, a vida intelectual na França tende a adotar os modos e maneiras dos jacobinos", fulmina Scruton.

Para Scruton, na busca pela autenticidade, o esquerdista tem uma necessidade permanente de um inimigo. Seu sistema é o da destruição. O inimigo deve ser uma fonte de mistificação e engano; ele deve também possuir um poder elaborado e secreto, poder sustentado por meio de um sistema de mentiras que subjaz seus valores. "Um inimigo tal merece ser desmascarado, e há um tipo de virtude heroica em seu agressor, que liberta o mundo de tal asfixiante e secreta influência", escreve o filósofo.

No caso, o inimigo a ser destruído era o burguês. Sob a influência dupla de Marx e Flauber, o burguês emergiu do século XIX como um monstro que se esquecera de suas origens humildes. Ele era o "inimigo de classes" do dogma leninista, a criatura a quem somos convocados pela história a destruir; era também o depositário de toda moralidade, toda convenção, todos os códigos de conduta que poderiam impedir a liberdade.

A burguesia finalmente emerge como a defensora de uma ilusória "normalidade", preocupada em proibir e oprimir todos aqueles que, ao desafiar sua normalidade, desafiam também o domínio social e político que ela valida e dissimula.

O "burguês" da recente iconografia é um mito. Mas ele carrega uma semelhança com o cidadão comum que, vendo-se distorcido nesse retrato, fica perturbado com o pensamento de possibilidades morais. De forma entusiástica, ele confessa crimes puramente hipotéticos. Começa a exaltar o esquerdista como aquele capaz de absolver sua consciência corrompida. O esquerdista, então, torna-se o redentor da classe cujas ilusões ele foi convocado a desmascarar.

Scruton escolheu Foucault, o filósofo social e o historiador das ideias, como o representante da esquerda intelectual francesa. Deve ser ressaltado que a posição de Foucault foi constantemente cambiante e que ele mostra um sofisticado desprezo por todos os rótulos disponíveis. Ele é também um crítico (embora, até seus últimos anos, um crítico um tanto quanto calado) do comunismo moderno. No entanto, Foucault é o mais poderoso e ambicioso daqueles que buscaram "desmascarar" a burguesia, e a posição da esquerda foi substancialmente reforçada por seus escritos. O tema que unifica a obra foucaultiana, segundo Scruton, é a busca pelas secretas estruturas de poder, como ele desenvolve no livro *A microfísica do poder*.

Cada *episteme*, ou conhecimento, para Foucault, é a serva de algum poder ascendente, e teve, como sua função principal, a criação de uma "verdade" que serve ao interesse do poder. Assim, não há verdades estabelecidas que não sejam também verdades convenientes, instrumentos dos poderosos.

A província da linguagem e a província da razão são coextensivas, e se a loucura contém suas próprias "verdades", como Foucault proclama, estas são essencialmente inexprimíveis. Como, então, podemos imaginar corretamente uma "linguagem" da desrazão na qual as verdades da loucura são expressas, e para a qual devemos agora afinar os ouvidos? A ideia de uma tal linguagem é a ideia de um monólogo delirante, que nem o homem da razão, nem o próprio louco poderiam entender. É cacofonia pura!

No século XIX, a loucura tornou-se uma ameaça a toda estrutura da vida burguesa, e o louco, ainda que superficialmente inocente, é profundamente culpado por sua falência em submeter-se às normas familiares. A maior ofensa da loucura é contra a "família burguesa", como Foucault a chama, e é a experiência dessa família que dita a estrutura paternalista do asilo.

A retórica de Foucault vem para nos hipnotizar de alguma forma numa intrínseca conexão entre "burguesia", "família", "paternalismo" e "autoritarismo". Fatos históricos — tais como a família camponesa ser mais autoritária; a família aristocrática ser mais paternalista que a família conhecida como "burguesa"; ou a classe média mostrar uma capacidade para acalmar a agitação da vida doméstica, o que raramente combinou com a parte mais alta e mais baixa do espectro social —, todos esses fatos são esquecidos.

É natural que a ascensão quase simultânea do sistema prisional, do hospital e dos hospitais psiquiátricos não vai passar despercebida pelo suspeito iconógrafo do homem burguês. E há algo persuasivo na análise inicial foucaultiana da transição das punições exemplares de nossos ancestrais ao sistema de confinamento físico. "É surpreendente que prisões se assemelhem a fábricas, escolas, quartéis, hospitais; que todos pareçam prisões?", questiona Foucault.

Não, não é surpreendente, responde Scruton. Pois se desmascararmos as instituições humanas o suficiente, sempre encontraremos este núcleo escondido de poder pelo qual Foucault se sente fascinado e ultrajado. A única questão é se esse desmascarar revela a verdade sobre seu assunto, ou se não é, pelo contrário, uma nova e sofisticada forma de mentira.

O que não é trivial é a ideia inteiramente sem garantia e ideologicamente inspirada de dominação com a qual Foucault lustra suas conclusões. Ele logo supõe que, se há poder, então ele é exercido nos interesses de algum agente dominante. Assim, por uma artimanha, ele é capaz de apresentar qualquer ocorrência de ordem social — até mesmo a disposição para curar o doente — como um exercício furtivo de dominação que busca manter os interesses "daqueles no poder".

Como uma instância de uma velha confusão marxista (a confusão que identifica uma classe como o produto do poder, e então o poder como a busca de uma classe), a análise de Foucault pode ser deixada de lado. Mas é necessário relembrar suas importantes consequências políticas. Isso significa que toda "justiça" será reduzida a uma "luta" entre facções opostas, na qual, presumivelmente, aquele que fala com a voz do proletariado receberá o prêmio.

Em resumo, é somente a maior ingenuidade, sobre a natureza e a história humana, que pode permitir a Foucault acreditar que sua "justiça proletária" é uma forma de justiça, ou que, na luta em busca dela, ele está libertando a sociedade da ferrugem do poder. Pelo contrário, toda ordem social é composta do "poder" de Foucault, e um Estado de direito, que é a mais alta forma de ordem, é simplesmente a melhor e mais mitigada forma dele.

O "desmascarar" de Foucault revela não a essência da ação e do pensamento humanos, mas meramente a substância subjacente da qual as instituições humanas e a própria vida são feitas. Reduzir tudo a este núcleo "escondido" é, em efeito, reduzi-lo a nada. E não poderíamos nos surpreender ao ver que é precisamente este nada que se torna, assim, o deus escondido.

Scruton *versus* Gramsci

Gramsci, para Scruton, é a criação dos anos 1960, o símbolo de uma geração ávida por liderança, mas confiante somente naqueles que estavam seguramente mortos —preferivelmente mortos, como Gramsci, na interminável luta contra o inimigo "fascista".

A ideia do herói revolucionário não é, de forma alguma, nova. Na realidade, é um dos mais interessantes paradoxos do marxismo que este tenha combin uma teoria da história que nega a eficácia da liderança com uma prát revolucionária que depende inteiramente da liderança para seu sucesso, e que foi capaz de se consolidar no poder somente por estabelecer hábitos de adoração ao herói revolucionário.

Gramsci foi para os anos 1960 o que Lenin e Stalin foram para os anos 1930 e 1940; ele convenceu seus seguidores de que a prática revolucionária e a correção teórica são preocupações idênticas; de que o aprendizado traz a sabedoria; e de que a sabedoria é revolucionária. Ou seja, ele mostrou que os de esquerda são intelectuais, e que os intelectuais de esquerda têm o direito de legislar.

Ele assim sustenta uma das premissas indispensáveis do esquerdismo moderno: a premissa segundo a qual, em virtude de meu conhecimento e inteligência superiores, eu, o intelectual crítico, tenho o direito de legislar sobre você, o homem que meramente prejulga.

A súbita canonização de Gramsci depende de certas características de seu destino que o tornaram mais que simplesmente útil aos revolucionários sentimentais dos anos 1960. Primeiro, ele estava morto, e então, incapaz de enganar por meio de sua fraqueza ou abalar por sua força.

Stalin foi desmascarado, e certa suspeita começou a cair sobre Lênin. É verdade que sempre houve Trotsky, mas Gramsci possuía uma vantagem de que Trotsky não poderia lançar mão: ele não apenas estava morto, mas havia morrido na luta contra o fascismo.

Mesmo se aceitarmos a identificação — altamente fortuita — do nacional-socialismo com o fascismo italiano, falar de um ou de outro como o oposto político verdadeiro do comunismo é cair em uma ingenuidade perigosa. Comunismo, assim como fascismo, envolve a tentativa de criar um movimento popular de massa unido a um Estado submetido à regra do partido único, no qual haverá total coesão para o objetivo comum.

Envolve tomar conta — em "nome do povo" — dos meios de comunicação e educação, bem como implantar um princípio de comando sobre a economia. Ambos os movimentos consideram a lei muito falível, e os parâmetros constitucionais muito irrelevantes — pois são essencialmente "revolucionários", governados desde cima por uma "disciplina de ferro".

A diferença mais importante, historicamente, é que enquanto os governos fascistas mais frequentemente chegaram ao poder pela eleição democrática, os governos comunistas sempre o fizeram por meio de um golpe de Estado. A réplica seria que o comunismo talvez seja assim na prática, mas somente porque a prática traiu a teoria.

É claro, o mesmo poderia ser dito do fascismo, mas foi uma importante estratégia da esquerda — e o maior componente da propaganda soviética pós-guerra — contrastar um comunismo puramente teórico com o fascismo "realmente existente", de forma a reforçar a visão de que o comunismo e o fascismo são opostos. Assim, uma promessa de paraíso é contrastada com a realidade do inferno.

Não somente isso ajuda a associar à causa da revolução todos aqueles que estiveram envolvidos na "luta contra o fascismo"; como também reforça um hábito intelectual independente, sem o qual muita propaganda comunista seria totalmente ineficaz — o hábito de pensar em dicotomias, de representar tudo como um "ou/ou", de induzir o pensamento, por quaisquer meios, de que aqueles que não estão conosco estão contra nós.

Contudo, há outra razão para a canonização de Gramsci, diz Scruton. Ele ofereceu a teoria que prometeu ao mesmo tempo resolver o problema dos "tão falados grandes homens" e estabelecer o direito do intelectual à ascendência política. Em outras palavras, ele buscou efetivar a transição da interpretação à transformação.

A política comunista envolverá a substituição sistemática da hegemonia dominante. Assim, a superestrutura será transformada de forma gradual, ao ponto em que a nova ordem social, cuja emergência foi permanentemente bloqueada pela velha hegemonia, pode finalmente vir à tona sob seu próprio impulso.

Assim, o partido deve ser integrado à sociedade civil — ele deve gradualmente impor sua influência em toda a sociedade e, na realidade, substituir toda organização que sustenta alguma posição dentro da hegemonia da influência política.

Para o realista que pergunta como, nesta sociedade do futuro, conflitos devem ser acomodados ou resolvidos, Gramsci não tem resposta. Pois o comunista divide com o fascista um desprezo primordial pela oposição: a proposta da política não é viver com a oposição, mas liquidá-la. A questão da oposição é, no entanto, a mais importante questão da política moderna, segundo Scruton.

Presume-se que as condições de conflito são sociais, e modificáveis, dependentes das "relações antagônicas de produção", essas relações contra as quais os marxistas tudo objetam. Mas se as condições de conflito residem, como elas evidentemente o fazem, na natureza humana, então ter esperanças por sua remoção é acalentar uma esperança inumana e ser levado a uma ação inumana.

O apelo da teoria política de Gramsci é evidente. Ela oferece a completa justificação para o intelectual de esquerda em sua ânsia por poder. Além disso, o intelectual não precisa imergir no proletariado de forma a trabalhar pela revolução. Pelo contrário, ele pode tranquilamente seguir comodamente em qualquer cargo político ao qual tenha sido convidado, e trabalhar para a queda da hegemonia "burguesa" enquanto aproveita seus frutos. Uma tal filosofia é extremamente útil para o intelectual — cujas visão e paciência seriam severamente desafiadas fora da universidade — e é a filosofia natural da revolução estudantil.

Gramsci iniciou, assim, um padrão de evasão comunista: um vasto movimento popular que é anticomunista nunca é um movimento de "massas", ao passo que um golpe de Estado por intelectuais comunistas é sempre apoiado pelas "massas", não importa a força e a natureza da oposição. Movimentos como o fascismo são movimentos da "pequena-burguesia" — e quão frequentemente encontramos esta bobagem nas páginas de nossos mais escrupulosos historiadores, quando escrevem sobre a ascensão de Hitler ao poder?

Em suma, a teoria dos *Cadernos do Cárcere* é a verdadeira teoria do fascismo: do poder que tomou conta da ambição de Gramsci, ao percebê-lo em outras mãos. Quando, em um de seus primeiros artigos, Gramsci descreveu o proletariado como o modelo de uma unidade ideal, uma *fascio*, ele antecipou em sua esperança precisamente a forma da ordem social que foi mais tarde alcançada pelo seu rival.

A filosofia da práxis — assim como o "dinamismo" filosófico de Mussolini e, como esta filosofia, muito influenciada por George Sorel — mantém seu charme para o intelectual precisamente porque lhe promete ao mesmo tempo o poder sobre as massas e uma unidade mística com elas. Mas esta é a promessa do fascismo, e se a esquerda precisa constantemente identificar o fascista como seu único inimigo, nós não precisamos de mais explicações. "Pois há modo melhor de esconder as intenções de alguém que as descreva como as intenções de seu inimigo?", questiona Scruton.

Scruton *versus* Sartre

Nenhum pensador europeu é mais representativo da *intelligentsia* pós-guerra que Jean-Paul Sartre, e nenhum atesta melhor a consciência coletiva desta *intelligentsia* como uma consciência do Inferno. Ao mesmo tempo, declara Scruton, os escritos de Sartre são charmosos, mefistofélicos, seduzindo o leitor com um tipo de graça diabólica em direção ao altar do Nada, onde tudo que é humano é lançado às chamas. E ver um talento tão monumental dar expressão a tamanha falsidade é entender o poder da ideologia esquerdista e também a condição perturbadora que a inspira.

Um verdadeiro romancista poderia ver em Roquetin o que ele é: um adolescente moralista que traveste seu vazio em algo sagrado. Um tal romancista teria visto a pequenez humana de Roquetin, e reconheceria nele o pecado capital, e a suprema infelicidade, do orgulho. Mas Sartre partilha do vício de seu herói, e, em vez de se distanciar dele, ele busca, pelo contrário, dignificá-lo com os mais elevados atributos teológicos. Ele deseja trazer para si mesmo a salvação, a partir da substância dura de sua descrença.

Não há natureza humana, Sartre argumenta, já que não há Deus para haver uma concepção dela. Essências, como construções intelectuais, desaparecem junto da mente que as conceberia. Nossa essência não é determinada por nenhuma moralidade universal, e não existe nenhum destino que poderia conter uma visão de natureza humana. Para Sartre não há salvação no amor ou na amizade, todas as relações com os outros são envenenadas pelo corpo — que encarcera nossa liberdade.

Scruton assim descreve a situação: "E a fria consciência da corrupção que leva o cristão a Deus leva Sartre, que não vê Deus, a seu santuário interno e solitário, onde o self é reverenciado em meio a desordenados ícones de seu fútil mundinho de faz de conta".

Ao liberar o gênio da autenticidade, ele pode, então, fazer sua ordem secreta, e sua ordem é destruição. Nada real pode ser "autêntico". O autêntico se define sempre em oposição aos outros — em oposição ao mundo que eles criaram e no qual eles se sentem em casa.

Em outras palavras, o marxismo destrói a realidade em favor de uma ideia. É exatamente essa postura da negação que conduz o *self* autêntico a se identificar com a filosofia revolucionária de Marx. Pois mesmo se essa identificação é supremamente injustificada, ela oferece, no entanto, a mais fácil libertação de uma situação de intolerável dor: a situação de um ser completamente sozinho em um universo sem deuses.

A retórica da totalidade esconde o lugar vazio no coração do sistema, onde Deus deveria estar. Para Sartre, a totalidade não é nem um estado nem um conceito, mas uma ação. Não reside na natureza das coisas, mas é trazida a elas pela fúria "totalizante" do intelectual. A totalização é concebida em termos existencialistas, como a ação transcendental do *self*. Mas é também um momento milagroso de unidade, no qual o corte na realidade extingue-se e o mundo é curado.

Esta união mística, como a união da lança e do Graal, junta as metades nostálgicas de um mundo clivado. Quando o intelectual chegar a tocar as candentes mãos do proletariado, então a mágica má da ordem "burguesa" está posta de lado e o mundo se completará.

É claro, é sempre como objetos materiais que nos relacionamos uns com os outros, e se *O ser e o nada* é um guia para a condição humana, então nenhuma transição para as "relações socialistas de produção" poderia superar esta incapacidade que nossos corpos mesmos impõem. Em todo caso, já não estamos cansados desta condenação tautológica da realidade capitalista, que define o que pode ser comprado como uma coisa e então diz que o homem que vende seu trabalho, ao tornar-se uma coisa, deixa de ser uma pessoa? De qualquer maneira, deveríamos reconhecer que, de todas as defesas mentirosas oferecidas para a escravidão, esta é de longe a mais perniciosa. "Pois o que é trabalho não comprado, se não o trabalho de um escravo?", pergunta Scruton.

Vemos emergir de suas páginas as mesmas destrutivas fantasias, as mesmas falsas esperanças, o mesmo ódio patológico do imperfeito e do normal, que caracterizam todos os seguidores de Marx, Engels e Mao.

As relações de mercado não são a expressão da liberdade econômica, mas a concreta sujeição do homem ao diabólico reino do Outro. A "outridade" envenena todos os benefícios que o capitalismo nos oferece: nossa democracia não é democracia verdadeira, mas meramente a "democracia burguesa", e quando um homem vota sob nosso sistema de governo ele sempre vota como o Outro, e não como ele mesmo. Contra essas mentiras desgastadas, Sartre tenta novamente induzir nossa cumplicidade à percepção marxista da história moderna.

É inevitável que um jacobino moderno use a palavra "povo" como Sartre usa — para sugerir uma unidade que poderia realmente "escolher o socialismo" e construí-lo com suas próprias mãos coletivas, ou no mínimo, coletivizadas. E é inevitável que esse "povo" fosse visto como uma forma de unanimidade. A alternativa — ação coletiva na ausência do acordo total — se parece muito com uma "instituição" para que Sartre chegue a reconhecê-la pelo que ela é, a saber, o melhor que está à disposição dos homens.

O operário é reduzido a mero instrumento, não pela labuta do capitalismo, mas pela retórica ardente do intelectual de esquerda. O operário é um meio para a exaltação intelectual, e pode ser abolido sem escrúpulo se não cumprir sua tarefa. É esta aniquilação totalmente intelectual do trabalhador meramente empírico que tornou possível seu extermínio em massa no mundo meramente empírico.

É com uma sombria incredulidade que alguém lê sobre seu apoio a regimes de extermínio que uniram os intelectuais e os trabalhadores somente em lugares de "reeducação", nos quais eles arquejaram as suas últimas horas miseráveis.

A peregrinação de Sartre é um exemplo soberbo da busca revolucionária. Como Marx, ele estava cativado por um ideal de emancipação absoluta — de relações entre pessoas que não obedecem lei alguma exceto àquelas que são livremente escolhidas.

Ele se comprometeu com a destruição e, mais ainda, com a destruição da liberdade limitada e imperfeita que ainda podemos atingir — uma liberdade distante, ainda, da "liberdade total" da qual gozam os sujeitos no Império Soviético. Desejando somente o que é abstrato e "totalizado", ele condenou o que é real à miséria e à servidão.

Os usos do pessimismo

Murray Rothbard, o radical libertário da Escola Austríaca, faz uma distinção clara entre conservadores e libertários em seu livro *Esquerda e direita*, mostrando que os primeiros sempre se caracterizaram pelo pessimismo quanto às suas perspectivas de longo prazo, enquanto a "atitude adequada ao libertário é a de inextinguível otimismo quanto aos resultados finais". Para ele, o "erro do pessimismo é o primeiro passo descendente na escorregadia ladeira que leva ao conservantismo".

Scruton talvez não discordasse da premissa, apenas da conclusão de que se trata de algo ruim. É dele a frase de que os conservadores podem ser chatos, mas também estão certos. Em *The Uses of Pessimism* [Os usos do pessimismo], Scruton defende que doses de pessimismo são cruciais para se evitar catástrofes. Segundo ele, pessoas escrupulosas misturam um pouco de pessimismo a suas esperanças, reconhecendo que a vida possui limites, não apenas obstáculos. Ele vai além, e afirma que há uma forma de vício na irrealidade que cria uma das formas mais destrutivas de otimismo: o desejo de substituir a realidade por um sistema de ilusões.

Tom Wolfe sintetizou ironicamente a questão quando disse que um conservador é um liberal que foi assaltado na noite anterior. Sonhar é bom, até indispensável para o progresso. Adotar uma postura mais otimista diante da vida é parte essencial dos empreendimentos que mudam o mundo para melhor. Mas o sonho impossível, otimista em demasia, pode ser fatal. Quando se diz que não há limites intransponíveis, que a vida não é feita de *trade-offs*, mas apenas de obstáculos que precisam ser superados, se está a um passo da utopia.

Essa é uma característica típica dos conservadores: uma profunda ojeriza ao pensamento utópico, à crença de que os males do mundo podem ser extintos. O pensamento utópico é redentor, oferece uma visão de completude, um ponto de chegada, o "fim da história". Utopias são visões teleológicas que aplacam a angústia de uma vida sem sentido ou destino. O utópico não aceita restrições e imperfeições; ele quer uma "solução". Tampouco aceita que valores podem viver em conflito insolúvel, sem uma resposta "certa" e única.

Modelos utópicos desembocam em sistemas fechados, prontos, acabados, e sempre intolerantes. Como o utópico sequer reconhece que podem existir valores incomensuráveis, ele tende ao fanatismo, pois "sabe" o que é certo ou justo em todos os casos. Os sábios carregam muitas dúvidas, enquanto os tolos e fanáticos estão sempre certos de si, embora suas utopias não possam se concretizar, coisa que, no fundo, eles sabem. É por isso que se negam a descrever em detalhes e de forma crítica o que exatamente têm em mente. As utopias acabam empacotadas de forma vaga, mesmo quando têm roupagem científica. Essa meta inalcançável serve como poderosa arma para negar o que é real. A utopia é uma condenação abstrata de tudo que nos cerca, e justifica a postura intransigente e violenta do utópico.

O utópico é, em todos os sentidos, o avesso do conservador. Ele não aceita contemporização alguma, não alimenta um saudável ceticismo quanto às "soluções" pregadas, não tolera divergências, não respeita as experiências históricas, não convive com as restrições impostas pela vida em sociedade, não encara a possibilidade de sua "receita mágica" levar a um resultado terrível. Como mecanismo de defesa, monopoliza os fins nobres e rejeita qualquer experimento concreto como derivado de sua utopia. Para tanto, ele teria que reconhecer suas imperfeições.

A importância da alta cultura

As sociedades ocidentais estariam ameaçadas pelo Islã radical do lado de fora e pelo "multiculturalismo" do lado de dentro, sofrendo uma grave crise de identidade. Esse é o diagnóstico que Roger Scruton faz em *Culture Counts* [Cultura importa], onde defende a tese de que, para o projeto da civilização ocidental perdurar, será preciso conquistar não só as mentes, mas também o coração das pessoas.

Ele admira o experimento americano, filho do europeu, e reconhece seus dois grandes legados para a humanidade: uma democracia viável e o progresso tecnológico. Mas, ao mesmo tempo, acredita que esses benefícios são insuficientes para falar às emoções, ainda que despertem orgulho em seus cidadãos. Apenas essa visão de progresso material não seria capaz de enfrentar o sarcasmo niilista dos críticos internos nem o fanatismo sem humor dos inimigos externos.

É aí que entra, para Scruton, a importância da "alta cultura" da civilização ocidental, sua literatura, as artes e a herança filosófica que vinham sendo ensinados na Europa e nos Estados Unidos havia tempos, mas que recentemente têm sido alvos de cada vez maiores ataques, como se fossem apenas instrumentos de opressão dos "homens brancos europeus".

Ao contrário da ciência, a cultura não é o repositório de informação factual ou verdades teóricas, tampouco é uma espécie de treinamento de habilidades, retóricas ou práticas. Ainda assim, sustenta Scruton, ela é uma fonte de conhecimento: um conhecimento emocional, que diz respeito ao que devemos fazer e sentir.

Essas expressões culturais surgiriam como resposta à percepção da fragilidade da vida humana, e incorporam um reconhecimento coletivo de que dependemos de coisas fora de nosso controle. Para seus inimigos, não há nada a ser aprendido nesse legado cultural além dos "preconceitos" de cada época distinta. Seus detratores desdenham de qualquer possibilidade de conhecimento objetivo, de toda autoridade, rejeitando o próprio conceito de clássico. No campo da cultura, eles argumentam, qualquer coisa vale. Ou seja, nada vale.

Mas foi precisamente a aspiração a uma verdade universal que sempre marcou a cultura ocidental. A cultura, admite Scruton, especialmente a alta cultura, é a criação e a criadora de elites. Mas, apesar de ser cria de uma elite, seu significado e as emoções que desperta são comuns a todos. Os clássicos são clássicos justamente porque resistiram ao "teste do tempo", sobreviveram porque carregam mensagens importantes. Shakespeare não é relevante apenas para quem já leu sua obra.

A civilização ocidental demonstrou ao longo do tempo uma incrível habilidade em assimilar a tradição de outras culturas, e esse é um de seus maiores diferenciais. O que muitos "multiculturalistas" não percebem é que a cultura ocidental já incorpora partes importantes de outras culturas, ao contrário de muitas civilizações fechadas que rejeitam tudo aquilo que vem de fora. O sucesso de *Mil e uma noites* no mundo ocidental comprova isso.

Esse progresso cultural só foi possível no Ocidente porque houve julgamento. A era de não julgamento, por medo da acusação de preconceito, é a morte da cultura. Na prática, é impossível fugir do julgamento mais objetivo, e mesmo os "multiculturalistas" julgam, pois adoram condenar a civilização ocidental, deixando de lado seu relativismo conveniente. Rimos de uma piada ou a consideramos ofensiva porque julgamos. Algo é de "bom gosto" ou "mau gosto" porque há julgamento, e ele é indispensável para nós.

Se qualquer coisa pode ser considerada arte, então o conceito de arte perde seu sentido e seu ponto. Tudo que resta é apenas o fato curioso de que algumas pessoas olham para algumas coisas, e outras para outras coisas. No fundo, nós apreciamos piadas, trabalhos artísticos, argumentos, literatura, hábitos, roupas e comportamentos porque julgamos. Uma cultura consiste em todas essas atividades organizadas num "objetivo comum de verdadeiro julgamento", nas palavras de T.S. Eliot.

Claro, é possível pessoas totalmente refinadas e educadas, do ponto de vista cultural, mostrarem-se verdadeiros psicopatas. A história mostrou alguns casos conhecidos como Hitler, Mao Tse-Tung, Leopoldo II da Bélgica. Da mesma forma que é possível pessoas sem muito conhecimento cultural agirem com retidão e moralidade. O que Scruton sustenta é que a cultura não é uma garantia em si para cada indivíduo, e sim que sua importância está na preservação desse estoque de conhecimento emocional intangível, que acaba ajudando a moldar o comportamento dos indivíduos em geral, criando o *Zeitgeist*.

Por isso a cultura importa: ela é um recipiente em que os valores intrínsecos são capturados e transmitidos. Ao contrário de simples distrações, a cultura preserva ensinamentos morais, que acabam chegando até a maioria das pessoas que vivem imersas nela. No mundo que experimenta o declínio da religião, a cultura ganha ainda mais relevância, como um canal mais viável pelo qual ideias éticas podem entrar na mente das pessoas céticas.

A era da informação pode ter trazido mais conhecimento, mas não necessariamente mais sabedoria. Para Scruton, vivemos um declínio da educação, especialmente da educação moral. O ensino religioso esteve historicamente menos preocupado com a doutrina do que com rituais, máximas e histórias, cuja meta era justamente a educação moral: ensinar o que fazer e, mais importante, o que sentir, isto é, cultivar o coração. A cultura teria, então, esse papel de repositório de conhecimento emocional.

Para Scruton, a cultura deve conservar, em meio a qualquer problema, a mensagem de algo maior, mais elevado, a imagem de um mundo de sentimento humano que é também a prova do valor humano. E a cultura, mesmo para os que não são parte da elite cultural, pode transmitir esses valores elevados, ainda que por imitação. Afinal, como sabia Aristóteles, a virtude está no hábito, e é melhor que as crianças absorvam as coisas certas vindas de cima do que modos que incutem vícios.

As histórias e os mitos de heroísmo, de nobreza, de honra e virtude ajudam a moldar o comportamento virtuoso das pessoas. Os adolescentes podem encontrar nesse arcabouço cultural "ritos de passagem" para a fase adulta, de maior responsabilidade. Já o "desconstrutivismo", o ataque furioso e recalcado contra toda a alta cultura, contra o próprio conceito de cultura, de melhor ou pior, de clássico, acaba produzindo uma massa de desamparados sem referência, ou com as piores referências. O funk? O rap?

Para Foucault e seus seguidores, tudo isso não passa de um "discurso de poder". Mas em vez de certas tradições serem o efeito de uma determinada ordem social, elas podem muito bem ser sua causa, e derrubá-las significaria, então, acabar com essa ordem social. Somente quem toma como garantidas a relativa liberdade e a segurança da civilização ocidental, ou quem é niilista e deseja a destruição, pode ser indiferente a tal risco.

É justamente porque existem valores universais que os "multiculturalistas" conseguem apelar para seu relativismo seletivo e cuspir nos defeitos da civilização ocidental. Caso contrário, se qualquer coisa valesse mesmo, se fosse tudo "apenas diferente", então os "multiculturalistas" não conseguiriam fazer críticas a uma determinada cultura. No fundo, eles sabem que atacam o que é melhor, pois desejam defender o que é pior. Somente com base em valores humanos universais podemos repudiar determinados atos.

Esse julgamento é fundamental para a preservação da cultura, e tem sido um diferencial importante do Ocidente, como legado do Cristianismo. O subjetivismo exacerbado, o relativismo e o irracionalismo são defendidos não para respeitar e tolerar todas as opiniões, como seria o esperado, mas precisamente para excluir a opinião daqueles que acreditam em autoridades antigas e verdades objetivas. Sua finalidade real é desqualificar a cultura ocidental como algo racista, etnocêntrico, patriarcal e, portanto, inaceitável. Somente com tal malabarismo os "multiculturalistas" conseguem a façanha de acusar a tolerante civilização ocidental de intolerância para justificar até mesmo o radicalismo islâmico.

Em suma, o julgamento crítico sempre foi parte da cultura ocidental, e ele é fundamental para sua preservação. O valor estético, o conceito de arte como algo voltado para tudo o que é eterno, mais elevado que as coisas efêmeras à nossa volta, as músicas que, com suas estruturas complexas, despertam emoções mais elaboradas nos ouvintes, a arquitetura que procura garantir uma sensação de harmonia com o entorno, a literatura que procura se eternizar ao falar do universal e transmitir lições morais e empatia, tudo isso serve para tornar o mundo um lugar melhor, e chega também aos mais ignorantes por meio da cultura.

Vivemos, porém, numa época em que os julgamentos estéticos e morais são evitados. Todos têm gostos, preferências, mas eles em nada diferem da preferência pelo tipo de alimento, e servem apenas para atender a desejos imediatos, aos instintos. Isso nos aproxima dos animais irracionais. Em tal ambiente, o julgamento é visto como uma ameaça. "Em outras palavras", afirma Scruton, "a tentativa de construir um reino de valor intrínseco — o que define a cultura — é visto com grande suspeita". Nada mais tem valor universal ou intrínseco; tudo é avaliado somente com base em sua utilidade em atender a nossos impulsos irracionais. O "progresso" nos trouxe de volta ao estado animalesco.

Mas Scruton não era tão pessimista assim. Ele enxergava reações importantes, ventos de mudança, pessoas e movimentos que lutam para preservar e resgatar a riqueza cultural do Ocidente de seus inimigos bárbaros, de fora ou de dentro dos portões dessa civilização. Ainda é possível impedir uma nova Idade das Trevas.

Ambientalismo conservador

Preocupar-se com o meio ambiente é absolutamente legítimo. Temer mudanças no habitat por conta da evolução urbana idem. O problema é quando isso vira bandeira ideológica ou seita religiosa, monopolizando tais fins nobres e impedindo um debate construtivo sobre o tema. Infelizmente, é o que muitos ambientalistas fazem.

Para oferecer uma visão alternativa, o filósofo Roger Scruton escreveu o livro *How to Think Seriously About the Planet* [Como pensar seriamente sobre o planeta], que traz uma abordagem conservadora sobre o assunto. Como ele mesmo diz, não se trata de uma solução detalhada para problemas específicos, e sim de uma perspectiva que fará com que tais problemas pareçam nossos de fato, que podem começar a ser resolvidos por atitudes locais.

O autor descarta as "soluções" radicais daqueles que sempre se imaginam no comando das coisas, no poder global, sem levar em conta outros valores, tais como as liberdades individuais. Para Scruton, os esquemas globais propostos pelos ambientalistas ignoram inúmeras peculiaridades de cada povo, assim como representam uma ameaça à democracia.

Em vez de ativismo político, portanto, ele prega associações livres, nos moldes percebidos por Tocqueville como um diferencial do povo americano. O que ele deseja são instituições agindo em menor escala em vez de grandes campanhas mundiais que acabam tendo pouco impacto efetivo.

Tais associações atuariam sobre questões locais, tentando preservar certos aspectos da natureza não para "salvar o planeta", um ideal nobre, porém utópico e perigoso, e sim para garantir um processo de mudanças locais mais suave, respeitando valores até mesmo estéticos das comunidades. Pode-se pensar nos grandes parques conservados nos Estados Unidos, como o Yosemite, que já visitei e, de fato, encantou-me.

Scruton respeita o livre mercado e o considera fundamental. Assim como julga necessário o império das leis, com algumas restrições legais que limitem o poder de estrago das grandes corporações. Os estudos mostram, contudo, que o livre mercado, com direitos de propriedade privada bem definidos e garantidos pelo império das leis, não apenas consome menos energia por produção comparável como também é mais adaptável às demandas por energia limpa.

Os conservadores, portanto, olham para o livre mercado como mecanismos sociais que se autocorrigem, que podem absorver choques de fora, e também se ajustar às necessidades de seus membros. Se temos carros, objetos de luxo, comida barata e petróleo, é porque há demanda por tais produtos, e as indústrias apenas atendem a essa demanda por meio de uma "mão invisível". É inócuo condenar a oferta e ignorar a demanda.

Segundo Scruton, tanto ambientalistas como conservadores estão em busca de algum motivo que proteja as sociedades e seus legados comuns da ação predatória da própria evolução global. Para ele, a causa comum é o território, que encontra sua expressão política mais forte no Estado-nação. A contribuição conservadora ao pensamento ecológico seria, então, o desenvolvimento dessa ideia de um sentimento territorial, que contém a semente da soberania nele mesmo.

O apego ao território e o desejo de mantê-lo protegido da erosão e do desperdício representam poderosos motivos para sacrifícios pessoais voluntários. Scruton descreve tal sentimento como *oikophilia*, que vem de *oikos*, ou da ideia de "amor ao lar". Isso seria bem mais impactante do que "salvar o planeta", algo extremamente abstrato.

As associações voluntárias locais existem para os propósitos de seus membros, enquanto as grandes ONGs vivem por seus propósitos messiânicos, e olham para os membros apenas como fonte de recursos. Scruton se mostra bastante cético em relação a elas, e deposita sua esperança nas pequenas organizações locais.

Tais reflexões são apenas introdutórias, e eu mesmo tenho minhas ressalvas quanto a elas. Acho que o conservador tende a ser muito pessimista em relação ao futuro, e ter um apego muito forte ao campo, à vida na "natureza intocada", ainda que idealizada muitas vezes (não falam em "inferno verde" à toa, como qualquer um que já entrou numa selva bem sabe).

Mas quando vemos o nível de poluição nas grandes cidades chinesas, por exemplo, ou o avanço descontrolado de arranha-céus que destroem toda paisagem mais bucólica em volta, tais preocupações se mostram legítimas. Há algum meio-termo possível? Há algum equilíbrio ideal?

Ao menos Scruton oferece um ponto de vista alternativo ao radicalismo holístico do ambientalismo tradicional, que tem servido apenas para concentrar mais poder e recursos em burocratas sem rosto e sem votos, numa espécie de "governo mundial" que pretende "salvar o planeta", mas acaba destruindo comunidades locais e a própria democracia.

O filósofo britânico resumiu com perfeição o que está na origem dessa seita ideológica: "A tradição da esquerda é julgar o sucesso humano pelo fracasso de alguns. Isso sempre lhe fornece uma vítima a ser resgatada. No século XIX, eram os proletários. Nos anos 1960, a juventude. Depois, as mulheres e animais. Agora, o planeta."

Theodore Dalrymple

Anthony Daniels nasceu em Londres em 1949, e trabalhou como médico psiquiatra por vários anos nas periferias britânicas e em prisões. Ficou conhecido como escritor pelo pseudônimo Theodore Dalrymple, e escreveu vários livros sobre cultura, arte, política e medicina. Por ter viajado e morado em vários países, com diferentes culturas, sua vasta experiência enriqueceu bastante suas análises, sempre muito objetivas.

Uma de suas principais teses, que serve como fio condutor de diversas obras, é como as ideias paridas pelos "progressistas" cosmopolitas, minando costumes tradicionais, impactam negativamente os mais pobres das periferias, e espalham violência, criminalidade, dependência química e os apartam do Estado de bem-estar social.

Tive o prazer de conhecê-lo pessoalmente durante um Fórum da Liberdade em Porto Alegre. Jantamos juntos e fui mediador de sua palestra. Também tive a honra de escrever a apresentação de um de seus melhores livros para a edição brasileira, sobre o pouco que restou de nossa cultura. Dalrymple tem um estilo de escrita sedutor, parece uma conversa direta com o leitor, e suas análises são essenciais para compreender o mundo moderno.

A fuga da responsabilidade

Tema recorrente em sua obra é a constante vitimização daqueles que fogem de suas responsabilidades. É o tema também de seu livro recente *A faca entrou*, publicado no Brasil pela editora É Realizações.

Com seu estilo elegante, Dalrymple mergulha nas memórias de seus vários anos como médico prisional, além de testemunha nos tribunais, normalmente de regiões pobres de Londres. Ele fala, portanto, com autoridade sobre criminalidade. E a marca registrada de suas análises é a constante tentativa de evasão de responsabilidade por parte dos criminosos.

Segundo seus relatos, a coisa mais comum que ele ouvia era que "a faca entrou", como se o objeto inanimado tivesse volição independente e capacidade de ação, não o próprio indivíduo. Ao inverter a causalidade, é como se a faca tivesse pegado a mão do sujeito e a dirigido ao encontro do alvo, não o contrário.

Da mesma forma, muitos marginais repetiam que o problema foi terem caído na turma errada. Curioso, apontava o médico com ironia, ele conhecer tanta gente que "caiu" no grupo errado, mas ninguém do grupo errado em si. Na mesma hora em que fazia tal provocação, o bandido normalmente sorria, mostrando que pode ser cruel, mas não precisa ser burro. Eles entendiam perfeitamente o intuito do médico.

As histórias de Dalrymple retratam uma cultura em decadência, "um espelho cristalino e nada sentimentalista pelo qual vemos o progresso moderno como ele realmente é", resume a contracapa. Quando perguntei a ele se essa fuga da responsabilidade era algo que havia piorado com o tempo, especialmente nessa marcha das "minorias oprimidas", sua resposta foi simples e direta: quase tudo em termos culturais piorou.

Essa talvez seja a sina dos conservadores: enxergar a realidade sem filtro ideológico, sem lente rosada. O libertário Murray Rothbard achava que, no momento em que cedemos ao "pessimismo", escorregamos rumo ao conservadorismo. Mas se vemos os valores morais se degradando, a alternativa é mentir para nós mesmos, fingir ser cego? Como explica Roger Scruton, há usos interessantes para o pessimismo.

A doença mais preocupante destacada no livro é essa vitimização de quem produziu apenas o mal, cometeu crimes terríveis, viveu uma vida de desvios. A culpa é sempre dos outros! E temos visto essa narrativa, que exime o indivíduo de responsabilidade, e ganha cada vez mais destaque na mídia. Basta pensar nos caminhões que matam em atentados terroristas, como se fossem os Transformers, nas armas que matam alunos, como se ninguém tivesse puxado aquele gatilho.

Um dos grandes divisores entre o grupo de indivíduos que cresce na vida e o grupo que apenas existe, como um animal instintivo, é a coragem de assumir erros. De um lado, estão os agentes ativos na vida: pessoas que admitem seus próprios defeitos, sempre na busca sincera pelo progresso. Do outro, aqueles que culpam o mundo ao redor pelos seus males, que se colocam como vítimas eternas.

As ações humanas, por mais influenciadas que possam ser por fatores exógenos, são sempre individuais. Indivíduos agem, não coletivos abstratos. A responsabilidade, portanto, deve ser individual. Responsabilidade vem de habilidade de resposta, fazendo responsável pelo ato aquele que o praticou. Eximir um indivíduo da responsabilidade de seu ato é o caminho certo da desgraça, da prisão na bolha do vitimismo.

Pessoas fracassadas costumam sempre depositar a culpa dos seus erros nos outros, de preferência em algo bem vago como sociedade, sistema, miséria, infância sofrida etc. Essas pessoas, segundo sua ótica, seriam apenas marionetes, que executam ações sem qualquer livre-arbítrio, autômatos guiados por uma força oculta qualquer. Compram assim a tranquilidade de espírito, jogando para outros a culpa dos próprios erros. Jamais saem da completa mediocridade.

Extrapolando essa característica para nações inteiras, observamos que os países miseráveis costumam sempre adotar uma cultura de vítima, culpar bodes expiatórios externos pela sua desgraça. São sempre "coitadinhos", e transferem a responsabilidade para outros agentes. A receita certa para se perpetuar a miséria. "Os que creem que a culpa de nossos males está em nossas estrelas e não em nós mesmos ficam perdidos quando as nuvens encobrem o céu", alertou Roberto Campos.

O filósofo Schopenhauer já aconselhava nesse sentido: "Não devemos procurar desculpas, atenuar ou diminuir erros que foram manifestamente cometidos por nós, mas confessá-los e trazê-los, na sua grandeza, nitidamente diante dos olhos, a fim de poder tomar a decisão firme de evitá-los no futuro. Um dos "pais fundadores" dos Estados Unidos, Benjamin Franklin, dizia que "os sábios aprendem com os erros dos outros e os ignorantes não aprendem nem com os próprios". Esse foi um homem que buscou ser melhor a cada dia, trazendo à tona seus próprios erros do passado, para com eles aprender.

Claro que tem gente que realmente enfrenta condições ruins, infortúnios terríveis até. Mas mesmo nesses casos não há motivo para jogar a toalha de vez, como se o destino estivesse selado. Viktor Frankl, preso pelos nazistas, concluiu que "entre o estímulo e a resposta, o homem tem a liberdade de escolha". Ele decidiu reagir da melhor forma possível diante daquela terrível situação num campo de concentração.

Não escolhemos tudo que se passa ao nosso redor, mas escolhemos em parte como reagir às contingências do destino. E o nosso fracasso deve ser sempre uma lição. Uns ficam paralisados diante dos próprios erros, e logo partem para as tradicionais desculpas, jogando o problema para fora de si. Outros assumem as rédeas da própria vida, ao entenderem que os erros devem ser enfrentados, assimilados e transformados em valiosas lições, para jamais se repetirem.

Liberdade só pode andar junto com responsabilidade. Quem foge desta, se afasta daquela. E depois reclama: "Doutor, a faca entrou."

Evasão: como a psicologia tem minado a moralidade

Em uma linha similar temos *Admirable Evasions: How Psychology Undermines Morality* [Evasões admiráveis: como a psicologia tem minado a moralidade], em que o autor liga sua metralhadora giratória contra as principais correntes da psicologia, sobretudo por criarem um discurso social que retira a responsabilidade do indivíduo por seus atos. Sua escrita é deliciosa. Ele escreve para quem quer de fato melhorar a compreensão acerca do homem, não para quem pretende *simular* um conhecimento que não detém.

E esta é uma de suas premissas: conhecemos hoje não muito mais do que era conhecido nos tempos de Montaigne ou Shakespeare sobre o homem e sua mente. Mas poucos têm coragem de admitir isso, pois *precisam* crer num controle cada vez maior do nosso cérebro com base no avanço da ciência e tecnologia.

Seria a perigosa ilusão do autoconhecimento, tão difundida na era moderna. Os homens estariam finalmente livres dos seus conflitos internos: uma promessa fadada ao fracasso. Ironicamente, no mesmo momento em que tantos celebram o suposto aumento do nosso autocontrole com base no avanço da ciência, cerca de 10% da população nos países desenvolvidos toma antidepressivos. Algo falhou aqui.

Os alvos do autor são vários, desde a psicanálise, passando pela própria psiquiatria, o behaviorismo, a neurociência e o darwinismo social, com a crença de que tudo ou quase tudo que fazemos pode ser explicado com base no "egoísmo dos genes". Teorias simplistas e reducionistas que falham em capturar a complexidade da mente humana.

O primeiro ataque é desferido contra Freud e seus seguidores. Casado com e filho de psicanalistas, tive a oportunidade de debater *ad nauseam* o assunto e compreender melhor o outro lado da história, para saber que Dalrymple espanca mais um espantalho do que propriamente o "pai da psicanálise". Mas ele está — assim como eu — mais preocupado com os efeitos *sociais* da narrativa "psi" do que com os resultados práticos — ainda que de difícil mensuração — dos consultórios. (Apesar de destacar que nove dos primeiros psicanalistas de Viena, um em cada 17, cometeram suicídio, dado assustador que prova, ao menos, que o contato deles com a psicanálise não garantiu muito avanço.)

Freud teria, pela ótica do autor, ajudado a alienar os homens em relação à sua consciência ao alegar que o que se passa em nossa mente não é muito mais do que um jogo de sombras, e que a verdadeira ação se dá bem mais ao fundo, tudo inacessível sem muitas horas de falatório sobre si mesmo na presença de um analista. Para o médico britânico, a psicanálise não é tanto uma reflexão, mas uma forma rasa de adivinhação gnóstica. De acordo com ele:

> Ela começa com a hipótese de que todos os pensamentos nascem iguais, pelo menos no mais profundo significado psicológico, e que a tentativa consciente de disciplina-los, para peneirar o verdadeiro do falso, o importante do trivial, o útil do inútil, na verdade inibe ou impede a realização de autoconhecimento.

Este só viria com o paciente falando sem parar, por anos a fio, de sua própria vida, enquanto o analista captura, por "associação livre", o que se mostra relevante em meio a tanta coisa, e faz as devidas "pontuações". O que incomoda tanta gente nesse tipo de abordagem é seu caráter pouco científico. Seria uma espécie de arte, não de ciência, da qual o viajante nunca retorna. Woody Allen satiriza isso em *O Dorminhoco*, quando acorda num futuro bem distante e, ao tomar conhecimento do fato, declara que já estaria quase terminando sua terapia.

Tudo é passível de interpretação: o que a pessoa considera da maior seriedade pode ser irrelevante, e o que ela considera trivial pode ser da maior importância. Viva o ato falho! É verdade que Freud mesmo disse que um charuto pode ser apenas um charuto — não uma escolha aleatória, uma vez que era um viciado em charutos —, mas não ofereceu um critério minimamente objetivo para diferenciar quando era apenas um charuto e quando era um objeto fálico com simbolismos relevantes (talvez na boca dos outros).

Injustiças à parte com Freud e a psicanálise, eis o que merece destaque nessa análise de Dalrymple: qualquer bobagem dita pode adquirir o sentido mais profundo do mundo, tudo que é dito passa a ter um significado oculto, os desejos humanos são de natureza sexual, e agem como um compartimento hidráulico, em que, ao serem comprimidos de um lado, se manifestariam de alguma outra maneira patológica, daí a frustração do desejo ser fútil ou perigosa.

Além disso, e principalmente, Dalrymple ataca a ideia vulgar de que, após desenterrar do passado a causa biográfica do sintoma patológico, ele desapareceria por si só, sem a necessidade do esforço do indivíduo no autocontrole. Sei que muitos psicanalistas já devem estar revoltados com o autor, mas peço calma.

Não creio que seja possível negar que a *popularização* da psicanálise, especialmente com os "especialistas" que falam na grande mídia, ajudou a contribuir para um *discurso* de que o homem não é dono de sua morada (mente) e que a tentativa de impor maior controle *consciente* a seus atos é infrutífera, ou coisa pior: prova da patologia de um obsessivo. No que nos interessa aqui — a moralidade sendo relaxada com a gradual diluição da responsabilidade individual — uma narrativa que retira do sujeito a capacidade de *freio consciente* é um convite à irresponsabilidade seguida da vitimização: "Matei porque minha mãe não me deu amor suficiente, doutor."

Dessa forma, nem os atos bons, nem os ruins são tomados a valor de face, mas vistos como mais diferentes do que parecem, frequentemente como opostos na verdade. O próprio conceito de bom e mau vai desaparecendo: aquele que age de forma moralmente correta o faz porque tem também suas questões, e o marginal demonstra igualmente ter lá seus "*issues*". Onde fica o mérito pelas *escolhas* individuais? Cadê o livre-arbítrio, a capacidade de, entre o estímulo e a resposta, processar e refletir?

Como o terapeuta, para aplicar sua técnica (repito, mais artística do que científica), não pode julgar seu paciente do ponto de vista moral, muitos psicanalistas transportam isso para a sociedade, e pregam o relativismo moral. Não devemos julgar ninguém, dizem, sempre caindo em contradição, pois são os primeiros a julgar, com muito preconceito, os outros, quando resolvem divergir ou defender um código de valores morais mais sólidos. Seria fácil aplicar suas próprias teorias para explicar suas taras pelos conservadores. A "análise selvagem" é uma via de mão única: só pode ser usada para inocentar bandidos e condenar "reacionários".

Na narrativa hedonista que ganhou o mundo moderno, o paraíso é pavimentado por desejos realizados, e todo tipo de repressão torna-se perigoso. Quão terrível, então, seria os pais ficarem juntos pelo dever de cuidar melhor de seus filhos quando um deles "precisa de mais espaço", ou porque o relacionamento "não está funcionando".

Não é ser contra o divórcio em qualquer situação, claro, mas compreender o extremo oposto a que chegamos: *qualquer coisinha* já é vista como motivo para a separação, e para o inferno com a educação dos filhos e demais responsabilidades! Os desejos imediatos precisam ser satisfeitos, ou sabe-se lá o que a pessoa fará. Como disse um paciente do autor: "Eu tive que matá-la, doutor, ou eu não sabia o que teria feito." Alguma coisa séria, quem sabe...

Me alonguei mais no caso da psicanálise por ser aquele que julgo menos óbvio no livro. Quando pensamos no behaviorismo, por exemplo, fica evidente o caminho para a evasão de responsabilidade do indivíduo. Se somos robôs governados por estímulos externos sem a menor capacidade de reflexão e escolha, então tudo aquilo que fazemos de errado não foi, de fato, culpa nossa (normalmente as pessoas esquecem do behaviorismo quando praticam atos *bons*). Não há mais sentido algum em nossas ações, somos como animais irracionais, perdemos aquela distinção que mais nos separa dos outros bichos: a capacidade de autoconsciência.

Para Dalrymple, o grave erro dos behavioristas como Skinner foi aquele do tipo "nada além de" para explicar a complexa história da humanidade. Para os marxistas, tudo é explicado com base na luta de classes, tudo é fruto de incentivos econômicos etc. Uma coisa é reconhecer que somos suscetíveis a determinados estímulos, que sofremos a influência de certas forças externas. Outra, bem diferente, é reduzir *todo* nosso comportamento a essa causa única, deixando de fora qualquer possibilidade de ação consciente.

O caso da neurociência vai na mesma linha: tudo passou a ser explicado com base nos "desequilíbrios químicos" de nosso cérebro. A diagnose psiquiátrica se expandiu de forma impressionante, e basta pensar em como qualquer sentimento de tristeza hoje já é associado à depressão para reconhecer isso. E tome remédio!, pois o homem é apenas vítima de uma doença, da falta de lítio, por exemplo, e é isso que explica todo o seu comportamento.

Banalizaram o conceito de depressão e melancolia, além de terem oferecido a desculpa perfeita para quem age de forma antissocial: nada está sob seu controle, é tudo resultado de seus neurotransmissores danificados. O viciado em drogas é apenas mais um doente, como um esquizofrênico ou alguém que efetivamente sofre de demência, e não há nada do ponto de vista moral que pode diferenciar um do outro. Ele se intoxica com várias drogas da mesma forma sem controle que o outro escuta vozes.

Partimos para a conclusão: as diferentes teorias psicológicas têm servido, de alguma forma, para fornecer meios aos indivíduos de se evadir da responsabilidade por seus atos. Ninguém precisa negar o inconsciente, as influências do passado ou dos neurotransmissores, algum impacto do "egoísmo" dos nossos genes, para perceber como essas escolas flertaram perigosamente com um *determinismo* que praticamente anula a capacidade de reflexão consciente do homem *antes* de agir.

O resultado social desse discurso é uma quantidade cada vez maior de vitimização e da mentalidade de não julgamento acerca dos valores morais das atitudes individuais. Isso, nunca é demais lembrar, ocorre de forma seletiva e hipócrita, pois os eleitores de Bolsonaro ou Trump nunca merecem a mesma indulgência. Devemos ser compreensivos e evitar a censura moral, ao menos quando isso for do interesse dos relativistas. Em nome da "autoestima" de todos, devemos suspender o julgamento do caráter e dos atos individuais.

Responsabilidade, como o nome já diz, é a habilidade de resposta, ou seja, entre o estímulo e a ação há sempre alguma possibilidade de filtro, por mais que estejamos limitados sob a influência de vários fatores externos. Uma narrativa que reduz a responsabilidade individual em troca de evasões diversas serve para minar a moralidade na sociedade. O resultado está aí: a geração "mimimi" sempre se vitimiza, os atos indecentes acontecem e a busca por pílulas mágicas para dar conta das frustrações aumenta exponencialmente.

P.S.: Quem discordar totalmente do texto e for me atacar com adjetivos e rótulos, alerto que, pela ótica contrária, não tenho a menor responsabilidade por essas palavras, que foram produzidas por instinto, impulsos incontroláveis, genes egoístas e desejos reprimidos na minha infância. Mas sei que o alerta tampouco serviria, pois seus ataques também não seriam de responsabilidade dos críticos, não é mesmo?

O culto do sentimentalismo

O sentimentalismo é a expressão da emoção sem julgamento.
(THEODORE DALRYMPLE)

Na era das redes sociais, o narcisismo dos seres humanos é ainda mais estimulado. Expressar nobres emoções — verdadeiras ou não — passou a ser extremamente comum. Fosse algo restrito a essa necessidade de aparecer, tudo bem. O problema é que isso toma conta do debate político, e o maior sacrificado foi o argumento racional.

É o que mostra Theodore Dalrymple em *Spoilt Rotten: The Toxic Cult of Sentimentality* [*Spoilt rotten: o culto tóxico ao sentimentalismo*]. Ao falar desse sentimentalismo, claro que não estamos falando de algo novo no mundo; mas não resta dúvida de que o fenômeno tem se expandido bastante nas últimas décadas. A explicação passa pelo avanço tecnológico e pelas mudanças culturais.

A origem filosófica disso tudo talvez esteja em Rousseau. Ao retratar as crianças como "puras" e os adultos como corrompidos, Rousseau instigou uma visão de que tudo que é mais "natural" e, portanto, menos civilizado, é melhor, mais genuíno, mais louvável. Era o caminho aberto para que os bárbaros se julgassem superiores.

No campo da educação, os efeitos dessa mentalidade foram devastadores. Um "construtivismo" mal calibrado iria dizer que cada um aprende em seu próprio ritmo, que não há hierarquia do saber, que o professor ou o aluno possuem apenas "opiniões diferentes", cada um à sua maneira. A horizontalidade nas salas de aula, o enfraquecimento da noção de conhecimento objetivo, a suspensão do julgamento acerca dos méritos individuais, tudo isso iria contribuir para a decadência da qualidade do ensino, principalmente o público.

Quando alguém critica quem fala "nós *pega* o peixe" e é acusado de "elitista", o maior prejudicado é o aluno que aprende errado. Esse tipo de sentimentalismo, que impede um parecer mais realista para não "ofender" os demais, prejudica justamente os mais pobres e humildes, reféns dessa redoma criada por uma elite culpada.

A educação não é o único setor afetado. Esse romantismo coloca em um altar tudo aquilo que é "espontâneo", *vis-à-vis* aquilo que exige treinamento, esforço e dedicação. Podemos imaginar o que isso causou no campo das artes, por exemplo. Na verdade, não precisamos imaginar; basta observar. Qualquer tipo de lixo artístico passou a ser visto como interessante ou "original", se produzido de forma "espontânea".

Quando os "sentimentos" passam a ser tão mais importantes que o conhecimento, cria-se um ambiente onde vale tudo, e qualquer um pode alegar se "sentir" prejudicado de certa forma, e isso basta para todo tipo de reclamo frente à sociedade. Para "vencer" um debate, basta expressar com mais veemência seus supostos sentimentos, e fim de papo. Uma sociedade assim vai produzir um contingente enorme de histéricos, de pessoas com reações histriônicas para se destacar em meio à multidão.

Um dos resultados mais nefastos dessa mentalidade foi a falência da responsabilidade individual. Rousseau embalou em sua filosofia aquilo que muitos queriam ouvir: que eles nascem bons e que seus erros são fruto da sociedade. Todo tipo de bandido, de marginal, de indecente, de escroque, encontrou nisso uma boia de salvação, uma justificativa fantástica para seus atos condenáveis. O sentimentalismo enaltece os piores e, com isso, pune os melhores.

No mundo das aparências, parecer nobre ou uma vítima tem bastante valor, independentemente da realidade concreta. Um exemplo citado por Dalrymple, que foi médico em várias prisões, são os pais que tatuam o nome dos filhos no braço, bem à mostra. Não podemos generalizar, mas o autor acredita que em vários casos isso pode muito bem substituir uma solicitude genuína para com os rebentos. Na falta de cuidados reais, o corpo é marcado para que o mundo veja o contrário da verdade.

Da mesma forma, os atos de caridade se transformam em propaganda pública, para todos tomarem conhecimento. Jesus, no Sermão da Montanha, alertou justamente contra tal hipocrisia. No mundo da internet, ela cresceu exponencialmente. Basta um clique de curtir em uma página do Facebook, basta colocar o nome de uma tribo indígena no perfil, basta compartilhar uma campanha para salvar os pandas ou as baleias, que a pessoa se sente a mais nobre do mundo, enquanto os outros não passam de seres insensíveis que não acompanham sua nobreza.

A privacidade foi para o espaço também. Não se conserva mais os sentimentos. Eles devem ser expostos o tempo todo, e quem não o faz, só pode ser um psicopata. Aquele que não coloca para fora tudo aquilo que está "sentindo" é visto como um pária, quase um inimigo do povo. Só é virtuoso quem demonstra todo o seu sentimentalismo. E isso alimenta sobremaneira a vitimização no mundo.

Qualquer um que clama ser uma vítima obtém o status de superioridade moral sobre os demais. Vivemos em uma época em que as pessoas competem para ver quem sofreu mais e, com isso, destacar-se na estima dos outros. Só é digno quem sofreu. Por isso tantos livros com relatos de tragédias pessoais, algumas forjadas. Por isso tantos movimentos de minorias vitimizadas em busca de recompensas. Quando o sentimentalismo abunda, a vitimização explode, para explorar essa fraqueza infantil.

A visão cristã de "pecado original" diz o contrário desse mito romântico de Rousseau: os homens nasceriam imperfeitos e poderiam buscar seguir na direção do aperfeiçoamento. Em outras palavras, a besta homem precisa ser domesticada, civilizada, e a responsabilidade é de cada um por seus próprios atos. Claro que vamos sofrer influências do ambiente, da família, da sociedade; mas, em última instância, somos os responsáveis pelo que fazemos e escolhemos, temos o livre-arbítrio.

Ao se substituir essa visão pela romântica, abrem-se os portões do inferno, onde cada um alega ser uma vítima, às vezes de suas próprias emoções. Concluo com o alerta de Dalrymple: "O culto do sentimento destrói a capacidade de pensar, ou mesmo a consciência de que é necessário pensar."

Controle os apetites

> *A sociedade não pode existir, a menos que um poder que controle a vontade e o apetite seja colocado em algum lugar, e quanto menos exista interiormente, mais dele existirá exteriormente. Está ordenado na constituição eterna das coisas, que homens de mente intemperante não podem ser livres. Suas paixões forjam seus próprios grilhões.*
> (EDMUND BURKE)

Em *Our Culture, What's Left of It* [Nossa cultura ou o que restou dela], Dalrymple disseca a destruição de valores importantes para a cultura britânica, e por tabela, também para a cultura ocidental. Um dos sintomas por ele apontados é o excesso de sentimentalismo na atualidade, quando as pessoas confundem liberdade com deixar todas as suas emoções tomarem conta de suas ações, sem nenhum tipo de freio.

Dalrymple cita como exemplo a celeuma com a morte da princesa Diana, o sensacionalismo que tomou conta da imprensa, e a pressão popular para que a rainha expressasse publicamente algum sofrimento mais forte. Logo a família real, conhecida por não demonstrar em público fortes emoções, por ser contida, discreta e reservada. Como resume Dalrymple, os britânicos modernos imaginam que a resposta para a constipação é a diarreia. De um extremo ao outro, não há lugar para nenhum meio termo.

Em seguida, Dalrymple visita Shakespeare, em especial *Macbeth*, para nos lembrar da importância dos freios aos apetites humanos. O bardo nos esfrega na cara a realidade de que não existem consertos técnicos para a humanidade, algum tipo de panaceia capaz de nos livrar de nosso "pecado original", de nossa natureza humana suscetível às paixões (no caso de Macbeth, a ambição). O mal, em outras palavras, estará sempre à espreita, dentro de nós, pronto para ser despertado quando a vigília cai em sonolência. A linha divisória nem sempre é visível, e Shakespeare argumenta que todos nós somos, em potencial, agentes do mal, pois ele habita nossos corações. Praticar o bem não seria tanto uma questão de conhecimento, como pensava Platão, e sim de escolha moral, de um contínuo exercício de controlar nossos apetites mais básicos e "instintivos".

O que Shakespeare destrói, portanto, é a utopia de que bastam novos arranjos sociais para eliminar o mal do mundo. O conceito de "pecado original" seria antagônico a essa visão otimista e ingênua. A tentação do mal será parte de nossa vida como seres humanos imperfeitos. A busca da perfeição por meio da manipulação do ambiente estará fadada ao fracasso, a despeito do que pensam os "engenheiros sociais".

O autocontrole e o limite de nossos apetites são fundamentais nessa batalha eterna contra o mal, e dependem, em última instância, de cada indivíduo. As características do ambiente podem influenciar, ajudar ou atrapalhar esta luta contínua, mas não determinam seu resultado.

A lição, segundo Dalrymple, é que fortes emoções ou desejos, por mais que virtuosos em certas ocasiões, podem ser usados para maus propósitos se escaparem do controle ético. Shakespeare não era um defensor da ideia do bom selvagem que dá vazão às suas emoções e seus instintos apenas. Ao contrário: ele temia essa besta presente nos homens. Em outras palavras, as restrições às nossas inclinações naturais — que se deixadas livres e soltas não levam automaticamente à prática do bem e com frequência nos levam à prática do mal —, são uma condição necessária e indispensável para a existência civilizada da humanidade.

Pela ótica de Dalrymple, Shakespeare estaria entre os totalitários utópicos e os libertários fundamentalistas. Ele não nos oferecia resposta fácil para o dilema humano. Sua resposta não era nem a repressão severa e draconiana, nem a total leniência e permissividade, extremos defendidos por aqueles que caem na tentação de argumentar com princípios absolutos válidos inquestionável e invariavelmente. Há que se buscar uma proporção entre ambos, o que nos torna humanos.

A má nutrição cultural

Dalrymple fala também sobre a má nutrição dos ingleses, problema que afeta de maneira desproporcional os mais pobres. A tendência, principalmente da esquerda, é acusar a pobreza em si, como se os ingleses de classe média baixa não tivessem acesso, em pleno século XXI, a alimentos saudáveis por conta do preço. Erram o alvo.

Como Dalrymple argumenta, trata-se de um problema cultural. A ruptura da estrutura familiar — enaltecida pela elite, mas mais comum nas classes baixas —, afeta drasticamente os hábitos alimentares dessas pessoas. Muitas mães não consideram mais seu dever alimentar corretamente os filhos até chegarem a uma idade adulta em que possam assumir essa responsabilidade. À medida que alcancem a geladeira ou a despensa, estão "livres" para se alimentarem por conta própria, como desejarem.

Uma das coisas mais raras de se encontrar atualmente em certas comunidades é uma família que ainda preserve o costume de todos desfrutarem de ao menos uma refeição diária em conjunto. Mais comum é cada um por si, na hora que for, sem nenhum tipo de horário comum. Os filhos acabam prejudicados e tendo de se virar com comidas pré-cozidas ou enlatados, biscoitos e *junk food*.

As elites, mais preocupadas com as aparências de almas abnegadas perante seus pares, não têm a coragem de apontar como verdadeiro culpado aquele que faz escolhas ruins. É preferível encontrar bodes expiatórios, tais como as cadeias de supermercado, as lojas de *junk food* ou o capitalismo, que, sedento por lucro, empurra goela abaixo dessa gente porcaria, como se o ato de abrir a boca e mastigar não fosse voluntário.

É mais fácil e cômodo culpar abstrações impessoais do que indivíduos de carne e osso, especialmente se forem mais pobres. Não é politicamente correto apontar o dedo para essas pessoas, sendo preferível condenar forças além de seu controle. Os modelos de engenharia social surgem, então, como esquemas utópicos para se evitar a realidade.

Os "desertos de comida" aparecem em cena como culpados pela situação; os mais pobres seriam reféns de alimentos pré-cozidos e processados, com excesso de gordura e sal por todo lado. Como contrapartida, não possuem a oportunidade de escolher alimentos mais saudáveis. O capitalismo, naturalmente, é o grande culpado por isso tudo.

A solução: criar órgãos burocráticos de controle estatal, para inspecionar os alimentos e impor um padrão mais saudável. A miséria de uns é a oportunidade de trabalho para outros, e os burocratas se agarram a essa oportunidade com afinco. O pobre pode ser uma mina de ouro para alguns.

Como coloca Dalrymple, se os "desertos de comida" realmente existem, em uma época de transporte mais barato e abundância de mercados para todos os bolsos e gostos, eles se devem à demanda, não a algum maquiavelismo por parte da oferta. E a demanda é um fenômeno cultural.

A *intelligentsia* esquerdista, porém, evita constatar isso. Fazê-lo, afinal, seria reconhecer que as mudanças culturais, estimuladas pela própria *intelligentsia* ao longo das últimas décadas, foram cúmplices do problema atual. Em plena era de abundância, o mundo desenvolvido enfrenta o grave problema de má nutrição. Como pode? Ora, é tudo culpa dos supermercados capitalistas!

As mudanças nos costumes que a esquerda promove desde 1960 não podem ter ligação alguma com o problema. Admitir isso seria doloroso demais para essas elites. Tampouco essas elites vão desejar o fardo de ter que responsabilizar os mais pobres por suas péssimas escolhas, por suas famílias desestruturadas, por seus hábitos pouco saudáveis.

Não pega nada bem no meio refinado dos "ungidos", que precisam ver os pobres sempre como vítimas do "sistema", para que possam posar de seus salvadores. Não importa que, ao agir assim, essas elites chamem os pobres de seres robotizados incapazes de fazer escolhas melhores, o que os colocaria como inferiores aos demais da espécie humana.

Condenar os supermercados é melhor, pois ainda destaca a importância do papel dessas elites. Aumenta a demanda por mais intervenção dos burocratas na sociedade, delega aos "engenheiros sociais" um poder ainda maior para controlar tudo de cima para baixo. É assim que, segundo Dalrymple, a questão da má nutrição segue escalando em uma época com comida disponível em abundância para todos os bolsos. Um casamento nefasto entre elite arrogante e autoritária e pessoas que se recusam a assumir as rédeas das próprias vidas. Trata-se, acima de tudo, de uma má nutrição cultural.

Em defesa do preconceito

Como alguém pode defender o preconceito em pleno século XXI? Isso automaticamente nos remete ao racismo, à xenofobia, ao machismo, a todas as formas de sentimentos tribais que tanta desgraça causaram no mundo. Mas será que todo preconceito é mesmo ruim? O que exatamente seria não ter preconceitos? São as questões que Theodore Dalrymple aborda em seu livro *In Praise of Prejudice* [Enaltecendo o preconceito], cujo título já mostra sua coragem na era moderna.

O que seria uma pessoa desprovida de preconceitos? O dicionário possui várias definições para a palavra, entre elas: conceito ou opinião formados antes de ter os conhecimentos adequados. As demais costumam já incorporar o sentido pejorativo da atualidade, como sentimento desfavorável a algum grupo, superstição, discriminação racial etc. Quero focar justamente na primeira delas, que melhor representa sua etimologia.

Alguém sem preconceitos seria, então, alguém cujas opiniões formadas são todas derivadas do devido conhecimento adequado. Estou para conhecer esse deus onisciente em forma humana. Basta uma rápida reflexão honesta para constatarmos que temos inúmeras opiniões sobre vários assuntos os quais não possuímos conhecimento tão profundo assim. Pegamos carona em ombros alheios, confiamos em certas autoridades, formamos, enfim, algum tipo de crença cujos pressupostos não dominamos totalmente. Eis o preconceito.

O ideal é passar as ideias pelo crivo de nossa razão, principalmente aquelas mais relevantes em nossa vida. Como disse Sêneca: "Se queres submeter tudo a ti mesmo, submete-te primeiro à razão." Perfeito. Mas cabe perguntar: quem pode submeter *tudo* a si mesmo? Essa pessoa teria que dominar profundamente todos os campos da ciência, filosofia, ética, medicina, direito, economia etc. Enfim, teria de ser aquele deus em forma humana citado acima.

Alguns preconceitos serão inevitáveis em nossa vida. A começar pelas autoridades que escolhemos para confiar. Isso não coloca todo preconceito em pé de igualdade, tampouco é uma justificativa para os sentimentos mais tribais que vemos por aí. Mas é, sim, um alerta contra certo tipo de gente que *alega* não ter preconceito algum, que não abraça nenhuma ideologia (visão de mundo), que fala somente em nome da razão prática. Estes, paradoxalmente, costumam ser os mais preconceituosos e ideológicos de todos!

Como disse Jonah Goldberg em *The Tyranny of Clichês* [A tirania dos clichês]: "O pragmatismo é o disfarce que os progressistas e outros ideólogos vestem quando querem demonizar ideologias concorrentes." Todos possuem uma visão de mundo, seja lá como ela foi formada (espera-se que com boa dose de reflexão e questionamentos, assim como bastante foco nos dados empíricos). Se essa visão ou ideologia passa no teste da realidade ou não, isso é outra questão. Pela complexidade da vida, haverá espaço para diferentes interpretações em temas mais polêmicos.

O que parece arrogante é essa visão de que somente o seu ponto de vista possui fundamento empírico e desprovido de preconceito ou ideologia, sendo todos aqueles que discordam de você vítimas dessas armadilhas. Esta arrogância é típica dos progressistas modernos que afirmam ser isentos de viés ideológico, reagindo somente aos fatos e à sua razão. Um ícone dessa turma é o ex-presidente americano Barack Obama, que repetia com frequência que estava blindado de tais preconceitos, agindo somente de acordo com aquilo que funciona na prática. Obama tem uma visão de mundo alinhada ao socialismo *light* europeu, especialmente da França. Mas tenta posar como um ser pragmático e acima desses dogmas políticos. Não convence.

Thomas Sowell desnudou os progressistas modernos: "Ninguém é mais dogmaticamente insistente na conformidade do que aqueles que advogam 'diversidade'". De fato, basta verificar como a esquerda que prega diversidade e ausência de preconceitos costuma demonstrar ódio aos diferentes, como os capitalistas liberais, por exemplo. "Não somos preconceituosos, desde que não se trate de um capitalista porco e insensível", eles poderiam dizer, se fossem mais honestos.

Voltando a Dalrymple, ninguém é uma tábula rasa capaz de processar do zero tudo que importa na vida. Todos nós, inevitavelmente, teremos nossa cota de preconceitos. Que saibamos, então, escolher bons preconceitos, em vez daqueles que alimentam os piores sentimentos que todos nós somos capazes de nutrir no âmago de nosso ser.

Que as autoridades escolhidas, principalmente em aspectos morais, sejam exemplos de decência em suas vidas. Que respeitemos a sabedoria dos antepassados, presente em hábitos e costumes, compilados na tradição. E que possamos julgar tais tradições à luz de nossa própria razão sempre que possível, reconhecendo, porém, os limites evidentes dessa empreitada, ou seja, evitando o risco daquilo que os gregos chamavam *húbris* (arrogância). Por fim, que possamos nos manter sempre cautelosos com aqueles que juram não ter nenhum tipo de preconceito ou ideologia. Com relação a esses tipos, confesso alimentar profundo preconceito!

Uma ode à civilização

No filme *A menina que roubava livros*, há uma cena em que a personagem principal começa a recitar trechos de literatura, no caso um livro de H.G. Wells, em um abrigo em meio a um bombardeio aéreo durante a Segunda Guerra Mundial. A cena retrata bem o esforço individual de se preservar a beleza, a cultura e a própria civilização quando tudo em volta parece ruir.

Uma cena semelhante se passa em *Titanic*, quando um quarteto continua a tocar música clássica mesmo com o navio já afundando. É verdade que, aqui, a desgraça que se abateu sobre eles foi natural, causada por um *iceberg*, e não por seres humanos bárbaros. Mas a plasticidade da cena continua tocante: mesmo quando a morte certa está à espreita, há aqueles que conseguem manter vivo o último suspiro de civilização.

Esse é o tema de *Our Culture, What's Left of It* [Nossa cultura ou o que restou dela], de Theodore Dalrymple: uma ode à civilização, uma tentativa de preservar a cultura em meio às ruínas, ainda que seja um esforço individual fadado ao fracasso. No livro, Dalrymple nos conta uma história bem similar à dos músicos do Titanic: um grupo de amigos realmente teria continuado a tocar música clássica, quartetos de Beethoven, mesmo quando os nazistas da Gestapo efetuavam prisões e eles poderiam ser os próximos alvos. Esse tipo de coisa ocorre na vida real.

Outro exemplo foi Myra Hess a tocar Mozart na Galeria Nacional de Londres durante bombardeios nazistas. O ato era repleto de simbolismo, já que Hess era judia e tocava um compositor austríaco, da mesma nacionalidade de Hitler, o autor dos bombardeios. Era a força do que há de melhor na civilização combatendo a barbárie, um jeito de desafiar os brutos.

O médico britânico, em vários ensaios, mostra como a arte é atacada há décadas por gente que deliberadamente deseja destruir em vez de criar. É o grito dos ressentidos, que abominam o que há de mais belo no mundo. Após a tragédia da Segunda Guerra, Theodor Adorno chegou a declarar a morte da arte: não seria mais possível fazer poesia depois do Holocausto. Mas essa desistência seria fatal, seria a derrota final da civilização pela barbárie.

Várias obras magníficas foram criadas justamente em épocas de terror, de guerras, de desgraças. Vermeer, por exemplo, viveu durante a Guerra dos Trinta Anos, que dizimou boa parte da população alemã e instaurou o caos social na região, mas isso não o impediu de pintar lindos quadros, capturando momentos sublimes do cotidiano, como em "The Milkmade", no qual um simples derramar de leite se torna eternamente belo por seus pincéis.

Se Adorno tivesse decretado o final do prazer sexual ou da boa culinária, não seria levado tão a sério. Mas ao decretar a morte da arte, muitos aceitaram passivamente, pensando que a arte não é necessariamente o campo do belo. Estava inaugurada a época em que a arte seria o campo da feiura, do ataque ao belo, do "vale tudo". Miró chegou a declarar abertamente que sua intenção era "assassinar a pintura", rebelar-se contra todas as convenções.

Os revolucionários acreditam que nenhum tributo precisa ser prestado ao passado, aos gênios que nos antecederam, que ajudaram a criar aquilo que chamamos cultura. Podem fazer tábula rasa da civilização e começar do zero. Lênin, ícone desse senso de destruição, chegou a se negar os prazeres de escutar Beethoven porque isso o reconciliava com o mundo, uma fraqueza terrível em alguém que desejava bater com força no mundo todo, que acreditava no poder liberador da violência.

Os artistas pós-modernos passaram a ver a transgressão como desejável por si mesma. Quebrar tabus era louvável, independentemente de qual tabu fosse o alvo, de sua importância ou não para o mundo (o incesto, por exemplo, é um tabu). Oscar Wilde certa vez disse que não há algo como um livro imoral, e sim livros bem ou mal escritos. Se Hitler tivesse uma habilidade maior como escritor, devemos supor que *Mein Kampf* não seria imoral então?

Se quebrar tabus passa a ser o maior mérito da arte, então logo toda quebra de tabu se torna arte. Além disso, por que o privilégio de somente artistas poderem quebrar tabus em obras de "arte"? O tabu existe para todos, e logo muitos pensarão que também têm direito de ignorar os tabus não apenas simbolicamente, mas na prática. Artistas são, para o bem e para o mal, formadores de opinião.

O niilismo estético é uma forma de destruição da civilização. Os artistas pós-modernos acreditam que não há padrão algum que não deva ser violado, o que em si se torna o novo padrão "artístico". Como dizia Ortega y Gasset, esse é o começo da barbárie. Duchamp com seu penico, Damien Hirst com seus pedaços de animais em formol: quanto mais "ousado" contra tudo o que é tradicional, melhor. A virtude está em chocar.

O homem autêntico moderno é aquele que rejeita todas as convenções sociais, que não encontra restrição alguma a seus apetites, ao livre exercício de suas vontades. Isso se aplica tanto à estética como à moral. É o relativismo como nova convenção social: só aquele que cospe em tudo que existe tem valor.

Uma combinação venenosa entre o pedantismo intelectual dos artistas esnobes e a admiração por tudo aquilo que é popular, como se a voz das massas fosse a voz de Deus, gerou um quadro de desprezo a toda arte nobre, vista como elitista e preconceituosa. A sua destruição deliberada é o tributo que os "intelectuais" prestam não exatamente ao proletário, mas àquilo que eles julgam ser o proletário. Precisam provar a pureza de seu sentimento ideológico com a estupidez de sua produção "artística".

Nesse ambiente mental, os artistas são levados a produzir aquilo que é visualmente revoltante, chocante, para estar em sintonia com o mundo violento, injusto. Sem isso, o artista não consegue provar sua boa fé ideológica, teme ser visto como elitista, preconceituoso, reacionário. Tudo aquilo que é convencionalmente belo deve ser atacado e destruído.

Civilização, segundo Dalrymple, é a soma total daquelas atividades que permitem ao homem transcender a mera existência biológica e alcançar uma vida espiritual, mental, estética e material mais elevada. Restringir instintos básicos e apetites é crucial nessa empreitada civilizatória. Fracassar nisso é liberar a besta dentro de nós, o que nos torna piores do que os animais irracionais, pois temos a capacidade de agir diferente, de forma mais refinada, civilizada.

A paixão pela destruição pode se alimentar de si mesma, em vez de ser também construtora, como acreditava o anarquista russo Bakunin. Uma vez que as forças destrutivas são liberadas, elas podem se tornar autônomas, sem propósito algum além da própria destruição. Destruir por destruir, algo que arrasta uma legião de ressentidos. É um grito de angústia e desespero daqueles incapazes de apreciar o que existe de melhor no mundo.

Alguns dão vazão a esse sentimento poderoso com máscaras no rosto e pedras nas mãos, outros com pincéis e canetas. A ignorância se revolta contra o conhecimento. O feio contra o belo. O inferior contra tudo aquilo que enxerga como superior, mais elevado. O próprio conceito de civilização precisa ser destruído ou relativizado: quem somos nós para saber o que é civilizado ou bárbaro? Civilização existe tanto quanto o monstro do Lago Ness ou o Abominável Homem das Neves; um mito no qual apenas os ingênuos acreditam.

Ao mesmo tempo, todas as conquistas da civilização são tomadas como dadas, garantidas, como se sempre tivessem existido, e como se não corressem o menor risco de desaparecer. Nada precisa, então, ser preservado com nosso esforço, porque tudo vem de graça como um presente da natureza. Infelizmente, parafraseando Burke, tudo que é necessário para o triunfo da barbárie é que homens civilizados nada façam.

Vivemos, hoje, uma situação pior: os homens civilizados, em vez de nada fazer, têm ativamente colaborado com a destruição dos valores civilizados. Eles têm negado qualquer distinção entre o melhor e o pior, quase sempre preferindo o último. Eles têm rejeitado as conquistas culturais em troca de diversões efêmeras e puro entretenimento vulgar. Eles têm tratado com estima qualquer sinal de comportamento depravado. Eles têm colaborado com o avanço da barbárie e a destruição da civilização. E vale lembrar que Roma não foi destruída em um só dia; foi obra de contínuos ataques, tanto de fora como de dentro.

Huxley *versus* Orwell

Aqueles que não conseguem se lembrar do passado estão condenados a repeti-lo
(GEORGE SANTAYANA)

As duas mais famosas distopias do século XX foram escritas por britânicos. Uma por Aldous Huxley e a outra por George Orwell. Outro britânico, o médico Theodore Dalrymple, faz uma análise interessante delas em seu livro *Our Culture, What's Left of It* [Nossa cultura ou o que restou dela], ao levantar a hipótese de que o declínio do poderio britânico no mundo pode ter sido uma época propícia a esse tipo de pessimismo com o futuro.

O livro *Admirável Mundo Novo*, de Huxley, foi publicado em 1932, e *1984*, de Orwell, em 1949. Quando as esperanças são irrealistas, os medos se tornam exagerados. Quando os sonhos sozinhos ditam os rumos dos acontecimentos, o resultado costuma ser um pesadelo. O otimismo ao término do século XIX, após longa era de prosperidade liberal, chegou a patamares de utopia. A realidade iria decepcionar quase todo mundo.

Tanto Huxley como Orwell imaginaram um futuro sombrio para a humanidade, extrapolando tendências daqueles tempos, com uma capacidade profética impressionante. Huxley, por exemplo, foi capaz de desenhar um mundo futurístico onde crianças eram erotizadas cada vez mais cedo, a família tradicional era uma bizarrice, e para toda angústia havia o soma, uma espécie de Prozac que ajudava a driblar os sentimentos.

Pessoas egoístas vivem pelo prazer do momento e nada mais — assim era o futuro imaginado por Huxley. E quem poderia dizer que ele errou feio? A solidão não mais existiria, para que ninguém tivesse reflexões introspectivas muito profundas e angustiantes (parece o mundo do Facebook?). O resultado era uma legião de seres infantilizados: os desejos aos 64 anos eram os mesmos que aos 17. Não vemos isso nos "adultescentes" de hoje?

No caso de Orwell, o "Big Brother" que ele descreve é o retrato perfeito de regimes totalitários que espionam até os pensamentos das pessoas, até as conversas que ocorrem dentro de suas casas. Esse tipo de regime não é mais a regra após a queda do comunismo, e sobrevive apenas em Cuba e na Coreia do Norte.

Mas como negar que a intromissão estatal em nossas vidas chegou ao absurdo, mesmo em democracias como a inglesa, recordista de câmeras de vigilância da população? Como não comparar o eufemismo do politicamente correto moderno com o duplipensar orwelliano? Como ignorar a tentativa de reescrever o passado para controlar o futuro, tão presente em iniciativas como a "Comissão da Verdade" petista?

O principal elo entre ambas as distopias, segundo Dalrymple, seria a mensagem de como é fundamental preservar um senso de história e tradições culturais para que nossa vida seja suportável. O tema é ainda mais poderoso quando lembramos que Huxley e Orwell eram radicais, diziam-se socialistas, e desafiavam o *status quo*. Mas nada disso os impediu de perceber que, para mudar de forma positiva, preservar certas coisas e valores também era fundamental. Ambos viram como o passado era importante para o presente e o futuro, em uma época em que muitos desejavam fazer tábula rasa de todo o estoque de conhecimento dos antepassados e criar um "novo mundo" do zero.

O "selvagem" de Huxley, não custa lembrar, tinha lido várias obras de Shakespeare, e foi isso que manteve nele um antídoto contra o "racionalismo" pseudocientífico de Mustapha Mond, um dos controladores do "admirável mundo novo". Já em *1984*, o herói Winston acorda um dia com uma única palavra em sua mente: Shakespeare.

Coincidência? Ou será que ambos os autores foram capazes de compreender a importância do passado, da cultura, da literatura, das emoções, do aprendizado acerca da natureza humana? Sempre que algum revolucionário tentar vender uma ideia fantástica de algum "mundo melhor" possível, de um "novo homem", de uma sociedade parida somente com base na "ciência" e na "razão", seria bom o leitor lembrar dessas distopias e responder: Shakespeare!

Viva o passado, a cultura e as tradições, fundamentais para a contínua construção de um futuro realmente melhor, ainda que sempre imperfeito e sob pilares frágeis, pois frágil é a civilização criada a partir da natureza humana.

Jordan Peterson

Jordan Bernt Peterson nasceu no Canadá em 1962, e trabalhou por vários anos como psicanalista clínico e professor na Universidade de Toronto. Peterson começou a ganhar mais destaque internacional quando criticou a lei aprovada em seu país para impor uma "identidade de gênero" na fala. Sua principal crítica foi sobre a obrigatoriedade de se adotar certos pronomes "neutros". Ele condenava o autoritarismo dessa mentalidade politicamente correta, e virou um ícone de resistência no Canadá.

Em setembro de 2016, Peterson divulgou no seu canal do YouTube a primeira palestra da série de vídeos, intitulada "O Medo e a Lei". No vídeo, ele afirmou que não iria usar pronomes recém-criados para designar preferência de gênero, em desacordo com a orientação da proposição governamental. Sua oposição foi baseada no cerceamento à liberdade de expressão, já que a proposição o obrigava a adotar palavras específicas para designar pessoas.

A série de vídeos atraiu críticas de ativistas transexuais, professores e sindicatos, que acusaram Peterson de fomentar a intolerância e o ódio. Protestos contra Peterson eclodiram no campus da Universidade de Toronto e a controvérsia atraiu a atenção da mídia internacional. Foi seu primeiro grande passo rumo à notoriedade mundial.

O segundo viria numa entrevista para o Canal 4 britânico. Ali ele já era relativamente famoso, com milhões de visualizações em seus vídeos publicados no YouTube, que falam da Bíblia e outros temas religiosos e filosóficos. Cathy Newman, a entrevistadora, tentou apertar o convidado sobre questões sensíveis para a agenda feminista, mas Peterson se recusava a cair na armadilha. Ele tem embasamento e coragem, e defende suas ideias com convicção.

Em determinado momento, Newman trouxe à tona a questão do Canadá e perguntou por que a liberdade de expressão dele deveria ser mais importante do que o direito dos trans de não se sentir ofendidos. "Porque para poder ser capaz de pensar você tem que correr o risco de ser ofensivo", respondeu o psicólogo. Em seguida, ele apontou para o fato de que na conversa entre ambos, a própria entrevistadora estava arriscando ofendê-lo na busca pela verdade, e devolveu a pergunta: por que você deveria ter o direito de fazer isso?

Ao constatar que a coisa toda estava um tanto desconfortável, Newman brincou que ficava feliz ao colocar Peterson na "berlinda", e ele concordou que era essa a sua missão mesmo. Cathy ficou alguns segundos refletindo, enrolou-se um pouco, e Peterson então disse: "A-há, *gotcha*!". A entrevistadora foi obrigada a admitir que foi "pega" na incoerência mesmo, e esse ficou conhecido como o momento "*gotcha*". O trecho da entrevista viralizou, teve centenas de milhões de visualizações, e Peterson ganhou os holofotes do mundo todo como aquele que encurralou a "progressista".

Essa dose extra de fama o ajudou bastante a tornar seu livro *12 regras para a vida: um antídoto para o caos* um best-seller mundial. Muitos quiseram saber melhor quem era Jordan Peterson, e com isso se depararam com um vasto repertório mesclando psicologia, religião, mitologia e filosofia. Jordan Peterson não é facilmente encaixado num rótulo, mas sua visão parece a de um liberal clássico tradicionalista, um quase conservador no sentido britânico. Os detratores, sem qualquer interesse de efetivamente conhecer seu trabalho e pensamento, passaram a jogá-lo para a extrema direita, o que é simplesmente ridículo.

Encerrar este livro de vinte grandes pensadores com Peterson é fechar com chave de ouro. Em muitos aspectos, acredito ser ele uma espécie de síntese do que já foi dito. Adorei seu livro recente, um resgate da masculinidade saudável e um manual prático para a busca da responsabilidade e de sentido num mundo que só quer saber de direitos e privilégios. Fui ler então seu primeiro livro, publicado em 1999, bem maior, mais denso e mais complexo, que serviu como base para as doze regras.

É com ele que vamos começar, portanto. Trata-se de *Mapas do significado: a arquitetura da crença*, em que Peterson mergulha na mitologia e usa diversos filósofos para traçar a ponte entre o caos e a ordem.

O inferno caótico

O livro começa com o relato de sua experiência pessoal quando mais jovem. Jordan Peterson era o típico ateu arrogante, que Luiz Felipe Pondé chamaria de "inteligentinho". Ele considerava que religião é para os fracos e ignorantes. Peterson carregava a bagagem de uma criação cristã, e reconhece que sua infância foi feliz. Mas ao atingir a idade adulta, sentia-se livre para abraçar a modernidade e abandonar a estrutura que o havia nutrido. Peterson passou a flertar com o socialismo.

Ao seguir a cartilha marxista, o jovem Peterson achava que a "injustiça" econômica estava na raiz de todo o mal. Por meio de organizações sociais isso poderia ser corrigido. Sem engolir racionalmente as premissas da religião, ele recorreu a sonhos de utopia política e poder pessoal. Mas os problemas já começavam na largada. Como bom observador, Peterson percebeu que os numerosos ativistas do partido de esquerda em que ingressou viviam só para reclamar, não tinham carreira, família, boa educação, "nada senão ideologia".

Peterson compreendeu o que Orwell quis dizer ao falar que essencialmente os socialistas não amam os pobres, simplesmente odeiam os ricos. "A ideologia socialista serviu para mascarar ressentimento e ódio, alimentados pelo fracasso", concluiu. As ideias de "justiça social" serviam a esses ativistas para uma busca de vingança pessoal. Peterson se deu conta da tentação na ideia de querer mudar o mundo transformando os outros, e passou a encarar com suspeita quem quer que assim se apresentasse.

Sem as velhas convicções religiosas, e sem a utopia política do socialismo, Peterson se viu desamparado. Ele explica assim: "Todas as minhas crenças — que tinham emprestado ordem ao caos da minha existência, pelo menos temporariamente — tinham se comprovado ilusórias; eu não conseguia mais ver sentido nas coisas. Fiquei à deriva, não sabia o que fazer nem o que pensar." Ele então voltou à universidade para estudar psicologia.

Ali ele se deu conta de algo perturbador. Ao estudar um grupo de prisioneiros, Peterson compreendeu que não era muito diferente deles, ao menos não do ponto de vista qualitativo. Ou seja, ele era capaz de fazer o que esses presos violentos fizeram para serem encarcerados. Ele podia, embora não tivesse feito. Mas a descoberta de uma natureza humana capaz de violência o transtornou. Era o fim da crença rousseauniana do "bom selvagem", a ilusão que muito socialista embarca de que é "do bem" contra os "malvados". O pecado está, ao menos potencialmente, dentro de nós.

Após esse mergulho no caos, Peterson encontrou forças para atravessar o inferno e chegar vivo do outro lado, criando alguma ordem e sentido para sua vida. Ele relata da seguinte forma suas lições:

> Descobri que as crenças fazem o mundo, de uma maneira tão real — que as crenças são o mundo, em um sentido mais que metafísico. Contudo, essa descoberta não fez de mim um relativista moral; pelo contrário, fiquei convencido de que o mundo em que se acredita é organizado, que há absolutos morais universais (embora eles sejam estruturados de tal modo que uma faixa diversa de opinião humana permanece tanto possível quanto benéfica). Acredito que os indivíduos e as sociedades que desprezam esses absolutos — por ignorância ou oposição deliberada — estão condenados à miséria e possível dissolução.

Mapas da experiência

O mundo pode ser interpretado como um fórum de ação ou um lugar de coisas. A atribuição automática de significado às coisas é uma característica da narrativa, do mito, não do pensamento científico. Peterson afirma que não somos "objetivos" como queremos acreditar, nem mesmo em nossos momentos mais lúcidos, e que isso é positivo. A mente "natural", ou seja, pré-experimental ou mítica, está de fato primariamente preocupada com o significado — que essencialmente é a sugestão para uma ação — e não com a natureza "objetiva".

Para Peterson, o maior feito da ciência foi retirar o afeto da percepção, e possibilitar a descrição da experiência puramente em termos das suas características consensualmente compreensíveis. Porém, segundo ele, os afetos gerados pelas experiências também são reais. Ele elabora a ideia:

> Antes da era de Descartes, Bacon e Newton, o homem vivia em um mundo animado, espiritual, saturado de significado, imbuído de finalidade moral. A natureza dessa finalidade era revelada nas histórias que as pessoas contavam entre si — histórias sobre a estrutura do cosmos e o lugar do homem. Mas agora pensamos empiricamente (pelo menos achamos que pensamos empiricamente) e os espíritos

que no passado habitavam o universo desapareceram. As forças liberadas pelo advento do experimento causaram uma destruição no mundo mítico.

Se o grau de destruição dos nossos pilares civilizacionais não foi maior, isso se deve ao fato de que os valores da nossa tradição vivem por inércia. Os princípios fundamentais da tradição moral judaico-cristã continuam a governar o comportamento individual, mesmo em um ateu bem-educado, mesmo que suas noções abstratas e declarações pareçam iconoclásticas. Nos tornamos ateus em nossa descrição, mas continuamos religiosos, isto é, morais em nossa atitude.

Ou seja, o que aceitamos como verdadeiro e a forma como agimos não são mais proporcionais. Continuamos a agir como se nossa experiência tivesse significado, como se nossas atividades tivessem valor transcendente, mas somos incapazes de justificar essa crença intelectualmente. É o grande drama filosófico da era moderna, que "matou" Deus, aboliu os absolutos, e ignora a conclusão lógica dessa premissa, já apontada por Dostoiévski: se Deus não existe, então tudo está permitido. Peterson cita Nietzsche, aquele que observou o resultado inevitável dessa "morte" divina:

> Deus está morto! Deus continua morto! E nós o matamos! Como nós, os assassinos de todos os assassinos, poderemos nos confortar? O mais sagrado e mais poderoso de todos que o mundo já teve sangrou até a morte sob nossos punhais. Quem limpará esse sangue de nós? Com qual água poderemos nos lavar? Que ritos de expiação, que jogos sagrados teremos de inventar? A grandeza desse ato não é grande demais para nós? Nós próprios não deveríamos tornar-nos deuses simplesmente para parecermos dignos dele?

As forças do empirismo e da racionalidade e a grande técnica do experimento mataram o mito e ele não pode ser ressuscitado, ou assim parece. Contudo, nós ainda *agimos* conforme os preceitos de nossos antepassados, embora não possamos mais justificar nossas ações. Mas em vez de abraçar a arrogância racionalista dos modernos, Peterson pergunta: não é provável que isso indique uma ignorância filosófica moderna em vez de erro filosófico ancestral?

O cosmos descrito pela mitologia não era o mesmo lugar conhecido pelos praticantes da ciência moderna, mas isso não significa que ele não era real. Os mitos não eram uma forma primitiva de ciência, mas sim um fenômeno qualitativamente diferente, com outro intuito. A ciência lida com a descrição do mundo com relação a aspectos consensualmente compreensíveis, uma especificação do modo mais eficiente de se alcançar um fim definido, enquanto o mito pode ser considerado como a descrição do mundo conforme ele *significa*. O pensamento científico é muito poderoso, mas não dá conta de tudo. Não dá conta, por exemplo, na determinação de *valor* — a consideração do que *deveria ser*. Essas são decisões morais. Peterson explica:

> A ação pressupõe avaliação, ou seu equivalente implícito ou "inconsciente". Agir é literalmente manifestar preferência sobre um conjunto de possibilidades, em contraste com um conjunto infinito de alternativas. Se quisermos viver, devemos agir. Agindo, nos valorizamos. Na falta de onisciência, devemos dolorosamente tomar decisões diante da falta de informações suficientes. Tradicionalmente falando, é o nosso conhecimento do bem e do mal, nossa sensibilidade moral, que nos permite essa capacidade. São nossas convenções mitológicas, operando implícita ou explicitamente, que guiam nossas escolhas.

O indivíduo não consegue viver sem crença, e a ciência não consegue fornecer essa crença. Devemos depositar nossa fé em alguma coisa. O fascismo e o comunismo tinham proposições fundamentais racionais, lógicas, compreensíveis — e terrivelmente erradas. Não é com base na ciência que concluímos isso. Não superamos nossa "ingenuidade", nossa necessidade de crença. O declínio da espiritualidade tradicional no Ocidente levou a ideologias totalitárias e a modismos como o movimento da Nova Era. Mas a natureza humana não é infinitamente maleável. Os resultados de certas crenças colocadas no lugar dessa tradição são catastróficos. Peterson diz:

> Tem ficado cada vez mais ou menos evidente, por exemplo, que uma racionalidade pura, abstrata, não fundamentada na tradição — a racionalidade que definiu o comunismo soviético do início até a dissolução — parece absolutamente incapaz de determinar e explicitar exatamente o que deveria guiar o comportamento individual e social. [...] Talvez isso ocorra porque sistemas planejados, lógicos e inteligíveis deixam de considerar o aspecto irracional, transcendente, incompreensível e frequentemente ridículo do caráter humano.

Mapas de significado

Na crença cristã, o homem caiu de um "estado de graça" original em sua condição moralmente degenerada, e deseja o "retorno ao Paraíso". A moralidade cristã, portanto, pode ser razoavelmente considerada como o "plano de ação" cuja meta é o restabelecimento do "reino de Deus". Conforme Peterson explica, a ideia de que o homem necessita de redenção e que a restauração de um Paraíso perdido poderia constituir tal redenção aparece como tema comum da mitologia em diferentes culturas humanas. Para ele, essa associação aparece porque o homem, eternamente autoconsciente, sofre com sua existência e constantemente anseia por alívio.

Aquilo que é conhecido, como nossa história atual, nos protege do desconhecido, do caos, ou seja, oferece à nossa experiência uma estrutura determinada e previsível. Mas essa estratégia conservadora nem sempre funciona, pois o que entendemos sobre o presente não é necessariamente suficiente para lidar com o futuro. O desafio é modificar o que entendemos sem fazer a estrutura desmoronar, ou seja, permanecer seguros. E não é uma tarefa trivial. Mudança demais gera caos, e rigidez excessiva pode produzir destruição por falta de flexibilidade para o imprevisto.

Nossas histórias culturais são protetoras nesse sentido, e os indivíduos são motivados a evitar manifestações repentinas do desconhecido. Na linguagem psicanalítica, o eterno desconhecido, a natureza, criativa e destrutiva, é associado ao feminino, enquanto o eterno conhecido, a cultura, o território definido, tirânico e protetor, disciplinado e restritivo, é considerado masculino. Transitar com certo equilíbrio entre esses dois extremos é a grande meta, buscar uma ponte entre o caos criador (e potencialmente destruidor) e a ordem segura (mas potencialmente paralisante).

Na mitologia, podemos observar determinado padrão. Nossas culturas acabam erguidas sobre o alicerce de uma única grande história: paraíso, encontro com o caos, queda e redenção. Nossos padrões de hábito servem para situações conhecidas — só sabemos como agir na presença do familiar. O surgimento do inesperado salta da complacência inconsciente, axiomática e nos força a pensar, o que normalmente é doloroso. A cultura é um guia para atravessar esse caos, a consequência cumulativa de nossa luta adaptativa, que possibilita previsão e controle; mas para a redenção precisamos de volição, de livre-arbítrio, da figura arquetípica do herói revolucionário, que consegue mudar a cultura sem destruí-la, usar o caos para criar, dar sentido, dominar o desconhecido.

Emoção e razão, ambos são importantes para nossa travessia. Nossa regulação emocional depende da estabilidade e previsibilidade do ambiente social (da manutenção de nossas culturas) como também de processos internos, relacionados à força do ego ou da personalidade. A ordem social é uma precondição necessária para a estabilidade psicológica. A capacidade de criar novos comportamentos e categorias de interpretação em resposta ao surgimento do desconhecido poderia ser considerada, para Peterson, a marca primária da consciência humana. Nós esculpimos o mundo como consequência de nossas interações diretas com o desconhecido, dando às coisas um novo valor.

O que os pais são para os filhos, as culturas são para os adultos. São padrões de atividades realizadas em um contexto social. Não sabemos exatamente como surgiram tais padrões, ou a que finalidades precisas eles servem. Nós nos olhamos e nos assombramos; nosso assombro toma a forma da história, ou mais fundamentalmente, do mito. Os mitos descrevem o conhecido, o território explorado, são a essência destilada das histórias que contamos a nós mesmos sobre os padrões de nosso comportamento, conforme se desenrolam nos mundos social e impessoal da experiência.

Ao longo dos séculos, com o refinamento dessas histórias, podemos determinar do que consiste o comportamento adequado, em um ambiente permanente caracterizado pela interação entre segurança e imprevisibilidade. Aprendemos a imitar não heróis individuais ou figuras "objetivas" do passado, mas o que aqueles heróis representavam: o padrão de ação que os tornou heróis. Esse padrão, de acordo com Peterson, é o ato do encontro voluntário e bem-sucedido com o desconhecido, a geração de sabedoria pela exploração.

As ações do herói constituem o antídoto às forças mortais do caos e à tirania da ordem. O herói cria ordem a partir do caos e reconstrói essa ordem, quando necessário. Suas ações simultaneamente asseguram que a novidade permaneça tolerável e que a segurança permaneça flexível. Carl Jung chamaria essas estruturas universais de "inconsciente coletivo". Essa ideia também está presente no clássico *O herói de mil faces* (Editora Pensamento, 1989), de Joseph Campbell, publicado em 1949.

O livro, que influenciou inúmeros criadores, entre eles George Lucas, autor de *Star Wars*, faz uma análise comparada de mitologia, discutindo com base em conceitos psicanalíticos a estrutura comum na jornada do herói, arquétipo encontrado em quase todas as diferentes culturas. De forma bem resumida, o herói se aventura num mundo de maravilhas e perigos sobrenaturais, saindo do cotidiano para encontrar uma vitória decisiva, retornando em seguida com o poder para ajudar seus semelhantes.

O mito do herói é como uma passagem secreta que se abre e por onde passam energias inextinguíveis do cosmos para a manifestação cultural humana. É a forma que temos para narrar histórias que servem como referência moral, um norte a ser seguido, uma inspiração para todos que precisam enfrentar os ritos de passagem e amadurecer ou vencer desafios na vida. Como coloca George Lucas, Campbell mergulha em séculos de mitologia para nos mostrar que estamos todos ligados por uma necessidade básica de escutar histórias e compreender melhor a nós mesmos. O fio condutor desses mitos é a frágil condição humana, do animal que mais tempo depende da mãe ao nascer, e que precisa lidar com o pai "intruso" nessa equação. Campbell bebe muito de fontes psicanalíticas, como Freud e Jung, para analisar a psique humana nessa trajetória de libertação e crescimento.

De certa forma, o herói somos todos nós, e por isso nos identificamos tanto com super-heróis dos quadrinhos, especialmente aqueles mais "humanos". Podemos pensar no Homem-Aranha, franzino, sempre em dificuldades financeiras, vítima de *bullying*, que desenvolve poderes ao ser picado por uma aranha radioativa. Seu heroísmo, porém, não vem com os poderes em si, mas com sua mudança de atitude, com o que ele faz desses poderes.

O herói é o homem que encontra uma submissão por conta própria, uma submissão do ego, da vaidade, por meio do nascimento de algo novo, um nascimento que conquista a morte. Para termos essa experiência de sobrevivência longeva, um "nascimento recorrente" contínuo se faz necessário. A morte é inevitável, mas ao sermos crucificados, podemos ressurgir, completamente novos. Uma metáfora para a morte interior que temos que encarar, da criança desamparada em nós, para renascermos mudados, amadurecidos, fortes e heroicos.

Por isso as aventuras dos heróis envolvem florestas insondáveis, profundeza infinita do mar, espaço desconhecido, repleto de monstros terríveis e também forças do bem, que nos auxiliam nessa jornada. Os obstáculos são parte fundamental do heroísmo nessa travessia de um lugar conhecido e seguro para outro desconhecido, o novo. O trabalho tem que ser difícil, perigoso, pois é uma caminhada em busca do autoconhecimento e do autodesenvolvimento na vida.

A maioria prefere escolher o caminho mais seguro, menos aventureiro, dentro de suas rotinas tribais. E por isso mesmo nos encantamos tanto com os heróis: são os que escutam um chamado interno forte demais e embarcam nessa aventura. Apreciamos sua coragem, determinação, sacrifício. Eles nos servem de inspiração, de referência nessa busca própria por nós mesmos, no labirinto de nossos corações. Outros, há milênios, travaram as mesmas batalhas, desafiaram os mesmos inimigos, e deixaram como legado o trajeto para escapar do labirinto. Precisamos apenas seguir seus passos.

Se Jesus foi crucificado para nos salvar, se o Homem-Aranha abriu mão do próprio amor de sua vida para nos proteger, se o Batman é capaz de assumir os crimes do procurador monstruoso de duas caras para manter a chama da esperança acesa em Gotham City, então temos a obrigação de ao menos tentar vencer algumas batalhas internas, deixar o excesso de vaidade um pouco de lado para fazer a coisa certa, priorizar de vez em quando o bem comum, o próximo. Encontrar um equilíbrio entre o indivíduo e o coletivo.

Voltando a Peterson e Jung, o "inconsciente coletivo" seria, a partir dessa perspectiva, sabedoria comportamental personificada, na sua forma mais fundamental — são as consequências transmitidas cumulativas da exploração e cultura sobre ação. O adulto admirável, um indivíduo notável, mantém sua casa limpa e arrumada, reconcilia-se com seus irmãos em guerra e aprende lições morais difíceis quando tal aprendizagem é necessária. O herói arquetípico cria ordem a partir do caos, traz paz ao mundo e reestrutura a sociedade quando ela se torna rígida e anacrônica.

Segundo Peterson, nossa vida está aberta a várias possibilidades, mas permanece eternamente limitada pela doença, morte e subjugação à estrutura social. Como seres sociais, mutantes, limitados, estamos todos envolvidos em um empenho massivo, cooperativo e competitivo. O ato de categorização nos possibilita tratar o mundo misterioso e complexo que habitamos como se ele fosse mais simples, como se fosse na verdade compreensível.

O herói revolucionário

Jordan Peterson disseca a mensagem bíblica em seus vídeos e também em seu mais profundo livro. A ideia de sacrifício e humildade está indissociável do ato heroico criador. São ideias de "necessidade de sacrifício", declara, que permeiam o ritual bem conhecido, mas explicitamente incompreensível da comunhão cristã. O herói cristão — Cristo — é o espírito que se oferece voluntariamente à cruz, à sepultura, ao sofrimento e à morte, a Mãe Terrível. Tal espírito é, acima de tudo, "humilde". Peterson explica:

A arrogância é acreditar na onisciência pessoal. Humildade heroica, colocada contra essa arrogância, significa o reconhecimento de erro pessoal constante, conjugado com a crença na capacidade de *transcender* esse erro (para enfrentar o desconhecido, e consequentemente atualizar a crença falível). "Humilde", por conseguinte, significa "maior que o dogma" (já que o espírito do homem é um "poder maior" que as leis que regem seu comportamento). O corpo de Cristo (apresentado, na comunhão ritual, pela hóstia de trigo "sempre a ressuscitar") é o recipiente do espírito encarnado da deidade morta, renascida e redentora. Esse "corpo" é ritualmente devorado — isto é, incorporado — para auxiliar os participantes do ritual na sua identificação com Cristo, o deus que eternamente morre e ressuscita (sol).

O herói exploratório, o filho divino do conhecido e do desconhecido, corajosamente enfrenta o desconhecido, une-se a ele de forma criativa, e abandona a pretensão do "conhecimento absoluto", acumula novas informações, retorna à comunidade e revitaliza sua tradição.

Para Peterson, na mitologia, há um padrão recorrente: uma comunidade ou modo de vida harmonioso, previsível e estável, inesperadamente é ameaçado pelo surgimento do desconhecido e de forças perigosas. Um indivíduo de origem humilde e principesca se eleva, por livre escolha, para combater essa ameaça. Esse indivíduo é exposto a grandes testes e riscos pessoais ou passa por dissolução física ou psicológica. Apesar disso, ele supera a ameaça, é magicamente restaurado (frequentemente melhorado) e, como resultado, recebe uma grande recompensa. Ele retorna à sua comunidade com a recompensa, e restabelece a ordem social.

O herói é o "filho perdido" do verdadeiro rei, criado em segredo pelos pais alternativos, o governante justo do reino, cuja autoridade foi prejudicada ou que supostamente foi morto durante a juventude vulnerável, o herdeiro apropriado ao trono, que esteve viajando por terras distantes e foi dado como morto. Paralisado pelo despotismo patriarcal (ou, muitas vezes, pelo medo da Mãe Terrível), o reino continua estagnado, enquanto a princesa — natureza em seu disfarce benevolente — aguarda o beijo do herói para acordar. Sua beleza desperta e revitalizada posteriormente reanima seu povo.

Em suma, o herói é um padrão de ação, projetado para encontrar sentido no desconhecido. Usamos histórias para regular nossas emoções e governar nosso comportamento. Elas fornecem ao presente que habitamos um determinado ponto de referência — o futuro desejado. O "futuro desejado" ideal não é um estado, mas um processo: o processo de mediação entre a ordem e o caos, o processo da encarnação do *logos* — a Palavra — que é o princípio da criação do mundo.

A capacidade do homem de abstração foi fundamental para criar essas histórias e mitos. Verbalizar crenças, dar sentido às experiências passadas, tornar impessoal o que é subjetivo, tudo isso marca a trajetória humana. Por outro lado, há um risco na abstração, no uso da palavra que vem para significar aquilo que é praticado. Palavras, aparentemente simples e inofensivas, são suficientes para criar perturbação e conflito porque o Homo sapiens consegue justamente verbalizar suas crenças. A caneta pode ser mais forte do que a espada exatamente porque uma nova ideia, parida da abstração, pode mexer com toda a estrutura social.

A capacidade de abstrair, portanto, tem seu preço. Os descuidados, imaginativos (e ressentidos) podem facilmente usar seu dom de inteligência socialmente construída para minar os princípios morais que levaram eras para gerar e que existem por razões válidas, mas invisíveis. A consequência dessa "crítica" é o enfraquecimento da fé necessária e a consequente dissolução da previsibilidade interpessoal, da desregulação da emoção e da geração da anomia, agressão e ingenuidade ideológica (já que a psique nua se esforça para se vestir novamente).

Para Peterson, o fato de que mudanças na tradição têm "efeitos colaterais" involuntários e muitas vezes perigosos explica o conservadorismo da maioria das culturas humanas. É fácil criticar a noção de "alma imortal", por exemplo, e as formas tradicionais da moral que tendem a acompanhar tal crença, sem perceber que essa ideia tem mais coisa do que parece. Os intelectuais criam ideologias com suas abstrações sem se dar conta de como é perigoso desdenhar de tradições, querem ser engenheiros sociais por arrogância, assumir o papel de Deus.

O grupo é a estrutura histórica que a humanidade ergueu entre o indivíduo e o desconhecido. O grupo, na sua faceta benéfica, serve para proteger os indivíduos do desconhecido. "O sistema social de como se comportar, quando apresentado a determinada situação, inibe o medo paralisante que a situação de outro modo poderia instintivamente induzir", explica Peterson. Informações suficientemente novas transmitidas verbalmente podem perturbar o paradigma que sustenta esse grupo. Toda cultura mantém algumas crenças essenciais que são de importância central para essa cultura, nas quais todas as crenças secundárias se baseiam. Essas crenças essenciais não podem ser facilmente abandonadas porque, se forem, tudo cai e o desconhecido mais uma vez governa, o caos assume o "controle", tudo que era sólido se desmancha no ar. A moral e o comportamento ocidentais, por exemplo, se baseiam na hipótese de que todo indivíduo é sagrado. Na ausência dessa hipótese central, o corpo de lei ocidental — mito formalizado, moral codificada — se corrói e cai.

O totalitarismo é fruto do Pai despótico que rejeita todo desconhecido. Seu *alter ego* é o niilismo, a resposta à experiência do mundo tornada desprovida de significado, a reação do mundo liberto das limitações inconscientes do hábito, costume e crença. É a resposta ao ressurgimento do terrível desconhecido, a reação de um espírito incapaz, como resultado da capacidade da crítica abstrata, de manifestar identidade inconsciente com o herói, incapaz de exibir crença na possibilidade humana. Quando a hierarquia desmorona, nada permanece "sagrado".

A degeneração em caos poderia ser considerada, para Peterson, a ameaça constante da inovação empreendida na ausência de compreensão e respeito pela tradição. Essa decadência é precisamente tão perigosa para a estabilidade e adaptabilidade da comunidade e do indivíduo e tão puramente motivada por desejos e vontades subterrâneos quanto é o totalitarismo ou desejo para a ordem absoluta. "O indivíduo moderno e verbalmente sofisticado, portanto, sempre corre o risco de serrar o galho no qual está sentado", resume metaforicamente. A palavra criou a cultura, mas ela pode também destruí-la. Nietzsche demonstrava desprezo pelo perfil moderno de intelectual:

> Toda era tem seu próprio tipo divino de ingenuidade cuja invenção as outras eras podem invejar — e quanta ingenuidade, ingenuidade venerável, infantil e ilimitadamente desastrada existe na fé dos acadêmicos em sua superioridade, na boa consciência de sua tolerância, na simplicidade inocente certamente com a qual seu instinto trata o homem religioso como um tipo inferior e menor que ele superou, deixando-o para trás, *abaixo* dele — ele, esse anãozinho e agitador presunçoso, a cabeça assídua e veloz — e artesão de "ideias", de "ideias modernas".

A onisciência presunçosa é o oposto da exploração criativa do herói. Parte da premissa de que já se "sabe tudo", que o desconhecido não existe mais e que uma maior exploração se tornou supérflua ou mesmo traiçoeira. A presunção de conhecimento absoluto, que é o pecado essencial do espírito racional, é equivalente à rejeição do herói — à rejeição de Cristo, Palavra de Deus, do divino processo que medeia entre ordem e caos. A arrogância da postura totalitária é o oposto da "humildade" da exploração criativa. O autoritário no fundo é um covarde, pois a motivação "subterrânea" para sua presunção é a covardia de enfrentar o desconhecido e imprevisível.

Satanás não era um ignorante. A mitologia cristã o retrata como o "anjo mais alto" no "reino celestial" de Deus. Isso deixa clara a sua associação com a razão. Não é inteligência racional o que lhe falta. O pecado original significava o reconhecimento do mal em todos nós, o que promovia em nossos ancestrais a consideração da tendência para o mal como um aspecto intrínseco da natureza humana. O dogma do pecado original obriga cada indivíduo a se considerar a fonte potencial do mal. A arrogância racional dos modernos apagou isso.

A razão só pode ser útil à saúde quando ela desempenhar um papel secundário. A opção de governar o inferno, em vez de servir no Céu, aparece como uma alternativa atraente à mente racional. O diabo é o espírito que afirma: "tudo que sei é tudo que há para se saber". É o espírito que se apaixona pelas próprias produções e não consegue ver nada além delas. É aquele que se mostra incapaz de admitir sua insuficiência e ignorância e, portanto, de compartilhar do processo de criação em si. Ele tem medo, é fraco. Contra tais agitadores arrogantes, que usam a palavra para colocar abaixo todo arcabouço cultural, surge o herói revolucionário, um tipo paradoxal, como explica Peterson:

> O herói revolucionário reordena a estrutura de proteção da sociedade quando o aparecimento de uma anomalia torna tal reordenação necessária. Portanto, ele é o agente da mudança, sobre cujas ações toda estabilidade se baseia. Essa capacidade — que deveria fazer dele uma figura bem-vinda em toda comunidade — é extremamente ameaçadora para aqueles totalmente encapsulados pelo *status quo* e que não conseguem ou não querem ver onde o estado atual de adaptação está incompleto e onde reside o risco residual. O herói revolucionário arquetípico, portanto, enfrenta a ira e a rejeição de seus pares bem como os terrores do absolutamente desconhecido. Não obstante, ele é o "melhor amigo" do Estado.

O indivíduo criativo "morre" para aqueles que o seguem. Aqueles que carregam o peso inicial pelo movimento de avanço da história são capazes de transformar idiossincrasia e revelação pessoais em realidade coletiva, sem desmoronar embaixo do peso do isolamento e do medo. Essa criatividade é temida, odiada, desejada e adorada por cada indivíduo e sociedade. "Indivíduos criativos destroem valores antigos e ameaçam com o caos, mas também trazem luz e promessa de coisas melhores", explica Peterson. É dessa maneira que o "sacrifício do salvador revolucionário" redime e reaviva o cosmos.

Em vez de negar a existência do problema, o herói enfrenta o caos, sem sucumbir ao totalitarismo rígido. Ele aceita a tarefa da solução aparentemente impossível de reunir opostos beligerantes, de mergulhar no caos e retornar, e arriscar tudo no processo. Isola-se, nem rejeitando sua cultura, nem fugindo dela em pânico, mas oferecendo a possibilidade de atingir uma verdadeira estatura, embora não necessariamente elogios ou popularidade. Isso vale para o herói perante a sociedade, e também como metáfora para a própria trajetória individual, na transição da infância para a maturidade. Eis como Peterson coloca:

> "Conhecer" a nudez e ficar com vergonha dela é entender a exposição, fraqueza e vulnerabilidade. Ser exposto a uma multidão e ao mundo é demonstrar dramática e incontroversamente a fragilidade essencial do indivíduo. Não ter consciência da nudez — carecer de "autoconsciência" — é ter muito menos problema, mas também ser muito menos. O mundo "paradisíaco" da criança é muito menos — muito menos *manifesto*, isto é — do que o mundo do adulto. A criança tem menos responsabilidades; e menos preocupações definidas, do que o adulto. Isso empresta à infância um glamour de que a existência madura carece, pelo menos a partir de certa perspectiva adulta. Mas também é verdade que a criança tem uma terrível vulnerabilidade que o adulto já transcendeu. A criança não percebe explicitamente sua vulnerabilidade e, portanto, não sofre até que a vulnerabilidade se manifesta tragicamente. O adulto, ao contrário, sabe que pode se machucar e sofre constantemente com esse saber. Contudo, sua "consciência elevada" — autoconsciência, na verdade — significa que ele pode dar passos para assegurar sua sobrevivência saudável (mesmo que como resultado ele deva se preocupar com o futuro).

O fascista e o decadente

Humildade significa aceitar que ainda não sou o que eu poderia ser, um adágio tanto cauteloso quanto esperançoso. A posição contrária, o engodo, se baseia na crença de que o conhecimento do presente compreende todo conhecimento necessário, ou seja, o desconhecido foi finalmente conquistado. Essa crença equivale à negação da vulnerabilidade, à adoção da onisciência. O autoritário é aquele para quem nada imperfeito pode ter permissão para existir. Ele não pode admitir nem mesmo sua própria miséria, que dirá a dos outros. Para Jordan Peterson, é difícil imaginar uma posição mais desprovida de esperança.

É a aceitação da insuficiência que paradoxalmente catalisa a identificação com o herói e abre a possibilidade de participação no processo de criação e renovação. A negação do heroico promove a decadência — a rejeição absoluta da ordem da tradição, da ordem em si. O decadente é tão arrogante quanto o fascista. Ele se identificou de modo absoluto a *coisa nenhuma*, em vez de *alguma coisa*. Ele está firmemente convencido da crença de que nada importa, de que nada é de valor, apesar da opinião dos outros, claramente iludidos, fracos e desprezíveis. Nada vale o esforço. O decadente é o anti-Midas: tudo que ele toca se transforma em cinzas.

O fascista se adapta ao grupo com uma vingança, constrói paredes mais fortes ao redor de si e daqueles "semelhantes", numa tentativa fútil de manter o desconhecido ameaçador de fora, sob controle. Ele não acredita no aspecto heroico do indivíduo, não enxerga o lado negativo do grupo social, pretende diluir toda individualidade no coletivo. Ele está assustado o suficiente para desenvolver a disciplina de um escravo de modo a manter sua posição protegida no grupo.

Já o decadente não vê nada senão a tirania do Estado, do grupo, da cultura. Ele não consegue perceber que sua "rebelião" nada mais é do que evitar a disciplina necessária para a vida em sociedade. Ele vê o caos como uma coisa benéfica, vendo a fonte da maldade humana na regulação social. A postura de "rebelde sofredor" que essa fuga permite serve admiravelmente como máscara para sua covardia. O fascista e o decadente se consideram opostos, inimigos mortais. Na realidade, segundo Peterson, são duas faces da mesma moeda.

O herói busca o equilíbrio criador entre caos e ordem, entre niilismo e fascismo. No símbolo do Yin & Yang há uma representação dessa mistura saudável e construtiva. De um lado temos o caos, a feminilidade, a noite, o desconhecido, a decadência, o niilismo; do outro temos a ordem, a masculinidade, o dia, o conhecido, o autoritarismo, o fascismo. Caos demasiado gera desejo de ordem. Portanto, o Yin pode servir como mãe do Yang. Por outro lado, ordem demais gera o desejo de novidade, como antídoto para o entorpecimento da previsibilidade. Dessa forma, Yang serve de pai para Yin.

O fascista esconde sua vulnerabilidade no excesso de ordem patológico. O decadente, que se recusa a ver que a existência não é possível sem ordem, oculta sua imaturidade no excesso de caos patológico. O fascista está disposto a sacrificar a liberdade dolorosa pela ordem; o decadente acredita que a liberdade pode ser alcançada sem disciplina e responsabilidade. O fascista acha que sabe tudo que há para se saber, pois tem medo de errar. O decadente acha que o saber é algo que não existe, e assim se torna "imune ao erro" também, já que os erros ocorrem sempre em relação a algum propósito valorizado, fixo.

A alternativa aos dois extremos é a criatividade heroica. O ponto de uma sinfonia não é sua nota final, embora ela avance inexoravelmente para esse fim. Da mesma forma, explica Peterson, a finalidade da existência humana não é o estabelecimento de algum modo de ser estático, perfeito — o homem acharia tal perfeição intolerável, como Dostoiévski se esforçou para ilustrar. Em vez disso, a finalidade humana é a geração da capacidade de se concentrar nos eventos inatamente interessantes e afetivamente significativos do presente, com suficiente clareza e consciência, para tornar desnecessária a preocupação com o passado e o futuro. Não é viver como a cigarra da fábula, cantar no verão e passar fome no inverno, mas se concentrar na tarefa em mãos, assumir seus erros e a responsabilidade perante a própria vida. Peterson conclui:

> O significado é a mais profunda manifestação do instinto. O homem é uma criatura atraída pelo desconhecido; uma criatura adaptada para sua conquista. O sentido subjetivo do significado é a taxa de contato com o desconhecido que rege o instinto. Exposição excessiva transforma mudança em caos; pouca exposição promove estagnação e degeneração. O equilíbrio adequado produz um indivíduo poderoso, confiante na capacidade de suportar a vida, sempre mais capaz de lidar com a natureza e a sociedade, cada vez mais próximo do ideal heroico. Cada indivíduo, constitucionalmente único, encontra significado em diferentes buscas se tiver a coragem de manter sua diferença. A manifestação da diversidade individual,

transformada em conhecimento que pode ser transferida socialmente, muda a face da história em si, e avança cada geração do homem mais distante para o desconhecido.

Papo de adulto

Como já mencionei no início, Jordan Peterson alcançou fama internacional após uma entrevista na TV britânica em que, hostilizado por uma militante feminista disfarçada de entrevistadora, conseguiu manter a calma, o foco nos argumentos, e expôs o viés ideológico e os preconceitos daquela que tentava colar no entrevistado a imagem de conservador preconceituoso machista.

O motivo da entrevista era o lançamento do seu novo livro, *12 regras para a vida*, um "antídoto contra o caos". Trata-se de um complemento mais acessível e digerível do trabalho anterior, um livro que merece ser lido com certa urgência, pois sua mensagem nunca fez tanta falta ao mundo, dominado pelo relativismo pós-moderno, pela ditadura do politicamente correto e pela marcha das "minorias oprimidas". É um papo de adulto, para quem quer falar sério sobre a vida, não para quem busca fugas e ilusões nos "locais seguros" protegidos contra as "microagressões" e qualquer tipo de ofensa.

Os vídeos de Jordan Peterson têm feito tanto sucesso justamente porque tocam na ferida, falam aos jovens em busca de algum sentido para a vida deles, de uma estrutura mais ordenada em meio ao caos produzido pelo "vale tudo" atual. Essa libertinagem hedonista mascarada de liberdade gera angústia e vazio, e Peterson tenta colocar um pouco de ordem no caos.

O vácuo será logo preenchido, e ninguém pode viver sem uma bússola moral. Até mesmo os relativistas acabam usando um, ainda que inconsistente. Por trás do discurso de tolerância e de não julgamento, muitos mascaram seu próprio ódio, seus preconceitos, enquanto posam de virtuosos nas redes sociais em busca de curtidas e aprovação. Na prática, flertam com o destrutivo niilismo, com o desespero do vazio, e aderem a ideologias radicais que supostamente tampam o buraco.

Já com Freud entendemos que viver em sociedade, ao menos numa civilizada, significa criar freios para nossos apetites, criando regras morais que restringem nossa "liberdade" plena. Os pós-modernistas querem abolir esses freios, quebrar todos os tabus, gritar que "é proibido proibir". O resultado dessa libertinagem, que vem num crescendo desde a década de 1960, tem sido preocupante, para dizer o mínimo. Tem sido caótico, para ser mais preciso.

Peterson bebe muito de fontes míticas, e utiliza seus arquétipos para transmitir mensagens importantes incutidas na sabedoria dos antigos, enraizadas nas tradições, que serviam, como ritos de passagem, para o amadurecimento. As normas sociais, as histórias de heróis, os mitos, tudo isso contribuía para a formação de jovens em adultos, de meninos em homens, de meninas em mulheres. Havia uma estrutura social, um território mais familiar, que hoje se tornou uma enorme mancha.

Onde os "progressistas" enxergam utopias e ilusões acerca da natureza humana, que seria infinitamente elástica, Peterson vê, com mais realismo, bestas humanas que precisam justificar sua existência miserável, o que impõe a necessidade de rotina e tradição, de ordem. Vida é também sofrimento, especialmente para seres humanos com consciência da morte, das doenças, do fardo da existência. Fingir que isso não existe só agrava o problema.

Por outro lado, compreender melhor de onde o animal homem vem, pode nos ajudar a suportar melhor o desafio. O livro foge do academicismo e traz exemplos curiosos do reino animal ou do cotidiano do próprio autor. Explicar a tendência natural de busca por *status* ou hierarquia, especialmente nos homens, com base nas lagostas é um típico exemplo dessa abordagem, que torna a leitura mais leve e divertida, apesar da seriedade do assunto.

Numa época de vitimização, em que a maioria tenta colocar a culpa dos males em terceiros ou em abstrações, tais como o sistema ou a sociedade, Peterson nos lembra que o mal está em cada um de nós, sempre à espreita. Se somos monstros em potencial, e reconhecemos isso, então temos mais ferramentas para realmente lidar com tiranias opressoras. Se, por outro lado, vemos o homem como uma santa vítima de forças externas, um cordeirinho inocente, não teremos condições de resistir ao avanço dos lobos. E eles existem.

A fraqueza humana, sua fragilidade, já está representada no mito de Adão e Eva. Quando eles se dão conta de que estão nus, após se tornarem autoconscientes, ficam com vergonha, percebem o quão desprotegidos estão na natureza. Ao ver as diferenças, alimentamos o ressentimento também: a beleza ofusca o feio, a força envergonha o fraco. Isso pode levar ao medo, à inveja, com consequências trágicas, como a história de Caim e Abel nos revela. Eis aí o "pecado original" que está tão fora de moda nos círculos modernos, uma lembrança saudável do que somos capazes de fazer quando movidos por certas paixões ou instintos.

Daí a importância de se ter uma visão construtiva, uma direção, uma vida com propósito. Não é o vício que precisa de explicação, mas a virtude. Para fracassar na vida, basta cultivar alguns hábitos ruins. É o sucesso que exige explicação, sacrifício constante, determinação, força de vontade. E nesse processo haverá todo tipo de tentação, especialmente do que Peterson chama de "trindade do submundo": arrogância, engano e ressentimento.

Muitos de nós estamos constantemente em busca da felicidade, como algum ideal a ser atingido. Peterson não considera isso uma boa receita. Ao perseguir tanto a felicidade, ela sempre nos escapa, gerando seu oposto: mais angústia e frustração. Em vez disso, Peterson recomenda buscar a virtude, uma vida boa, sempre com a gratidão pela própria existência e com a noção de que a dor e o sofrimento estarão ali na esquina, pois são parte inexorável de nossa vida.

E quanto aos nossos filhos, Peterson recomenda que os eduquemos de verdade, transmitindo responsabilidade, ajudando-os a se tornarem adultos, em vez de tentar protegê-los para sempre dos riscos da vida. Impor limites, saber lidar com sua agressão inata, criar regras claras, estimular o sacrifício presente para ganhos futuros, procurar manter um ambiente familiar saudável em casa, eis algumas dicas óbvias.

Há muito mais no livro, e recomendo a leitura na íntegra. Não por acaso Jordan Peterson virou uma sensação global. O autor ajuda milhões de pessoas, principalmente mais jovens, a resgatar um sentido para suas vidas, andar ereto, arrumar o quarto antes de querer salvar o mundo, rejeitar qualquer vergonha por sua masculinidade viril. O homem não é o vilão da humanidade; é necessário para protegê-la. Em tempos de infantilização geral, com tantos "adultescentes" por aí, e com a perversa ideologia de gênero repetindo que homem e mulher são construções sociais, é um bálsamo travar uma conversa com um pensador sério e adulto por algumas horas.

Os ideólogos

Ideologias são ideias simples, disfarçadas de ciência ou filosofia, que pretendem explicar a complexidade do mundo e oferecem remédios que irão aperfeiçoá-lo.

Ideólogos são pessoas que fingem saber como "tornar o mundo um lugar melhor" antes de cuidar de seu próprio caos interior.

As ideologias são substitutos do conhecimento verdadeiro, e os ideólogos são sempre perigosos quando chegam ao poder, porque uma abordagem simplória do tipo "eu sei tudo" não é páreo para a complexidade da existência. Cultivar o julgamento sobre a diferença entre virtude e vício é o começo da sabedoria, algo que nunca pode estar desatualizado. Quem faz isso costuma rejeitar as ideologias, as respostas simplistas.

A ideia de que a vida humana pode estar livre de preocupações morais é uma fantasia. Mas a era moderna, científica, acabou colocando em segundo plano os valores morais. No entanto, a ideia de que podemos separar facilmente fatos e valores era e continua sendo ingênua; até certo ponto, os valores de uma pessoa determinam em que se prestará atenção e o que será considerado um fato.

Para os antigos, a descoberta de que pessoas diferentes têm ideias diferentes sobre como viver, na prática, não os paralisou; aprofundou sua compreensão da humanidade e levou a algumas das conversas mais satisfatórias que os seres humanos já tiveram sobre como a vida pode ser vivida.

Um sistema cultural compartilhado estabiliza a interação humana, mas também é um sistema de valores — uma hierarquia de valores, segundo a qual algumas coisas têm prioridade e importância e outras não. Na ausência de tal sistema de valores, as pessoas simplesmente não podem agir. Na verdade, eles nem conseguem perceber, porque tanto a ação quanto a percepção requerem um objetivo, e um objetivo válido é, por necessidade, algo valorizado.

É possível, para Jordan Peterson, transcender a adesão servil ao grupo e suas doutrinas e, ao mesmo tempo, evitar as armadilhas de seu extremo oposto, o niilismo. É possível, em vez disso, encontrar significado suficiente na consciência e experiência individual. A resposta seria esta: por meio da elevação e do desenvolvimento do indivíduo e da disposição de todos de arcar com o fardo do *ser* e de seguir o caminho heroico.

Exigimos regras, padrões, valores — sozinhos e juntos. Somos animais de bando, bestas de carga. Devemos carregar um fardo, para justificar nossa existência miserável. Exigimos rotina e tradição. Essa é a ordem. O hábito faz o monge. O corpo, com suas várias partes, precisa funcionar como uma orquestra bem ensaiada. Cada sistema deve cumprir seu papel de maneira adequada e exatamente no momento certo, ou haverá ruído e caos. É por isso que a rotina é tão necessária.

Jordan Peterson diz ter tido muitos clientes cuja ansiedade foi reduzida a níveis subclínicos simplesmente porque começaram a dormir em um horário previsível e tomar café da manhã. E a postura faz toda diferença. As pessoas, como as lagostas, avaliam umas às outras, em parte por causa da postura. Se você se apresentar como derrotado, as pessoas reagirão a você como se você estivesse perdendo. Se você começar a se endireitar, as pessoas vão olhar para você e tratá-lo de maneira diferente.

Ficar ereto com os ombros para trás é aceitar a terrível responsabilidade da vida de olhos bem abertos. Significa decidir transformar voluntariamente o caos do potencial em realidades de ordem habitável. Dessa forma, podemos encarar a vida, na busca pelo equilíbrio entre caos (liberdade) e ordem (segurança).

A ordem não é suficiente. Você não pode apenas ser estável, seguro e imutável, porque ainda há coisas novas vitais e importantes a serem aprendidas. No entanto, o caos pode ser demais. Você não pode tolerar por muito tempo ser inundado e oprimido além de sua capacidade de lidar enquanto aprende o que ainda precisa saber. Portanto, você precisa colocar um pé naquilo que dominou e compreendeu e o outro no que está explorando e dominando atualmente.

É aí que há algo novo para dominar e você pode ser melhorado. É aí que o significado pode ser encontrado. Peterson recomenda:

> Não subestime o poder de visão e direção. São forças irresistíveis, capazes de transformar o que poderiam parecer obstáculos invencíveis em caminhos percorríveis e em expansão de oportunidades. Fortaleça o indivíduo. Comece com você mesmo. Cuidado com você mesmo. Defina quem você é. Refine sua personalidade. Escolha o seu destino e articule o seu ser.

Padrões de melhor ou pior não são ilusórios ou desnecessários. Se você não tivesse decidido que o que está fazendo agora é melhor do que as alternativas, você não estaria fazendo isso. A ideia de uma escolha livre de valores é uma contradição em termos. Os julgamentos de valor são uma condição prévia para a ação.

Talvez a felicidade sempre seja encontrada na jornada morro acima, e não no fugaz sentimento de satisfação que aguarda o próximo pico. Parcela significativa da felicidade é esperança, não importa quão profundo seja o submundo em que essa esperança foi concebida. Assim, devemos nos tornar conscientes de nossos desejos e articulá-los, priorizá-los e organizá-los em hierarquias. Isso os torna sofisticados. Isso os faz trabalhar uns com os outros e com os desejos de outras pessoas e com o mundo.

O estudo filosófico da moralidade — do certo e do errado — é a ética. Esse estudo pode nos tornar mais sofisticados em nossas escolhas. Ainda mais antigo e profundo do que a ética, entretanto, é a religião. A religião se preocupa não com o (meramente) certo e errado, mas com o próprio bem e o mal — com os arquétipos do certo e do errado. A religião se preocupa com o domínio do valor, o valor final. Esse não é o domínio científico.

Ideólogos, em nome da "ciência", muitas vezes ignoram essa realidade, e por isso as maiores atrocidades individuais e coletivas foram e são cometidas em nome da razão. Eles ajudaram a tornar o mundo moderno um ambiente relativista. Mas é necessário e desejável que as religiões tenham um elemento dogmático. De que adianta um sistema de valores que não fornece uma estrutura estável? De que adianta um sistema de valores que não aponta o caminho para uma ordem superior?

A fé não é a crença infantil na magia. Isso é ignorância ou mesmo cegueira voluntária. Em vez disso, é a compreensão de que as irracionalidades trágicas da vida devem ser contrabalançadas por um compromisso igualmente irracional com a bondade essencial do ser.

Ao colocar essa fé na razão e na ciência, e ao abandonar a empatia e um código de valores morais com hierarquia e absolutos, os ideólogos sucumbem normalmente ao materialismo, como se tudo se resolvesse com dinheiro. Jordan Peterson tem algo a dizer sobre essa ideologia:

> O socialismo que logo depois se tornou tão atraente para mim como alternativa mostrou-se igualmente insubstancial; com o tempo, passei a compreender, por meio do grande George Orwell, que muito desse pensamento encontrou sua motivação no ódio pelos ricos e bem-sucedidos, em vez de no verdadeiro respeito pelos pobres. Além disso, os socialistas eram mais intrinsecamente capitalistas do que os capitalistas. Eles acreditavam fortemente no dinheiro. Eles apenas pensaram que se pessoas diferentes tivessem dinheiro, os problemas que assolam a humanidade desapareceriam. Isso é simplesmente

falso. Existem muitos problemas que o dinheiro não resolve e outros que piora. Os ricos ainda se divorciam e se alienam dos filhos, sofrem de angústia existencial, desenvolvem câncer e demência e morrem sozinhos e sem amor.

Da teoria à prática

Jordan Peterson passou por maus bocados. E "milagrosamente" se reergueu. Após meses sumido, publicou um vídeo recentemente, visto por milhões de pessoas, em que resumiu seu problema e demonstrou esperança no futuro. Dan Sanchez, da Foundation for Economic Education, escreveu um texto sobre essa descida ao inferno e recuperação do psicólogo canadense, ao alegar que seu "antídoto para o caos" salvou sua própria vida. Vamos ver como isso aconteceu, pois nada melhor do que o exemplo para ensinar.

Em meados de 2019, Peterson desapareceu da vida pública enquanto lutava contra graves problemas de saúde decorrentes de um vício em remédios controlados. "Inferno absoluto", é como sua filha Mikhaila descreveu o que ele passou. "Eu aprendi algumas coisas durante aquele período difícil, suponho", disse Jordan no vídeo, "ou pelo menos posso dizer o que me fez continuar durante o que foi certamente o pior período da minha vida". Uma olhada em como Jordan Peterson escapou do submundo com seu espírito intacto pode ser uma lição para todos nós. Mas primeiro vamos ver brevemente como ele chegou lá, enquanto ele e Mikhaila relataram sua jornada em um vídeo de junho de 2020.

A descida de Peterson começou em abril de 2019, quando sua esposa Tammy foi diagnosticada com câncer terminal. Naquele momento, Peterson experimentou algo que discutiu extensivamente em seus livros e palestras: o colapso da ordem e o surgimento do caos. Em seu best-seller *12 regras para a vida: um antídoto para o caos,* Peterson descreveu a ordem como "território explorado": o conhecido e o esperado em nossas vidas. "Ordem", por exemplo, "é a estabilidade do seu casamento".

Na verdade, o casamento de Jordan com Tammy foi uma grande fonte de ordem e estabilidade em sua vida. Na seção de agradecimentos de *12 regras para a vida*, Peterson escreveu que sua esposa Tammy, "...tem sido um pilar absoluto de honestidade, estabilidade, apoio, ajuda prática, organização e paciência". Então, ele foi informado que aquele pilar logo cairia.

"Caos", escreveu Peterson, "é o novo lugar e tempo que surge quando a tragédia surge de repente..." "É o novo e imprevisível emergindo repentinamente no meio do que nos é familiar." "É o lugar onde você vai parar quando as coisas desmoronam..."

E quando as coisas desmoronam, isso pode nos lançar em um *loop* emocional. Como Peterson escreveu em seu livro anterior, *Mapas de significado: a arquitetura da crença*: "Quando o mundo permanece conhecido e familiar... nossas emoções permanecem sob controle. Quando o mundo de repente se transforma em algo novo, no entanto, nossas emoções são desreguladas..."

Diante de notícias tão terríveis, a ansiedade de Peterson aumentou. Ele já tomava remédios para ansiedade. Após o diagnóstico de sua esposa, seu médico aumentou a dosagem. No entanto, isso só parecia aumentar a ansiedade. Peterson percebeu que havia desenvolvido um vício perigoso. Tammy desafiou seu diagnóstico recuperando-se logo depois. Mas a provação de Jordan estava apenas começando.

Seu médico fez com que ele tentasse parar de fumar, e substituiu medicamentos. Mas isso fez com que seus níveis de ansiedade aumentassem. Então ele tentou diminuir, mas isso também era insuportável. O pior de tudo foi que ele desenvolveu uma doença chamada acatisia, que Peterson comparou a ser espetado com um aguilhão de gado sem parar durante todas as horas em que estava acordado. A condição o mantinha em constante movimento, pois ficar deitado, sentado ou parado era insuportável.

Então Jordan, junto com Mikhaila e o marido dela, iniciou uma longa (e controversa) busca, primeiro na América do Norte e finalmente no Leste Europeu, por ajuda médica que o tiraria dos remédios e o ajudaria a se recuperar dos danos neurológicos que ele havia sofrido.

Em vários momentos, Peterson sofreu delírio, alucinações, distorção do tempo e problemas físicos de tal forma que ele não conseguia subir escadas ou ir para a cama. "Não é exagero dizer", relatou Peterson, "que para mim as consequências da abstinência de benzodiazepínicos foram piores do que a morte".

Como, então, Peterson conseguiu suportar um sofrimento tão profundo? Sua filosofia de vida pode ter algo a ver com isso. "A vida é sofrimento", escreveu Peterson no livro. "Não existe verdade mais básica e irrefutável."

"O que no mundo deveria ser feito sobre isso?", ele questionou. "A resposta mais simples, óbvia e direta? Busque o prazer. Siga seus impulsos. Viva o momento." Mas Peterson rejeitou a noção de que a busca da felicidade é o maior objetivo da vida, citando Aleksandr Soljenítisin, sobrevivente e escritor que denunciou o sistema dos *gulags* soviéticos: "...que a lamentável ideologia sustentando que os seres humanos são criados para a felicidade não tem futuro ficou evidente com o primeiro golpe do porrete do capataz."

"Em uma crise", explicou Peterson, "o sofrimento inevitável que a vida acarreta pode rapidamente ridicularizar a ideia de que a felicidade é o objetivo final da vida. [...] um significado mais profundo é necessário".

"É muito bom pensar que o significado da vida é a felicidade", Peterson afirmou em uma entrevista para o jornal inglês *The Guardian*, "mas o que acontece quando você está infeliz? A felicidade é um ótimo efeito colateral. Quando vier, aceite com gratidão. Mas é fugaz e imprevisível. Não é algo para se ter como objetivo — porque não é um objetivo. E se a felicidade é o propósito da vida, o que acontece quando você está infeliz? Então você é um fracasso. E talvez um fracasso suicida. A felicidade é como algodão-doce. Simplesmente não vai ser o suficiente". Em uma entrevista para o Dr. Oz (cirurgião cardíaco e professor da Universidade Columbia que tem um programa famoso na TV americana), Peterson falou sobre a felicidade: "É um barco raso em um mar muito agitado."

Abro um parêntese aqui para aprofundar o debate sobre a busca da felicidade. A ideia de que a coisa mais importante do mundo é a busca pela felicidade está tão enraizada na era moderna que faz parte até da Declaração de Independência dos Estados Unidos, como um direito inalienável. Muito justo, mas surge a questão: e quando "ser feliz" deixa de ser um direito e se transforma basicamente num dever? E quando a obsessão por ser — ou parecer — feliz é tão grande que essa constante busca produz apenas seu oposto, mais angústia e sofrimento?

Jordan Peterson costuma dizer que perseguir a felicidade não é uma boa meta na vida, que seria melhor buscar ser uma pessoa boa, fazer a coisa certa, e esperar, quem sabe?, momentos de alegria em nossa passagem um tanto trágica pela existência. Ele adota um tom pessimista, ou realista, de que a cada cinco anos há grande probabilidade de você ou algum ente querido enfrentar uma tristeza, um momento ruim ou mesmo uma desgraça. Ter maturidade, um grau de serenidade ou mesmo de estoicismo pode ser a diferença entre sucumbir ao desespero ou manter a cabeça no lugar, apesar de tudo.

Na mesma linha foi Pascal Bruckner com seu excelente *A euforia perpétua: ensaio sobre o dever de felicidade*. O pensador francês toca em algumas feridas delicadas na obra, mas apesar de flertar com a melancolia, não deixa uma mensagem de niilismo. Ao contrário: é justamente essa sensação de que precisamos ser felizes o tempo todo, e que isso está logo ali, ao nosso alcance, que estaria produzindo tanta angústia, tanto consumo de antidepressivos ou drogas ilícitas. "A felicidade não é mais um acaso que nos acontece, um momento favorável em relação à monotonia dos dias, ela passa a ser a nossa condição, nosso destino", escreve. Mas, da mesma maneira que quem só pensa no dinheiro acaba ficando sem a fortuna, que é o resultado de quem investe em algo que realiza bem, em trabalho, com afinco; quem está focado apenas em ser feliz provavelmente será bastante infeliz.

As diferentes ideologias modernas acabaram embarcando nessa canoa furada, especialmente o socialismo, que passou a prometer o "paraíso terrestre" — e entregou apenas inferno. Mas mesmo o liberalismo, com resultados bem melhores, pode acabar pecando, pela ótica do autor, ao focar obsessivamente na questão da felicidade. As novas gerações só querem saber de seus "direitos", de prazeres momentâneos, o que ameaça a sobrevivência do próprio liberalismo, sem entregar o prometido: a tal "felicidade plena".

Para Bruckner, a regra atual é: sejam felizes! E essa mensagem é repetida desde a mais tenra idade. Como consequência, "hoje em dia não se fazem mais crianças para transmitir a elas valores ou uma herança espiritual, mas para multiplicar o número de satisfeitos sobre a terra". E o que parecia um privilégio acaba se tornando um fardo: os jovens se descobrem os únicos responsáveis por seus reveses ou por seus sucessos, e constatam que "a felicidade tão esperada lhes foge à medida que correm atrás dela".

O autor aponta três paradoxos desse projeto de ser feliz: um objeto fluido e impreciso, que se torna intimidante por isso; o tédio que advém tão logo se realiza, pois saciar o desejo renova a lista de desejos; e o disfarce do sofrimento, parte inexorável da vida e do engrandecimento humano, desarmando o indivíduo diante dele assim que surge. Como resultado, temos jovens cada vez mais desesperados por prazeres insaciáveis, que acabam entediados e mimados, despreparados para enfrentar as inevitáveis frustrações da vida.

Assim, temos "uma sociedade inteiramente voltada para o hedonismo e para a qual tudo se torna irritação, suplício". O que parecia uma ideia maravilhosa, de que o homem seria capaz de controlar mais seu destino e melhorar a própria existência, acabou se transformando num dogma, um "catecismo coletivo". A palavra emancipadora do iluminismo deixa de ser tão libertadora assim, e passa até mesmo a escravizar o homem moderno.

Como explica Bruckner, não se trata de ser contra a felicidade, mas contra "a transformação deste sentimento frágil em verdadeiro entorpecente coletivo ao qual todos devem se entregar, em suas modalidades químicas, espirituais, psicológicas, informáticas, religiosas". A crítica do autor é a de que saímos de um extremo, com o "sadismo da piedade" da era cristã, para outro extremo, com as fugas desesperadas de qualquer sofrimento, por meio da banalidade, da vulgaridade, do vazio espiritual. Do culto da dor e do sacrifício, fomos ao prazer desenfreado que toma todo sofrimento como arcaísmo. E isso não foi positivo.

Basta pensar nas desgraças da Revolução Francesa e dos experimentos comunistas, que tinham uma promessa de felicidade endereçada à Humanidade inteira. Sem qualquer consolo do além, os povos passaram a depender totalmente da melhoria deste mundo, e "fazer um mundo melhor" se tornou a única meta. Para tão "nobre" fim, qualquer meio era aceitável, mesmo impor um sofrimento sem precedentes às suas cobaias. Em nome do "progresso", vale tudo! Diz o autor:

> Em outras palavras, as religiões detiveram sempre uma vantagem constitutiva sobre as ideologias seculares: a inutilidade de fornecer a prova. As promessas que elas nos fizeram não estão na escala humana ou temporal, ao contrário de nossos ideais terrestres, que devem se curvar à lei da verificação. Foi exatamente disto que o comunismo morreu, do choque brutal entre as maravilhas anunciadas e a ignomínia estabelecida.

E sem os álibis religiosos, o sofrimento perde qualquer sentido elevado, metafísico, "sobrecarrega-nos como uma odiosa mala carregada de misérias com a qual não se sabe o que fazer". Essa sociedade da felicidade proclamada se torna uma "obcecada pelo desgosto, perseguida pelo medo da morte, da doença, do envelhecimento". Bruckner sintetiza: "Sob uma máscara sorridente, fareja em toda parte o odor irrespirável do desastre."

Toda essa "libertação" desde a década de 1960 produziu uma massa de sofredores hedonistas, despreparados para o sofrimento, incapazes de amadurecer. Talvez fosse melhor resgatar um pouco da sabedoria dos antigos, e não levar a sério demais a tal busca pela felicidade. Quem sabe assim, quando ela nos der o ar de sua graça em algumas ocasiões, possamos realmente apreciar a dádiva que é a vida?

Fecho o longo parêntese para voltar para a práxis de Jordan Peterson. De fato, como ele relatou, não foi a felicidade que o ajudou a superar sua crise. "A razão pela qual sobrevivi", declarou, "certamente não foi porque estava curtindo minha vida".

Então, qual foi o motivo? Que tipo de propósito de vida é forte o suficiente para suportar o grau avassalador de sofrimento que pode se abater sobre nós em tempos de crise e caos? Que "significado mais profundo" sustentará o espírito humano durante uma longa e extenuante estada no submundo: por meio de um surto de doença grave ou uma temporada em um *gulag*?

Para Peterson e Soljenítsin, a resposta é responsabilidade. Como Peterson explicou, Soljenítsin abraçou a responsabilidade radical, e foi assim que sobreviveu ao *gulag* com seu espírito não apenas intacto, mas triunfante. E Peterson credita sua própria sobrevivência ao apego à família ("A razão [de eu sobreviver] foi porque tinha uma família à qual era muito apegado...") e sua dedicação ao trabalho ("Meu trabalho... também foi extremamente útil porque eu poderia me sustentar produzindo e depois escolhendo os pensamentos que foram úteis, apesar da minha angústia... e da minha falta de esperança para o futuro.").

Incrivelmente, Peterson conseguiu continuar trabalhando em seu próximo livro durante a maior parte de sua crise de saúde. "Responsabilidade: é isso que dá sentido à vida", disse Peterson certa vez em uma palestra. E, como ele demonstrou na prática, uma vida significativa é aquela que pode resistir a uma tempestade de sofrimento.

Peterson também credita sua sobrevivência ao apoio de sua família, que ele descreveu como "acima e além do dever". Sua filha e seu genro foram especialmente úteis, pois tomaram a iniciativa de procurar e obter tratamento médico para ele, mesmo quando essa busca os levou para a Rússia no auge do inverno. "Sim, bem, eu não ia desistir", Mikhaila respondeu depois que Jordan, sufocado pela emoção, agradeceu por sua ajuda.

Isso foi especialmente comovente, visto que Peterson dedicou um capítulo inteiro de *12 regras para a vida* para contar a história da batalha extremamente dolorosa de Mikhaila contra a artrite reumatoide juvenil.

A família Peterson moveu céus e terras para ajudar Mikhaila, tendo o cuidado de não roubar dela suas próprias forças para combater o desespero. E agora a responsabilidade que Jordan abraçou há muito tempo voltou para abençoá-lo, enquanto a filha que ele criou e da qual cuidou assumiu em troca o fardo de salvar sua vida.

"Eu vi minha filha adolescente", escreveu Peterson, "passar pela destruição de seu quadril e tornozelo e sobreviver a dois anos de dor contínua e intensa e emergir com seu espírito intacto. Observei seu irmão mais novo, voluntariamente e sem ressentimento, sacrificar muitas oportunidades de amizade e envolvimento social para ficar ao lado dela e ao nosso enquanto ela sofria. Com amor, incentivo e caráter intacto, um ser humano pode ser resiliente além da imaginação."

Conheça também:

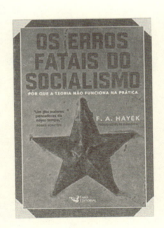

ASSINE NOSSA NEWSLETTER E RECEBA INFORMAÇÕES DE TODOS OS LANÇAMENTOS

www.faroeditorial.com.br

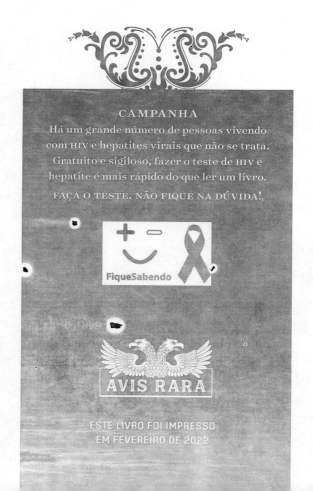